JN457681

교사와 예비교사를 위한 디지털 교육

디지털 시대, 교실을 바꾸는 기술과 실천

이종연 · 서희정 · 이은환 공저

DIGITAL EDUCATION

학지사

머리말

디지털 전환이 빠르게 진행되면서 교육 역시 기존의 패러다임을 근본적으로 재구성하고 있습니다. 인공지능(AI)을 비롯한 첨단 기술의 확산은 단지 교수매체나 수업도구의 변화를 넘어, 교수-학습 구조, 교육철학, 나아가 교사의 전문성까지 새롭게 정의하고 있습니다. 이러한 변화 속에서 교사는 더 이상 지식을 단순히 전달하는 존재가 아니라, 교육적 맥락 속에서 기술을 융합하고 수업을 설계하며 실천할 수 있는 전문 역량을 갖추어야 합니다.

이러한 추세를 반영하여 교육부는 2023년 교직과정 개편을 통해 '디지털 교육'을 교직소양 영역의 필수과목으로 신설하였습니다. 이는 예비교사가 디지털 도구와 자원을 효과적으로 활용하고, 미래 학습자에게 필요한 디지털 역량을 체계적으로 지도할 수 있도록 육성하기 위한 제도적 기반이자, 교육 방향 전환의 중요한 이정표가 되고 있습니다.

저자는 2000년 공주대학교 컴퓨터교육과에서 시작하여, 2002년부터는 건국대학교 사범대학 교육공학과에서 교수 설계, 이러닝, 창의적 문제해결 등을 중심으로 강의와 연구에 매진해 왔습니다. 2023학년도 2학기부터는 신설된 '디지털 교육' 과목을 학부와 교육대학원에서 운영하게 되었는데, 강의 내용을 구성하고 실천하며 개선해 나가는 반복적인 과정에서 이 과목이 단순한 개념 및 이론 중심의 접근만으로는 충분하지 않으며, 실질적인 기술 활용과 수업 설계 역량의 계발이 무엇보다 중요하다는 점을 인식하게 되었습니다. 이 책은 그러한 실천적 필요를 바탕으로 기획되었습니다.

공저자인 서희정 박사는 한국방송통신대학교 미래원격교육연구원 연구위원으로 재직 중이며, 다양한 원격교육 관련 프로젝트를 수행해 왔습니다. 또한 한국외국어대학교 교육대학원에서 '디지털 교육' 과목을 강의하며 실무 기반의 교육 경험을 축적해 왔습니다. 이은환 박사는 한국교육학술정보원(KERIS) 디지털교육본부 책임연구원으로, 미래교육 및 디지털 교육과 관련된 다수의 정책 연구를 수행해 왔습니다. 두 공저자는 모두 저자의 석·박사 과정 제자로서, 각자의 현장 경험과 전문성을 바탕으로 보다 실용적이고 통합적인 디지털 교육 안내서를 함께 집필하게 되었습니다.

이렇게 탄생한 『교사와 예비교사를 위한 디지털 교육』은 교사와 예비교사가 실제 수업 현장에서 디지털 도구를 효과적으로 활용하고, 변화하는 교육 환경에 능동적으로 대응할 수 있도록 돕는 실천 중심의 안내서입니다. 책은 총 6부로, 디지털 교육의 핵심 주제를 실제 수업 장면에 적용할 수 있도록 체계적으로 구성되었습니다.

제1부 '디지털 대전환과 교육의 미래'(서희정, 이은환 집필)에서는 AI, 가상현실(VR), 블록체인 등 기술의 발전이 교육에 미치는 영향을 살펴보고, AI 디지털교과서를 비롯한 정책 흐름과 공교육의 변화를 분석합니다. 아울러 디지털 교육 격차, 윤리, 데이터 프라이버시 등의 쟁점을 다루고, TPACK과 DigCompEdu 같은 디지털 역량 프레임워크를 통해 교사의 전문성 개발 방향을 제시합니다.

제2부 '디지털 자료의 수집 및 관리'(이종연, 이은환 집필)에서는 수업 자료를 수집하고 선별하는 기본 원칙과 정보의 위계(DIKW), 신뢰성 검토 기준, 허위 정보 판별법 등을 소개합니다. 에듀넷, e학습터, 공공데이터포털, 구글 트렌드, 구글 스콜라 등 다양한 플랫폼을 활용한 실습 중심의 자료 활용 방법도 함께 안내합니다.

제3부 '디지털 도구의 교육적 활용'(이종연, 서희정 집필)에서는 패들렛, 멘

티미터, 카훗, 띵커벨, 슬라이도, 블루킷, Zoom, Zep, Canva, Prezi, Vllo 등 다양한 디지털 도구의 기능과 수업 적용 방법을 제시합니다. 특히 PICRAT 모델을 활용하여 도구가 교수전략과 학습자 참여에 어떤 방식으로 영향을 미치는지를 분석하고, 수업 적용 사례도 함께 소개합니다.

제4부 '디지털 교육과 교수법'(이종연 집필)에서는 플립러닝, 프로젝트 기반 학습, 하이브리드 러닝 등 디지털 환경에 적합한 교수법의 개념과 실제 적용 방안을 설명합니다. 이론과 실제를 연결하는 수업 설계 전략과 운영 사례를 통해 학습자 중심 수업을 실현할 수 있도록 지원합니다.

제5부 '생성형 인공지능과 교육 혁신'(서희정 집필)에서는 생성형 AI의 작동 원리, 교육적 가능성과 한계를 중심으로, 교사와 학생이 이를 책임감 있게 활용하기 위한 방향을 제시합니다. 특히 ChatGPT와 같은 최신 도구가 수업에 미치는 영향을 구체적으로 분석하고, 실제 적용을 위한 전략을 논의합니다.

제6부 '디지털 윤리와 안전한 정보 활용'(이종연 집필)에서는 디지털 시민성 교육의 핵심 주제로, 개인정보 보호, 저작권, 사이버 범죄 대응, 디지털 자기관리 등 윤리적 · 법적 역량을 포괄적으로 다루고 있습니다.

이 책은 각 부가 독립적인 구조로 구성되어 있어 대학 및 교육대학원 강의는 물론, 교사 연수, 교육대학원 세미나 등 다양한 교육 현장에서 유연하게 활용될 수 있습니다. 각 장에는 개념 설명뿐만 아니라 실습 과제, 비교표, 실제 사례 등이 포함되어 있어, 실천 중심의 수업 설계와 토의 · 성찰 기반의 교육 프로그램 운영에 모두 적합합니다.

이 책에서 소개한 디지털 도구와 플랫폼은 2025년 현재 기준 가장 최신 버전을 기반으로 서술되었으며, 교육 현장에서의 실용성을 최우선으로 고려하였습니다. 다만, 기술 발전의 속도가 매우 빠르기 때문에 일부 기능이나 인터페이스는 향후 변경될 수 있습니다. 이에 저자들은 책의 내용을 지속적으로 점검하고, 온라인 채널 운영, 보완 자료 제공, 개정판 발간 등을 통해 독자들과의 정보 공유 또한 계속 이어 갈 계획입니다.

끝으로, 이 책이 완성되기까지 함께해 준 두 공저자에게 깊이 감사드립니다. 서희정 박사와 이은환 박사는 모두 제가 대학원에서 지도했던 소중한 제자이자, 지금은 함께 연구하고 실천하는 든든한 동료들입니다. 각자의 바쁜 일정 속에서도 끝까지 열정적으로 집필에 참여해 주었고, 이 책은 그 헌신과 협업의 결실입니다.

이 책이 디지털 시대의 수업을 보다 창의적이고 풍요롭게 확장하는 데 실질적인 디딤돌이 되기를 바라며, 변화하는 교육 환경 속에서도 교사로서의 정체성과 전문성을 지속적으로 성장시켜 나가는 데 의미 있는 자원이 되기를 진심으로 소망합니다.

2025년 8월

건국대학교 교육공학과 교수

이종연

차 례

PART 05 생성형 인공지능과 교육 혁신

PART 06 디지털 윤리와 안전한 정보 활용

PART 01

디지털 대전환과 교육의 미래

디지털 전환(Digital Transformation)은 교육의 본질을 재정의하며, 교육과 기술이 융합된 혁신적인 교육생태계를 형성하고 있다. 특히 에듀테크(EduTech)의 발전은 공교육을 디지털 환경으로 전환시키면서, 학습자에게는 개인화된 학습 경험을 제공하고 교사에게는 테크놀로지 기반의 교수 설계와 학습 전략을 구현할 수 있는 도구를 지원한다. 이러한 변화는 교수-학습 패러다임의 근본적인 전환을 의미하며, 미래교육의 질적 도약을 위한 새로운 기회이기도 하다.

인공지능(AI), 증강현실(AR), 가상현실(VR), 사물인터넷(IoT), 클라우드(Cloud), 블록체인(Block chain)과 같은 첨단 기술이 교육 현장에 도입되면서 학습 환경의 혁신이 가속화되고 있다. 예컨대, AI 기반의 적응형 학습 플랫폼은 학습자의 개별 수준과 속도를 고려한 맞춤형 콘텐츠를 제공하며, VR 기반의 체육 교육은 물리적 공간의 한계를 초월하여 몰입형 학습 경험을 제공함으로써, 디지털 기술이 교육의 질을 어떻게 변화시키는지를 보여 주며 디지털 시대에 미래교육이 나아갈 방향을 구체적으로 제시한다.

이 책의 제1부에서는 디지털 기술이 공교육의 질적 향상에 어떻게 기여하는지 다양한 에듀테크 사례를 중심으로 탐구한다. 특히 디지털 기술이 교육 격차를 해소하고 포용적 학습 환경 조성에 기여하는 사례를 살펴본다. 동시에, 에듀테크 도입 과정에서 직면할 수 있는 윤리적 문제, 데이터 프라이버시, 디지털 교육의 접근성과 형평성 등을 다루고 이에 대한 해결 방안에 대해서 논의하였다.

디지털 대전환 시대의 교육자는 더 이상 단순한 지식 전달자가 아니라, 학습자 중심의 교육 환경을 설계하고 교육적 맥락에서 기술을 효과적으로 활용할 수 있는 전문가의 역할을 수행해야 한다. 이를 위해, 이 책에서는 TPACK(Technological Pedagogical Content Knowledge)과 디지털 리터러시의 개념을 중심으로 교수자의 디지털 교수 역량을 다룬다. 또한 유럽연합(EU)에서 개발한 교육자를 위한 디지털 역량 프레임워크인 DigCompEdu를 소개하여 교수자의 디지털 역량을 강화할 수 있는 방안을 제시하였다. 뿐만 아니라, AI 디지털교과서는 개별 맞춤형 학습 경로를 제공하고, 실시간 학습 분석과 자동화된 평가 기능을 통해 교수자와 학습자의 역할을 재정의하며 보다 효과적인 학습 경험을 제공할 수 있어 이에 대해 살펴본다. 제1부에서는 디지털 기술이 교육을 어떻게 변화시키고 있는지에 대한 통찰을 통해, 변화하는 교육 환경 속에서 교수자와 학습자의 새로운 역할과 디지털 시대에 적합한 교육모델을 탐색하고 미래교육의 발전 방향을 제시하고자 한다.

CHAPTER 01

디지털 대전환과 교육의 변화

1. 디지털 전환이 교육에 미치는 영향

1) 디지털 전환의 개념

디지털 전환(Digital Transformation: DX)은 정보통신기술(ICT)의 발전에 기반한 기술 적용과 디지털화(digitalization)를 뛰어넘어 전통적인 사회와 교육 체제 전반의 구조적인 변화를 의미한다. 기업은 디지털 전환을 통해 인공지능, 빅데이터, 클라우드, 사물인터넷(IoT) 등 첨단 디지털 기술을 업무 프로세스와 조직 운영에 통합함으로써 운영의 효율성을 제고하고, 동시에 새로운 가치 창출과 비즈니스 모델의 혁신을 이끌어 내고 있다(구본진, 2022; 장훈, 2017). 이러한 혁신은 금융, 의료, 미디어 등의 다양한 산업군에서 광범위하게 이루어지고 있으며, 교육 분야에서도 기술적 변화를 적용하려는 노력이 진행되고 있다.

2) 교육 분야의 디지털 전환과 그 영향

교육 분야의 디지털 전환은 단순한 기술 도입을 넘어, 학교의 체제와 구조를 혁신하고 학습자의 학습 효과를 극대화하는 총체적인 접근 방식으로 이해될 수 있다(정혜주 외, 2022). 그러나 교육 분야의 디지털 전환은 다른 산업 분야에 비해 상대적으로 더디게 진행되어 왔으며(김신애 외, 2018), 이러한 경향은 코로나19 팬데믹을 계기로 급격히 변화하였다. 팬데믹 기간 동안 온라인 수업이 전면 실시되면서, 온라인 플랫폼의 도입과 교육용 콘텐츠 확충, 원격교육을 위한 네트워크 인프라 개선 및 스마트 기기 보급이 본격적으로 이루어졌다. 이러한 과정에서 원격수업 환경의 여러 문제점이 지적되었으며, 이를 해결하기 위해 교육 분야의 디지털 대전환 필요성이 더욱 강조되었다.

이제 교육 분야의 디지털 전환은 기존의 디지털 인프라 구축이나 디지털 도구 활용을 넘어, 학습자의 경험과 학습 본질을 변화시키는 새로운 교육 생태계 조성을 목표로 하고 있다(이강주 외, 2021). 이는 교수-학습 환경, 교수법, 평가 방식에 있어 다음과 같은 변화를 가져왔다. 첫째, 디지털 기술은 시간과 공간의 제약을 극복한 더욱 유연한 교수-학습 환경을 조성한다. 구글 클래스룸(Google Classroom)과 학습관리시스템(Learning Management System: LMS)을 통해 비실시간 온라인 학습이 가능하며, Zoom과 Webex와 같은 실시간 화상 회의 도구는 학습자와 교수자가 상호작용하고 즉각적인 피드백을 할 수 있는 환경을 제공한다. 둘째, 문제 중심 학습(Problem-Based Learning: PBL)과 프로젝트 기반 학습(Project-Based Learning)과 같은 학습자 중심 교수법이 디지털 기술에 의해 활성화되었다. 학생들은 디지털 온라인 협업 도구를 통해 자료를 수집하고, 가상 공간에서 공동 프로젝트를 수행하며, 온라인 회의를 통해 토론과 피드백을 실시간으로 주고받을 수 있다. 이러한 변화는 학습자의 능동적 변화와 실제적인 문제 능력 향상에 기여한다. 셋째, 평가 방식의 변화가 두드러진다. 전통적인 평가 방식은 학습자가 지식을 얼마나 암기하고 잘 기억하는지 초점을 두었다면, 디지털 기술의 발전으로 학습자의 문제해결 능력, 창의성, 협업 능력 등의 고차원적인 사고력을 평가하는 방식으로 변화하고 있다(Sawyer, 2018).

3) 에듀테크의 등장과 공교육의 변화

(1) 에듀테크의 등장과 교육의 변화

에듀테크(EduTech)는 교육(Education)과 기술(Technology)의 합성어로, ICT 기술을 교육에 접목하여 학습 환경과 교육 서비스를 개선하고, 학습자의 학습 성과를 향상시키는 데 활용되는 기술을 의미한다. 에듀테크는 1990년대 말에 등장한 이러닝(e-learning)과 스마트러닝(Smart learning)을 거쳐 지금의 발전에 이르렀다. 이러닝은 정보통신 및 전파, 방송 기술과 전자적 수단을 활용하여 이루어지는 학습, 즉 인터넷과 컴퓨터에 교육을 접목한 온라인 교육을 의미한다. 스마트러닝은 스마트 기기(예 스마트폰, 태블릿 PC, e-book)와 이러닝 기술을 활용한 교육이다. 이러닝과 스마트러닝은 ICT 기술을 활용하였지만 교육 내용의 일방향적 전달이라는 한계와 교수자와 학습자 간의 활발한 상호작용이 이루어지지 않는 단점을 가지고 있는데, 인공지능, 빅데이터 등의 첨단 IT 기술의 발달로 쌍방향 교육과 개별 학습자 맞춤형 교육이 가능한 에듀테크가 등장하였으며 디지털 기반의 교육 환경이 확대되고 있다.

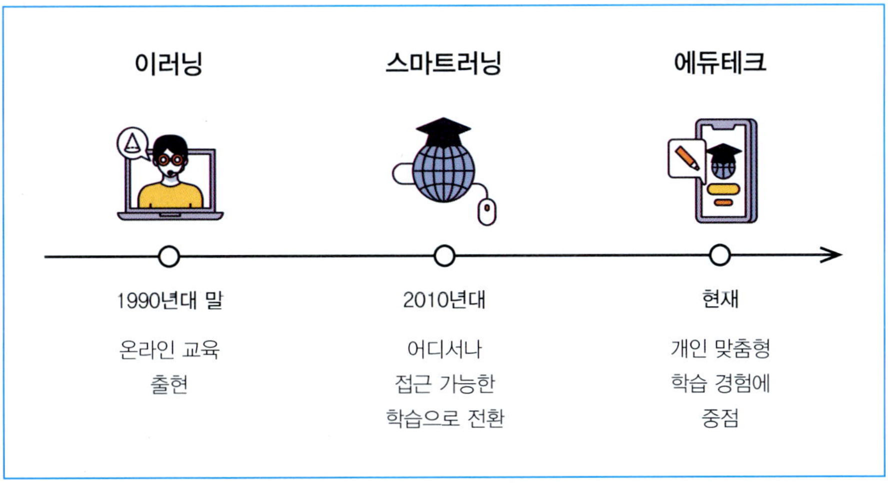

[그림 1-1] 이러닝-스마트러닝-에듀테크의 발전

(2) 에듀테크의 공교육 도입

에듀테크는 도입 초기에 주로 사교육 시장에서 활용되었으나, 최근 공교육에서도 적극적으로 도입되며 미래교육의 필수요소로 자리 잡고 있다. 먼저, 교육부는 모두를 위한 맞춤 교육 실현을 목표로 「디지털 기반 교육 혁신 방안」(교육부, 2023a)을 발표하였다. 이 정책은 디지털 대전환 시대를 맞이하여 교육 내용과 방식에 근본적인 변화가 필요하며, 학습자 개별 맞춤형 교육의 중요성을 강조한다. 특히 2025년부터 AI 디지털교과서 도입과 점진적 확대와 같은 디지털 교육 정책을 제시하면서 공교육 혁신을 위한 구체적인 실행 계획을 제시하였다. 세부 내용으로 AI 디지털교과서 개발, T.O.U.C.H 교사단 선발 및 연수, 디지털 기술 활용 교수-학습 모델 개발, 디지털 선도학교 운영, 디지털 인프라 확충이 그 예이며, 교사와 학생 모두 디지털 환경에서 효과적으로 학습하고 소통하는 기반을 조성하고 있다.

교육부는 학교 현장과 교실 수업의 혁신을 위해 「AI 디지털교과서 추진 방안」(교육부, 2023b)과 「공교육 경쟁력 제고 방안」(교육부, 2023c), 공교육과 결합한 에듀테크 산업 육성 방안이 포함된 「에듀테크 진흥 방안」(교육부, 2023d)을 지속적으로 추진하면서 공교육의 디지털 전환은 가속화되고 있다. 이러한 정책들은 공교육 환경에서 에듀테크의 활용을 장려하며, 기술과 교육의 융합을 통해 교실 수업의 효과성을 높이는 데 기여하고 있다([그림 1-2] 참조).

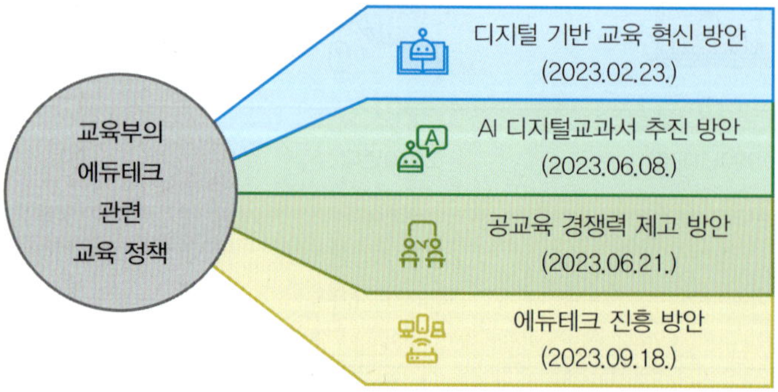

[그림 1-2] 교육부의 에듀테크 관련 교육 정책

전국의 시·도 교육청에서는 지역별 교육 환경과 교육목표에 특성화된 인공지능 기반 교수-학습 플랫폼을 도입하여, 학습자 중심의 맞춤형 학습 지원 체계를 구축하고 있다. 이러한 플랫폼은 학습자의 수준을 정밀하게 진단하고 학습 과정과 학습결과를 신속하고 정확하게 분석하여 보충 및 심화 학습을 위한 맞춤형 콘텐츠를 제공한다. 또한 교사에게는 학습자 데이터 기반의 맞춤형 수업 설계 지원, 개별 피드백 제공, 학습 동기 촉진을 위한 활용 방안을 제시하며, 학생 및 학부모 상담을 보다 체계적으로 지원하는 기능을 수행한다.

시·도 교육청의 대표적인 인공지능 기반 맞춤형 교수-학습 플랫폼으로는 경상남도교육청의 아이톡톡과 경기도교육청의 하이러닝이 있다([그림 1-3] 참조). 이 외에도, 경상북도교육청은 학습자들의 질문에 실시간으로 답변을 제공하는 챗봇 기반의 질의응답시스템 K-EDU를 운영하며, 서울특별시교육청에서는 메타버스 기반의 교수-학습 플랫폼 Metassem을 통해 학습자들에게 몰입형 학습 경험을 제공하고 있다([그림 1-4] 참조).

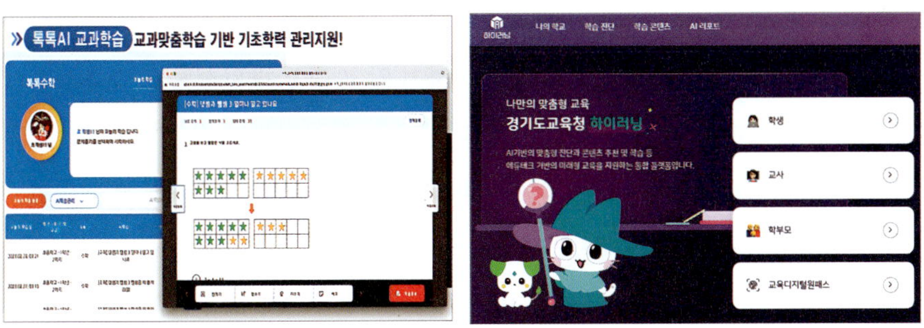

[그림 1-3] 경상남도교육청의 아이톡톡(좌) 및 경기도교육청의 하이러닝(우)

출처: https://support.itt.link/index.do, https://hi.goe.go.kr/

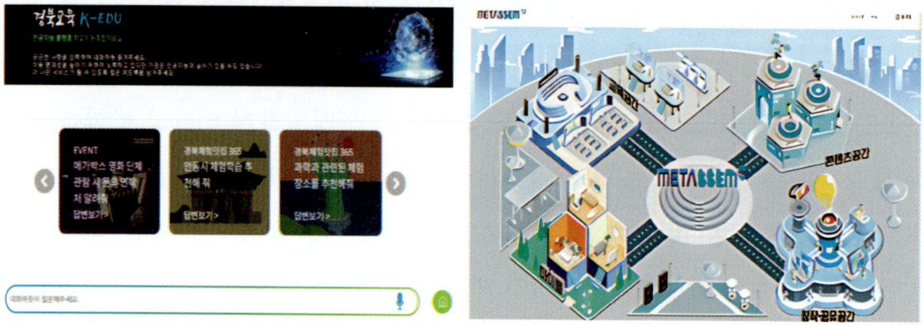

[그림 1-4] 경상북도교육청의 K-EDU(좌) 및 서울특별시교육청의 Metassem(우)
출처: https://ai.gbe.kr/chat, https://meta.sen.go.kr/contents/education/306#

4) 디지털 시대와 학습자 특성 변화

(1) 알파세대의 정의와 특성

최근 주목받고 있는 알파세대는 2010년대 이후에 출생한 세대로, 현재 중학생과 초등학생, 미취학 아동을 포함한다. 이들은 디지털 기술이 고도로 발전한 환경에서 어린 시절부터 디지털 기기를 자연스럽게 접하며 성장해 왔다. 이에 따라 아날로그 기반의 경험이 제한적이거나 익숙하지 않고 정보를 탐색하고 습득하는 방식 또한 기존 세대와 차이를 보인다. 알파세대는 인공지능과 모바일 디바이스를 활용한 디지털 환경에서 학습하고 소통하며 24시간 네트워크에 연결된 디지털 세대로 정의된다(허자연 외, 2021).

알파세대는 이미지와 영상을 주요 의사소통 수단으로 활용하며, 틱톡, 인스타 릴스, 유튜브 쇼츠와 같은 숏폼(short-form) 콘텐츠에 익숙하다. 이들은 단순히 디지털 콘텐츠를 소비하는 데 그치지 않고, 직접 제작하여 공유하는 디지털 창작자의 특성을 보인다. 또한 로블록스(Roblox), 제페토(ZEPETO), 마인크래프트(Minecraft)와 같은 메타버스 플랫폼과 인공지능 기술을 활용하여 학습하고 소통하며, 기존 세대와는 다른 방식으로 디지털 기술과 상호작용한다(이현주 외, 2021).

알파세대 학습자들은 디지털 기반 교육 정책의 직접적 수혜자다. 현재 중학생들은 1인 1 스마트 기기를 제공받아 학교 교육에서 디지털 기기와 교육용 소프트웨어를 활용한 학습에 참여하고 있다. 이처럼, 알파세대를 효과적으로 교육하기 위해서는 이들의 디지털 친화적 특성을 반영한 교수-학습 전략이 수립되어야 하며, 창의성(Creativity), 협업 능력(Collaboration), 비판적 사고력(Critical Thinking), 디지털 리터러시(Digital Literacy)와 같은 미래 역량이 디지털 학습 환경에서 체계적으로 함양될 수 있도록 교육적 지원이 강화되어야 한다.

(2) 알파세대 중학생의 디지털 학습 환경과 특성

알파세대 중학생은 디지털 환경에서 학습하는 새로운 유형의 학습자다. 이들의 특성은 네 가지 주요 영역과 12개의 세부 특성으로 구분된다(도재우 외, 2023).

첫째, **디지털(Digital) 특성**으로, 알파세대는 디지털 환경에 적응력이 뛰어나며 디지털 기기에 익숙하지만 이것이 능숙한 활용으로 이어지지는 않는다. 이들은 건강한 디지털 습관을 형성하기 위해 스스로 노력을 기울이며, 학부모의 지도와 지원을 바탕으로 안전한 온라인 활동을 수행한다.

둘째, **교육적(Educational) 특성**으로, 코로나19 팬데믹을 경험한 알파세대는 전통적인 교실 학습 이외에도 디지털 학습 도구와 플랫폼을 활용한 학습 경험을 가지고 있다. 디지털 기기를 이용하여 학습 자료를 탐색하며, 온라인 강의와 학습 자료를 학습자원으로 활용하는 것이 특징이다.

셋째, **인지적(Cognitive) 특성**으로, 디지털 환경에서 신속한 정보처리와 의사결정을 내리는 특징이 있다. 영상 콘텐츠를 선호하며, AI 기반 맞춤형 추천 서비스를 통해 필요한 정보를 효과적으로 탐색한다.

넷째, **사회적(Social) 특성**으로, 온라인 환경에서 상호작용과 소통 능력이 뛰어나다. 콘텐츠를 기반으로 한 그룹 활동에 능숙하며, 대면과 비대면 학습 환경을 유기적으로 연결하여 협력적 학습을 수행하는 능력을 갖추고 있다. 보다 구체적인 세부 특성은 〈표 1-1〉에 정리하였다.

〈표 1-1〉 알파세대 중학생의 디지털 학습 환경과 특성

특성	세부내용
디지털 (Digital)	• 디지털 전환에 대한 높은 수용도: 디지털 기술에 빠르게 적용하고 활용함 • 디지털 역량에 대한 학습자 인지: 디지털 기술과 활용 방법을 학습자 스스로 이해함 • 건강한 온라인 생활을 위한 성찰적 노력: 온라인 활동의 부작용을 최소화하기 위해 노력함 • 학부모에 의해 온라인 활동 참여를 보장받음: 보호자와의 협력을 통해 안전한 디지털 환경에서 활동
교육적 (Educational)	• 학습자원으로 온라인 강의 활용: 온라인 강의를 효과적인 학습 도구로 인식하고 적극 활용함 • 디지털 교육 환경에서의 학습 참여: 학교 외부의 디지털 환경을 기초로 한 학습이 자연스럽게 이루어짐
인지적 (Cognitive)	• 의사결정에서 시각 정보를 중시: 정보 탐색 및 콘텐츠 선택 시 시각적 요소를 우선 고려 • 맞춤형 추천 서비스를 자연스럽게 소비: 개인화된 추천 서비스를 신뢰하며 이를 활용하여 학습 콘텐츠를 선택 • 선택의 의사결정이 빠름: 디지털 환경에서 자신에게 적합한 콘텐츠를 빠르게 선택
사회적 (Social)	• 콘텐츠 중심의 소통: 친구들의 게시글에 응답하거나 콘텐츠를 공유하며 소통 • 대면과 비대면 세계의 강점 활용: 대면 활동과 비대면 활동의 장점을 효과적으로 활용 • 온라인 공간에서 집단적 의사소통에 익숙: 그룹 채팅과 같은 집단적 상호작용을 목적에 맞게 활용

출처: 도재우 외(2023)의 내용을 재가공.

디지털 환경에서 성장한 알파세대는 온라인 학습 환경에서 디지털 역량과 교육적 활용 능력, 인지적 의사결정 능력, 사회적 상호작용 능력을 발휘하는 특성이 있다. 이러한 특성을 고려하여, 디지털 기기 사용에 대한 책임감과 자율성을 갖출 수 있도록 체계적인 디지털 리터러시 교육을 실시하고, 학습 환경의 디지털화

를 통해 학습 효율성을 높일 필요가 있다. 또한 학생 개인에게 맞춤화된 콘텐츠를 제공하고 온라인상의 정보에 대해 비판적으로 사고하고 건강한 온라인 활동을 할 수 있도록 교사의 적절한 지도와 지원이 필요하며, 그룹활동과 소셜 네트워크 활동을 통해 협력적 학습 환경을 제공해야 한다.

5) 디지털 전환 시대의 학습자 모델과 교사의 역량 강화

(1) 디지털 전환 시대의 학습자 모델

디지털 전환 시대는 전통적인 교육 패러다임에서 벗어나, 학습 주체의 변화, 교수-학습 방법의 혁신, 교사의 역할 재정의, 학습 환경의 디지털화 등 교육 전반의 구조를 재편하며 교육 혁신을 가속화하고 있다. 이러한 변화 과정에서 교사의 디지털 역량 강화와 학습자 중심의 새로운 학습자 모델 구축은 필수적이다. Hinchcliffe(2017)는 현대 디지털 학습자의 핵심 특성을 디지털 중심(digital-first), 비공식적(informal), 자기주도적(self-directed), 사회적(social)으로 정의하며, 학습자 중심의 학습 모델로의 전환을 강조하였다.

현대 디지털 학습자는 교사가 지시하는 학습 과정을 수동적으로 따르기보다는 스스로 학습의 주체가 되어 Coursera와 Khan Academy와 같은 디지털 학습 플랫폼을 활용하여, 자신의 학습 목표를 설정하고 학습 경로를 설계하며 자기주도적 학습을 실천한다. 또한 소셜미디어와 온라인 협업 플랫폼을 활용한 팀 프로젝트의 수행 과정에서 실시간 소통과 자료 공유, 문제해결을 중심으로 한 사회적 학습을 경험한다. 이러한 과정에서 학습의 단위는 과거의 강의(course) 중심에서 개념(concept)과 기술(skill) 중심으로 변화하며, 전통적인 시험 기반 평가 대신 실제적 적용과 동료평가(peer evaluation)가 포함된 평가 방식으로 전환되고 있다.

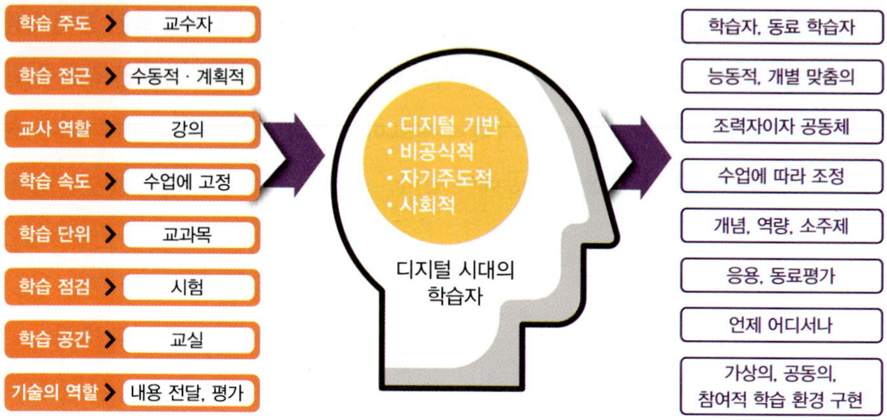

[그림 1-5] 디지털 시대의 학습자 모델

출처: Hinchcliffe (2017)를 번역하여 제시.

(2) 디지털 전환 시대의 학생 및 교사의 역량

디지털 전환 시대의 학습자는 더 이상 지식의 수동적인 수용자가 아니라, 적극적인 참여자이자 창조자로 변화하고 있으며 새로운 역량이 요구된다. 첫째는 디지털 및 미디어 리터러시이며, 정보의 출처를 확인하고 정확성을 비판적으로 분석하고, 허위 정보를 검증할 수 있어야 한다. 둘째는 디지털 시민성이며, 디지털 기술을 윤리적이고 책임감 있게 사용하는 태도와 실천 능력이다. 셋째는 디지털 도구 활용 능력으로, 디지털 학습 플랫폼과 다양한 디지털 도구를 활용하는 실질적인 능력이다. 이러한 역량은 단순히 디지털 기술을 능숙하게 사용하는 것을 넘어, 학습자가 건전한 디지털 환경에서 학습을 이어 나갈 수 있도록 돕는 핵심적인 요소다.

학생들이 디지털 역량을 효과적으로 기르기 위해서는 교사가 먼저 디지털 역량을 함양하고 이를 실제 교수-학습 상황에 능숙하게 활용할 수 있어야 한다. 이와 관련하여 〈표 1-2〉의 조사 결과에 따르면, 디지털 전환 시대에 교사가 갖추어야 할 디지털 역량 중에, '디지털 윤리 준수' 역량과 '학생 디지털 리터러시 지도' 역량에 대해서는 초 · 중등 교사 모두 비교적 높은 자신감을 나타낸 반면, 디지털 기술을 활용한 '평가 및 실행'하는 역량에 대해서는 상대적으로 낮은 수준으로 평가하였다(이현숙 외, 2022). 이러한 결과는 개별 교사들에 대한 디지털 교수 역량의 취약점을 정확히 진단하고, 이를 개선하기 위한 보다 체계적이고 전문적인 교육 프로그램과 및 연수 기회가 마련되어야 함을 시사한다.

〈표 1-2〉 **디지털 전환 시대에 교사가 갖추어야 할 디지털 역량**

역량	세부내용
교육과정 재구성	• 디지털 교육 환경 및 학습자 특성을 반영한 교육과정 재설계 능력
교수-학습 설계 및 실행	• 디지털 교육에 적합한 수업 설계 능력 • 디지털 기술을 활용한 다양한 교수 방법 활용 능력
평가 설계 및 실행	• 디지털 활동 자료에 기반한 평가 설계 및 수행 능력 • 평가 결과와 피드백을 위한 디지털 기술 활용 능력
디지털 윤리 준수	• 디지털 저작권과 라이선스 준수 • 온라인 윤리 의식 및 에티켓 지도 능력
학생의 디지털 리터러시 지도	• 학생의 디지털 기기 활용 지도 능력 • 디지털 기기 및 도구를 활용한 협업 및 의사소통 방법 지도 능력

출처: 이현숙 외(2022)의 내용을 재구성.

(3) 교사의 디지털 역량 강화를 위한 지원 정책

교사가 디지털 전환 시대에 요구되는 역량을 성공적으로 갖추고 교육 현장에서 효과적으로 활용하기 위해서는 보다 체계적이고 실효성 있는 교육적 지원과 정책적 노력이 요구된다. 이를 위한 과제로 첫째, 예비교사 양성 과정에서 디지털 리터러시 교육을 확대해야 한다. 예비교사들이 디지털 환경에서 학생들을 효과적으로 지도할 수 있는 디지털 리터러시와 디지털 역량(예 TPACK)을 갖추기 위해 디지털 기술을 자연스럽고 효과적으로 적용할 수 있도록 지원해야 한다. 둘째, 각 교과의 특성을 반영한 디지털교과서와 애플리케이션 등의 우수 사례를 발굴하고 공유하여 현장 교사들이 실천 가능한 모델을 접하고 적용할 수 있도록 해야 한다. 이는 교사들이 디지털 기반의 교수 설계를 실행하는 촉매가 될 수 있다. 셋째, 교사의 디지털 역량을 지속적으로 고도화하는 맞춤형 연수와 전문성 개발 프로그램의 활성화가 필요하다. 단순히 기술 활용법을 가르치는 일회성 연수에서 벗어나,

실제 수업 맥락과 연계된 실습 중심의 역량 개발 프로그램을 운영해야 한다. 이처럼 교사의 디지털 역량 강화를 위한 체계적 지원과 정책적 노력을 통해 학습자 중심의 맞춤형 교육 환경을 구현할 수 있을 것이다.

2. 국내외 교육 혁신 사례

1) 에듀테크 적용 기술

4차 산업 시대 이후 급격하게 발전한 첨단 기술은 교육 분야에도 적극적으로 활용되며, 새로운 에듀테크 서비스의 도입과 함께 교육 혁신을 이끌고 있다. 에듀테크는 학생들에게 개인화된 맞춤형 학습을 제공하여 학업 성취도와 학습 몰입도, 흥미도 향상을 목적으로 교육 현장에 도입되고 있으며, 이를 기반으로 에듀테크 시장은 급속도로 성장하여 2026년까지 약 11조 원 규모에 이를 것으로 전망된다(이은영, 최형원, 2024). 에듀테크에 적용되는 핵심 기술은 인공지능과 증강 · 가상현실, 사물인터넷, 클라우드, 블록체인 등이 있으며, 이러한 기술들은 학습자 중심의 혁신적인 디지털 교육 생태계 구축에 기여하고 있다. 각각의 기술과 세부 기능은 [그림 1-6]에 정리하였다.

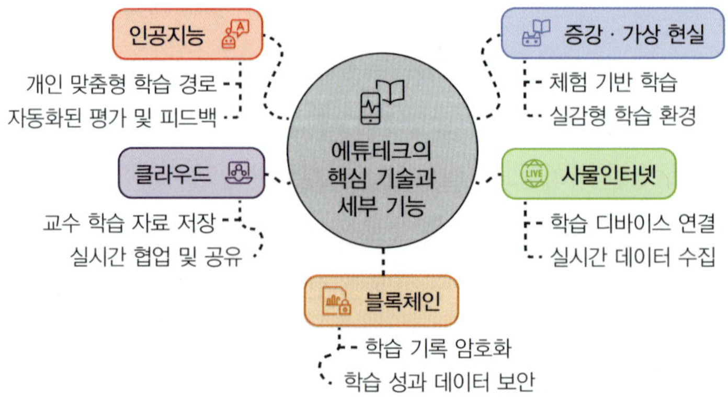

[그림 1-6] 에듀테크의 핵심 기술과 세부 기능

(1) 인공지능

인공지능은 '인위적인(artificial)'과 '지능(intelligence)'이라는 단어를 결합한 용어로, 컴퓨터가 인간의 지적 능력의 일부 또는 전체를 인공적으로 구현할 수 있도록 설계된 기술이다(COMEST, 2019). 즉, 기계가 학습하고 추론하며 의사결정을 내릴 수 있는 시스템을 구축하여 인간과 같은 지능적인 작업을 수행할 수 있도록 한다(Brown et al., 2020). 에듀테크에서 인공지능은 학습자의 개별 수준에 맞춘 학습 경로 설계 및 콘텐츠 추천, 실시간 대화형 질의응답, 학습 현황 시각화, 자동화된 평가 및 피드백 제공 등의 다방면에서 활용된다(Holmes et al., 2019). 이를 바탕으로 인공지능 기반 교수-학습 플랫폼과 학습용 애플리케이션, AI 디지털교과서와 같은 혁신적인 교육용 솔루션이 개발 및 보급되고 있다.

(2) 가상현실과 증강현실

가상현실(Virtual Reality: VR), 증강현실(Augmented Reality: AR), 혼합현실(Mixed Reality: MR)은 확장현실(Extended Reality: XR)로 통칭되며, 학습자에게 몰입형 교육 환경을 제공하여 실제로 경험하기 힘든 학습 내용을 체험할 수 있게 한다. 첫째, 가상현실(VR)은 HMD(Head Mounted Display)와 같은 기기를 쓰고 가상의 세계를 탐험하며 학습할 수 있다. 예를 들어, 역사 교과목에서 역사적 사건 재현과 문화유산 탐험, 과학 교과목에서 다양한 과학 실험 시뮬레이션에 활용된다. 둘째, 증강현실(AR)은 현실 세계에 가상의 객체를 생성하여 학습자가 실감 나는 경험을 할 수 있게 하며, 대표적으로는 포켓몬고 게임과 같은 기술이 있다. 셋째, 혼합현실(MR)은 VR과 AR의 장점을 결합하고 오감 정보를 가상에 접목하여 더욱 현실감 넘치는 몰입형 경험을 제공하며, 해부학 교육에서 활용된다. 교사 훈련에는 가상의 학습자에게 과제를 부여하고 상호작용이 가능한 티칭 시뮬레이션(예 simschool)이 활용되기도 하며, XR 기술은 학습에 대한 몰입도와 흥미를 높이는 데 기여한다.

(3) 사물인터넷

사물인터넷(Internet of Things: IoT)은 다양한 디지털 기기와 센서를 네트워크로 연결하여 데이터를 실시간으로 수집 및 분석하며 그 결과를 제공함으로써 교육 환경과 수업의 개선을 돕는 기술이다(계보경, 2021). 먼저, IoT를 활용하면 온도, 습도, 조명을 자동으로 조절하여 쾌적한 스마트 학습 환경 구축이 가능하며, 학생의 출석률, 참여도, 학습 진행 상황을 실시간으로 분석하여 학습 대시보드로 교사와 관리자에게 보여 준다(Harman, 2019). 또한 데이터 기반의 학습 활동이 가능하며, 학교 내에서 수집 가능한 데이터(예 소음, 미세먼지, 온도, 빛, 습도, CO_2, VOC, 움직임)를 수합하고 시각화한 후 실생활 맥락에서 미세먼지에 대한 실제적 문제해결과 대응 방안을 주장하는 글쓰기 활동(초등 국어, 수학, 과학 교과 융합 탐구활동)이 가능하다(계보경, 2021).

(4) 클라우드

클라우드(Cloud)는 학습 자료와 각종 데이터를 중앙 서버에 저장하여, 인터넷을 통해 언제 어디서나 접근 가능한 환경을 제공한다. 집이나 도서관 등의 장소에 영향을 받지 않고, 모바일이나 태블릿 PC 등의 기기를 활용하여 온라인 학습이 가능하며, 팀프로젝트 과정에서 학습자 간, 교사와 학습자 간의 실시간 정보 공유와 교류 등 공동 작업이 가능한 협업 환경을 제공한다. 대표적인 예로 Google Workspace for Education과 Microsoft Teams가 있으며, 실시간 공동 문서 작성 및 공유, 화상 회의, 과제 제출 및 관리 등의 기능이 있다. 클라우드를 활용하면 학습 자료의 접근성이 향상되며 협업을 더욱 촉진할 수 있다. 예를 들어, 구글 문서를 활용한 영화평 완성하기와 같은 협력학습을 수행할 수 있으며(황영미, 이재현, 2016), 온라인 동료 피드백을 통해 다른 학생들이 작성한 논술에 대해 피드백을 제공할 수 있다(이지은, 김유경, 2020). 이처럼 클라우드 환경을 활용하면 온라인에서의 협력적 글쓰기와 테크놀로지 기반의 상호작용이 더 활발해지며, K-MOOC에서 활용되는 교수-학습방법처럼 전 세계 학습자가 동일한 플랫폼을 활용하여 공동 협력학습을 수행하고 글로벌 학습 네트워크를 확장할 수 있다.

(5) 블록체인

블록체인(blockchain) 기술은 데이터를 분산형 네트워크에 암호화하여 저장하는 기술로, 데이터의 보안과 투명성, 신뢰성을 강조한다(박영숙, 앤디리안, 숀함슨, 2019; Leloup, 2018). 교육 분야에서는 학습 기록과 학업성과 데이터를 암호화하여 저장하고 관리할 수 있다(손용범, 김영학, 2023). 학습자들은 블록체인 기술을 통해 개인의 학습 이력을 안전하고 투명하게 관리하고 신뢰성을 인증받을 수 있으며, 미국 매사추세츠공과대학교(MIT)와 국내 포항공과대학교(POSTECH)에서는 졸업생을 대상으로 블록체인 기반의 학위 수여 증명서를 발급하고 있다(metapippin, 2022). 구체적으로 학습자의 이수 과목, 시험 성적, 인증서를 블록체인에 저장하여 위조를 방지하고, 전 세계 어디에서나 자신의 학력을 신뢰성 있게 인증받을 수 있으며, 학습 및 경력 데이터를 관리하고 취업 지원 시 활용할 수 있다.

〈표 1-3〉 에듀테크에 적용되는 기술과 주요 기능

기술	주요 기능
인공지능	개인 맞춤형 학습 경로 설계, 실시간 대화형 질의응답, 자동화된 평가 및 피드백 제공
증강 · 가상 현실	AR · VR 기술을 통해 체험 기반의 몰입형 교육 제공
사물인터넷	IoT를 기반으로 학습기기를 연결하고 센서를 통해 실시간 데이터 수집 및 분석, 평가 제공
클라우드	학습 자료의 저장 및 실시간 정보 공유, 학습자와 교수자 간의 교류 및 협업 지원
블록체인	학습자의 학습 이력 인증과 학습 성취 데이터의 안전한 기록과 공유

2) 적응형 학습과 서비스 유형

(1) 적응형 학습의 개념

적응형 학습(Adaptive Learning)은 에듀테크 영역에서 개인 맞춤형 학습 환경 제공을 위한 핵심 기술이며 학습자의 인지적 특성, 학습 속도, 선호도 등을 실시간으로 분석하여 최적화된 학습 경로를 자동으로 설계한다(장지원 외, 2023). 이 시스템은 인공지능과 빅데이터 분석 기반의 정교한 진단 과정을 통해 학습자의 이해 수준을 평가하여 그 결과에 따른 맞춤형 콘텐츠를 제공한다(최민선, 정재삼, 2019; Lemke, 2013). 이는 전통적인 1:1 튜터링 방식을 디지털 환경에서 구현한 것으로, 개별 학습자에게 적합한 학습 자료와 피드백을 제공함으로써, 학습자의 자기주도 학습 역량 강화와 학업 성취도 향상에 도움을 준다.

3) 적응형 학습 시스템의 유형

적응형 학습 시스템은 일반적으로 지능형 튜터링 시스템(Intelligent Tutoring System: ITS), 학습 추천 시스템(Learning Recommendation System), 적응형 평가 시스템(Adaptive Assessment System)의 세 유형으로 구분된다(Holmes et al., 2019). 이들은 상호 보완적이며, 통합된 형태의 플랫폼으로 발전하고 있다. 첫째, 지능형 튜터링 시스템은 학습자의 응답과 학습 이해도를 실시간으로 분석하여, 부족한 개념에 대해 추가 설명이나 보충 자료를 제공하는 디지털튜터 역할을 수행한다. (Goel & Polepeddi, 2016). Carnegie Learning's MATHia는 개념 이해도를 진단하고 즉각적인 피드백을 제공하는 대표적인 사례다. 둘째, 학습 추천 시스템은 학생의 성적과 학습 활동 패턴을 종합 분석하여 학습자의 현재 수준과 학습 목표에 부합하는 맞춤형 학습 콘텐츠를 선별하여 추천한다. 예컨대, 특정 개념에 대한 보완이 필요한 학습자에게 관련 동영상 강의와 연습문제를 자동으로 추천하며(Luckin, 2017), Knewton과 같은 플랫폼이 대표적인 예다. 셋째, 적응형 평가 시스템은 지식 수준별 문항 데이터에 기반하여 학습자의 지식 수준을 실시간으로 분석하고 개인의 실력에 맞춰 문항 난이도와 유형을 실시간으로 바꿔 주는 시험 시스템이다(Ross et al., 2018).

이러한 시스템들은 독립적으로 작동하기보다는 하나의 통합된 플랫폼 형태로 결합되어 구현되고 있다. 예컨대, Khan Academy는 지능형 튜터링, 학습 추천, 적응형 평가 기능을 모두 통합하여 학습자의 전반적인 학습 경험을 지원하는 시스템으로 발전해 왔다.

4) 국내 에듀테크 활용 사례

(1) 공교육 중심의 인공지능 기반 학습 서비스

① EBS 인공지능 단추

EBS 인공지능 단추(DANCHOO)는 한국교육방송공사(EBS)에서 제공하는 인공지능 기반 학습 진단 및 추천 시스템으로, 학습자의 수준을 실시간으로 분석하여 맞춤형 학습 콘텐츠를 추천하는 플랫폼이다. 이 서비스의 대상은 초·중·고 학생이며, 문제 추천, 과목별 강좌 추천, 과목별 취약 단원 진단평가, 시험지 만들기, 챗봇형 문제 검색 및 풀이 서비스(푸리봇)를 무상으로 제공한다. 단추는 상업적 목적의 인공지능 학습 서비스와 다르게 공교육에서 에듀테크 보급을 통해 소득, 연령, 장애 등에 관계없이 학습자가 자신의 수준에 맞는 학습 콘텐츠를 선택하여 자기주도 학습을 하도록 지원한다.

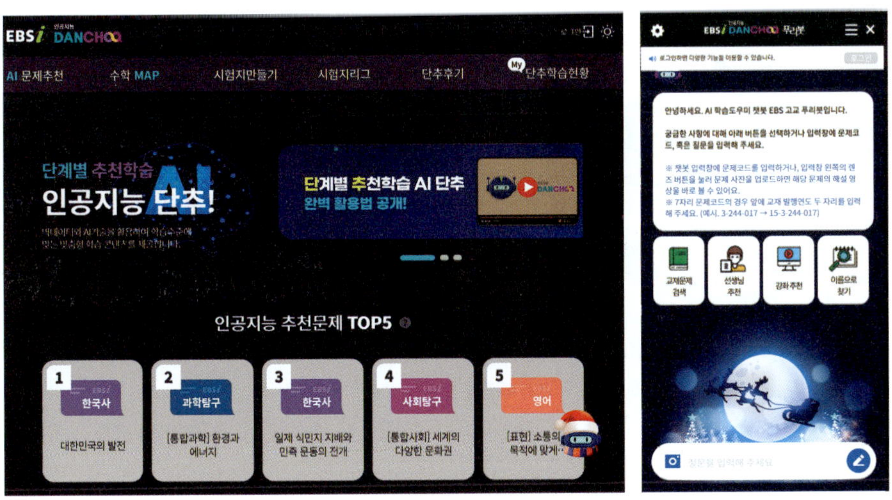

[그림 1-7] EBS 인공지능 단추(좌) 및 푸리봇(우)

출처: https://ai.ebs.co.kr/

② 똑똑 수학탐험대

똑똑 수학탐험대는 인공지능 기반 초등 수학 수업 지원 시스템으로, 교육 과정에 기반한 수학 교과서의 개념과 원리를 학습자가 게임형 방식으로 학습할 수 있도록 지원하며 초등학교 1학년부터 6학년을 대상으로 서비스한다. 주요 기능은 크게 6가지로 구분된다. 교과 활동은 교육 과정 기반의 단원, 차시별 학습 활동 콘텐츠를 제공하며, 탐험 활동과 미니게임은 학습자들에게 친숙한 방식으로 수학적 개념을 학습하고, 단순히 암기보다는 재미와 몰입을 통해서 자연스럽게 학습할 수 있도록 지원한다. 평가 활동은 차시평가, 단원평가, 진단평가를 통해 정교한 학습 진단이 이루어지며 학습자들의 성취도를 실시간으로 분석하여 피드백을 제공하고, 인공지능이 학습자에게 필요한 맞춤형 콘텐츠를 자동으로 추천한다. 학년군별로 1~2학년, 3~4학년, 5~6학년에 따라 제공되는 콘텐츠의 내용이 다르며, 5~6학년에게는 '환경보호'와 '기후변화' 콘텐츠가 추가로 제공된다. 교실 수업 및 가정에서 모두 활용이 가능하다.

[그림 1-8] 똑똑 수학탐험대(5~6학년) 메인 화면(좌) 및 자유활동의 스피드레이싱 게임(우)
출처: 교육부, 17개 시 · 도 교육청, 한국교육학술정보원(2024).

③ AI 펭톡

AI 펭톡은 초등학생을 위한 인공지능 기반 영어 학습 메이트로, 초등 영어 교과서 및 EBS 자료에서 추출한 단어, 문장, 대화 콘텐츠를 포함하고 있다. 대화 전체 듣기, 대화를 듣고 따라 하기, 롤플레잉 A/B 등의 1:1 대화 연습 기능을 제공하며, 펭수 캐릭터와의 상호작용을 통해서 자연스럽게 영어 의사소통을 향상시킬 수 있도록 설계되었다. AI 펭톡은 초등학생의 음성 특성을 고려하여 발음, 억양, 강세, 속도 등을 인공지능 기술로 정밀하게 분석하고, 학습자별 맞춤형 피드백을 제공한다는 점에서 성인 대상의 영어 학습 프로그램과 차별화된다. 실제로 AI 펭톡을 활용한 초등학생은 자신의 수준에 맞는 단계별 영어 말하기 학습 활동을 통해 영어 의사소통 능력과 학습 동기가 향상되는 효과를 경험하였다. 특히 사교육 경험이 없는 학생들에게 영어 말하기 학습 기회를 제공하여 영어 학습 격차 해소와 학습 효과 향상에 기여한 것으로 나타났다.

[그림 1-9] AI 펭톡 모바일 화면

출처: https://pengtalk-student.ebse.co.kr/

④ 노리 AI 스쿨수학

노리(Knowre) AI 스쿨수학은 초등 1학년부터 고등 2학년까지를 대상으로 하는 공교육 전용 1:1 개인 맞춤형 수학 교육 서비스다. AI 진단평가를 통해 학업성취도를 평가하고 학습 난이도를 결정하며, 학습자의 취약점 분석을 통해 적합한 문제를 추천한다. 노리에는 학생이 문제를 한 번에 풀지 못하면, 문제를 세분화하여 풀 수 있도록 유도하는 드릴다운(Drill Down) 방식이 적용되어 있으며, 이는 다른 AI 학습 플랫폼과 차별화되는 기술이다. 주간 리그 배정을 통해 학습 목표를 게임처럼 설정하고 이를 달성하면 학습 포인트를 부여하는 게이미피케이션의 경쟁요소를 활용하여 학생들의 참여도를 높이고 학습 동기를 부여한다. 교사는 학습 관리 시스템(LMS)를 통해 학생들의 학습 시간, 풀어 본 문제, 정 · 오답, 학습 진도 등의 학습 현황을 실시간으로 모니터링할 수 있어 효율적인 학습관리가 가능하다. 그 밖에도, 자동 오답노트, 필기 인식 기술, 앱 안에 포함된 연습장 등은 학습자와 교사 모두에게 학습의 편의성을 제공한다.

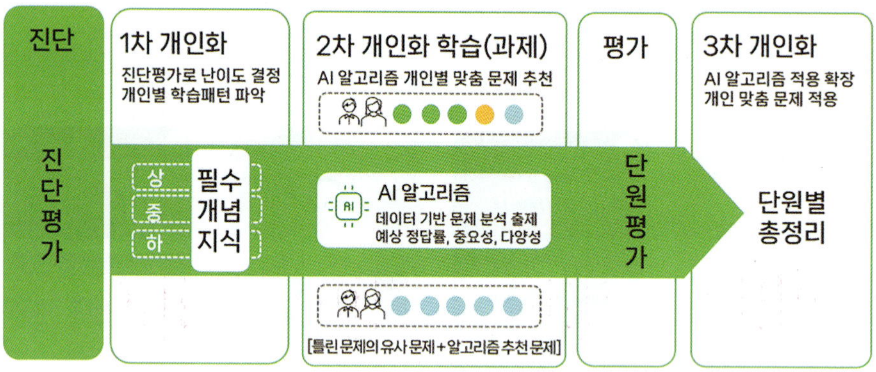

[그림 1-10] 노리(Knowre)를 활용한 학습 과정

출처: https://www.knowre.co.kr/

(2) AI 기반 학습 모니터링 및 맞춤형 지원 서비스

① 인공지능 튜터, 아이뚜루

인공지능 튜터 아이뚜루는 초등학생 대상의 인공지능 기반 학습 모니터링 및 개인 맞춤형 학습 지원 시스템으로, 학습자의 학습 습관과 심리 상태를 분석하여 최적의 학습 환경과 콘텐츠를 제공한다. 이 시스템은 아이스크림 홈런의 전용 학습 기기로 학습하는 학생의 학습 행동과 데이터를 실시간으로 모니터링하고, 잘하는 과목과 못하는 과목에 기반한 맞춤형 콘텐츠를 추천한다. 다른 AI 튜터링 시스템이 학습 결과에 중점을 두는 것과 다르게, 집중도, 학습 습관, 학습 심리상태를 분석하여 학습 동기를 강화하고 지속적으로 학습에 참여하도록 유도한다. 학습 기기 전면의 카메라를 통해 실시간으로 학습자의 시선 이탈 여부를 파악하고 졸음 감지 기능을 통해 집중도를 유지할 수 있도록 AI 튜터의 피드백을 제공하며,

학습자의 신체 건강을 고려한 시력 보호 알람을 통해 학습 기기와 안전거리를 유지하도록 안내한다. 학습 데이터 수집 및 분석 결과는 학생과 학부모에게 정량적인 학습 피드백을 제공하며 학습 성취도를 시각화하여 보여 준다.

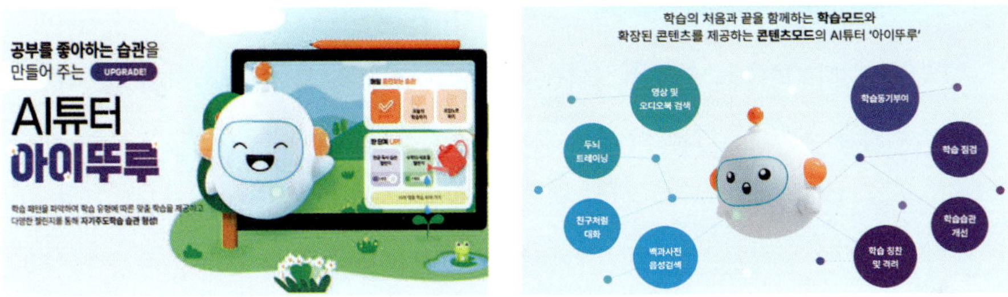

[그림 1-11] AI 튜터 아이뚜루

출처: https://www.home-learn.co.kr/homelearn/system/Intro-Aitutor.html

(3) AR과 VR을 활용한 학습 서비스

① 진로 메타버스 섬, 오늘도(島)

오늘도(島)는 학생들이 메타버스 환경에 조성된 가상의 섬을 탐험하며 다양한 진로 정보를 탐색하도록 설계된 온라인 진로교육 플랫폼이다. 이 플랫폼은 크게, 진로 탐색을 위한 진로섬과 진학 준비를 위한 진학섬으로 구성되어 있다. 먼저, 진로섬은 진로 · 직업 정보를 제공하는 진로 전망대와 직업 · 학과의 추천 도서를 안내하는 내일책방, 진로 게임, 심리테스트를 할 수 있는 진로 검사소로 구성되어 있으며, 다양한 진로 콘텐츠를 제공하고 학습자의 흥미와 적성에 맞는 진로를 발견할 수 있도록 돕는다. 진학섬은 진학 유형 검사, 진학 레터를 제공하는 수시섬과 진학과 내입정보를 안내하는 신학 투어, 계열별 학과 정보를 안내하는 학과 안내소가 있어, 학과, 학생부, 세특, 대입 등의 진학 준비에 참고할 수 있다. 오늘도(島) 플랫폼에서는 진로 교과 단원에 따라 구성한 교사용 워크북 『오늘도 여행일지』를 통해 교사들을 위한 다양한 진로 수업을 제공한다. 학생들의 테스트 참여 결과와 다양한 콘텐츠는 개별 진로 상담 자료로 활용하며, 학생과 교사의 진로 교육이 보다 구체적이고 효과적으로 이루어질 수 있도록 지원한다.

ONL:DO

[그림 1-12] **진로 메타버스 섬, 오늘도(島)**

출처: https://www.onldo.kr/

② 가상현실 스포츠실

가상현실 스포츠실은 AR과 VR을 체육 활동에 접목하여 실내에서도 학생들이 다양한 스포츠를 직접 체험할 수 있도록 하는 혁신적인 교육 공간이다. 스포츠실 공간에 설치된 특수 센서가 학생들의 움직임을 인식하여 가상현실에 반영하는 원리이며, 학생들은 대형 스크린을 통해 야구, 농구, 볼링, 축구, 양궁, 클라이밍 등의 스포츠와 놀이 및 학습을 융합한 교육 콘텐츠(예 풍선 터트리기, 수학퀴즈, 릴레이 빙고, K-pop 댄스 등)를 실내에서 안전하게 체험할 수 있다. 특히 미세먼지나 대기 오염, 공간 부족 등의 환경적 제약 없이 언제든지 체육 활동이 가능하며, 다양한 스포츠 종목을 체험할 수 있다. 가상현실 스포츠실에는 게이미피케이션이 접목되어 있어 학습자들이 기본적인 운동 기술을 습득하고 신체 활동 능력을 강화하는 데 도움을 주며, 학생들의 수업 만족도와 교육 효과에 긍정적인 효과가 있는 것으로 나타났다(채수원, 오경록, 2022). 체육 정규수업과 수업의 전과 후, 방과 후 프로그램, 특수 교육 등에서 활용이 가능하다.

[그림 1-13] 가상현실 스포츠실 도입 사례

출처: https://www.startuptoday.kr/news/articleView.html?idxno=10455
https://www.briefingnews.kr/news/articleView.html?idxno=197

(4) IoT를 활용한 학습 서비스

① 지능형 과학실 ON

지능형 과학실 ON은 제4차 과학교육 종합계획(2020~2024)에 따라 설계된 온라인 과학 탐구 지원 플랫폼으로, 교육과정과 연계하여 학생 중심의 실제적 과학 탐구 활동을 지원한다. 이 플랫폼은 실감형과 시뮬레이션 콘텐츠를 통해 과학 실험 과정에서 발생할 수 있는 물리적 한계(장비부족, 안전문제 등)를 극복하고, 다양한 과학 데이터를 실시간으로 수집 및 분석할 수 있는 IoT 센서를 활용하여 데이터 기반의 폭넓은 과학 탐구 경험을 확대할 수 있도록 지원한다. 교사들이 개설한 탐구 수업과 학생들의 과학 탐구 데이터가 공유되며, 교육과정과 연계된 최신 교수-학습 자료와 과학교육 자료, 학생의 주도적인 과학 탐구를 지원하는 온라인 콘텐츠를 제공한다. 지능형 과학실 ON은 학생들의 과학적 탐구 역량 함양과 디지털 시대에 필요한 데이터 활용 능력 향상을 지원하는 과학교육의 새로운 시도를 보여 준다.

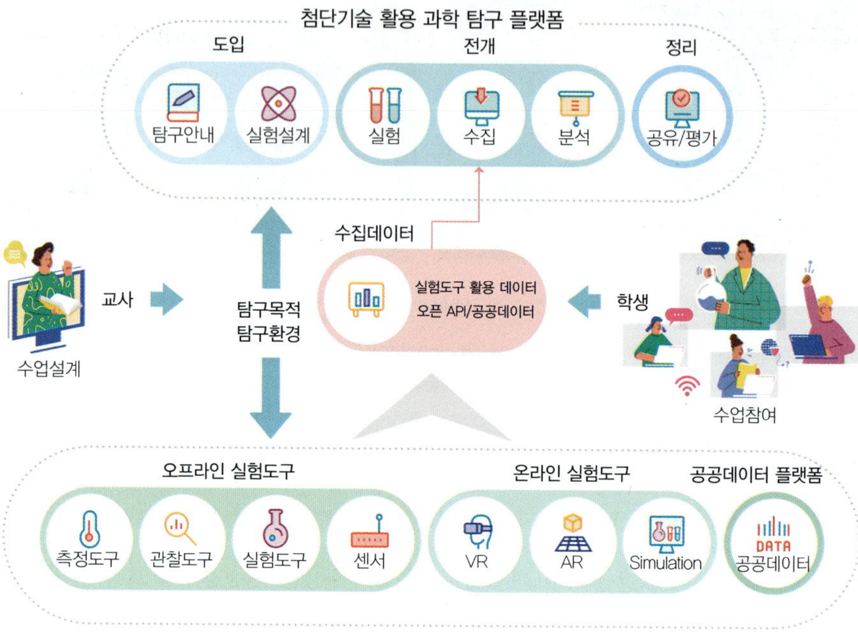

[그림 1-14] 지능형 과학실 ON의 과학 탐구 활동 체계

출처: https://science-on.kosac.re.kr/

② IoT를 활용한 체육 수업

IoT 기술을 활용하면, 웨어러블 기기와 스마트 센서를 통해 학습자의 신체 활동 데이터를 실시간으로 수집하고 분석할 수 있으며, 정량화된 평가와 개인화된 체육 교육이 가능해진다. 예를 들어, 스마트워치와 스마트 줄넘기를 활용하면, 학생들의 운동 수행 데이터를 실시간으로 측정하고 시각적으로 분석할 수 있다. 스마트 줄넘기는 줄넘기 횟수, 속도, 심박수, 칼로리 소모량 등의 데이터를 자동으로 기록하며, 스마트폰과 태블릿 PC에 전송된다. 이를 통해 체육 교사는 학생 개개인의 운동 수행 능력과 활동량을 보다 정밀하게 진단할 수 있으며, 학습자의 신체 능력에 적합한 맞춤형 운동 프로그램을 설계할 수 있다. 또한 실시간 피드백 제공을 통해 학생들은 자신의 운동 수행 능력을 즉각적으로 확인하고 보완할 수 있어 체육 수업의 효율성이 더욱 향상된다(방신웅 외, 2024).

(5) 인공지능 기반 글쓰기 평가 및 피드백 서비스

① 키위티

키위티(Korean Essay Evaluation with AI: KEEwiT)는 인공지능 기술을 활용하여 학생들이 쓴 글의 내용을 자동으로 분석하고, 이에 기반하여 맞춤형 피드백을 제공하는 교육 플랫폼이다. 한국어 글쓰기 교육에 특화되어 있으며, 글쓰기 능력의 체계적인 향상을 돕는다. 키위티는 AI 기술을 활용하여 아이디어(주제의 명확성), 구성(조직과 전개), 단어(어휘의 풍부성), 문장(문장 구사력), 표현(의도의 표현), 문법(문법적 정확성)의 6개의 기준에 따라 평가하며, 주장하는 글과 설명하는 글, 설득하는 글, 보고서, 연설문, 광고문 등 15가지 글의 종류에 따라 각각 다른 평가와 피드백을 제공한다. 교사는 자동화된 평가와 첨삭 기능을 활용하여 업무 부담을 줄이고, 학습자들에게 교사의 피드백이 반영된 최종 리포트를 공유할 수 있다. 학습자는 실시간으로 제공된 객관적인 평가와 피드백을 통해 자신의 글에 대한 강점과 약점을 파악하고 구체적인 개선 방향을 바탕으로 즉각적으로 글을 수정할 수 있다. 리포트를 통해 제공되는 글 전체와 문단별 피드백 외에도, 총평과 통계 분석, 레이더 차트, 워드 클라우드, 버블 차트의 결과가 함께 제공된다.

(6) 시선 추적 기반 읽기 능력 진단 서비스

① 리더스아이

리더스아이(Reader's Eye)는 시선 추적(Eye Tracking) 기술을 활용하여 읽기 패턴과 읽기 능력을 과학적으로 분석하는 서비스다. 이 서비스는 특수 적외선 카메라가 탑재된 시선 추적 장치를 활용하여 학습자의 텍스트 읽기 과정에서 시선의 움직임과 시각적 데이터를 정밀하게 수집하여, 읽기 능력을 체계적으로 진단하고 맞춤형 훈련을 제공한다.

주로 학습자들의 읽기 유창성, 읽기 속도, 정보 탐색 전략, 시지각적 능력에 대한 평가가 이루어지며, 전통적인 읽기 평가 방식과 달리 시선 데이터를 기반으로 과학적이고 객관적인 읽기 진단과 취약점 파악이 가능하다. 또한 웹 기반으로 키워드 찾기, 시각폭 확장, 읽기 속도 조정, 카테고리 찾기 등 읽기 기술 향상에 필요

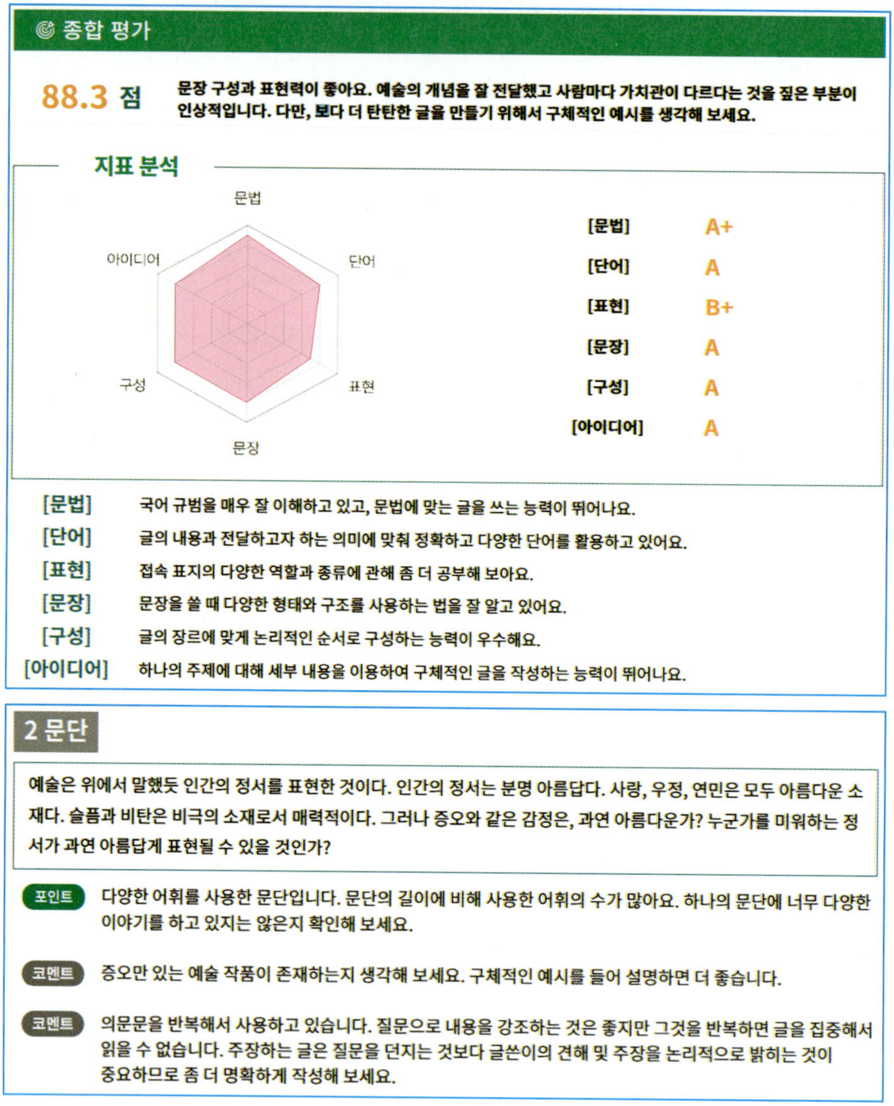
종합 평가

88.3 점

문장 구성과 표현력이 좋아요. 예술의 개념을 잘 전달했고 사람마다 가치관이 다르다는 것을 짚은 부분이 인상적입니다. 다만, 보다 더 탄탄한 글을 만들기 위해서 구체적인 예시를 생각해 보세요.

지표 분석

문법 / 단어 / 표현 / 문장 / 구성 / 아이디어

[문법]	A+
[단어]	A
[표현]	B+
[문장]	A
[구성]	A
[아이디어]	A

[문법] 국어 규범을 매우 잘 이해하고 있고, 문법에 맞는 글을 쓰는 능력이 뛰어나요.
[단어] 글의 내용과 전달하고자 하는 의미에 맞춰 정확하고 다양한 단어를 활용하고 있어요.
[표현] 접속 표지의 다양한 역할과 종류에 관해 좀 더 공부해 보아요.
[문장] 문장을 쓸 때 다양한 형태와 구조를 사용하는 법을 잘 알고 있어요.
[구성] 글의 장르에 맞게 논리적인 순서로 구성하는 능력이 우수해요.
[아이디어] 하나의 주제에 대해 세부 내용을 이용하여 구체적인 글을 작성하는 능력이 뛰어나요.

2 문단

예술은 위에서 말했듯 인간의 정서를 표현한 것이다. 인간의 정서는 분명 아름답다. 사랑, 우정, 연민은 모두 아름다운 소재다. 슬픔과 비탄은 비극의 소재로서 매력적이다. 그러나 증오와 같은 감정은, 과연 아름다운가? 누군가를 미워하는 정서가 과연 아름답게 표현될 수 있을 것인가?

포인트 다양한 어휘를 사용한 문단입니다. 문단의 길이에 비해 사용한 어휘의 수가 많아요. 하나의 문단에 너무 다양한 이야기를 하고 있지는 않은지 확인해 보세요.

코멘트 증오만 있는 예술 작품이 존재하는지 생각해 보세요. 구체적인 예시를 들어 설명하면 더 좋습니다.

코멘트 의문문을 반복해서 사용하고 있습니다. 질문으로 내용을 강조하는 것은 좋지만 그것을 반복하면 글을 집중해서 읽을 수 없습니다. 주장하는 글은 질문을 던지는 것보다 글쓴이의 견해 및 주장을 논리적으로 밝히는 것이 중요하므로 좀 더 명확하게 작성해 보세요.

[그림 1-15] 키위티 결과 리포트 예시: 종합평가(상) 및 문단 첨삭(하)

출처: https://keewi-t.korean.ai/

한 인지 능력 훈련을 제공하며, 시선 추적 장치를 이용하여 읽기 중에 시선 이동을 정교하게 제어하는 도약안구운동을 하는 읽기 트레이닝을 제공하여 학생들의 읽기 능력 향상을 지원한다.

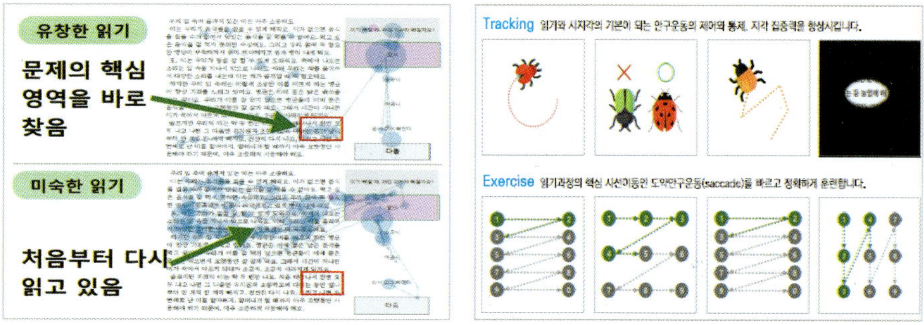

[그림 1-16] 리더스아이(Reader's Eye)의 읽기 능력 진단(좌)과 읽기 트레이닝(우)

출처: https://www.readerseye.com/

5) 해외 에듀테크 활용 사례

(1) 뮤지오

뮤지오(Musio)는 대화의 문맥과 상황을 인지하여 자연스러운 소통이 가능한 대화형 영어 학습 로봇으로 인공지능 기반 학습 엔진 뮤즈(Muse)를 탑재하였다. 학생의 개개인의 영어 실력과 학습 속도에 따라 맞춤형 회화 연습이 가능하며, 영어 표현을 효과적으로 습득하고 의사소통 능력을 향상시킬 수 있다. 일본 초·중학교 약 250개교와 한국 50개교의 영어 수업에 도입되어(2023년 기준), 공교육 환경에서 학생들의 영어 학습 능력 향상을 지원한다. 뮤지오의 영어 학습 로봇을 통해 자폐증 학생이 7년 만에 처음으로 말을 한 사례는 단순한 영어 학습을 넘어 정서적 안정과 자신감 향상에 긍정적 영향을 준 것이라고 할 수 있다. 또한 우리나라 최남단의 가파도와 같은 교육 소외 지역의 학생들에게 영어 학습 기회를 제공하여 글로벌 소통 능력을 갖추도록 지원하며, 도시와 농촌 간의 교육 격차 해소에 기여하고 있다.

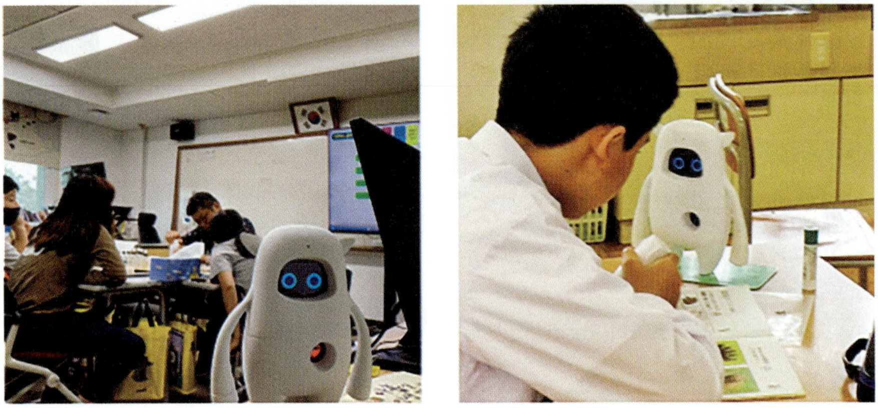

[그림 1-17] 뮤지오의 수업 활용 사례

출처: https://signalm.sedaily.com/NewsView/22H6C9O2VH/GX1104

(2) Third Space Learning

Third Space Learning은 인공지능 기반의 1:1 온라인 수학 과외 서비스이며, 영국 내 4,000개 초등학교에서 약 15만 명 이상의 학생들에게 개인화된 학습 지원 서비스를 제공하고 있다. 이 서비스는 약 10만 시간의 온라인 수업 데이터를 머신러닝 기술로 분석하여 효과적인 학습 지도 방법과 성공 패턴을 도출하고, 이를 기반으로 인공지능이 교사에게 학습 지도 피드백을 제공한다. 인공지능 시스템은 학생 개개인의 학습 진행 상황을 실시간으로 모니터링하고, 학습에서 어려움을 겪는 학생을 감지하여 교사에게 즉각적인 알림을 보내며, 더욱 효율적인 학습 지도를 할 수 있도록 교사를 보조한다. 학생은 개인의 학습 진도와 수준에 맞는 맞춤형 피드백을 통해 학업 성취도를 향상할 수 있으며, 교사는 업무 부담을 줄이고 학생과의 상호작용에 더 집중할 수 있다. Third Space Learning의 사례는 공교육 환경에서도 인공지능 기반 학습 플랫폼이 효과적으로 활용될 수 있음을 시사하며, 특히 교사의 역할을 대체하는 것이 아니라 보조하여 교수-학습의 질을 향상시키는 방식으로 운영할 수 있음을 보여 준다.

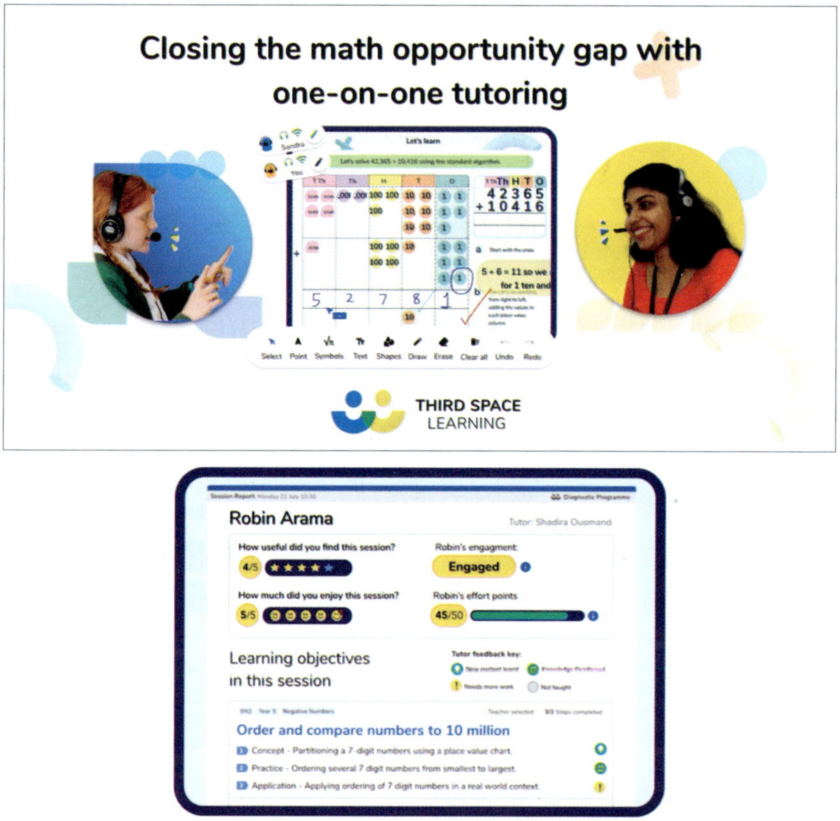

[그림 1-18] Third Space Learning의 1:1 튜터링 플랫폼(상) 및 개별 학생의 상세 피드백 보고서(하)
출처: https://thirdspacelearning.com/

(3) 듀오링고

듀오링고(Duolingo)는 40개 이상의 언어와 100개 이상의 학습 콘텐츠를 제공하는 무료 어학 학습 애플리케이션으로, 세계적으로 가장 널리 사용되는 외국어 학습 플랫폼이다. 말하기, 듣기, 읽기, 쓰기를 종합적으로 연습할 수 있는 맞춤형 학습 환경을 제공하며, 인공지능이 학습자의 강점과 약점을 자동으로 분석하고 부족한 부분의 집중 학습을 유도하며, 연습 중 발생한 오류에 대해 실시간으로 피드백을 제공하여 학습 역량을 향상하도록 설계되어 있다. 점수 시스템과 레벨업, 데일리 목표 설정, 리더보드 등의 게이미피케이션 요소를 통해 학습 동기와 몰입을 유발하며, 다양한 연령의 학습자들이 사용할 수 있도록 직관적이고 사용자 친화적인 인터페이스를 적용하여 학습 편리성을 제공하고 있다. 무료로 제공하는 다양한 콘텐츠를 통해 누구나 외국어 학습을 할 수 있는 기회를 가지며, 디지털 기반 학습 효과를 보여 주는 성공적인 사례 중의 하나다.

[그림 1-19] 듀오링고 학습 화면

출처: https://ko.duolingo.com/learn

6) 생성형 인공지능 기반 에듀테크 사례

(1) 칸미고

칸미고(Khanmigo)는 칸아카데미에서 개발한 GPT-4 기반의 교수-학습 지원 도구로, 학습자와 학부모에게는 AI 튜터로서 자기주도 학습을 촉진하고, 교수자에게는 교수 지원 도구로서 수업 준비와 학생 관리를 지원한다. 먼저, 학생용 칸미고는 자연어 처리 기술을 기반으로 학생들의 질문과 문제에 실시간으로 답변하며, 정답을 직접 제공하지 않고 학생들이 스스로 문제해결 과정을 탐구하도록 유도하여 비판적 사고력과 문제해결 능력을 배양하도록 돕는다. 초등학생부터 대학생에 이르기까지 수학, 과학, 코딩, 역사, 인문학 등 폭넓은 학문 분야에 대한 지원을 통해 문제해결 능력 함양과 에세이 피드백을 통한 작문 능력을 강화하며, 학습 안전성과 윤리성을 최우선으로 설계하여 신뢰할 수 있는 학습 환경을 제공한다.

다음으로, 교사용 칸미고는 수업계획의 보조교사로서 10만 개 이상의 연습문제와 콘텐츠를 연계하여 교사가 맞춤형 수업 계획을 세울 수 있도록 지원하며, 학생의 학습 진행 상황을 모니터링하여 추가 지원이 필요한 학생을 교사에게 안내한다. 학습 목표와 평가 기준을 제시하여 교사가 평가를 체계적으로 수행할 수 있도록 지원하기도 한다. 즉, 칸미고는 교사들이 수업 계획과 평가 업무에 할애할 시간을 단축하고 학생 개별 지도에 더 많은 시간을 투입할 수 있게 하여, 학생과 교사에게 모두 유용한 도구로 교육 혁신을 주도하는 플랫폼으로 평가받고 있다.

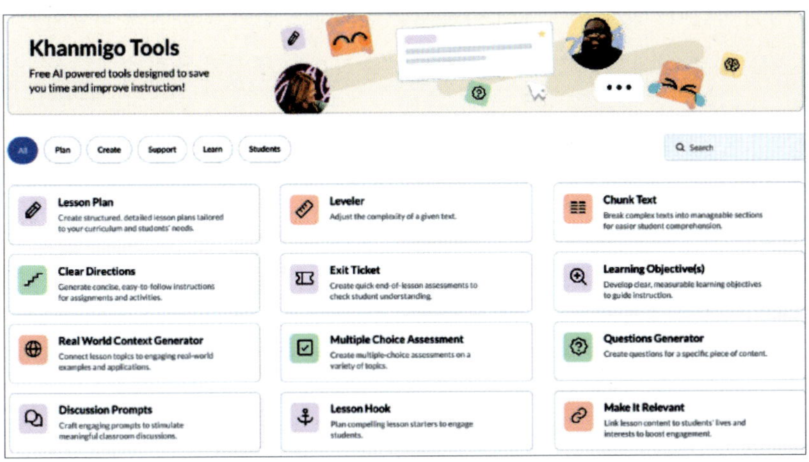

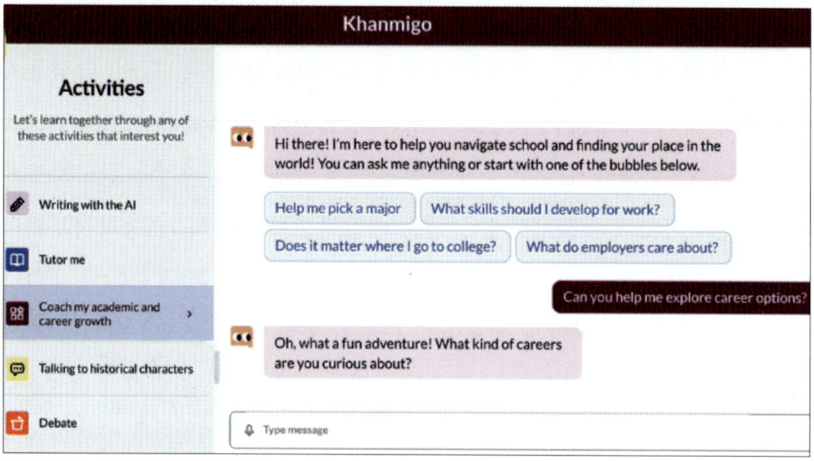

[그림 1-20] 칸미고 학생용 질의응답 화면(상) 및 교사용 지원도구(하)

출처: https://www.khanmigo.ai/learners, https://www.khanmigo.ai/teachers

(2) 스픽

스픽(Speak)은 학습자가 실제 원어민과 대화하듯 영어를 연습할 수 있도록 설계된 대화형 인공지능 기반 영어 학습 도구다. 이 서비스는 인공지능이 학습자의 모든 발화를 정교하게 분석하고 실시간으로 발음, 문법, 억양 등의 오류를 교정하며 구체적이고 맞춤화된 피드백을 제공하여, 학습자의 영어 구사 능력을 체계적으로 향상시킨다. 실제 미국에서 사용되는 문화적 · 언어적 문맥에 최적화된 학습 콘텐츠를 10분 이내의 자연스러운 표현을 중심으로 구성하여 학습자들이 실생활에 바로 적용할 수 있도록 설계되었다. GPT-4 기반의 고도화된 인공지능 튜터와의 대화를 통해 90개 이상의 실전 롤플레잉과 120개 이상의 영어 프리토킹 연습이 가능하며, 시간과 공간의 제약 없이 모바일 애플리케이션을 활용해 학습할 수 있는 우수한 접근성을 제공한다.

[그림 1-21] 스픽(Speak)의 인공지능 튜터 콘텐츠(좌) 및 학습용 영상 콘텐츠(우)

출처: https://www.speak.com/ko

(3) 드림라이팅

드림라이팅(Dream Writing)은 생성형 인공지능 기술을 기반으로 초등학생들의 글쓰기 능력을 향상시키기 위해 설계된 교육 서비스다. 이 서비스는 다양한 글쓰기 활동을 통해 학습자의 창의적 사고력, 논리적 표현력을 강화하고 글쓰기에 대한 흥미와 몰입도를 증진하는 데 중점을 두었다. 드림라이팅의 핵심 서비스는 상상 글쓰기, 생각 글쓰기, 거꾸로 단어 퀴즈로 구성되어 있다. 먼저, 상상 글쓰기는 인공지능 튜터가 제시하는 첫 문장을 바탕으로 학생이 릴레이 방식으로 글을 작성하여 총 12문장으로 이루어진 동화 한 편을 완성하며, 스토리 구성 능력과 문장 표현력을 체계적으로 강화할 수 있게 한다. 생각 글쓰기는 특정 주제에 대해 학습자가 인공지능 튜터와 찬반 토론을 진행하며 자신의 입장을 글로 표현하는 방식으로, 학습자 자신의 주관적 의견을 명확히 표현하는 능력을 길러 준다. 거꾸로 단어 퀴즈는 학습자가 특정 단어를 선택하면 인공지능 튜터가 다섯 번의 설명 안에 단어를 맞히는 방식으로 진행되며 어휘력과 문맥 이해 능력을 향상하는 데 도움이 된다. 드림라이팅은 생성형 인공지능 기술을 활용한 맞춤형 글쓰기 학습 환경을 제공하며, 자기 표현과 창의적 사고력을 향상할 수 있는 글쓰기 교육의 새로운 가능성을 제시한다.

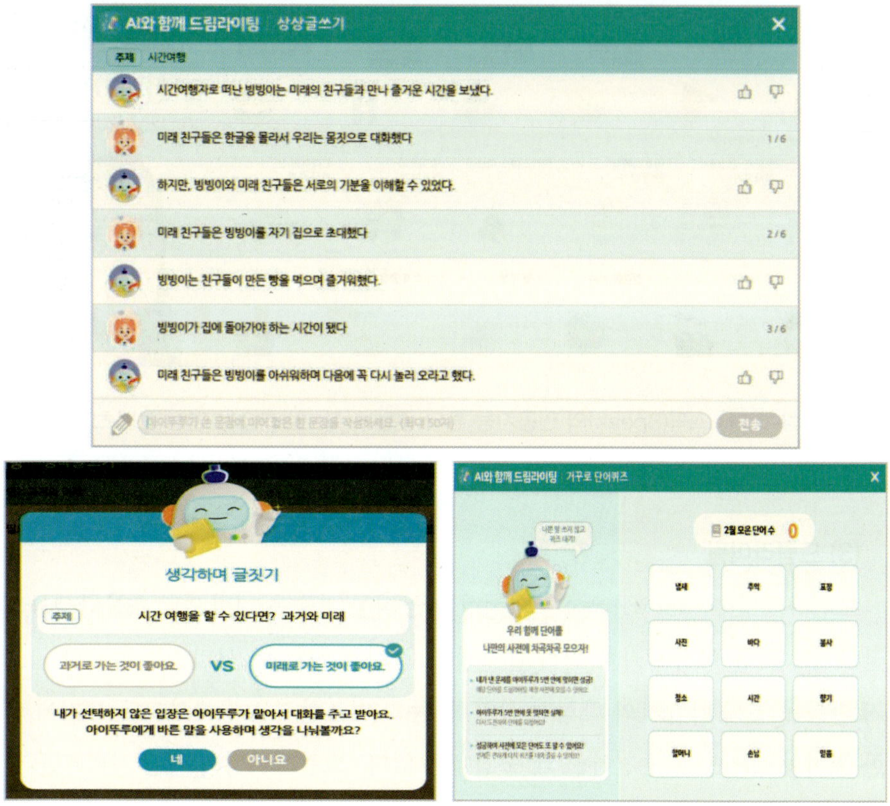

[그림 1-22] 드림라이팅의 상상 글쓰기, 생각 글쓰기, 거꾸로 단어 퀴즈 서비스 화면

출처: https://www.home-learn.co.kr/homelearn/system/DreamWriting.html

7) 에듀테크 서비스의 도전과 과제

(1) 지속가능발전목표(SDGs)와 에듀테크

2015년 유엔(UN) 총회는 인류가 2030년까지 달성해야 할 지속가능발전목표(Sustainable Development Goals: SDGs)를 채택하며, 지속 가능한 발전을 위한 교육의 중요성을 강조하였다. SDGs의 17개 목표 중 **지속가능발전목표4(SDG4)는 교육 분야의 목표로, '모두를 위한 포용적이고 공평한 양질의 교육 보장과 평생학습 기회 증진'**을 주요 과제로 설정하고 있다(유네스코한국위원회, 교육부, 2023). 이는 교육

이 지속 가능한 발전을 위한 핵심 요소라는 것을 인식하고, 모든 사람에게 교육의 접근성과 질적 향상을 보장함으로써 평등한 학습 기회를 제공하는 것을 목표로 한다.

SDG4의 주요 세부목표는 초 · 중등 교육, 영유아 보육 · 교육, 직업 기술 및 고등교육, 전문 · 직업 기술 개발, 형평성 증진, 성인 문해 및 수리능력, 지속가능발전 및 세계시민교육 등으로 구성된다. 이러한 목표를 달성하기 위해 에듀테크는 중요한 해결 방안으로 주목받고 있다. 에듀테크는 교육에 기술을 통합하여 다음과 같은 방식으로 교육 격차를 줄이고 학습의 효과성을 향상시키는 데 기여할 수 있다. 첫째, 온라인 학습 플랫폼은 지리적 제약을 극복하고 사회적 취약계층 학습자들에게 양질의 학습 콘텐츠를 제공함으로써 교육 접근성을 확대한다. 둘째, 인공지능과 빅데이터 기술을 활용하여 학생 수준에 맞는 개별화된 콘텐츠를 제공함으로써 학습 효과를 향상하고 교육 격차 해소에 기여한다. 셋째, 교사들에게 최신 교육 콘텐츠, 교육 자료, 교수법 등을 제공하여 교사의 전문 역량 개발을 지원하여, 수업의 질적 향상을 통해 학습자들의 학업 성취도 향상에 기여한다. 넷째, 성인 학습자들에게 지속적인 교육 및 직업 훈련 기회를 제공하여 평생학습의 기반을 조성한다. 마지막으로, 특수교육이 필요한 장애인, 토착민, 소외된 지역의 학생들에게도 에듀테크를 활용한 동등한 교육 기회를 제공함으로써 교육 형평성을 실현하고 사회적 불평등을 완화할 수 있다.

킷킷스쿨(Kitkit School)은 문맹 퇴치와 학습 기회 확대를 목표로 설계된 대표적인 에듀테크 사례다. 2019년 글로벌 러닝 XPRIZE 대회에서 우승한 이 학습용 소프트웨어는 문해력, 수리력을 포함한 기본 학습 능력을 증진하는 데 중점을 두고 있다. 특히 태블릿 PC를 활용한 자기주도 학습을 가능하게 하며 사용자 친화적인 인터페이스와 게이미피케이션 요소를 통해 학습자의 몰입도를 높인다. 15개월 동안 탄자니아 아동을 대상으로 실시한 연구 결과, 킷킷스쿨을 활용한 학습자는 학교 교육과 유사한 수준으로 읽기, 쓰기, 셈하기 실력이 향상되었다. 인터넷이 연결되지 않는 환경에서도 오프라인 모드를 통해 학습이 가능하며, 교사가 부재한 상황에서도 독립적 학습이 가능하도록 설계되었다. 이와 같은 특성은 교육 자원이 부족한 개발도상국과 교육 소외 지역에서 교육 격차를 해소하고 사회적 불평등을 완화하는 데 크게 기여하고 있다.

[그림 1-23] 킷킷스쿨을 사용하는 탄자니아 아이들

출처: https://enuma.com/ko/enumaGlobal/

(2) 에누마스쿨

에누마스쿨은 킷킷스쿨의 성공적인 경험을 바탕으로 개발된 모바일 학습 애플리케이션으로, 전 세계 모든 학교와 특히 ODA 협력국의 교육 현장에서 활용할 수 있도록 설계되었다. 이 애플리케이션은 대상 국가의 언어적 · 문화적 특수성을 반영하여 현지화되었으며, 온 · 오프라인 환경에서 유연한 학습이 가능하도록 설계되었다. 특히 인도네시아, 말레이시아, 방글라데시, 탄자니아 등 교육 자원이 부족한 지역의 아동에게, 국어, 영어, 수학 등 기초 학습 과목과 디지털 환경에 익숙하지 않은 학습자들을 위한 디지털 리터러시 교육을 제공한다. 학습자의 수준과 학습 속도에 맞춘 개인화된 학습 콘텐츠를 제공하며, 장애 학생을 포함한 모든 학습자가 학습에 접근할 수 있도록 유니버셜 디자인(Universal Design for Learning: UDL)을 적용하였다. 에누마스쿨은 학습 동기와 몰입도 향상을 위해 게이미피케이션 요소를 통합하였다. [그림 1-24]는 에누마스쿨의 학습 프로그램 예시로, 영어와 수학 학습을 위한 인터렉티브한 '게임'과 영어 학습을 지원하는 노래와 읽기 활동을 포함한 멀티미디어 콘텐츠 '동영상', 학습자의 몰입을 돕는 사람의 목소리로 읽어 주는 '전자책'을 제공한다.

[그림 1-24] 에누마스쿨의 게임, 동영상, 책 예시 화면

출처: https://enumaschool.com/

(3) 에듀테크 도입에 따른 저항감과 극복 방안

① 에듀테크에 대한 저항감

에듀테크는 교육 분야에 혁신적인 변화를 가져오는 도구로 평가받고 있지만, 그 도입 과정에서 여러 저항과 우려가 제기되고 있다. 첫째, 기계 의존에 대한 우려다. 인간이 기계로부터 배우는 상황에서 결국 기계가 인간을 지배할 수 있다는 우려와 두려움으로 이어진다. 이러한 우려는 에듀테크의 활용 목적과 방식을 명확히 이해하고, 교육적 맥락에서 올바르게 정의함으로써 해소해야 한다. 둘째, 디지털 격차로 인한 형평성 문제다. 농어촌 지역이나 저소득층 학습자들이 인터넷 연결과 디지털 기기의 접근이 불리한 상황에 처하며, 교육 기회의 평등성을 저해할 수 있다. 셋째, 데이터 관리와 프라이버시 우려다. 에듀테크 활용 과정에서 수집되는 개인 및 학습데이터가 제대로 관리되지 않을 경우 프라이버시 침해 문제 및 데이터 유출의 위험을 초래한다. 넷째, 교사와 학생 간 상호작용 감소다. 에듀테크에 과도한 의존은 교사와 학생 간의 상호작용 및 개인적 관심의 부족으로 이어져, 학생들의 정서적 발달에 부정적인 영향을 미칠 수 있다. 다섯째, 학습자의 사고 능력 약화다. 지나친 기술 의존으로 인해 학습자들이 창의적 사고, 비판적 사고, 문제해결 능력을 충분히 발휘하지 못하는 결과를 초래할 수 있다.

② 에듀테크 활용과 극복 방안

에듀테크 도입 과정에서 발생하는 문제들을 해결하고 그 활용 가치를 극대화하기 위한 방안은 다음과 같다.

첫째, 에듀테크의 보조적 도구 역할 강화다. 에듀테크는 학생들의 학습 경험을 향상시키고 개인화된 학습 설계를 지원하며, 교사의 역량 강화를 위한 보조적 역할을 수행해야 한다. 둘째, 디지털 형평성 확보다. 소외된 지역 및 계층에 인터넷 및 디지털 기기를 보급하고 디지털 인프라를 개선하여 모든 학습자가 공평한 교육 기회를 제공받아야 한다. 셋째, 데이터 보안과 개인정보 보호 강화가 필수적으로 요구된다. 데이터 수집과 관리 단계에서 철저한 보안 프로토콜을 수립하고, 개인정보 보호 규정을 준수하며, 학생 및 학부모에게 데이터 활용에 대한 동의를 구해야 한다. 넷째, 에듀테크는 교사와 학생 간의 상호작용을 대체하는 도구가 아닌 보완적 도구로 개발되어야 한다. 이를 통해, 교사가 학습자 맞춤형 피드백을 제공하거나 실시간 학습 모니터링을 지원하는 도구로 활용되어야 한다. 다섯째, 협력, 문제해결 능력, 창의적 사고력을 강화하는 학습 환경 조성에 중점을 두어야 한다. 이를 통해 학습자가 주도적으로 사고하고 탐구하며 협력을 지원하는 학습 환경을 구축해야 한다.

참 / 고 / 문 / 헌

구본진(2022). 디지털 전환의 미래사회 위험이슈 및 정책적 대응 방향: 인공지능을 중심으로. 기술혁신연구, 30(1), 1-20.

계보경(2021). 데이터 기반 학교 운영을 위한 사물인터넷 (IoT) 활용 환경 설계. 교육녹색환경연구, 20(3), 25-32.

김신애, 방준성, 권희경(2018). 교육 분야 '국가디지털전환' 기획의 방향성 탐색. 한국교육, 45(4), 176.

도재우, 손찬희, 김수진, 박효진, 이승호, 김명섭, 유미나, 임태형, 이지원(2023). 학생의 온라인 생활 연구: 학습자 특성 분석(RR2023-10). 한국교육개발원.

박영숙, 앤디리안, 손한손(2019). 블록체인혁명 2030. 교보문고.

손용범, 김영학(2023). 고등교육에서 블록체인 기반의 학위 이수 검증 시스템의 설계. 디지털콘텐츠학회논문지, 24(11), 2909-2917.

이강주, 박선화, 양정승, 김기헌, 김은설, 심한식, 계보경, 송선영, 남창우. 임완철(2021). 디지털 전환 시대의 학습생태계 조성방안. 경제 · 인문사회연구회.

이지은, 김유경(2020). Google 문서를 활용한 대학 논술 수업의 온라인 소집단 동료피드백 양상 및 학습자 인식. 교육문화연구, 26(4), 427-451.

이현숙, 한나라, 김혜숙(2022). 2021년 국가수준 초중학생 디지털 리터러시 수준 측정 연구. 한국교육학술정보원.

이현주, 이수영, 곽이랑, 손일지, 정재은(2021). 초등 저학년을 위한 스토리텔링 및 프로젝트 학습 기반 STEAM 프로그램 개발 및 적용. 한국초등교육, 32(2), 327-344.

장지원, 박정수, 한옥영(2023). 학습자 유형과 특성을 고려한 AI 교육 적응형 학습 시스템의 연구 및 설계. 한국컴퓨터교육학회 동계 학술발표논문집, 27(1), 215-218.

장훈(2017). [유럽] 디지털 전환과 노동의 미래. 과학기술 정책, 27(11), 10-13.

최민선, 정재삼(2019). 적응형 학습 상황에 활용된 학습분석 테크놀로지: 국내외 사례연구를 중심으로. 한국교육공학회 학술대회발표자료집, 2019(1), 215-221.

허자연, 맹다미, 이가인(2021). 서울시 미래세대의 생활양식 변화에 따른 공공시설 공급 방향 (2020-BR-17). 서울연구원.

Brown, M., McCormack, M., Reeves, J., Brooks, C., Grajek, S., Alexander, B., Bali, M., Bulger, S.R., Dark, S., Engelbert, N., Gauthier, A., Gibson, D.C., Gibson, R., Lundin, B., Veletsianos, G., & Weber, N. (2020). *2020 educause horizon report teaching and learning edition* (pp. 2-58). Educause.

COMEST(UNESCO World Commission on the Ethics of Scientific Knowledge and Technology). (2019). Preliminary Study on the Ethics of Artificial Intelligence. Available at: https://unesdoc.unesco.org/ark:/48223/pf0000367823. (Accessed 28 December 2020).

Holmes, W., Bialik, M., & Fadel, C. (2019). *Artificial intelligence in education: Promises and implications for teaching and learning*. The Center for Curriculum Redesign.

Leloup, L. (2018). **블록체인: 비파괴적 신뢰혁명 기술** (La Blockchain). (김세은 역). 북플 러스. (원서 2017년 출판).

Lemke, C. (2013). *Intelligent adaptive learning: An essential element of 21st century teaching and learning*. Dreambox Learning Inc.

Luckin, R. (2017). Towards artificial intelligence-based assessment systems. *Nature Human Behaviour, 1*(3), 1-3.

Metapippin. (2022. 1. 28.). 블록서트(Blockcerts), MIT는 어떻게 블록체인 기반의 졸업장 발급방식을 확산시켰을까? https://metapippin.blogspot.com/2022/01/blog-post.html

Ross, B., Chase, A. M., Robbie, D., Oates, G., & Absalom, Y. (2018). Adaptive quizzes to increase motivation, engagement and learning outcomes in a first year accounting unit. *International Journal of Educational Technology in Higher Education, 15*(1), 1-14.

Sawyer, R. K. (2018). *The Cambridge handbook of the learning sciences*. Cambridge University Press.

CHAPTER 02

TPACK과 디지털 교수역량

1. 디지털 교육 실천을 위한 TPACK 프레임워크

1) TPACK의 개념과 이해

디지털 기술의 발전과 함께 교육 환경에서 테크놀로지를 효과적으로 활용하여 교수-학습 활동을 지원하기 위한 노력이 지속되고 있다. 특히 코로나19 팬데믹 이후 온라인 교육의 확산, 학생 1인 1스마트 기기 보급, AI 디지털교과서의 도입 등 교육 환경의 변화는 교사들에게 테크놀로지 활용 역량을 필수적으로 요구하고 있으며, 테크놀로지 교수 내용 지식(Technological Pedagogical and Content Knowledge: 이하 TPACK)이 교사 교육에서 중요한 요소로 주목을 받고 있다.

TPACK은 '테크놀로지(Technology)' '교수(Pedagogy)' '내용(Content)'이라는 세 가지 요소가 상호 통합적으로 작용하는 개념으로, 교사가 특정 테크놀로지를 활용하여 교과 내용을 가르칠 때 학년과 수준에 적합한 교수법을 설계하고 적용하는 총체적인 지식을 의미한다(Koehler & Mishra, 2009). 이 개념은 Shulman(1986)이 제시한 교수 내용 지식(Pedagogical Content Knowledge: 이하 PCK)을 기반으로 발전하였다. Shulman은 교사가 교과 내용을 학습자가 쉽게 이해할 수 있도록 전달하기 위해 내용 지식(CK)과 교수 지식(PK)을 통합해야 한다고 주장하며 PCK 개념을 정립하였다. 이는 학습자의 이해를 돕기 위해 교과 내용을 어떻게 가르칠 것인지에 대한 지식에 초점을 맞추고 있다.

PCK에 관한 논의가 활발해지고 ICT 기술이 더욱 발전하면서, Mishra와 Koehler(2006)는 급변하는 교육 환경에서 테크놀로지의 중요성을 반영하여, PCK에 테크놀로지 지식(Technological Knowledge: TK)을 추가함으로써, 테크놀로지 교수 내용 지식(Technological Pedagogical Content Knowledge: TPCK 또는 Technology, Pedagogy, and Content Knowledge: TPACK) 개념을 확장하고 발전시켰다.

TPACK은 **교수 지식**(Pedagogical Knowledge: PK), **내용 지식**(Content Knowledge: CK), **테크놀로지 지식**(Technological Knowledge: TK)이라는 세 가지 기본 요소로 구성된다. 먼저, **교수 지식**(Pedagogical Knowledge: PK)은 교수-학습 방법과 과정에 대한 지식으로, 학습 목표 설정, 교수 전략 설계, 평가 방법, 학습자와의 상호작용을 포함한다(Koehler & Mishra, 2009). **내용 지식**(Content Knowledge: CK)은 교사가 가르쳐야 할 교과 내용을 의미하며, 개념, 원리, 절차 등을 이해하고 효과적으로 전달하는 데 필요한 지식이다(Shulman, 1986). **테크놀로지 지식**(Technological Knowledge: TK)은 교육에서 활용되는 다양한 기술(예 디지털 기기, 소프트웨어, 인공지능 등)을 이해하고, 교수-학습 과정에 효과적으로 적용하는 능력을 포함한다(Schmidt et al., 2009).

이 세가지 기본 지식 요소(PK, CK, TK)는 서로 밀접한 관련성을 가지고 통합적으로 작용하여 학습 효과를 극대화하는 역할을 한다. 세 요소의 교집합을 통해, 교수 내용 지식(Pedagogical Content Knowledge: PCK), 테크놀로지 교수 지식(Technological Pedagogical Knowledge: TPK), 테크놀로지 내용 지식(Technological Content Knowledge: TCK) 개념이 형성된다(Koehler & Mishra, 2009). 즉, 학습자들이 교과 내용을 쉽게 이해할 수 있도록 교수법을 설계하는 PCK, 교수법에 적합한 테크놀로지를 선택하고 이를 활용하는 TPK, 특정 교과 내용을 효과적으로 전달하기 위해 적절한 테크놀로지를 선별하고 적용하는 TCK를 의미한다(Koehler & Mishra, 2009; Mishra & Koehler, 2006; Schmidt et al., 2009).

종합하면, TPACK은 이 모든 요소가 통합된 형태로, 학습자에게 교과 내용을 효과적으로 전달하고 이해시키기 위해 적합한 교수 방법과 테크놀로지를 활용하여 최적의 교수-학습 환경을 구축하는 데 필요한 총체적 지식을 의미한다(Koehler & Mishra, 2009). 이는 교사의 교육적 관점, 학습자의 특성, 교육 환경 등 상황적 맥락에 따라 달라질 수 있기 때문에 맥락적 특성을 고려하는 것이 중요하다(Mishra, Koehler, 2006). 따라서 TPACK은 테크놀로지와 교수법, 내용 지식의 통합을 통해 변화하는 교육 환경에서 학습자 중심의 효과적인 학습 경험을 제공하기 위한 중요한 프레임워크로 작용할 수 있다.

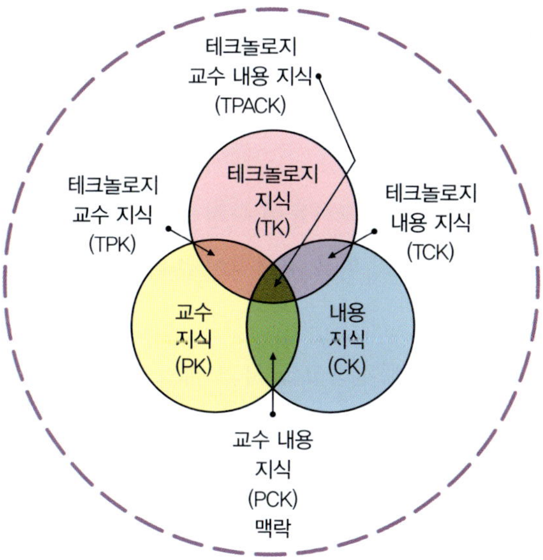

[그림 2-1] TPACK 프레임워크

출처: http://tpack.org

2) 교육 현장에서 TPACK 적용과 교사 역량 개발 방안

교사들이 교실 수업 상황에서 테크놀로지를 통합하려고 시도할 때, PCK, TPK, TCK의 지식 통합에 어려움을 겪는 경우가 많다. 연구에 따르면, 교사들은 여전히 테크놀로지를 수업에 효과적으로 활용할 준비가 부족한 상황이며(Angeli & Valanides, 2009; Polly et al., 2010; Tondeur et al., 2013), 이는 다음과 같은 문제로 이어진다.

예를 들어, 수업 준비에 많은 시간이 소요되거나, 테크놀로지를 활용하더라도 익숙한 것만 반복적으로 사용하는 경향, 새로운 테크놀로지를 배우고 수업에 접목하는 과정에서의 어려움, 특정 학습 개념에 적합한 테크놀로지를 선정하고 활용하는 데 필요한 전문성 부족과 같은 요인들이 테크놀로지 활용에 대한 두려움을 유발할 수 있다(김성원, 이영준, 2019; Mishra & Koehler, 2008). 특히 예비 초등교사들은 테크놀로지를 활용한 과학 수업 과정에서 테크놀로지를 활용한 수업 자료 준비, 학생들의 테크놀로지 사용 지도, 시간 배분 등의 측면에서 어려움을 겪었으며(나지연, 장병기, 2016), 블록코딩 기반의 저작도구 플랫폼을 활용하여 디지털 콘텐츠를 설계하고 실행하는 과학 수업에서는 학습자의 사고와 반응을 예상하며 상호작용적 피드백을 설계하는 TPACK의 강화가 필요하다는 시사점이 도출되었다(이송희 외, 2023). 이러한 문제는 교사들이 특정 교과 학습에서 테크놀로지를 활용하여 교육적 효과를 향상시키기 위한 체계적인 준비와 연구가 여전히 부족하다는 점을 의미한다.

TPACK은 이러한 문제를 해결하고 교사의 테크놀로지 활용 역량을 개발하기 위한 중요한 지침을 제공한다. 교사의 TPACK 개발을 위해 제안된 세 가지 접근 경로는 다음과 같다. 첫째, 'PCK로부터 TPACK 개발'과 같이 교사들이 기존에 가지고 있는 교수 내용 지식(PCK)을 기반으로 교육 목표 달성을 위해 적합한 테크놀로지를 활용하는 방식이며(Harris & Hofer, 2009), 교사가 자신에게 익숙한 PCK를 활용하여 테크놀로지를 통합적으로 적용하게 하는 것이다. 둘째, 'TPK로부터 TPACK 개발'은 특정 테크놀로지에 대한 지식을 먼저 습득한 뒤, 교과 주제와 교수 방식에 통합하는 방법으로(Angeli & Valanides, 2009), 교사가 테크놀로지에 대한 전문성을 바탕으로 TPACK을 개발할 수 있다. 셋째, 'PCK와 TPACK 동시개발'은 교사들이 자신의 수업 문제해결을 위한 프로젝트의 설계 과정에 참여하여 테크놀로지, 교수법, 교과 내용이 상호작용하는 통합적 지식을 습득하는 방식이다(Brush & Saye, 2009). 이러한 접근은 교사가 실제 교육 상황에서 TPACK을 자연스럽게 적용하고 발전시키는 데 유용하므로, 이와 같은 TPACK 향상 프로그램이 교사 연수와 예비교사를 위한 교육과정에 포함되어야 한다. 또한 TPACK의 적용은 학교급, 교과목, 학생 특성, 교실 상황 등의 구체적인 교수-학습의 맥락적 요인을 충분히 반영해야 한다(김도헌, 2017).

TPACK은 또한 구성주의에 기반한 교수적 접근을 통해 테크놀로지의 통합을 강조한다. 문제 중심 학습(Problem-based learning)과 프로젝트 기반 학습(Project-based learning), 탐구 기반 학습(Inquiry-Based Learning)에서 실제 맥락의 문제를 제시하고, 팀 기반의 학습 활동을 위한 인지적 도구로 테크놀로지를 활용할 수 있다(김도헌, 2017). 이러한 접근은 교수-학습 과정에서 학습자의 능동적 참여를 촉진하며 학습 효과 향상에 기여한다. 예를 들어, 체육 예비교사를 대상으로 한 디자인사고 기반 수업은 TCK, TPK, TPCK과 같은 TPACK 요소를 체계적으로 통합하는 도구로 활용될 수 있다. Lee et al.(2021)은 디자인 사고를 활용하여 예비교사들이 테크놀로지 지식을 바탕으로 체육 교육 자료와 교수법을 개선하고 테크놀로지 활용 능력을 발전시킬 수 있음을 보여 주었다. 이를 통해 테크놀로지의 활용이 단순히 도구적 활용을 넘어 학습 경험의 질 향상과 학습자 중심의 학습 환경 조성을 지원함을 알 수 있다.

따라서 예비교사 교육과 교사 연수에서는 전공 교과 지식의 전달과 테크놀로지 사용법에만 초점을 맞추기보다는, 교사들이 PCK, TPK, TCK의 효과적인 통합을 경험할 수 있도록 교육과정을 설계할 필요가 있다(박기철, 강성주, 2014; 신원석 외, 2011). TPACK은 3가지 기본요소(PK, CK, TK)가 상호작용하며, 이를 바탕으로 PCK, TPK, TCK가 역동적으로 결합될 때 효과적으로 발휘되기 때문이다.

종합해 볼 때, 교사의 테크놀로지 활용 역량은 단순히 기술적 지식에 국한되지 않으며, 교육에 대한 교사의 신념, 교과 내용에 관한 이해, 구체적인 교수-학습 맥락을 복합적이며 포괄적으로 고려할 때 효과적으로 적용될 수 있다. TPACK은 이러한 복합적 요소를 하나로 결합하여 교사의 전문성을 강화하고 학생의 학습 효과를 극대화하는 데 중요한 역할을 한다.

2. 디지털 리터러시와 교육적 프레임워크

1) 디지털 리터러시의 개념적 재정의

디지털 기술의 발전과 교육 환경의 변화는 학습자에게 디지털 리터러시를 더 이상 선택이 아닌 필수적인 역량으로 요구하고 있다. Gilster(1997)의 초기 정의에 의하면, 디지털 리터러시는 컴퓨터를 이용하여 다양한 자원으로부터 여러 가지 형태의 정보를 이해하고 사용하는 능력으로 설명한다. 즉, 디지털 리터러시는 단순히 컴퓨터나 인터넷을 다룰 줄 아는 기술적인 능력을 넘어, 기술을 활용하여 다양한 형태의 정보와 지식을 효과적으로 검색하고 분석하고 활용할 수 있는 포괄적 역량이어야 함을 의미하며(박상욱 외, 2018), 디지털 리터러시는 컴퓨터 리터러시, ICT 리터러시, 정보 리터러시, 미디어 리터러시에서 적용된 역량을 복합적으로 포함한다.

최근에는 첨단 기술의 발전과 디지털 · 인공지능 전환이 가속화되면서, 디지털 리터러시의 개념이 더욱 확장되고 있다. 이제 디지털 리터러시는 기초적인 컴퓨터 활용 능력에 국한되지 않고, 새로운 정보를 창출하고, 윤리적 태도를 바탕으로 의사소통과 협업을 수행하며, 디지털 환경에서 문제를 해결하는 통합적 역량으로 정의되고 있다. 이러한 변화 속에서 디지털 역량(Digital Competence)의 중요성이 더욱 강조되고 있는 추세다.

유네스코(UNESCO)는 디지털 리터러시를 '직장, 일자리, 창업과 같은 목적을 위해 디지털 기술을 활용하여 정보를 안전하고 적절하게 탐색하고, 관리하고, 이해하고, 통합하고, 소통하고, 평가하고, 창조할 수 있는 능력으로 정의하고 있다(UNESCO, 2018). 이러한 국제적 관점과 조화를 이루며 우리나라의 교육 상황과 사회적 요구를 반영한 김수환 등(2017)의 정의에서는 디지털 리터러시를 '디지털 사회 구성원으로서 자주적인 삶을 살아가기 위해 필요한 기본소양으로 윤리적 태도를 가지고 디지털 기술을 이해 · 활용하여 정보의 탐색 및 관리, 창작을 통해 문제를 해결하는 실천적 역량'으로 설명하고 있다. 이와 같이 디지털 리터러시의 정의는 컴퓨터나 ICT활용에 대한 기술적 숙련도를 넘어 윤리적 태도와 문제해결 능력을 포함한 통합적이고 실천적인 역량으로 확대되고 있음을 보여 준다.

2) 디지털 리터러시의 구성 체계

김진숙 등(2023)은 디지털 리터러시의 구성 체계를 **디지털 기기와 소프트웨어의 활용, 디지털 정보의 활용과 생성, 디지털 의사소통과 문제해결, 디지털 윤리와 정보 보호**의 네 가지 대영역으로 구분하고 있다. 각 대영역을 세분화하면 총 10개의 세부 요소와 22개의 학습 요소와 55개의 세부 학습 요소로 구성되며, 학습 수행 기대는 총 91개로 정리되어 있다. 이러한 체계는 디지털 리터러시의 구성 요소를 이해하고 활용하기 위한 토대를 제공한다([그림 2-2] 참조).

디지털 리터러시의 각 요소는 서로 연계되어 있으며, 교사들이 각 교과 수업에 효과적인 적용을 위해 각 구성 요소와 세부 내용을 이해할 필요가 있다. 구성 요소를 조금 더 구체적으로 살펴보면 다음과 같다.

첫째, 'I. 디지털 기기와 소프트웨어 활용' 영역은 하드웨어와 네트워크, 소프트웨어의 이해와 활용 능력을 강조한다. 이를 통해 핵심 소프트웨어에 해당하는 인공지능을 효과적으로 활용할 수 있는 능력을 함양하는 것이 목표다.

둘째, 'IV. 디지털 윤리와 정보 보호' 영역은 디지털 준법을 실천하고 개인정보와 저작물을 보호하는 역량을 의미한다. 디지털 윤리의식을 함양하여 디지털 사회의 성숙한 시민으로서 책임 있는 디지털 윤리를 실천하는 것이다.

셋째, 'II. 디지털 정보의 활용과 생성' 영역은 디지털 자료에 대한 선별 능력을 기르고 효율적으로 관리하고 소비하는 능력이다. 이를 통해 디지털 정보를 분석, 종합, 시각화하여 다양한 콘텐츠를 기획하고 생산하는 창의적 역량을 강화한다.

넷째, 'III. 디지털 의사소통과 문제해결' 영역은 디지털 공간에서 효과적으로 의사소통하고 협업하는 방법을 이해하고, 온라인 이슈와 갈등을 주도적으로 해결하는 능력이다. 이는 I, II, IV의 영역의 역량을 통합적으로 활용하여 디지털 문제해결 능력을 실현하는 것을 목표로 한다. 이처럼 디지털 리터러시의 구성 체계는 각각의 영역이 독립적으로 존재하기보다는 상호 연계되고 유기적으로 작동하므로, 학습자들이 디지털 환경에서 포괄적이고 통합적인 역량을 갖추도록 교육할 필요가 있다.

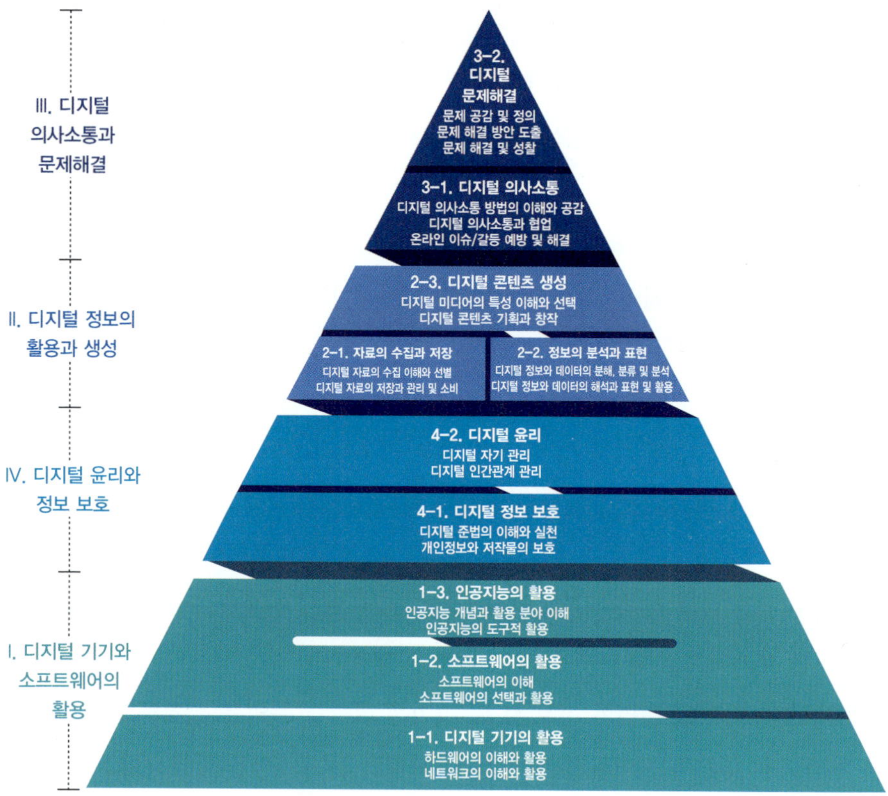

[그림 2-2] 디지털 리터러시의 구성체계

출처: 김진숙 외(2023).

3) 2022 개정 교육과정에서 디지털 리터러시 통합

OECD Education 2030 프로젝트에서는 학습자가 미래 사회에서 갖추어야 할 핵심 역량을 '학습 나침반(Learning Compass)'이라는 개념으로 제시하며, 이를 구성하는 기초 소양으로 문해력, 수리력과 함께 디지털 소양(Digital Literacy)을 강조하고 있다(OECD, 2019). 이 프로젝트에서 디지털 소양은 ICT/디지털 리터러시이며 학교 및 학교 밖에서 정보와 의사소통 기술을 활용하는 능력으로 정의된다.

이러한 흐름에 따라, 교육부는 2022 개정 교육과정에서 언어, 수리 소양 외에도 디지털 소양을 전 교과에 걸쳐 강조하며, 이를 기본 방향으로 설정하였다. 개정 교육과정 총론에서 디지털 소양은 '디지털 지식과 기술에 대한 이해와 윤리의식을 바탕으로 정보를 수집·분석하고 비판적으로 이해·평가하여 새로운 정보와 지식을 생산·활용하는 능력'으로 정의하였으며(교육부, 2022), 이는 디지털 소양을 미래 사회의 변화에 대응하기 위한 핵심 역량으로 인식하고 있음을 보여 준다.

또한 학교급별 발달 단계에 따라 디지털 기초 소양 내용 기준을 마련하고, 교과별 교육과정에 반영하기로 하였다. 이를 구체화하기 위해 『교육과정 연계 디지털 리터러시 교육 가이드라인』(김진숙 외, 2023)에서 디지털 리터러시 구성 체계와 교과별 성취기준을 연계한 교육 방안을 제시하였다. 더 나아가 인공지능 및 소프트웨어 교육의 기초와 심화 학습을 위해 정보 교육과정을 확대 개편하였다. 초등학교 34시간 이상, 중학교 68시간 이상의 정보 교육을 편성하고, 고등학교에도 정보 교과를 신설하며 다양한 선택 과목을 편성하도록 권장한다(교육부, 2022). 이처럼 학습자들의 디지털 리터러시를 강화를 위한 교육은 점점 더 확대되고 있으며, 이는 미래 역량 함양을 위한 중요한 교육적 기반이 되고 있다.

4) 교육자의 디지털 역량 개발을 위한 DigCompEdu 프레임워크

유럽연합 공동연구센터(JRC)는 디지털 역량을 '다양한 작업 수행을 위해 ICT 및 디지털 매체를 사용할 때 요구되는 지식, 기술, 태도의 집합'으로 정의하였으며(Redecker, 2017), 이를 기반으로 교육자를 위한 디지털 역량 프레임워크인 DigCompEdu(Digital Competence Framework for Educators)를 개발하였다. 이 프레임워크는 유아교육부터 고등교육 및 성인교육, 일반 및 직업 교육, 특수교육 및 비공식 학습 맥락을 포함한 모든 수준의 교육자를 대상으로 하며, 국가 및 정부 기관, 교육 기관, 공공·민간 기업이 디지털 역량 교육을 위한 일반적인 참고 프레임워크로 활용할 수 있도록 설계되었다(Redecker, 2017).

DigCompEdu는 교사가 디지털 기술과 자원을 활용하여 학습 목표를 효과적으로 달성하도록 지원하는 능력을 강조하며, 다음과 같은 6개 영역과 22개의 역량으로 구성되어 있다.

6개 영역은 전문적 참여(Professional Engagement), 디지털 자원(Digital Resources), 교수-학습(Teaching and Learning), 평가(Assessment), 학습자 역량 강화(Empowering Learners), 학습자의 디지털 역량 촉진(Facilitating Learners' Digital Competence)이다.

첫째, **전문적 참여(Professional Engagement)**에서는 교사가 디지털 기술을 통해 학습자, 학부모, 동료와의 의사소통을 강화하고, 동료 교사와 협력하여 지식과 경험을 공유하며 교육 혁신을 도모하는 것을 포함한다. 또한 디지털 교수법에 대해 성찰하며 자신의 전문성을 지속적으로 개발하는 것을 포함한다.

둘째, **디지털 자원(Digital Resources)**은 학습 목표와 학습자 특성에 맞는 디지털 자원을 평가하고 선택하며, 필요에 따라 기존 콘텐츠를 수정하거나 새로운 디지털 자료를 생성하는 능력을 포함한다. 이와 함께 디지털 자원의 개인정보 보호와 저작권 준수를 포함한 윤리적 관리도 중요한 요소로 제시한다.

셋째, **교수-학습(Teaching and Learning)**에서는 디지털 기술을 활용하여 효과적인 교수 전략을 설계하고 실행하며, 학습자와의 상호작용을 강화하고 맞춤형 지도를 제공하는 능력을 강조한다. 또한 협력적 학습 환경을 조성하여 학습자 간의 협력을 촉진하고, 학습자가 자기주도적으로 학습을 계획하고 성찰하며 발전할 수 있도록 지원하는 역할을 포함한다.

넷째, **평가(Assessment)**는 디지털 기술을 활용한 형성평가와 총괄평가 전략 개발, 학습자의 데이터를 분석하여 교수 전략을 조정하는 능력을 포함한다. 더불어 명확하고 시의적절한 피드백을 제공하여 학습자의 진행 상황을 지원하고, 학습 데이터의 활용을 통해 학습 경험을 최적화하는 데 중점을 둔다.

다섯째, **학습자 역량 강화(Empowering Learners)**는 다양한 요구를 충족시키고, 학습 경험을 개인화하며 적극적 참여를 유도하는 데 중점을 둔다. 모든 학습자, 특히 특별한 지원이 필요한 학습자들이 학습 자원과 활동에 접근할 수 있도록 보장하며, 학습 목표와 속도에 맞춘 맞춤형 지원을 제공한다. 또한 디지털 기술을 통해 학습자들이 주제에 몰입하고 창의적으로 참여할 수 있도록 지원한다.

여섯째, **학습자의 디지털 역량 촉진(Facilitating Learners' Digital Competence)**은 학습자가 디지털 정보를 탐색, 평가, 조직하고 신뢰성을 판단할 수 있도록 돕는 데 중점이 있다. 또한 학습자가 디지털 기술을 활용하여 의사소통, 협업, 시민적 참여를 책임감 있게 수행하며, 디지털 콘텐츠를 창의적으로 생성하고 안전하게 사용할 수 있도록 지도하며, 학습 활동을 통해 학습자의 문제해결 능력과 디지털 지식 활용 능력을 강화한다.

DigCompEdu 프레임워크는 교사들이 디지털 기술을 활용하여 학습자 중심의 교수법을 적용하고 디지털 교수 역량을 지속적으로 발전시키는 데 실질적인 가이드를 제공한다. 이를 통해 교사들은 교육 콘텐츠의 설계와 전달, 평가 등의 교육의 전 영역에서 디지털 도구와 자원을 효과적으로 활용할 수 있으며, 궁극적으로 학습자의 디지털 역량 증진에 기여하게 된다. 6개 영역과 세부 역량에 대한 내용은 〈표 2-1〉에 제시되어 있다.

〈표 2-1〉 유럽연합의 DigCompEdu 프레임워크 구성 및 내용

영역	역량	세부 내용
영역 1: 전문적 참여	1.1 조직적 의사소통	• 디지털 기술을 활용하여 학습자, 학부모 및 제삼자와의 조직적 의사소통을 강화하는 것 • 조직의 의사소통 전략을 공동으로 개발하고 개선에 기여하는 것
	1.2 전문적 협업	• 디지털 기술을 활용하여 다른 교육자들과 협력하는 것 • 지식과 경험을 공유하며, 교육 실천을 공동으로 혁신하는 것
	1.3 성찰적 실천	• 개인 및 집단적으로 자신의 디지털 교육 실천을 성찰하고 비판적으로 평가하는 것 • 교육 공동체의 디지털 교수-학습 역량을 적극적으로 개발하는 것

	1.4 디지털 지속적 전문성 개발(CPD)	• 디지털 자료와 자원을 활용하여 지속적인 전문성 개발(Continuing Professional Development: CPD)을 추구하는 것
영역 2: 디지털 자원	2.1 디지털 자원 선택	• 교육 목표, 학습 환경, 교수–학습 접근법, 학습자 집단을 고려하여 디지털 자원을 식별, 평가, 선택하고 이를 효과적으로 계획하는 것
	2.2 디지털 콘텐츠 생성 및 수정	• 기존의 공개 라이선스 자료와 기타 허용된 자료를 수정하고, 이를 기반으로 새로운 디지털 교육 자료를 생성하거나 공동 제작하는 것 • 디지털 자원을 설계하고 활용할 때 특정 학습 목표와 학습자 요구를 반영하는 것
	2.3 디지털 자원 관리, 보호 및 공유	• 디지털 콘텐츠를 체계적으로 관리하고 학습자, 학부모, 다른 교육자에게 제공 • 민감한 디지털 콘텐츠를 효과적으로 보호하고, 개인정보 보호 및 저작권 규정을 준수 • 공개 라이선스 및 공개 교육 자원의 사용과 생성, 저작자 표시를 이해하는 것
영역 3: 교수–학습	3.1 교수(Teaching)	• 교수 과정에서 디지털 기기와 자원을 활용하여 교수의 효과성을 높이는 것 • 디지털 교수 개입 전략을 적절히 관리하고 조정하는 것 • 새로운 형식 및 교수법을 적용하고 개발하는 것
	3.2 지도	• 디지털 기술과 서비스를 활용하여 학습자와의 상호작용을 강화하는 것 • 적시적이며 맞춤형 지도를 제공하며, 새로운 형태의 학습 지원 방식을 개발하는 것
	3.3 협력 학습	• 디지털 기술을 활용하여 학습자 간의 협력을 촉진하는 것 • 공동 과제에서 디지털 기술을 효과적으로 사용하도록 지원하며, 의사소통, 협업 및 공동 지식 창출을 지원하는 것

	3.4 자기주도 학습	• 디지털 기술을 활용하여 학습자들이 자신의 학습을 계획, 모니터링, 성찰하도록 지원 • 학습 진행 증거를 제공하고 창의적인 해결책을 도출하도록 지원하는 것
영역 4: 평가	4.1 평가 전략	• 디지털 기술을 활용하여 형성평가와 총괄평가를 수행하는 것 • 평가 형식과 접근법에 대한 다양성과 적합성을 향상시키는 것
	4.2 증거 분석	• 학습자의 활동, 성과, 진도에 대한 디지털 증거를 생성적 · 선택적 · 비판적으로 분석하고, 이를 해석하여 교수-학습에 반영하는 것
	4.3 피드백 및 계획	• 디지털 기술을 활용하여 학습자에게 맞춤형 피드백을 적시에 제공하는 것 • 디지털 기술을 통해 생성된 증거를 기반으로 교수 전략을 조정하고, 학습자와 학부모가 데이터를 이해하고 의사결정에 활용하도록 지원하는 것
영역 5: 학습자 역량 강화	5.1 접근성 및 포용성	• 모든 학습자, 특히 특별한 지원이 필요한 학습자들이 학습 자원과 활동에 접근할 수 있도록 보장 • 학습자의 기대, 능력, 활용 방식 및 오개념을 고려하며, 디지털 기술 사용에 대한 맥락적 · 신체적 또는 인지적 제약에 대응하는 것
	5.2 차별화 및 개인화	• 디지털 기술을 활용하여 학습자들의 다양한 학습 요구를 충족시키고, 개인별 학습 경로와 목표를 제공하는 것
	5.3 학습자 적극적 참여 유도	• 디지털 기술을 활용하여 학습자들이 주제에 적극적, 창의적으로 참여하도록 촉진하는 것 • 학습자가 실습 활동, 과학적 탐구 또는 복잡한 문제해결 등 실질적 활동에 참여하도록 함으로써 학습의 깊이와 몰입도를 증진시키는 것

<table>
<tr><td rowspan="5">영역 6:
학습자의
디지털
역량 촉진</td><td>6.1 정보 및 미디어 리터러시</td><td>• 학습자들이 정보를 요구하는 활동, 과제, 평가를 통합하는 것
• 디지털 환경에서 정보를 찾고, 정보를 조직, 처리, 분석 및 해석하고, 정보와 출처의 신뢰성과 신빙성을 비교하고 비판적으로 평가하는 것</td></tr>
<tr><td>6.2 디지털 의사소통 및 협업</td><td>• 학습자들이 의사소통, 협업 및 시민 참여를 위해, 디지털 기술을 효과적이고 책임감 있게 활용할 수 있도록 학습 활동, 과제 및 평가를 통합하는 것</td></tr>
<tr><td>6.3 디지털 콘텐츠 제작</td><td>• 학습자들이 디지털 수단을 통해 자신을 표현하고, 다양한 형식의 디지털 콘텐츠를 수정 및 생성하도록 요구하는 학습 활동, 과제 및 평가를 통합하는 것
• 디지털 콘텐츠에 적용되는 저작권과 라이선스에 대해 가르치고, 출처를 인용하고 라이선스를 명시하는 방법을 교육하는 것</td></tr>
<tr><td>6.4 책임감 있는 사용</td><td>• 학습자들이 디지털 기술을 사용할 때 신체적 · 심리적 및 사회적 건전성을 보장하기 위한 조치를 취하는 것
• 위험을 관리하며 디지털 기술을 안전하고 책임감 있게 사용하도록 역량을 강화하는 것</td></tr>
<tr><td>6.5 디지털 문제해결</td><td>• 학습자가 기술적 문제를 인식하고 해결하거나, 기술적인 지식을 새로운 상황에 창의적으로 적용하는 데 필요한 학습 활동, 과제, 평가를 통합하는 것</td></tr>
</table>

참 / 고 / 문 / 헌

공영일(2020). 대한민국 에듀테크 산업과 디지털 뉴딜정책. 행복한 교육, 2020(6), Retrieved from https://happyedu.moe.go.kr/happy/bbs/selectHappyArticleImg.do?bbsId=BBSMSTR_000000000191&nttId=9954#.

교육부(2021). 2022 개정 교육과정 총론 주요사항(시안). 교육부 보도자료.

교육부(2022). 초 · 중등학교 교육과정 총론(교육부 고시 제2015-74호 [별책 1](교육부 고시 제2022-2호 일부개정 포함)).

교육부(2023a). 모두를 위한 맞춤 교육의 실현: 디지털 기반 교육혁신 방안.

교육부(2023b). AI 디지털교과서 추진방안(안).

교육부(2023c). 공교육 경쟁력 제고 방안.

교육부(2023d). 에듀테크 진흥방안.

교육부, 17개시도교육청, 한국교육학술정보원(2024). 똑똑 수학탐험대의 모든 것. 인공지능(AI)활용 초등수학수업 지원시스템 활용 매뉴얼.

김도헌(2017). 테크놀로지 교실 통합을 위한 연구도구로서의 TPACK: 국내 연구동향 분석을 중심으로. 초등교육연구, 30(4), 1-22.

김성원, 이영준(2019). 설계 기반 연구를 통한 프로그래밍 기반 TPACK 교육 프로그램 개발. 한국컴퓨터정보학회논문지, 24(10), 267-278.

김수환, 김주훈, 김해영, 이운지, 박일준, 김묘은, 이은환, 계보경(2017). 디지털리터러시의 교육과정 적용 방안 연구(KR 2017-4). 한국교육학술정보원.

김진숙, 김보은, 박일준, 배현준, 이지은, 임동신, 임지영, 홍선주, 조영심(2023). 교육과정 연계 디지털 리터러시 교육 가이드라인 개발 연구. 한국교육학술정보원.

나지연, 장병기(2016). 교육실습에 참여한 예비 초등교사들이 테크놀로지 활용 과학수업 실행에서 느끼는 어려움과 요구. 초등과학교육, 35(1), 98-110.

박기철, 강성주(2014). 초 · 중등교사의 테크놀로지 교수내용지식(TPACK)에 대한 인지 경로 모형 개발. 교원교육, 30(4), 349-375.

박상욱, 이은경, 전성균, 정채관(2018). 컴퓨터 정보 소양 함양 방안 탐색(RRE 2018-8). 한국교육과정 평가원.

방신웅, 한정혜, 정현수(2024). 스크린 스포츠 게이미피케이션을 고려한 스마트 줄넘기 교육 콘텐츠 개발. *Journal of Digital Contents Society, 25*(5), 1139-1145.

신원석, 한인숙, 엄미리(2012). 예비교사들의 테크놀로지 내용교수지식 변화에 관한 연구: 테크놀로지 활용 교과목을 중심으로. **한국정보교육학회**, 16(1), 71-80.

이송희, 김영인, 박찬희, 이경화(2023). 수학, 과학 교육용 저작 도구를 활용한 수업 설계 및 실행에서 교사들이 경험한 어려움 분석: TPACK의 관점에서. **학습자중심교과교육연구**, 23(24), 585-601.

정혜주, 박근영, 서예원, 손찬희, 양희준, 이림, 황지원, 한은정, 허은정(2022). **디지털 전환에 따른 학교교육 유연화 방안**(RR2022-01). 한국교육개발원.

채수원, 오경록(2022). 가상현실 (VR) 스포츠실 참여학생들의 수업재미, 수업만족, 교육효과 및 수업지속참여의 관계 연구. **한국사회체육학회지**, 87, 147-159.

황영미, 이재현(2016). 스마트 교육 환경에서의 대학글쓰기 교육 모델 연구-영화평 협동 글쓰기를 중심으로. **교양교육연구**, 10(2), 11-42.

Angeli, C., & Valanides, N. (2009). Epistemological and methodological issues for the conceptualization, development, and assessment of ICT-TPCK: Advances in technological pedagogical content knowledge (TPCK). *Computers & Education, 52*(1), 154-168.

Brush, T., & Saye, J. (2009). Strategies for preparing preservice social studies teachers to effectively integrate technology: Models and practices. *Contemporary Issues in Technology and Teacher Education, 9*(1), 46-59.

European Commission Joint Research Centre (JRC). (2022). *DigComp 2.2: The Digital Competence Framework for Citizens - With new examples of knowledge, skills and attitudes*. Retrieved from https://publications.jrc.ec.europa.eu/repository/ handle/JRC128415

Gilster, P. (1997). *Digital literacy*. Wiley Computer Pub.

Goel, A. K., & Polepeddi, L. (2016). *Jill Watson: A virtual teaching assistant for online education*. Georgia Institute of Technology.

Harman, R. (2019). *How Is IoT Establishing The Modern Classroom?. Retrieved from* https://elearningindustry.com/iot-and-the-modern-classroom-establishing

Harris, J., & Hofer, M. (2009). Instructional planning activity types as vehicles for curriculum-based TPACK development. In I. Gibson et al. (Eds.), *Proceedings of the Society for Information Technology & Teacher Education International Conference 2009* (pp. 4087-4095). Chesapeake, VA: Association for the Advancement of Computing in Education (AACE).

Hinchcliffe, D. (September 27, 2017). *The digital transformation of learning: Social, informal, self-service, and enjoyable. ZDnet*. Retrieved from https://www.zdnet.com/article/digital-transformation-of-learning-social-informal-self-serviceenjoyable-mooc-education/

Koehler, M. J., & Mishra, P. (2005). What Happens When Teachers Design Educational Technology? The Development of Technological Pedagogical Content Knowledge. *Journal of Educational Computing Research, 32-2*, 131-152.

Koehler, M., & Mishra, P. (2009). What is technological pedagogical content knowledge (TPACK)? *Contemporary Issues in Technology and Teacher Education, 9*(1), 60-70.

Lee, H., Chang, C., & Chung, C. (2021). Research on design thinking and TPACK of physical education pre-service teachers. In M. M. T. Rodrigo et al. (Eds.), *Proceedings of the 29th International Conference on Computers in Education* (pp. 9-16). Asia-Pacific Society for Computers in Education.

Mishra, P., & Koehler, M. J. (2006). Technological pedagogical content knowledge: A framework for integrating technology in Tteacher knowledge. *Teachers College Record, 108*(6), 1017-1054.

Mishra, P., & Koehler, M. J. (2008, March). Introducing technological pedagogical content knowledge. *In annual meeting of the American Educational Research Association* (Vol. 1, p. 16).

Organisation for Economic Co-operation and Development (OECD). (2019). *OECD future of education and skills 2030: OECD learning compass 2030*. Retrieved from https://www.oecd.org/en/about/projects/future-of-education-and-skills-2030.html#strand1

Polly, D., Mims, C., Shepherd, C. E., & Inan, F. (2010). Evidence of impact: Transforming teacher education with preparing tomorrow's teachers to teach with technology (PT3) grants. *Teaching and Teacher Education, 26*(4), 863-870.

Redecker, C. (2017). *European framework for the digital competence of educators: DigCompEdu* (Report No. JRC107466). Joint Research Centre.

Schmidt, D. A., Baran, E., Thompson, A. D., Mishra, P., Koehler, M. J., & Shin, T. S. (2009). Technological pedagogical content knowledge (TPACK) the development and validation of an assessment instrument for preservice teachers. *Journal of research on Technology in Education, 42*(2), 123-149.

Shulman, L. S. (1986). Those Who Understand: Knowledge Growth in Teaching. *Educational Researcher, 15*(2), 4-14.

Tapscott, D. (2008). *Grown up digital* (p. 384). McGraw-Hill Education.

Tondeur, J., Roblin, N. P., van Braak, J., Fisser, P., & Voogt, J. (2013). Technological pedagogical content knowledge in teacher education: In search of a new curriculum. *Educational Studies, 39*(2), 239-243.

UNESCO Institute for Statistics (2018). *A global framework of reference on digital literacy skills for Indicator 4.4.2*(51). UNESCO. https://unesdoc.unesco.org/ ark:/48223/pf0000265403

CHAPTER 03

AI 디지털교과서

1. AI 디지털교과서의 출현 배경

1) 개별 맞춤형 교육의 필요성

산업혁명 이후 실시된 대량 교육 체제에서는 교사가 모든 학생에게 개별 맞춤형 교육을 제공하는 것이 현실적으로 불가능하였다. Bloom(1984)에 의하면, 교사의 일대일 지도가 학습자에게 가장 효과적인 학습 경험을 제공하는 것으로 알려져 있지만, 현실적으로 이러한 방식의 교육은 교사의 시간적 · 물리적 제약으로 구현되기 어려웠다. 그러나 최근 인공지능과 빅데이터 기술의 발전은 개별 맞춤형 학습을 현실적으로 구현할 수 있는 기반을 마련하고 있다. 예를 들어, 영국의 'Third Space Learning' 프로그램은 학생의 학습 데이터를 실시간으로 분석하고 맞춤형 지도를 지원하여, 기술의 도움으로 개별 지도의 효과를 실제 교육 현장에서 구현하는 사례로 평가받고 있다(Third Space Learning, 2005).

2) AI 디지털교과서 도입의 정책적 배경

한국에서도 2023년 교육부의 '모두를 위한 맞춤 교육 실현'을 목표로 디지털 교육 비전을 발표하고 AI 디지털교과서를 공교육에 도입하여 학생 맞춤형 교육 환경을 구축하고 있다. 이 비전은 AI 디지털교과서를 통해 학생에게는 AI 튜터(AI

Tutor) 역할을, 교사에게는 AI 보조교사(AI Teaching Assistant) 역할을 제공하는 방향으로 추진되고 있다. 이를 통해 교사는 학습자의 학업 성취도를 보다 면밀하게 분석하고, 개별적인 지도와 피드백을 제공하는 데 집중할 수 있게 된다. 교육부(2023a)가 제시한 디지털 시대 교육 대전환의 방향은 [그림 3-1]과 같다.

특히 이 비전은 단순한 기술의 도입을 넘어, 인공지능과 첨단 기술이 교사와 융합하여 창의성, 비판적 사고력, 협업 능력과 같은 인간 고유의 역량을 증진하면서도, 개별 학습자 맞춤형 교육을 제공하는 '하이터치 하이테크(High-Touch High-Tech)' 교육 모델을 추구하고 있다. 이는 기술이 교사의 역할을 보완하면서도 학습자와 교사의 인간적인 상호작용을 강화하는 데 초점을 맞춘 개념이다(교육부, 2023a).

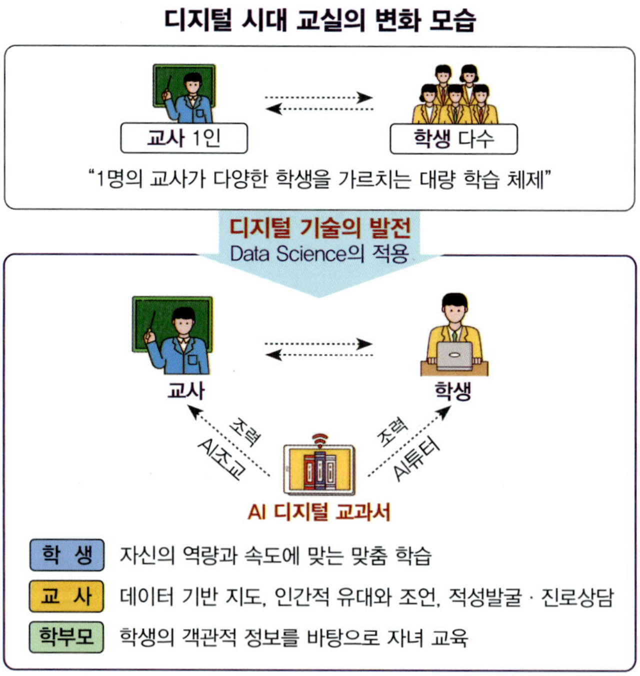

[그림 3-1] 디지털 기반 교육 혁신 방안 기본 방향

출처: 교육부(2023a).

AI 디지털교과서를 활용하면 학생들은 자신의 수준에 따라 지식을 습득하고, 보충 또는 심화 학습을 수행할 수 있으며, 교사는 이러한 기술적 환경을 기반으로

토론, 프로젝트 학습 등의 활동을 실시하여 학생들의 고차원적인 사고력을 배양하는 데 집중할 수 있다. [그림 3-2]의 Bloom의 교육 목표를 살펴보면, AI 디지털교과서는 학습자의 기억과 이해를 돕는 역할을 수행하며, 적용, 분석, 평가, 창안 등 고차원적인 학습은 교사가 주도하는 교실 수업에서 이루어진다. 또한 교사는 상담과 멘토링을 통해 사회·정서적인 지도를 강화할 수 있다.

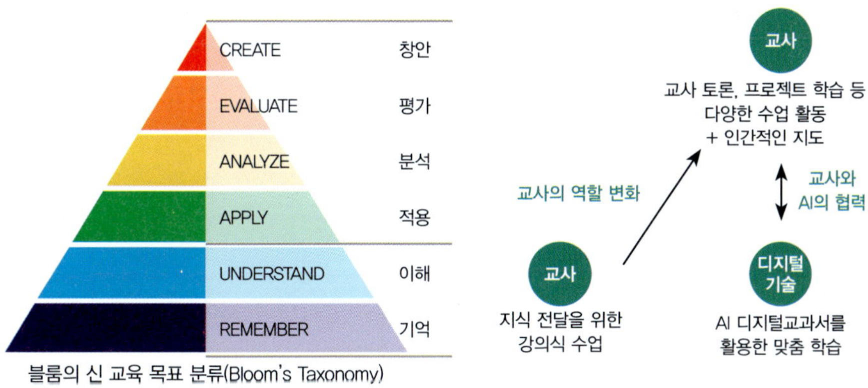

[그림 3-2] AI 디지털교과서 도입과 교육 방법의 변화

출처: 교육부, 한국교육학술정보원(2023).

2. AI 디지털교과서의 개념과 핵심 요소

1) AI 디지털교과서의 정의 및 설계 원칙

AI 디지털교과서(AI digital textbook: AIDT)는 인공지능과 지능정보기술을 활용하여 학생 개인의 학습 능력과 수준에 따른 맞춤형 학습 기회를 제공하기 위한 디지털 형태의 교과서다(교육부, 2023b). AI 디지털교과서는 교육의 효율성과 학습 경험의 확장을 위해 세 가지 원칙을 기반으로 설계된다. 첫째, AI에 의한 학습 진단과 분석(Learning Analytics)으로 학습 데이터의 실시간 수집 및 분석을 통해 학습자의 학습 상황을 진단하고, 이를 통해 효과적인 학습 경로를 설계한다. 학습자의 참여도, 성취도, 학습 패턴을 분석함으로써 개별화된 피드백과 학습 전략을 제공한다. 둘째, 개인별 학습 수준과 속도를 반영한 맞춤형 학습(Adaptive Learning)이며, 학습자의 이전 학습 성과와 실시간 학습 데이터를 기반으로, 각 학습자의 수준과 학습 속도에 최적화된 콘텐츠를 제공하여 학습 효율성을 높인다. 셋째, 학생의 관점에서 설계된 학습 코스웨어(Human-Centered Design)이며, 학습자의 사용성을 고려한 인터페이스와 디자인을 통해 학습 과정에서의 몰입도를 높이고, 직관적인 내비게이션과 사용자 경험(UX)을 통해 학습자가 스스로 학습 과정을 조정할 수 있도록 한다. 이러한 설계 원칙에 기반하여 AI 디지털교과서에는 [그림 3-3]과 같은 기능이 제공된다.

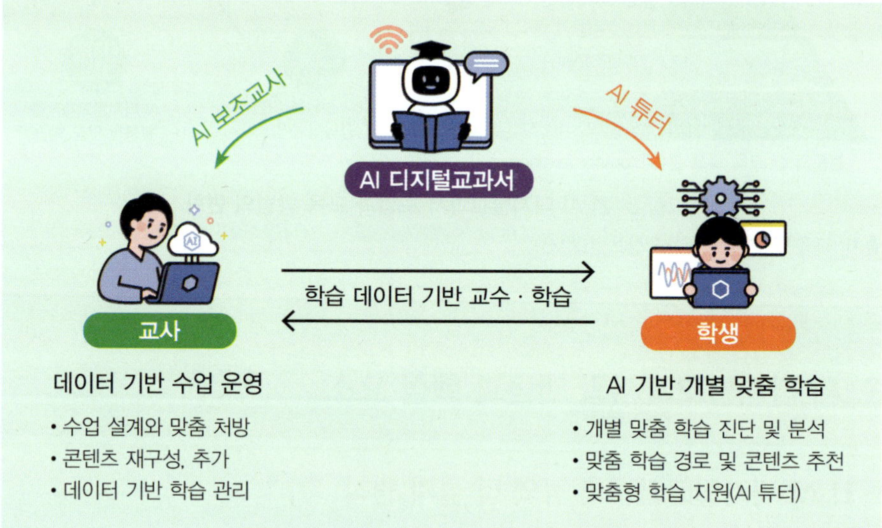

[그림 3-3] AI 디지털교과서 도입과 교육 방법의 변화

출처: 교육부(2023b). AI 디지털교과서 추진방안(안)의 내용 재구성.

2) AI 디지털교과서의 핵심 기능

AI 디지털교과서는 앞서 설명한 설계원칙을 바탕으로 다양한 학습 지원 기능을 제공하며, 교사와 학생 모두에게 효과적인 학습 환경을 조성하는 데 기여한다. 핵심 기능으로는 학습 진단, 대시보드, 맞춤형 콘텐츠, AI 튜터, AI 보조교사가 있으며, 이를 통해 개별화된 학습 지원이 가능해진다. 먼저, 학습 진단 기능을 통해 진단평가 · 형성평가 · 총괄평가 결과를 활용하여 학생 개인의 성취 수준을 세밀하게 분석하고, 개별 학생의 학습 목표에 적합한 학습 전략을 수립할 수 있다. 예를 들어, 특정 개념에서 반복적인 오답을 제출한 학생에게 인공지능이 보충 자료와 추가 연습 문제를 추천한다. 또한 대시보드 기능은 인공지능이 분석한 학생들의 학습데이터를 시각적으로 나타내고, 학생과 교사 모두에게 실시간으로 제공한다. 학생은 자신의 학습 진행 상태와 취약한 개념을 파악하여 학습 계획을 수립할 수 있으며, 교사는 보다 효과적인 수업설계가 가능하다. 예를 들어, 다수의 학생이 어려움을 느끼는 특정 개념을 파악하여 추가 설명을 제공하거나 추가 학습을 계획할 수 있다. 맞춤형 콘텐츠 제공 기능은 각 학습자의 수준과 학습 성향을 반영하여 맞춤형 콘텐츠를 자동으로 추천한다. 예를 들어, 개념에 대한 보충이 필요한 학생에게는 개념 설명과 예제 문제를 추가 제공하고, 높은 성취도를 보인 학생에게는 심화 학습 자료를 제공함으로써 개인화된 학습을 촉진한다. AI 디지털교과서의 학생용과 교사용 대시보드 예시는 [그림 3-4], [그림 3-5]와 같다.

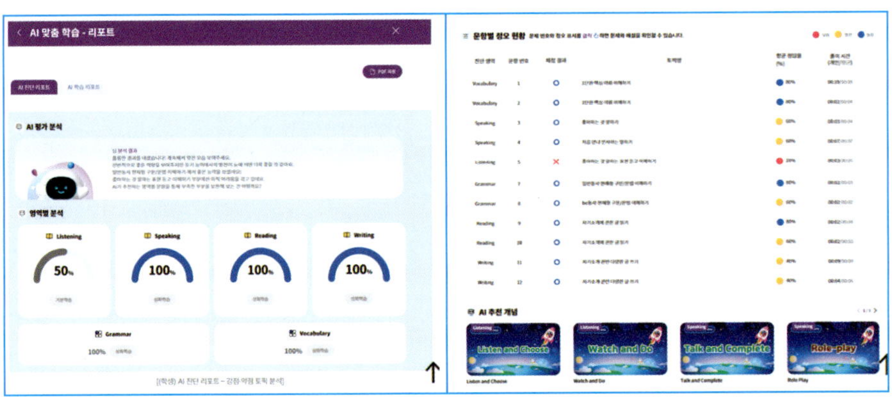

[그림 3-4] AI 디지털교과서 학생용 대시보드-AI 진단리포트 강점 · 약점 분석(좌) 및 평가 분석(우)

출처: https://aidt.chunjae.co.kr/textbook/2en1sg1

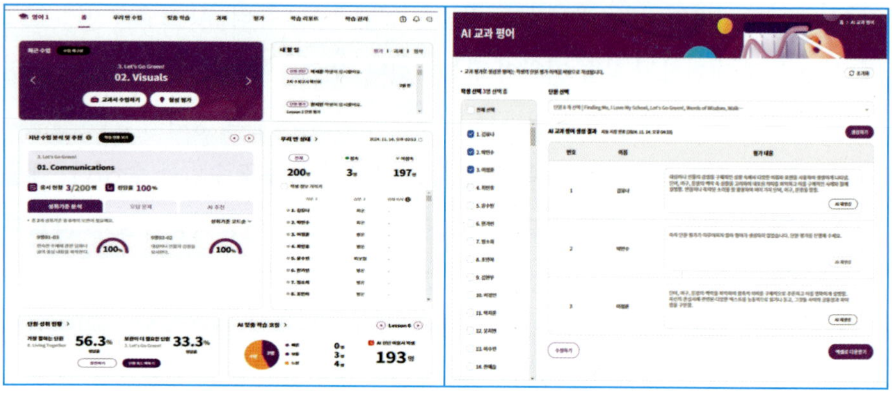

[그림 3-5] AI 디지털교과서 교사용 대시보드-학급현황 관리(좌) 및 AI 교과 평어(우)

출처: https://aidt.chunjae.co.kr/textbook/2en1sg1

AI 튜터는 학습 중 발생하는 학생들의 질문에 실시간으로 응답하는 가상의 학습 도우미 역할을 수행한다([그림 3-6] 참조). 자연어 처리 기술이 적용된 챗봇을 활용하여 학생들의 질문에 적합한 답변과 추가 학습 자료를 제공하여 자기주도 학습과 능동적 학습 참여를 유도한다(교육부, 한국교육학술정보원, 2024).

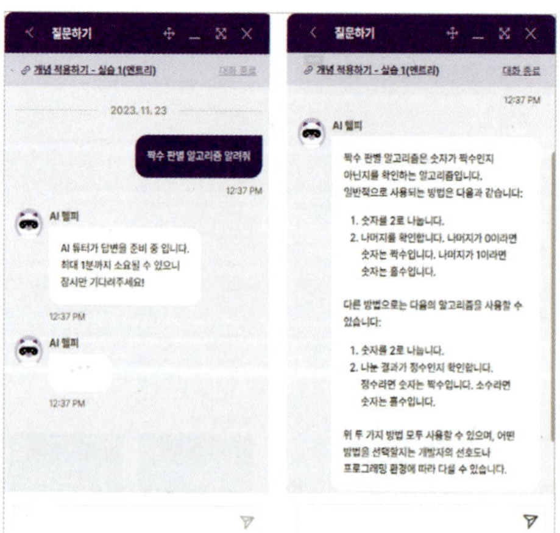

[그림 3-6] AI 디지털교과서 정보 과목의 AI 튜터

출처: 권순찬(2024).

마지막으로, AI 보조교사는 교사가 보다 효과적인 학습 지도를 할 수 있도록 지원한다([그림 3-7] 참조). 학생별 성취도 분석, 자동화된 평가를 통해 맞춤형 수업 설계를 할 수 있도록 돕고, 교사의 업무 부담을 경감하여 교사가 학생들의 고차원적 학습 지도에 집중할 수 있도록 지원한다(교육부, 한국교육학술정보원, 2024).

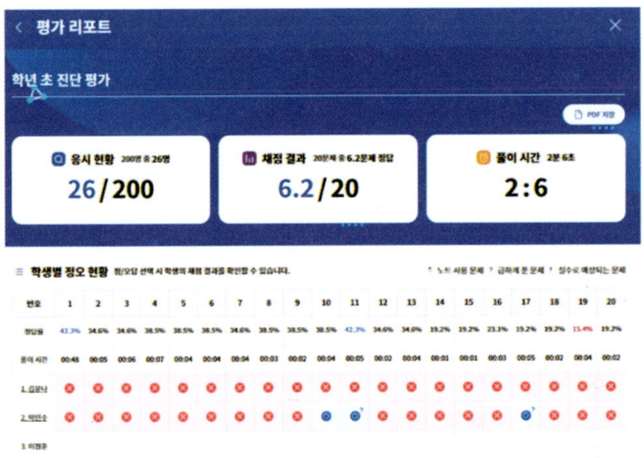

[그림 3-7] AI 디지털교과서의 학생별 자동 평가 결과

출처 : https://aidt.chunjae.co.kr/textbook/2ma1hk1

3) AI 디지털교과서의 데이터 활용 및 학습진단

AI 디지털교과서는 학생들의 다양한 학습 데이터를 수집하는데, 이는 실질적인 학습 지원 및 교육 설계에 활용하기 위함이다. 기존의 전통적인 교육 환경에서는 학생 개개인의 학습 이력을 종합적으로 분석하는 것이 어려웠지만, AI 디지털교과서는 이를 자동화하고 정교하게 분석하여 제공한다. AI 디지털교과서에서 수집하는 기본 데이터는 〈표 3-1〉과 같다.

〈표 3-1〉 AI 디지털교과서에서 수집하는 기본 데이터(예시)

개인 특성	학업 성취	메타 인지	학업 흥미
• 학적 정보 (학년, 학급) • 사회 · 문화적 배경 (지역, 성별, 기타 설문 조사) • 정서 및 심리 (좋아요, 기타 설문 조사)	• 단원 이해도 (단원별 진단평가 결과 분석) • 학습 진도율 (학습콘텐츠 활용률)	• 학습 패턴 (학습 시간, 규칙성) • 문제 풀이 패턴 (풀이 수, 정오답) • 학습 준비 (사전 학습, 과제 제출) • 학습 지속 (추가 학습, 오답 재풀이)	• 학습 적극성 (고난이도 문제 비율, 추가 학습) • 주제별 선호도 (학습 시간, 스킵 여부) • 학습 집중도 (로그인 중 활동 시간)

출처 : 교육부(2023b).

학습 데이터 활용의 핵심 목적은 크게 세 가지로 구분할 수 있다. 첫째, 학습 과정의 정밀 진단을 통해 학습자의 강점과 취약점을 실시간으로 분석하고, 이를 바탕으로 적절한 학습 경로를 설정한다. 또한 학생의 학습 스타일을 분석하는 데 활용되며 학습 패턴을 파악하여 보다 개인화된 학습을 할 수 있도록 지원한다. 둘째, 학습 피드백 및 자기주도 학습을 지원한다. 인공지능이 학습자의 학습 태도, 집중력, 학습 지속성 등의 요소를 분석하여 학습 동기를 향상하는 방식으로 활용될 수 있다. 예를 들어, 학습 참여율이 낮아지거나 학습 중단 빈도가 높은 경우, 인공지능이 학습 습관을 개선할 수 있도록 개별 피드백을 제공하며, 학생이 스스로 관리할 수 있도록 지원한다. 셋째, 교사는 학습 대시보드를 활용하여 개별 학생의 성취 수준, 학습 패턴, 학습 이탈 가능성을 즉각적으로 파악할 수 있으며, 필요에 따라 보충 학습, 개별 지도, 그룹 학습을 설계하여 지도할 수 있다.

이처럼 AI 디지털교과서의 데이터 활용은 개별 학습자의 특성을 보다 정밀하게 분석하고, 학습 피드백을 최적화하며, 교사의 맞춤형 지도 설계를 지원하는 핵심 요소가 작용하고 있으며 향후에는 더욱 정교한 인공지능 기반의 맞춤형 학습 환경이 구축될 전망이다.

3. AI 디지털교과서의 공교육 도입 및 교육적 시사점

1) AI 디지털교과서의 도입 일정 및 정책 방향

AI 디지털교과서는 디지털 · 인공지능 시대의 교육 혁신을 실현하기 위해 2025년부터 공교육 현장에 단계적으로 도입될 예정이다. 이는 학생 개인의 학습 특성에 따른 맞춤형 교육 제공을 통해, 사교육비 절감, 교육격차 해소, 교육의 효율성 증대를 목표로 한다. 또한 2022 개정 교육과정에 맞추어 초등학교 3 · 4학년, 중학교 1학년, 고등학교 1학년의 수학, 영어, 정보 교과에 우선 적용되며, 2027년에는 사회 및 과학 교과로 확대하고, 2028년까지 대상 학년과 과목 등 적용 범위를 확대할 계획이다.

2) 교과별 AI 디지털교과서의 구현

AI 디지털교과서는 학습 진단, 맞춤형 학습 경로 제공, 자동 평가 및 피드백, 실시간 모니터링 및 대시보드 기능을 활용하여, 교과별로 특화된 학습 지원을 제공한다. 다음은 영어, 수학, 정보 교과에 적용된 AI 디지털교과서 구현 방식이다.

(1) 영어, 인공지능 기반의 맞춤형 언어 학습

영어 교과에서는 영어 학습의 핵심 요소인 듣기, 말하기, 읽기, 쓰기 네 가지 영역을 균형 있게 학습하고, 영어 학습에 능동적인 참여가 가능하도록 설계되었다. 인공지능이 학습자의 영어 실력을 분석하여, 각 영역별 맞춤형 학습 콘텐츠를 추천하고, 음성 인식 인공지능을 활용하여 실제 회화 연습처럼 대화형 영어 학습 환경을 제공하며, 발음 및 억양 피드백에 대한 실시간 피드백을 받을 수 있다. 인공지능 기반 자동 첨삭 시스템을 활용하여 학습자가 작성한 영어 글을 문법, 문장 구조, 어휘 수준에서 분석하고 즉각적인 교정 및 피드백을 제공함으로써 영어 작문 능력 향상에 효과적으로 기여할 수 있다.

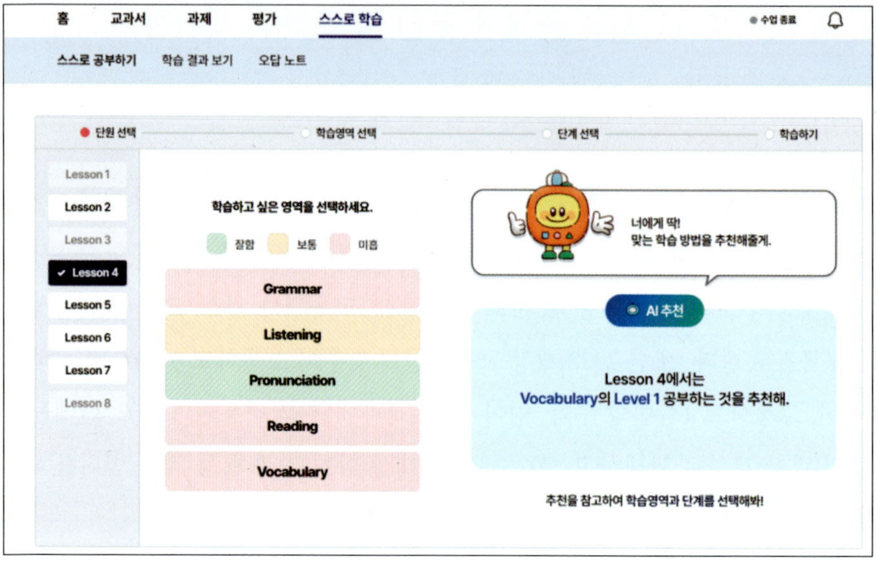

[그림 3-8] 영어교과 AI 디지털교과서의 각 영역별 학습 결과 및 추천 학습

출처: https://www.vivasam.com/aidt/sub/engHigh

(2) 수학, 인공지능 기반의 적응형 학습 및 문제풀이 지원

수학 교과에서는 학습 진단, 지식맵 분석, 디지털 교구 활용을 통해 개별 맞춤형 학습을 지원한다. 학습자의 오답 패턴 및 학습 성향을 실시간 분석하여, 특정 유형의 문제에서 지속적으로 오답이 발생하면 유사한 유형의 추가 문제를 자동 추천하거나 개념 설명 영상을 제시하여 학습 효과를 높인다. 인공지능 기반 지식맵 기능을 통해 학습자가 현재 학습하는 내용이 어떤 개념과 연결되는지를 이해하고, 선행 학습에 필요한 개념을 자동으로 추천받는 개인별 학습 경로가 제공된다. 아울러 2D/3D 그래프 생성, 기하 도형 시뮬레이션 등 디지털 교구를 활용하여 학생들이 개념을 직관적으로 이해할 수 있도록 돕고, 실시간 채점 및 피드백을 통해 학생의 문제 풀이 과정을 보완할 수 있도록 지원한다.

[그림 3-9] 수학교과 AI 디지털교과서의 유사문항 제공을 통한 반복학습

출처: https://www.vivasam.com/aidt/sub/mathMid

(3) 정보, 인공지능 기반 코딩 실습 및 알고리즘 학습

정보 교과에서는 코딩 실습, 알고리즘 학습, 인공지능 기반 코드 분석을 지원하며, 학생들이 실습을 통해 체험적으로 학습할 수 있도록 설계되었다. 학습자의 코딩 실습 데이터를 실시간으로 분석하여 오류를 탐색하고 오류 발생 원인과 해결 방법을 제시하여 학습자 스스로 코드에 대한 논리적 이해를 할 수 있도록 돕는다. 또한 마이크로비트(Micro:bit), 오렌지3(Orange3) 등 다양한 코딩 실습 환경을 제공하여, 학생들이 직접 코드를 작성하고 실행할 수 있도록 지원하며 파이썬(Python) 및 다양한 프로그래밍 언어 실습과 단계별로 난이도를 조정할 수 있도록 구성되어 있다.

[그림 3-10] 정보 교과 AI 디지털교과서의 실시간 코딩 실습 환경

출처: https://aidt.m-teacher.co.kr/middleinfo.html

3) AI 디지털교과서 도입의 교육적 시사점

AI 디지털교과서의 공교육 도입은 단순히 기술 도입을 넘어, 개별 맞춤형 교육을 구현하며 교육격차를 완화하고 학습 동기를 강화하는 중요한 변화를 가져올 수 있다. 또한 서책형 교과서의 학습 콘텐츠를 디지털화하기보다는 교사의 역할을 보완하고 학습자 중심의 자기주도적 학습 환경을 조성하는 데 목적이 있다. 향후 AI 디지털교과서의 공교육 도입은 교육의 질 향상과 학습자의 개별 역량 향상을 고려한 학습 환경 실현에 중요한 도약점이 될 것이며, 더욱 발전된 첨단 기술의 적용을 통해 미래교육의 핵심 요소로 자리 잡을 것이다.

참 / 고 / 문 / 헌

교육부(2023a). 모두를 위한 맞춤 교육의 실현: 디지털 기반 교육혁신 방안.

교육부(2023b). AI 디지털교과서 추진방안(안).

교육부, 한국교육학술정보원(2023). 2023 디지털교육백서.

교육부, 한국교육학술정보원(2024). AI 디지털교과서 개발 가이드라인.

권순찬(2024). AI 디지털교과서를 통한 미래교육 엿보기. 서울교육(여름호). 서울특별시 교육청교육연구정보원.

미래엔(2025). 고등학교 AI 디지털교과서(중학 정보). https://aidt.m-teacher.co.kr/middleinfo.html

비상교육(2025). 고등학교 AI 디지털교과서(중학 수학1). https://www.vivasam.com/aidt/sub/mathMid

비상교육(2025). 고등학교 AI 디지털교과서(공통영어). https://www.vivasam.com/aidt/sub/engHigh

천재교육(2025). 중학 AI 디지털교과서(수학1). https://aidt.chunjae.co.kr/textbook/2ma1hk1

천재교육(2025). 중학 AI 디지털교과서(영어1). https://aidt.chunjae.co.kr/textbook/2en1sg1

Third Space Learning. (2025). Proven impact in thousands of schools. https://thirdspacelearning.com/impact/

PART 02

디지털 정보의 수집 및 활용

디지털 환경에서의 수업 준비는 필요한 자료를 정확하고 효율적으로 수집한 뒤, 이를 수업 맥락에 맞게 구성하는 과정을 포함한다. 교사는 정보의 신뢰성을 판단하고 학습 목표에 적합한 자료를 선별할 수 있는 역량을 갖추어야 하며, 이는 교육 현장에서 점차 중요성이 커지고 있는 전문적 역할 중 하나다. 제2부에서는 이러한 실천적 기초를 형성하는 데 필요한 원칙과 도구, 사례를 중심으로 내용을 구성하였다.

제4장에서는 '디지털 자료 수집의 기본 원칙'을 다룬다. 데이터에서 정보, 지식, 지혜로 이어지는 위계 구조를 설명하고, 수집 목적에 따라 적절한 방법을 선택하는 기준을 제시한다. 또한 디지털 정보의 신뢰성을 확보하기 위한 점검 항목과 실제 적용 사례를 함께 제시한다.

제5장에서는 '교수-학습 자료 제공 플랫폼'의 구성과 기능을 소개한다. 에듀넷, e학습터, EBS 온라인클래스 등 공공 교육 플랫폼을 중심으로, 실제 수업에서 자주 활용되는 자료 탐색 및 관리 기능을 정리하였다. 기본적인 사용법뿐 아니라 교사와 학생이 활용할 수 있는 주요 기능과 예시도 포함하였다.

제6장에서는 '공공, 트렌드, 뉴스 및 학술 데이터 제공 플랫폼'을 다룬다. 공공데이터포털, 구글 트렌드, 빅카인즈, 구글 스콜라 등 교과 수업이나 탐구 활동에 활용 가능한 대표적 플랫폼의 성격과 데이터 제공 방식, 교육적 활용 사례를 소개한다.

제2부는 예비교사 및 현직 교사가 디지털 자료를 보다 체계적으로 수집하고 활용할 수 있도록 돕는 데 초점을 두었다. 각 장의 내용은 실제 교육 현장 적용 가능성을 염두에 두고 구성되었으며, 디지털 자료를 활용한 수업 기획과 자료 선택의 근거를 마련하는 데 기초 자료로 활용될 수 있다.

CHAPTER 04

디지털 자료 수집의 기본 원칙

1. 디지털 자료의 위계

디지털 자료를 효과적으로 활용하려면 데이터, 정보, 지식, 지혜의 위계를 이해하는 것이 필수적이다. 데이터는 단순한 기록이지만, 이를 분석하여 정보로 전환하고, 상황에 맞게 활용하면 지식으로 발전한다. 나아가, 지식은 문제해결을 가능하게 하며 지혜는 지식을 기반으로 지속 가능한 해결책을 설계할 수 있도록 한다. 다음 [그림 4-1]은 데이터, 정보, 지식, 지혜의 관계를 시각적으로 보여 준다(서윤로그, 2024; 의학통계 연구소, 2024).

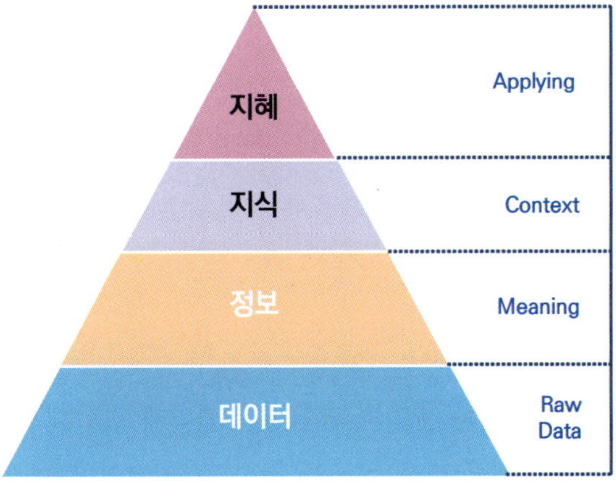

[그림 4-1] 데이터, 정보, 지식, 지혜의 위계적 관계

1) 데이터

데이터(Raw Data)는 가공되지 않은 단순한 사실이나 측정값으로, 맥락이나 의미가 없는 형태다. 데이터는 사용자가 이를 해석하거나 추가적으로 가공하지 않으면 그 자체로는 유용하지 않다. 사례는 다음과 같다.

- 도로에 설치된 센서가 측정한 차량 속도: 40km/h, 60km/h, 30km/h
- 기상청에서 수집한 온도 기록: 15°C, 16°C, 15°C, 14°C
- 스마트폰에서 기록된 걸음 수: 3,500걸음

2) 정보

정보(Information)는 데이터에 의미를 부여하여 사람이 이해할 수 있는 형태로 만든 것이다. 정보는 데이터를 정리하고 맥락을 부여하여 의미를 전달한다. 사례는 다음과 같다.

- "출근 시간(8~9시) 동안 특정 도로의 평균 차량 속도는 40km/h다." → 센서 데이터가 도로 상황을 설명하는 정보로 변환된다.
- "오늘 아침 서울의 평균 기온은 15°C이다." → 기온 데이터가 기상 정보를 제공한다.
- "스마트폰의 기록에 따르면 오늘 3,500걸음을 걸었다." → 걸음 수 데이터가 일일 활동량 정보로 전환된다.

3) 지식

지식(Knowledge)은 정보를 개인의 경험이나 맥락과 결합해 체계적이고 실용적으로 활용할 수 있는 형태로 만든 것이다. 지식은 정보를 특정 상황에 맞게 응용하고 활용하는 것이다. 사례는 다음과 같다.

- "출근길 속도가 평균 40km/h라면, 이 길은 정체가 심하니 다른 도로를 이용하는 것이 더 빠르다." → 도로 속도 정보를 기반으로 대안 경로를 판단한다.
- "아침 기온이 15°C이므로 가벼운 외투를 준비해야 한다." → 기온 정보를 활용하여 옷차림을 결정한다.
- "3,500걸음은 목표인 8,000걸음의 절반도 안 되므로, 퇴근 후 운동을 더 해야 한다." → 걸음 수 정보를 바탕으로 일일 운동 계획을 세운다.

4) 지혜

지혜(Wisdom)는 지식을 바탕으로 장기적인 통찰과 문제해결 능력을 발휘하는 단계다. 지혜는 지식에 기반하여 더 큰 관점에서 문제를 해결하고 행동을 계획하는 능력을 보여 준다. 사례는 다음과 같다.

- "출근길 혼잡을 줄이기 위해 매주 월요일에는 조기 출근을 하거나 대중교통을 이용하는 것이 좋다." → 교통 정체를 해결하기 위한 지속 가능한 행동 계획이다.
- "15°C 정도의 기온에서는 외투와 함께 얇은 옷을 겹쳐 입는 것이 하루 종일 적절한 복장을 유지하는 데 유리하다." → 기온 변화에 대비한 지혜로운 선택이다.
- "매일 걸음 수를 늘리기 위해 일상 속에서 엘리베이터 대신 계단을 이용하거나 점심시간에 산책을 해야겠다." → 장기적인 건강 관리 방법을 설계한다.

2. 디지털 자료 수집 방안

디지털 시대의 정보 활용 능력은 단순히 데이터를 수집하는 데 그치지 않고, 이를 체계적으로 분석하여 실제 문제해결에 적용할 수 있는 능력을 요구한다. 교사나 교육 분야 연구자는 수집 목적에 따라 적절한 수집 방법을 선택하고 이를 효과적으로 활용할 수 있어야 한다.

다음 〈표 4-1〉은 디지털 자료를 수집하고 활용하기 위해 다양한 방법과 그 구체적인 사례를 정리한 것이다(박일준, 2023; 박일준, 김묘은, 2020).

〈표 4-1〉 디지털 자료 수집 목적에 따른 수집 방안

목적	수집 방법	내용	사례
기존 자료 또는 내용 파악	인터넷 조사	인터넷상에 존재하는 다양한 내용, 콘텐츠, 주장들을 조사	• 교사의 수업 방식에 대한 학생 블로그 리뷰 분석 • 특정 학습 자료를 찾기 위해 에듀넷(edunet.net) 사이트 자료 분석
	문헌 조사	논문, 보고서, 도서, 기사 등에 실린 데이터 및 연구 내용 조사	• 최신 교육 이론을 탐색한 연구물을 학술정보서비스(riss.kr)에서 검색 · 분석 • 공교육 관련 정부 보고서 분석
	빅데이터 분석	공공데이터 등 대중에게 공개된 데이터를 통해 추세와 패턴 분석	• AI 디지털교과서에 축적된 학생들의 성적 변화 데이터 분석을 통한 학습 패턴 파악 • 공공데이터포털(data.go.kr) 등 공공기관에서 제공하는 교육 통계 데이터 활용
인과관계 파악	실험 조사	원인과 결과를 규명하기 위해 실험을 거쳐 독립 변인이 종속 변인에 미치는 영향을 측정	• 디지털 도구가 학생의 학습 동기에 미치는 영향 실험 • 소규모 그룹을 대상으로 새로운 교수법의 효과 검증
현상 파악	관찰 조사	카메라 등의 장비를 이용해 현상이나 행동을 직접 관찰, 기록하는 방법으로 질문지 조사와는 달리 조사자의 응답에 의존하지 않을 수 있음	• 학급 내 학생 간 상호작용을 비디오로 관찰 및 기록 • 수업 중 학생의 질문 빈도를 직접 관찰하여 분석

인터넷상의 현상 파악	웹크롤링	웹크롤링 프로그램을 이용하여 웹상에 존재하는 데이터를 자동 분석하는 방법으로, 크롤링을 허용하는 웹사이트에 한해 자료 수집을 할 수 있음	• 교육 관련 웹사이트에서 학습 자료 자동 수집 • 학생들이 자주 찾는 온라인 자료 트렌드 파악
인식 파악	설문 조사	구글 폼즈, MS 폼즈 등 온라인 서베이 도구를 이용한 정량 조사	• 학생들의 수업 만족도 조사 • 학부모 대상 교육 프로그램 필요성 조사
	면접 조사	개인 인터뷰 또는 그룹 인터뷰를 통해 정성적인 내용 파악	• 우수 교사의 교수법에 대해 인터뷰 • 학부모와의 면담을 통해 학교 교육의 개선 방향 논의
범죄에 관한 법적 증거 자료 확보	디지털 포렌식	컴퓨터 저장매체와 네트워크로부터 자료를 식별, 분석 및 보존하여 법정 증거물로 제출할 수 있도록 하는 일련의 절차와 행위	• 학교 내 사이버폭력 관련 증거 분석 • 학생 기기에서 삭제된 학습 자료 복구

3. 디지털 자료의 신뢰성 확보

디지털 환경에서 정보를 수집하고 활용할 때 가장 중요한 것 중 하나가 정보의 신뢰성을 확인하는 것이다. 허위 정보와 왜곡된 사실은 개인과 사회에 큰 피해를 줄 수 있으므로, 이를 식별하고 신뢰할 수 있는 정보를 선별하는 능력이 필요하다.

1) 정보 생산자, 공유자, 이용자의 역할

디지털 자료의 신뢰성을 확보하기 위해서는 정보 생산자, 공유자, 이용자 모두가 각자의 책임을 다해야 하며([그림 4-2] 참조), 신뢰할 수 있는 정보를 바탕으로 한 의사결정과 판단은 개인뿐 아니라 사회 전체의 건전성을 높이는 데 필수적이다. 디지털 시대에 정보는 무기가 될 수 있으므로, 그 무기를 올바르게 사용하는 방법을 익히는 것이 중요하다.

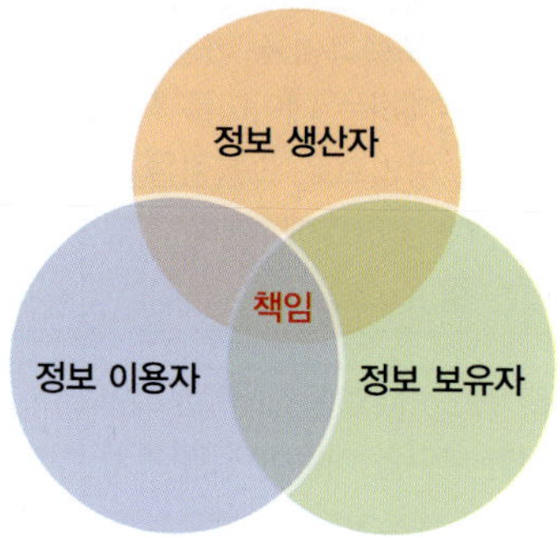

[그림 4-2] 정보 신뢰성 확보 주체

출처: 박일준(2023).

정보 생산자, 공유자, 이용자가 정보의 신뢰성 확보를 위해 다음과 같은 책임을 다해야 한다.

- **정보 생산자:** 사실을 바탕으로 정확하고 투명한 정보를 생성해야 한다. 잘못된 정보는 생산 단계에서부터 발생할 수 있으므로, 출처와 근거를 명확히 해야 한다.
- **정보 공유자:** 정보를 공유할 때는 사실 여부를 확인하고, 허위 정보의 확산을 막아야 한다. 공유 전에 정보를 검증하는 습관이 필요하다.
- **정보 이용자:** 정보를 비판적으로 분석하고, 신뢰성을 확인하는 태도가 필요하다. 의심스러운 정보에 대해서는 반드시 추가적인 팩트 체크가 요구된다.

2) 허위 정보 식별법

허위 정보 여부를 판단하기 위해 다음과 같은 점검이 필요하다.

- **작성자 확인:** 정보를 작성한 출처가 신뢰할 수 있는 곳인지 확인한다. 공식 기관, 공신력 있는 언론사의 정보인지 검토한다.
- **출처와 근거 명확성 확인:** 출처와 근거가 불분명하거나 옳지 않은 출처를 사용

한 경우 의심해 볼 필요가 있다.

- **사실과 주장 구분**: 명백한 사실인지, 단순 주장인지 구분한다. 특히 자극적인 주장일수록 추가 검증이 필요하다.
- **다른 출처와 비교**: 동일한 내용이 다른 신뢰할 만한 출처에서도 확인되는지 검토한다.
- **정보의 의도 파악**: 정보가 특정한 정치적 · 상업적 · 개인적 목적을 위해 왜곡되었을 가능성을 고려한다.
- **팩트체크 전문 사이트 활용**: 다음과 같은 신뢰할 수 있는 공공 기관 또는 언론사의 팩트체크 서비스를 활용한다. 각 사이트에 판정을 요하는 정보를 입력하면, 해당 정보의 사실 여부에 따라 '사실' '대체로 사실' '절반의 사실' '대체로 사실 아님' '전혀 사실 아님' 등의 판정 결과를 제시하며, 각 판정에 대한 상세한 설명과 근거를 함께 제공한다.

팩트체크 전문 사이트

- 팩트체크넷: https://factchecker.or.kr/
- SNU 팩트체크: https://factcheck.snu.ac.kr/
- 연합뉴스 팩트체크: https://www.yna.co.kr/factcheck/
- KBS 팩트체크: https://news.kbs.co.kr/news/list.do?icd=19588
- JTBC 팩트체크: https://news.jtbc.co.kr/factcheck/

3) 가짜 뉴스 판별법

허위 정보와 가짜 뉴스는 모두 잘못된 정보를 의미하지만, 그 발생 원인과 의도에 차이가 있다. 허위 정보(Misinformation)는 주로 의도와 상관없이 잘못된 사실, 오류, 과장된 내용이 포함된 정보를 의미하며, 제공자가 고의적으로 왜곡하려는 의도가 없는 경우가 많다. 반면, 가짜 뉴스(Fake News)는 특정 목적(정치적 · 상업적 · 개인적 이익 등)을 달성하기 위해 고의적으로 조작된 허위 정보를 지칭하며, 작성자의 명확한 의도와 전략적 왜곡이 포함된다. 허위 정보는 단순히 출처 확인과 사실 검증으로 교정할 수 있지만, 가짜 뉴스는 의도적인 선동과 피해를 초래하기 때문에 의도 분석과 법적 · 사회적 대응이 필요하다(유네스코한국위원회, 2020; 한국언론진흥재단, 2020).

(1) 육하원칙에 입각한 뉴스 분석

육하원칙(5W1H: Who, What, Where, When, Why, How)은 고대 그리스 철학자 아리스토텔레스(Aristotle)의 저서 『변증론』에서 처음 언급되었으며, 20세기 초 영국의 작가이자 기자인 루디야드 키플링(Rudyard Kipling)에 의해 대중적으로 널리 알려졌다. 이후 육하원칙은 문제를 해결하거나 사건을 분석할 때 사용하는 보편적 도구로 자리 잡았으며, 특히 저널리즘(언론 보도), 교육, 연구, 법률 등 다양한 분야에서 체계적인 사고와 소통을 위한 기본 원칙으로 발전하였다.

이러한 육하원칙은 가짜 뉴스를 체계적으로 해체하고 의심스러운 요소를 확인하는 데 다음과 같이 중요한 분석 도구로 활용될 수 있다. '누가'는 정보의 출처와 작성자를 확인하여 신뢰도를 평가하고, '무엇을'과 '어떻게'는 정보의 내용과 전달 방식을 검토하여 사실 여부와 의도성을 분석한다. '어디서'와 '언제'는 정보의 시공간적 맥락을 확인해 현재 상황과의 적합성을 판단하며, '왜'는 정보가 유포된 목적을 파악해 특정 이익이나 선동 목적이 포함되었는지를 판단한다. 예를 들어, 다음과 같은 진위 여부가 의심스러운 뉴스가 있다고 할 때 그 해체 과정과 결과를 살펴보면 〈표 4-2〉와 같다.

가짜 뉴스 예시

- 제목: '2025년부터 모든 초 · 중 · 고등학생에게 AI 로봇 교사 도입, 교실 내 교사 완전 대체'
- 내용: "대한민국 정부는 2025년부터 초 · 중 · 고등학교 교실에 AI 로봇 교사를 도입하고, 기존 교사들을 대체한다고 밝혔다. 이 AI 로봇 교사는 학습 내용을 실시간으로 분석해 학생 개개인에게 맞춤형 학습을 제공하며, 감정적 피드백까지 가능하다고 한다. 교육부 관계자는 "AI 로봇 교사가 인건비 절감과 학업 성과 향상에 기여할 것"이라고 전했다. 이로 인해 기존 교사들의 대규모 퇴출이 불가피할 전망이다."

〈표 4-2〉 육하원칙에 입각한 뉴스 해체와 결론

질문	분석 내용	의심스러운 부분
누가 (Who)	'대한민국 정부' '교육부 관계자'로 출처를 모호하게 명시했으며, 구체적인 발언자나 책임 기관이 없음	정보의 출처가 구체적이지 않으며, 익명의 관계자 발언만 제시됨
무엇을 (What)	'AI 로봇 교사가 기존 교사를 대체한다.'는 주장을 하고 있으나, 로봇의 실제적인 기술적 수준이나 정책적 근거에 대한 구체적 설명이 없음	기존 교사를 완전히 대체할 수준의 AI 로봇 기술이나 관련 정책이 존재한다는 점이 비현실적으로 보임
어디서 (Where)	해당 정책이 도입될 '대한민국의 모든 초 · 중 · 고등학교'를 언급했으나, 지역별 차이나 시범 도입 여부에 대한 설명이 없음	전국적으로 동시 도입이 가능하다는 점이 현실적으로 비합리적임
언제 (When)	'2025년부터'라는 시기를 제시했으나, 도입이 확정된 정확한 날짜나 관련 공고에 대한 내용이 없음	구체적 일정이나 교육부의 공식 발표 자료가 확인되지 않음
왜 (Why)	'인건비 절감'과 '학업 성과 향상'이 목적이라고 하지만, 이를 뒷받침하는 구체적인 연구 결과나 근거가 없음	인건비 절감이 교육의 질과 충돌할 가능성이 있는데 이에 대한 언급이 없으며, 학업 성과 향상 근거가 제시되지 않음
어떻게 (How)	AI 로봇 교사가 '실시간 학습 분석'과 '감정적 피드백'을 제공한다고 하지만, 이를 구현할 기술적 방법이나 파일럿 프로젝트에 대한 내용이 없음	기술적 세부 내용 없이 추상적인 표현만 사용되었으며, 이를 입증할 자료가 부족함
해체 결과	이 뉴스는 출처, 기술적 타당성, 정책적 실현 가능성 등에서 신뢰성을 의심할 요소가 다수 존재한다. 특히 구체적 발언자의 부재와 기술적 · 정책적 근거의 부족이 가장 큰 문제점이다. 육하원칙에 입각한 분석을 통해 뉴스가 과장된 표현과 모호한 출처를 이용하여 사실처럼 보이게 만들어졌음을 확인할 수 있다.	
결론	이 뉴스는 출처가 불분명하고 기술적 · 정책적 근거가 부족하므로 가짜 뉴스로 판단할 수 있다. 공신력 있는 기관(예 교육부 웹사이트)에서 공식 발표 자료를 검증하는 것이 필요하다.	

(2) CNN이 제공하는 가짜뉴스 구별법

육하원칙에 입각해 작성된 기사가 신뢰로운 기사의 조건을 일부 충족할 수는 있지만, 그것만으로 완전히 신뢰성 있다고 단정할 수는 없다. 육하원칙은 정보의 구조와 내용을 체계적으로 검토할 수 있는 틀을 제공하지만, 정보의 진위 여부와 의도를 판단하기 위해 추가적인 검증이 필요하다. CNN(Cable News Network, https://www.cnn.com)은 1980년 미국에서 설립된 24시간 뉴스 전문 방송사로, 전 세계에 뉴스와 정보를 제공하는 주요 미디어 중 하나다. 다음은 CNN이 제공하는 초보자를 위한 가짜 뉴스 구별법이다(빛나라, 2020).

〈표 4-3〉 CNN이 제공하는 가짜 뉴스 구별법

구분	설명 및 확인 방법
도메인 확인	뉴스 사이트의 URL이 정식 도메인인지 확인한다. .com, .gov, .org와 같은 공신력 있는 도메인을 사용하는지 점검한다.
제목과 내용 비교	제목이 과장되어 있거나, 자극적 표현으로 주목을 끌려는 의도가 있는지 점검한다. 기사 제목과 내용이 일치하는지 확인한다.
발행 날짜 확인	정보의 발행 날짜가 현재 상황과 맞는지 확인한다. 과거의 정보를 현재와 관련된 것처럼 보도하지 않았는지 검토한다.
출처 검증	기사가 신뢰할 수 있는 출처(공식 발표, 연구 논문, 공신력 있는 언론사)를 명확히 제시하는지 확인한다.
기본 사실 점검	기사에서 주장하는 기본적인 사실(인물, 사건, 장소 등)이 명확히 설명되고, 다른 신뢰할 만한 출처와도 일치하는지 확인한다.
특정 매체 출처 확인	가짜 뉴스가 공신력 있는 매체에서 보도된 것으로 위장될 수 있으므로, 해당 매체의 공식 사이트에서 실제로 보도되었는지 검토한다.
공식 보도 여부 확인	정보가 정부 기관, 연구소 등 공신력 있는 단체에서 공식적으로 발표된 것인지 점검한다.
팩트체크 도구 활용	전문 팩트체크 사이트(SNU 팩트체크, 팩트체크넷 등)를 이용하여 정보의 진위를 추가로 검증한다.

4) 팔레토 법칙에 기반한 정보의 신뢰성 판단

(1) 팔레토 법칙의 의미

팔레토 법칙은 1897년 이탈리아 경제학자 빌프레도 팔레토(Vilfredo Pareto)가 "이탈리아 인구의 20%가 전체 부의 80%를 소유한다."라고 주장한 데서 유래했다. 이후, 이는 다양한 분야에서 "결과의 80%는 원인의 20%에서 비롯된다."라는 일반 법칙으로 확장되었으며, 2080 법칙으로도 알려져 있다(위키백과, n.d.).

이 법칙은 정보 관리와 신뢰성 판단에서도 중요한 시사점을 제공한다. 팔레토 법칙에 따르면, 수집된 자료와 정보의 대부분(80%)은 비효율적이거나 불필요한 경우가 많다. 예를 들어, 불필요한 정보에는 가짜 뉴스, 왜곡된 사실, 편향된 정보, 신뢰성이 낮은 자료 등이 포함될 가능성이 크다. 반면, 실제로 유의미하고 신뢰성 있는 정보는 전체의 소수에 불과하다(박일준, 2023).

(2) 팔레토 법칙에 입각한 정보 신뢰성 판단 및 활용

- 핵심 정보 식별: 수집된 정보 중 20%만이 신뢰성과 타당성을 갖춘 핵심 정보일 가능성이 높다. 이를 식별하기 위해 출처의 신뢰성을 확인하고, 자료가 맥락에 적합한지 평가해야 한다. 핵심 정보에 집중하면 불필요한 데이터로 인한 혼란을 줄이고, 효율적인 의사결정을 지원할 수 있다.
- 불필요한 정보 배제: 80%의 정보는 부차적이거나 비효율적일 가능성이 크다. 초기 단계에서 타당성과 관련성이 낮은 정보를 배제하면 분석 부담을 줄이고, 시간과 자원을 절약할 수 있다. 신뢰성 검토와 목적 적합성을 기준으로 정보의 우선순위를 정하는 것이 중요하다.
- 정보 관리의 효율성 증대: 핵심 데이터에 집중함으로써 정보 관리의 효율성을 높일 수 있다. 불필요한 정보를 정기적으로 정리하고, 핵심 데이터를 체계적으로 저장하면 분석 속도를 높이고 자원의 낭비를 줄일 수 있다. 이는 더 나은 분석과 의사결정을 가능하게 한다.

(3) 팔레토 법칙에 입각한 교육 분야 정보 분석 사례

팔레토 법칙은 교사와 교육 연구자들이 방대한 자료 속에서 핵심 정보를 효율적으로 선별하고 활용하는 데 실질적인 도움을 줄 수 있다. 교육 현장에서 팔레토 법칙이 적용될 수 있는 사례를 제시하면 다음과 같다.

① 학생 성적 데이터 분석을 통한 교육 전략 수립 사례

- **상황**: 교육 연구자는 시험 점수, 과제 제출률, 출석률, 참여도 등 다양한 데이터를 분석하지만, 모든 데이터를 동일하게 취급하기보다는 성과와 직접적으로 연결된 상위 20%의 핵심 데이터를 선별하는 것이 중요하다. 예를 들어, 학생들의 학업 성취도에 가장 큰 영향을 미치는 변수는 시험 점수와 주요 과제 점수일 가능성이 크다. 반면, 일회성 과제 점수나 병결 기록과 같은 데이터의 영향력은 상대적으로 낮을 수 있다.
- **적용**: 팔레토 법칙을 적용해 핵심 데이터를 분석하면, 학생 개개인의 학습 패턴을 파악하고, 맞춤형 학습 지원 방안을 설계할 수 있다. 교사는 이를 통해 주요 성과 지표를 중심으로 수업을 최적화할 수 있으며, 연구자는 실효성 있는 교육 전략을 제안할 수 있다. 이러한 접근은 자원 활용의 효율성을 높이고 학습 성과를 극대화하는 데 기여한다.

② 수업에서 활용한 교육 자료의 선별과 활용 사례

- **상황**: 교사는 수업을 준비할 때 인터넷과 학술 자료를 통해 다양한 자료를 탐색하지만, 이 중 약 80%는 신뢰성이 낮거나 학습 수준에 맞지 않아 사용할 수 없는 경우가 많다. 반면, 공신력 있는 기관의 발표 자료, 검증된 학술 논문, 교육부의 공식 자료 등 상위 20%의 자료는 수업의 질을 높이는 데 필수적이다.
- **적용**: 환경 문제를 주제로 수업을 준비한다고 가정하면, 블로그나 SNS 콘텐츠보다는 정부의 환경 보고서나 공공데이터에서 제공되는 검증된 자료를 활용하는 것이 효과적이다. 팔레토 법칙을 적용해 핵심 자료를 선별하면 교사는 자료 준비 시간을 줄이고, 학생들에게 신뢰할 수 있는 교육 자료를 제공할 수

있다. 이러한 접근은 수업의 신뢰성과 학습 효과를 동시에 높이는 결과를 가져온다.

이 장에서는 디지털 자료의 위계와 수집 방법을 다루며, 데이터에서 지혜로 이어지는 정보의 구조를 이해하는 것이 효과적인 활용의 기초임을 강조하였다. 또한 디지털 자료 수집 시 목적에 따른 다양한 방법을 제시하고, 신뢰성 확보를 위한 원칙과 실천 방안을 논의하였다. 이러한 내용은 교육 현장에서 교사와 연구자가 신뢰할 수 있는 정보를 활용하여 학습 환경을 개선하고 의사결정의 질을 높이는 데 기여할 것이다.

참 / 고 / 문 / 헌

박일준(2023). 디지털 리터러시 및 내용요소 분석 방향. 디지털 리터러시 디지털 리터러시핵심교원 양성 연수자료.

박일준, 김묘은(2020). 디지털 리터러시 교실. 북스토리.

빛나라(2020, 11월 16일). 초보자를 위한 가짜 뉴스 구별법(미국 CNN). 네이버 블로그. https://blog.naver.com/PostView.naver?blogId=eaglewha&logNo=222146040391&categoryNo=60

서윤로그(2024년 5월 13일). DIKW 피라미드 뜻 의미 예시 - 데이터/정보/지식/통찰. 티스토리 블로그.

서정희, 김혜숙, 신안나, 김은지(2024). 데이터 기반 디지털 교육 프레임워크 개발. 한국교육학술정보원.

위키백과(n.d.). 파레토 법칙. 위키백과, 우리 모두의 백과사전. https://ko.wikipedia.org/wiki/%ED%8C%8C%EB%A0%88%ED%86%A0_%EB%B2%95%EC%B9%99

유네스코한국위원회(2020). 저널리즘: 가짜뉴스와 허위정보. 유네스코한국위원회.

의학통계 연구소(2024년 4월 23일). 지식피라미드 - 데이터(data) 정보(information) 지식(knowledge) 지혜(wisdom) 개념 및 비교. 네이버 블로그.

한국언론진흥재단(2020). 미디어는 어떻게 허위정보에 속았는가. 한국언론진흥재단.

CHAPTER 05

교수-학습 자료 제공 플랫폼

1. 또하나의 학교, 에듀넷

1) 개요

에듀넷(https://www.edunet.net, [그림 5-1] 참조)은 1996년 시작된 이후 지속적으로 개선되어 온 공공 교육정보 서비스다. 교사, 학생뿐만 아니라 일반인도 이용할 수 있으며, 초등 및 중학교 과정의 과목별 학습 자료(단원 학습 자료, 평가 자료, 영상 및 체험 자료)부터 교육 정책 및 최신 교육 동향 자료까지 폭넓은 콘텐츠를 제공한다. 2017년 '에듀넷 · 티-클리어'로 명칭을 변경하여 운영되었으며, 2025년 3월 다시 '에듀넷'으로 개편되었다. 가장 큰 변화는 사용자 맞춤형 추천 자료 기능이 새롭게 도입된 점이다.

로그인하지 않아도 기본적인 서비스를 무료로 이용할 수 있다. 그러나 회원 가입 후 로그인하면 학습 관리, 디지털교과서 자료, 맞춤형 학습 자료 등 추가 기능을 활용할 수 있다. 회원 유형은 교사 회원, 학생 회원, 일반 회원으로 구분된다. 교사 회원은 교육부 행정전자 서명인증서(Electronic Public Key Infrastructure: EPKI)로 인증해야 하며, 가입 후 학생 계정을 생성할 수 있다. 학생 회원은 14세 이상일 경우 직접 가입할 수 있으며, 14세 미만은 보호자의 동의가 필요하다.

[그림 5-1] 에듀넷 홈 화면

2) 에듀넷 메뉴 구성

에듀넷 홈 화면([그림 5-1] 참조) 상단에는 '학습 자료' '창의적 체험활동' '교육정책' '안내'의 4개 메인 메뉴가 제공된다. 각 메뉴의 하위 메뉴 구성은 다음 〈표 5-1〉과 같다.

〈표 5-1〉 에듀넷 홈 화면 메뉴 구성

학습 자료	창의적 체험활동	교육 정책	안내
• 학습 · 평가 자료 • 주제별 학습 자료 • 짜잔수학 • 글꼴 · 이미지 · 음악 · PPT • 디지털교과서	• 주제별 사진 · 영상 자료 • 웹 실감형 콘텐츠 • 체험학습 지도 방방곡곡 • 온라인 체험학습 • 사서 추천도서	• 교육과정 • 학생평가 • 자유학기제 • 직업계고 교육과정 • 고교학점제 • AI · SW 교육	• 에듀넷이란 • 알림정보 • 최신교육동향 • 기관소개 • 관련사이트

다음 [그림 5-2]는 '학습 자료' 메뉴에서 '학습 · 평가 자료'를 선택했을 때 표시되는 화면으로, 학교급과 학년을 선택하고 검색어를 입력하면 선택한 조건에 맞

는 수업 설계 자료, 주제 학습 자료, 평가 자료가 제공된다. [그림 5-3]은 '짜잔수학'을 선택하면 표시되는 화면으로, 학교급, 학년, 학기 및 단원과 문제 수준을 설정하면 맞춤형 문제지가 생성된다. '창의적 체험활동' 메뉴에서 '웹 실감형 콘텐츠'를 선택하고 학교급, 학년, 과목 등을 설정하면 상호작용적 실감형 콘텐츠를 체험할 수 있다([그림 5-4] 참조).

[그림 5-2] 에듀넷 학습 · 평가 자료 샘플 화면

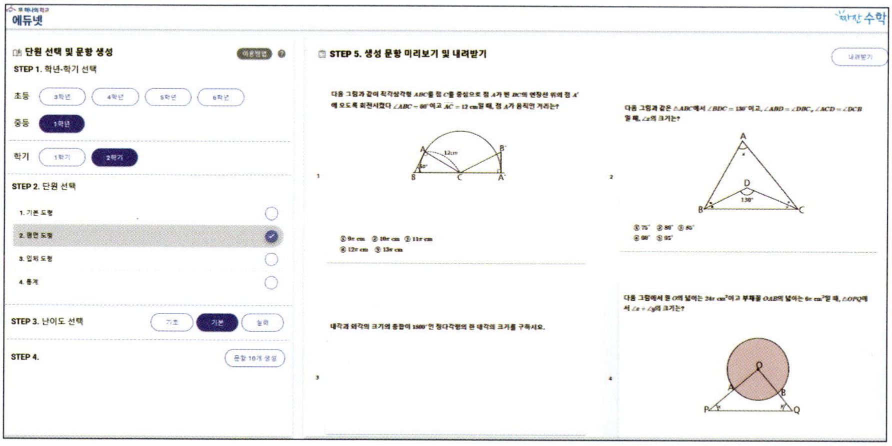

[그림 5-3] 에듀넷 짜잔수학 샘플 화면

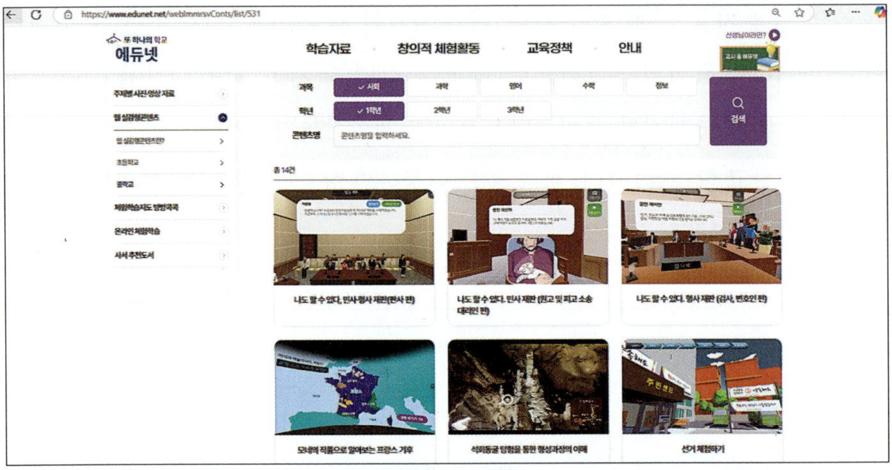

[그림 5-4] 에듀넷 웹 실감형 콘텐츠 샘플 화면

3) 사용자별 주요 서비스

에듀넷이 제공하는 서비스는 교사와 학생별로 구분할 수 있으며, 그 내용은 〈표 5-2〉에 정리되어 있다.

〈표 5-2〉 사용자별 에듀넷 서비스 내역

사용자	서비스 유형	상세 설명
교사	수업 연구 및 자료 제공	• 다양한 수업 연구자료와 주제별 학습 자료(사회, 과학, 예체능, 범교과 등) 제공 • 디지털교과서 지원을 통해 수업에서 활용 가능한 온라인 학습 자료 제공
	학생 평가 및 학습 관리 지원	• 학습 평가 자료 제공 및 학생별 맞춤 평가 설계 지원 • 자유학기제 및 고교학점제 관련 평가 가이드라인 제공
	창의적 체험활동 자료 지원	• 주제별 사진 영상 자료 제공(인문사회 교육, 정보 교육, 진로 교육 등 8개 영역) • 체험학습 지도 방방곡곡, 온라인 체험학습 자료 제공
	교육 정책 및 연수 자료 제공	• 최신 교육과정 및 자유학기제, AI · SW 교육 정책 자료 제공 • 교사를 위한 연수 자료 및 온라인 콘텐츠 활용 지원
	전문가 커뮤니티 및 정보 공유	• 선생님 나눔 공간을 통한 수업 사례 및 자료 공유 • '지식샘터'로 연결하여 교사 간 협업 및 전문 학습 공동체 운영 지원

학생	교과 학습 지원	• 주제별 학습 자료 및 디지털교과서 제공 • 'e학습터'로 연결하여 교과 학습 지원
	창의적 체험활동 참여	• 온라인 체험학습을 통해 전국 전시관에 대한 VR · 영상 체험 지원 • 국립어린이청소년도서관 사서가 매달 추천 도서 목록 제공
	수학 학습 지원	• 짜잔수학을 활용한 AI 기반 수학 문제 제공 및 개인 맞춤형 학습 지원

2. 꿈을 이루는 학습 공간, e학습터

1) 개요

e학습터(https://cls.edunet.net, [그림 5-5] 참조)는 초 · 중학교를 대상으로 사교육비 절감, 공교육 강화, 지역 및 계층 간 교육 격차 해소를 위해 교육부와 17개 시 · 도 교육청이 공동 운영하는 공공 학습 관리 시스템이다. 2004년 '사이버가정학습'이라는 이름으로 시범 운영을 시작했으며, 교육 환경 변화와 학교 현장의 요구에 맞춰 기능을 지속적으로 확장하고 개선해 왔다. 특히 코로나19 팬데믹을 계기로 초 · 중학교 원격교육을 지원하는 대표적인 온라인 학습 플랫폼으로 자리 잡았으며, 정상 등교 이후에는 온 · 오프라인 혼합형 수업과 방과 후 학습을 지원하도록 기능을 강화했다.

에듀넷은 교사와 학생뿐만 아니라 일반인도 이용할 수 있는 교육 자료 제공 플랫폼인 반면, e학습터는 교사와 학생을 위한 학습 관리 시스템(Learning Management System: LMS)으로, 온라인 학급 운영과 참여를 위한 다양한 기능을 갖춘 수업 지원 플랫폼이다. e학습터는 에듀넷 계정으로 로그인할 수 있으며, 계정이 없을 경우 e학습터에서 회원가입할 수 있다.

교사는 로그인 후 학급을 개설하고 학습 자료를 구성하며, 학생들의 과제 제출과 평가를 관리할 수 있다. 학생은 배정된 학급에서 학습 콘텐츠를 수강하고, 과제를 제출하며, 평가에 응시할 수 있다. 또한 자기주도 학습을 위해 제공되는 방대한 학습 영상과 자료를 활용하고, 학습 관리 기능을 통해 자신의 학습 진행 상황을 확인할 수 있다.

[그림 5-5] e학습터 홈 화면

2) e학습터 메뉴 구성

e학습터([그림 5-5] 참조)는 'e학습터 안내' '온라인 수업' '자율학습' 세 가지 메인 메뉴로 구성되며, 각 메뉴의 하위 구성은 〈표 5-3〉에 정리되어 있다.

〈표 5-3〉 e학습터 메뉴 구성

e학습터 안내	온라인 학습	자율학습
• e학습터란? • 화상 수업소개 • 공지사항 • 친절e매뉴얼 • 자주하는 질문 • e학습터 월간 콘텐츠	• 나의 학급 • 학급 찾기 • 학습 현황 • 성적 조회	• 자율학습방 • 자율평가 • 학년별 학습영상 • 중학 평가비법 영상 • 흥미유발 영상자료 • KEDI 학습영상

'e학습터 안내' 메뉴에서는 e학습터의 개념 및 사용법을 설명하며, 월 단위로 초·중학교 학생들에게 필요하거나 적합한 콘텐츠를 제공한다([그림 5-6] 참조).

'온라인 학습'에서는 온라인 학급에 소속된 학생이 학습 활동에 참여하는 데 필요한 하위 메뉴를 이용할 수 있다. '자율학습'에서는 온라인 학급 참여와 별개로, 학생이 스스로 학습 및 평가 자료를 찾아 활용할 수 있는 다양한 옵션을 제공한다. [그림 5-7]은 학년별 학습 영상 선택 화면을 나타낸다.

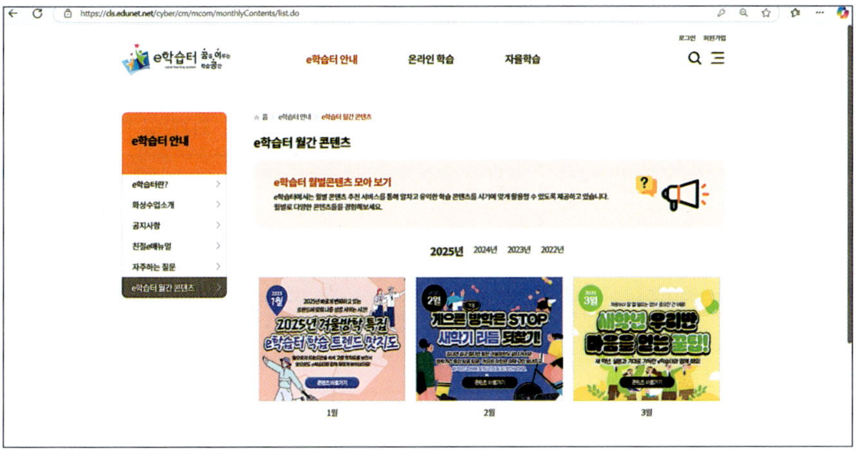

[그림 5-6] 'e학습터 안내/e학습터 월간 콘텐츠' 선택 화면

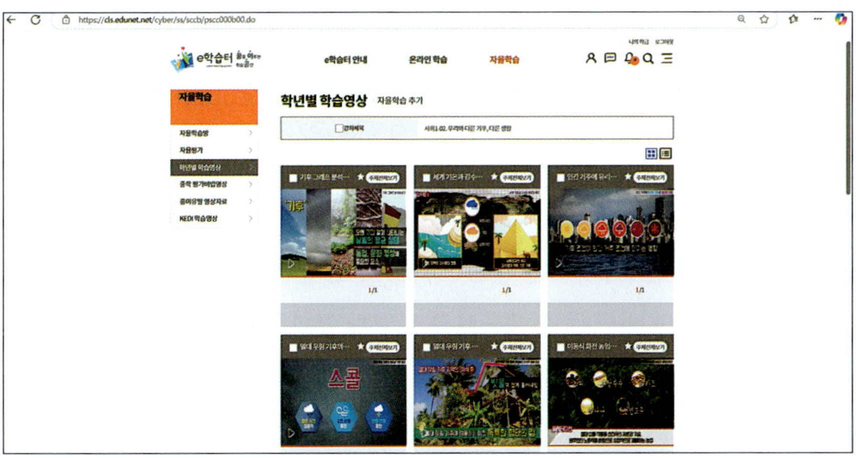

[그림 5-7] e학습터 '자율학습/학년별 학습영상' 선택 화면

3) 사용자별 주요 서비스

e학습터가 제공하는 서비스를 교사와 학생별로 정리하면 〈표 5-4〉와 같다.

〈표 5-4〉 사용자별 e학습터 제공 서비스

대상	서비스 유형	상세 설명
교사	온라인 학급 운영	온라인 학급을 개설하여 학생을 배정하고 강좌를 구성함
	학습 관리 및 평가	출석, 학습 이수 현황을 확인하고, 과제 및 평가를 관리함
	실시간 화상 수업	화상 수업을 활용해 조회, 종례 및 본 수업을 진행함
	협업 및 강좌 공유	주제 복사 기능을 활용해 강좌를 공유하고, 전문 학습공동체에서 교과 및 융합 교육을 운영함
	학생과의 소통	공지사항, 알림장, 설문 조사, 토론 게시판을 활용해 학생들과 소통함
학생	온라인 학급 참여	개설된 학급에 소속되어 교사가 제공하는 콘텐츠를 학습하고, 과제 및 평가에 참여함
	자율학습 지원	자율학습 영상과 자율평가를 통해 스스로 공부하고 부족한 부분을 보완함
	다양한 학습 자료 활용	학년별 학습 영상, 중학 평가 비법 영상, 흥미 유발 영상 및 KEDI 학습 영상을 자유롭게 활용함
	질문 및 피드백 요청	학습 중 궁금한 점이 생기면 '질문하기' 기능을 통해 교사에게 질문함

e학습터는 2021년 1학기부터 실시간 화상 수업 운영을 지원하고 있으며, 한국교육학술정보원(KERIS)이 국내 에듀테크 기업과 협력하여 자체 개발한 실시간 화상 회의 시스템을 도입하여 활용하고 있다. [그림 5-8]은 실시간 화상 수업 샘플 화면이다.

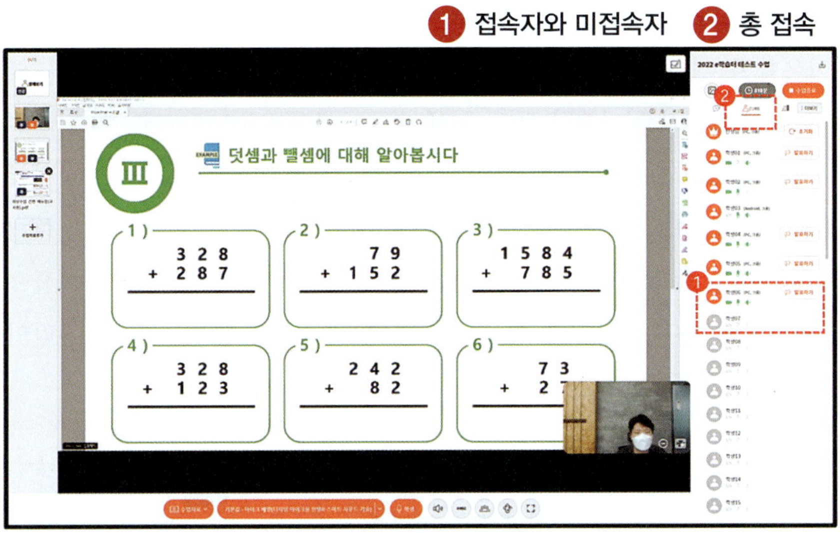

[그림 5-8] e학습터 실시간 화상 수업 화면

출처: https://cls.edunet.net/cyber/cm/mcom/totalManual.do

3. 세상에서 가장 빠른 등교, EBS 온라인클래스

1) 개요

EBS 온라인클래스(https://ebsoc.co.kr, [그림 5-9] 참조)는 한국교육방송공사(EBS)가 운영하는 공공 학습관리시스템(LMS)으로, 초·중·고등학교 교사와 학생을 위한 수업 관리 및 온라인 학습 플랫폼이다. 원격 및 혼합형 수업을 지원하기 위해 구축되었으며, 교사는 온라인 학급을 개설하고 학생들과 학습 자료를 공유하며 과제 및 평가를 진행할 수 있다.

e학습터 역시 공공 학습 관리 시스템으로서 EBS 온라인클래스와 유사하지만, EBS 온라인클래스는 EBS에서 제작한 강의 및 학습 콘텐츠를 기반으로 운영된다. 또한 초·중학교 학생뿐만 아니라 고등학생도 이용할 수 있다는 점에서 차이가 있다.

EBS 온라인클래스는 사용자가 소속 학교를 선택한 후, 해당 학교별 서버를 통해 이용할 수 있다. 교사가 온라인 학급을 개설하고 운영하려면 회원가입, 로그인, 교사 인증 절차를 거쳐야 하며, 이때 교육행정정보시스템(NEIS) 인증서가 필요하다. 학생은 회원가입 후 소속 학교 정보를 입력하고, 원하는 클래스나 강좌를 선택한 뒤, 담임이나 담당 교사의 승인을 받아야 학습을 시작할 수 있다. 학생의 수강 승인은 담당 교사가 이름을 확인한 후 이루어지므로, 반드시 본인 이름으로 회원가입해야 한다. 교사 또는 학생으로 인증받지 않으면 대부분의 EBS 온라인클래스 기능 이용이 제한된다.

[그림 5-9] EBS 온라인클래스 홈 화면

2) EBS 온라인클래스 메뉴 구성

EBS 온라인클래스 홈 화면에서 교사가 로그인하면 [그림 5-10]의 좌측 화면, 학생이 로그인하면 [그림 5-10]의 우측 화면이 제시된다.

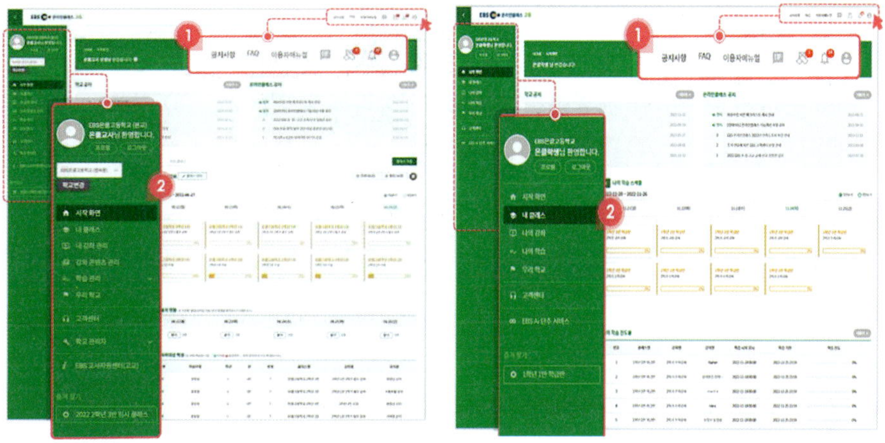

[그림 5-10] EBS 온라인클래스 로그인 후 교사 및 학생 메인 화면

출처: https://ebsoc.co.kr/manual/

교사와 학생의 메인 화면 상단([그림 5-10]의 ① 영역)에는 '공지사항' 'FAQ' '이용자 매뉴얼' '채팅' '쪽지' '알림' 등의 옵션이 동일하게 제공된다. 좌측 메뉴 단([그림 5-10]의 ② 영역)에서 제공되는 옵션들은 〈표 5-5〉에 정리되어 있다.

〈표 5-5〉 EBS 온라인클래스 사용자별 메뉴 옵션

사용자	주요 메뉴 옵션	설명
교사	내 클래스	본인이 개설하거나 가입한 클래스를 확인할 수 있음
	내 강좌 관리	본인이 등록한 강좌를 확인하고 관리할 수 있음
	강의 콘텐츠 관리	본인이 등록한 강의 콘텐츠를 확인하고, 다양한 콘텐츠(동영상, 문서 등)를 생성, 편집하고 배포하는 등의 관리를 할 수 있음
	학습 관리	강좌별, 학습자별 학습 현황을 확인하고, 화상 수업의 학습 대상자 참여 현황을 확인할 수 있음
	우리 학교 관리	학교 관리자로 등록 및 변경, 소속 학교 정보 수정 및 관리, 학생 정보 확인 및 수정 가능
학생	내 클래스	본인이 가입한 클래스를 확인할 수 있음
	나의 강좌	본인이 학습할 강좌를 확인할 수 있음
	나의 학습	본인의 학습 현황을 확인하고, 학습할 수 있음
	우리 학교	우리 학교에 개설된 클래스 확인 및 클래스 가입이 가능함

3) 사용자별 주요 서비스

EBS 온라인클래스가 제공하는 서비스를 정리해 보면(〈표 5-6〉 참조), 우선 교사가 온라인 학급을 개설하고 학생을 배정하며, 강의 및 강좌를 구성하여 수업을 운영하고 관리할 수 있도록 다양한 서비스를 제공한다. 한편, 학생들이 클래스에 가입하여 강의를 수강하고, 과제를 제출하며 평가를 받을 수 있도록 다양한 서비스를 지원한다.

〈표 5-6〉 사용자별 EBS 온라인클래스 서비스

사용자	유형	상세 설명
교사	클래스 개설 및 학생 관리	온라인 반 클래스 및 과목 클래스를 개설하고 학생을 초대 및 배정 가능
	강의 및 강좌 관리	강의 콘텐츠(동영상, 문서, 퀴즈 등)를 구성하여 강좌로 배포 가능
	온클 저작도구 제공	온클 편집도구를 활용하여 자체 제작 콘텐츠를 편집 및 업로드 가능
	출결 및 학습 관리	출석 체크 기능 및 학생들의 학습 진행 상황을 실시간 확인 가능
	공지 및 소통 기능	공지사항, 게시판, Q&A 기능을 활용하여 학생들과 원활하게 소통 가능
	화상 수업 및 온클라이브	실시간 화상 수업(소규모 또는 중규모 수업)과 온클라이브(대규모 강연 및 정보 전달) 기능 제공
	과제 및 평가 관리	과제 생성 및 평가 기능을 통해 학생들의 학습 성취도 확인 가능
	학습 기록 확인	학생별 학습 이력을 조회하고 학습 데이터 다운로드 가능

학생	클래스 가입 및 참여	학교 또는 교사가 개설한 온라인 클래스(학급)에 가입하여 학습 진행 가능
	강의 수강 및 학습 진행	다양한 유형(동영상, 문서, 퀴즈 등)의 강의를 수강하며 학습 활동 참여 가능
	출결 및 학습 진도 확인	출석 체크 및 학습 진도율 확인 가능
	과제 제출 및 평가 확인	과제 제출 후 교사의 피드백 및 평가 결과 확인 가능
	화상 수업 및 온클라이브 참여	실시간 화상 수업(소규모 또는 중규모 수업)과 온클라이브(대규모 강연 및 정보 전달) 기능 활용 가능
	소통 기능	공지사항, 게시판, Q&A를 통해 교사 및 학급 구성원과 소통 가능
	쪽지 및 채팅 기능	개별적으로 교사와 쪽지 및 채팅을 통해 소통 가능
	학습 이력 확인	본인의 학습 진행 상태 및 완료 여부를 한눈에 확인 가능

4. 기타 교수-학습 자료 제공 플랫폼 사례

앞서 소개한 에듀넷, e학습터, EBS 온라인클래스 외에도 유용한 교수-학습 자료 제공 플랫폼으로 '함께학교'(https://togetherschool.go.kr), '독서로'(https://read365.edunet.net), '지식샘터'(https://educator.edunet.net), '이솦'(https://www.ebssw.kr), '위두랑'(https://rang.edunet.net), 'EBSi 국가대표 고교 강의'(https://ebsi.co.kr), 'EBS 중학프리미엄'(https://mid.ebs.co.kr), 'EBS 초등사이트'(https://primary.ebs.co.kr) 등이 있다. 각 플랫폼의 주요 서비스 및 운영 기관은 〈표 5-7〉에 정리되어 있다.

〈표 5-7〉 기타 교수-학습 자료 제공 플랫폼 사례

서비스명	홈 화면	주요 서비스	운영 기관
함께학교		학생, 교원, 학부모 간 디지털 소통 플랫폼으로, 정책 제안, 교육 자료 공유, 전문가 상담, 화상 튜터링 등 다양한 상호작용 기능 제공	교육부 시 · 도 교육청 EBS
독서로	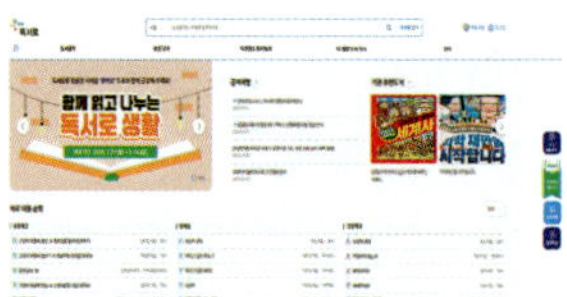	디지털 기반 독서활동 지원 플랫폼으로, 독서 기록 관리, 맞춤형 도서 추천, 독후활동 프로그램(퀴즈, 토론, 마라톤 등) 제공	교육부 시 · 도 교육청 KERIS
지식샘터		교사 간 지식 공유 플랫폼으로, 실시간 화상 강좌, 질의응답, 교육 자료 공유 등 에듀테크 기반 쌍방향 소통 기능 제공	교육부 시 · 도 교육청 KERIS
이솦		소프트웨어 및 인공지능 교육을 위한 온라인 플랫폼으로, 초등부터 일반인까지 누구나 이용할 수 있는 수준별 맞춤형 자기주도 학습 콘텐츠를 무료 제공	교육부 과학기술 정보통신부 EBS
위두랑		교사가 학급을 개설하여 학생과 자료 공유, 과제, 토론, 모둠 활동 등을 진행할 수 있는 교육용 커뮤니티 서비스 제공	KERIS

EBSi 국가대표 고교강의		고등학생 대상 수능 대비 강좌, 기출문제 분석, 교재 연계 강좌 등을 제공하며, 수능 문제와 약 50% 연계율 유지	EBS
EBS 중학 프리미엄		중학생 대상 교과서별, 수준별 강좌, 내신 대비 및 수행평가 특강 등 제공	EBS
EBS 초등		초등학생 대상 EBS 자체 제작 강의, 사교육 업체 인기 강의, 학습 진단 및 맞춤 추천 등 제공	EBS

참 / 고 / 문 / 헌

김동준(2021. 5. 6). 네이버클라우드, 한국교육학술정보원에 화상 수업 교육 환경 제공. 뉴데일리경제. https://biz.newdaily.co.kr/site/data/html/2021/05/06/2021050600076.html

독서로(https://read365.edunet.net)

에듀넷(https://www.edunet.net)

위두랑(https://rang.edunet.net)

이솦(https://www.ebssw.kr)

지식샘터(https://educator.edunet.net)

함께학교(https://togetherschool.go.kr)

EBS 온라인클래스(https://www.ebsoc.co.kr)

EBSi 국가대표 고교강의(https://ebsi.co.kr)

EBS 중학프리미엄(https://mid.ebs.co.kr)

EBS 초등사이트(https://primary.ebs.co.kr)

e학습터(https://cls.edunet.net)

CHAPTER 06

공공, 트렌드, 뉴스 및 학술 데이터 제공 플랫폼

〈표 6-1〉은 초 · 중등 교육 현장에서 교사와 학생이 활용할 수 있는 8개의 대표적인 공공 및 트렌드 데이터, 뉴스, 학술 정보 제공 플랫폼을 정리한 것이다. 이러한 플랫폼들은 교사의 데이터 기반 수업 설계와 학생들의 자율적인 학습 자료 분석에 효과적으로 활용될 수 있다.

〈표 6-1〉 대표적인 공공, 트렌드, 뉴스 및 학술 자료 제공 사이트

범주	해당 사이트	제공 내역
공공데이터 및 통계 제공	공공데이터포털 (https://data.go.kr)	국가에서 보유하고 있는 다양한 공공데이터
	기상자료개방포털 (https://data.kma.go.kr)	기상청 날씨 데이터
트렌드 및 빅데이터 분석	네이버 데이터랩 (https://datalab.naver.com)	검색어 트렌드, 쇼핑 인사이트, 지역 통계, 댓글 통계
	구글 트렌드 (https://trends.google.co.kr)	실시간 인기 검색어와 주제별 검색 동향을 지역 및 글로벌 단위로 제공
뉴스 및 언론 자료 분석	빅카인즈 (https://www.bigkinds.or.kr)	검색어에 대한 신문기사 검색
학술 자료 및 연구 데이터 제공	구글 스콜라 (https://scholar.google.co.kr)	검색어에 대한 글로벌 학술 자료 검색
	RISS 학술연구정보서비스 (https://riss.kr)	국내 · 외 학술 정보를 제공하는 대국민 서비스
	국회전자도서관 (https://dl.nanet.go.kr)	정책 자료, 법령, 보고서 등을 검색하고 원문을 열람할 수 있는 서비스

각 사이트가 제공하는 서비스 내역과 특징 및 교육적 활용 사례를 제시하면 다음과 같다.

1. 공공데이터포털

1) 서비스 내역 및 특징

공공데이터포털(https://data.go.kr)은 정부와 공공기관이 생성하거나 관리하는 다양한 공공데이터를 통합적으로 제공하는 플랫폼이다. 이 포털은 행정, 경제, 환경, 보건 등 여러 분야의 데이터를 포함하며, 사용자는 간편한 검색 기능을 통해 필요한 데이터를 빠르고 정확하게 찾을 수 있다. 데이터는 파일 형식, 오픈API, 시각화 등 다양한 방식으로 제공되어 활용도가 높다.

[그림 6-1]은 공공데이터포털의 홈 화면을 보여 준다. 홈 화면에서는 상단의 검색창을 통해 원하는 데이터를 직접 검색하거나, '데이터찾기' 메뉴를 통해 분야별로 데이터를 탐색할 수 있다. 또한 상단 메뉴의 '국가데이터맵'을 클릭하면 시각화된 국가 데이터 맵을 확인할 수 있으며, '데이터활용' 메뉴의 '공공데이터 시각화'를 선택하면 다양한 데이터 시각화 사례를 볼 수 있다([그림 6-2] 참조).

[그림 6-1] 공공데이터포털 홈 화면

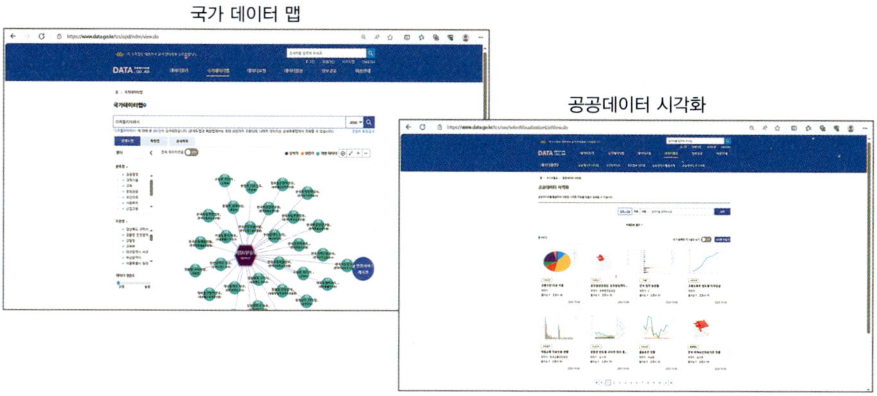

[그림 6-2] 공공데이터포털 국가 데이터 맵 및 공공데이터 시각화 화면

2) 활용 사례

(1) 지역사회 이해를 위한 인구 및 경제 데이터 활용 사례

- 활용 데이터: 지역별 인구 통계 데이터, 산업별 경제 활동 데이터
- 활용 방법: 학생들은 자신의 지역을 주제로 데이터를 분석하여 인구 변화와 주요 경제 활동 간의 상관관계를 조사한다. 예를 들어, 특정 지역의 인구 증가가 경제 활동에 미친 영향을 탐구하거나, 산업 구조 변화가 지역 고용률에 어떤 영향을 주었는지 분석하고 이를 발표하는 과제를 설계한다.
- 기대 효과: 학생들은 데이터 기반으로 지역사회의 구조를 이해하며, 이를 통해 문제를 발견하고 해결책을 모색하는 능력을 기를 수 있다.

(2) 교통교육에서 대중교통 데이터 활용 사례

- 활용 데이터: 공공데이터포털에서 제공하는 지역별 대중교통 이용 현황 데이터(버스, 지하철 승하차 인원, 노선 정보 등)
- 활용 방법: 학생들은 자신의 지역 대중교통 데이터를 분석하여 교통 혼잡 시간대와 주요 이동 경로를 파악한다. 분석 결과를 바탕으로 교통 혼잡 문제를 해결하기 위한 실질적인 방안을 제안하거나, 환경 친화적인 대중교통 이용

캠페인을 기획하도록 한다.

• **기대 효과:** 학생들은 데이터 분석을 통해 지역 교통 문제를 심층적으로 이해하고, 실생활과 연계된 문제해결 능력을 배양하며 창의적인 아이디어를 제시할 수 있다.

2. 기상자료개방포털

1) 서비스 내역 및 특징

기상자료개방포털(https://data.kma.go.kr)은 기상청이 제공하는 다양한 기상 데이터를 손쉽게 접근하고 활용할 수 있는 플랫폼이다. 이 포털은 지상, 해양, 고층, 항공 관측 자료부터 위성, 레이더, 수치 예보 모델 자료까지 총 30종류의 데이터를 제공한다. 이를 통해 기온, 강수량 등의 기후 통계 정보를 분석하거나 응용 프로그램 개발에 활용할 수 있다.

[그림 6-3]은 기상자료개방포털의 홈 화면이다. 사용자는 상단의 검색창을 통해 데이터를 직접 검색하거나, '데이터' 메뉴를 선택해 다양한 관측 자료를 분야별로 탐색할 수 있다. 또한 '기후통계분석' 메뉴를 통해 주요 기후 통계를 확인할 수 있으며, 'API' 메뉴를 선택해 날씨 데이터를 활용한 맞춤형 서비스를 개발할 수 있다.

[그림 6-3] 기상자료개방포털 홈 화면

2) 활용 사례

(1) 기후 변화에 따른 농작물 생육 조건 분석 사례

- 활용 데이터: 기상자료개방포털에서 제공하는 지역별 과거 기온, 강수량, 일조량 데이터
- 활용 방법: 학생들은 특정 지역의 과거 기후 데이터를 분석하여 농작물 생육에 적합한 기온과 강수량 조건을 조사한다. 예를 들어, 지난 10년간의 데이터를 바탕으로 벼와 사과와 같은 주요 작물의 최적 재배 환경 변화를 연구한다. 이를 통해 기후 변화가 작물 생산성에 미친 영향을 분석하고, 변화에 적응하기 위한 대안을 발표하는 과제를 수행한다.
- 기대 효과: 학생들은 기후 변화가 농업 생태계에 미치는 영향을 데이터를 통해 명확히 이해할 수 있으며, 데이터 분석을 기반으로 한 문제해결 능력과 비판적 사고력을 배양할 수 있다.

(2) 도시별 폭염 발생 패턴 분석과 대책 제안 사례

- 활용 데이터: 지역별 폭염 일수 통계, 최고 기온 기록 데이터

- **활용 방법:** 학생들은 자신이 거주하는 도시와 타 도시의 폭염 발생 빈도와 지속 기간을 비교한다. 데이터를 그래프나 차트로 시각화하여 도시별 폭염 패턴을 이해하고, 이를 기반으로 폭염으로 인한 피해를 줄이기 위한 구체적 대책(예 도시 녹지 확대, 냉방 지원 정책, 폭염 경보 시스템 개선 등)을 설계한다. 학생들은 최종적으로 분석 결과를 발표하고 토의 활동을 진행한다.
- **기대 효과:** 학생들은 데이터 분석을 통해 도시 환경 문제를 체계적으로 이해하며, 이를 해결하기 위한 창의적이고 실질적인 아이디어를 도출하는 경험을 할 수 있다.

3. 네이버 데이터랩

1) 서비스 내역 및 특징

네이버 데이터랩(https://datalab.naver.com)은 네이버에서 제공하는 데이터 분석 서비스로, 사용자들은 네이버 검색 데이터를 통해 트렌드를 파악하고 인사이트를 얻을 수 있다. 이 서비스는 검색어 트렌드, 쇼핑 인사이트, 지역 통계, 뉴스 댓글 통계 등 다양한 데이터를 제공하여 사용자들이 관심 있는 주제에 대해 쉽게 파악할 수 있게 한다. 예를 들어, 특정 키워드의 검색 빈도나 인기 검색어 순위를 확인할 수 있으며, 이를 통해 시장 동향이나 소비자 관심사를 분석할 수 있다.

[그림 6-4]는 네이버 데이터랩의 홈 화면을 보여 준다. 홈 화면에서는 상단 메뉴를 통해 '검색어 트렌드' '쇼핑 인사이트' '지역 통계' '댓글 통계' 등의 섹션으로 이동할 수 있다. 사용자는 '검색어 트렌드'에서 특정 키워드의 검색 추이를 일간, 주간 또는 월간별로 분석하거나, '쇼핑 인사이트'에서 카테고리별 인기 상품과 트렌드를 확인할 수 있다. 또한 '지역 통계'를 통해 지역별 인기 검색어를 파악하고, '댓글 통계'에서 뉴스에 대한 대중의 반응을 분석할 수 있다.

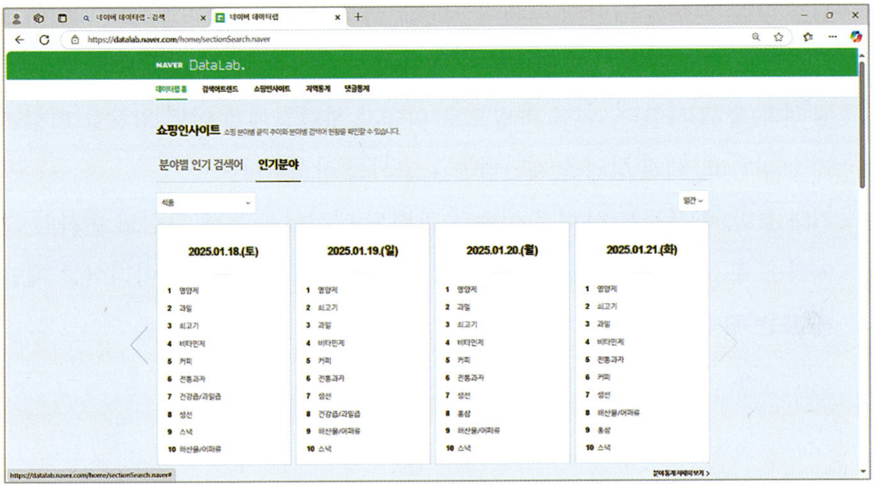

[그림 6-4] 네이버 데이터랩 홈 화면

2) 활용 사례

(1) 소비자 행동 분석을 통한 마케팅 전략 수립 사례

- 활용 데이터: 네이버 데이터랩의 쇼핑 인사이트 데이터를 활용한 특정 제품군(예 계절 의류, 전자기기 등)의 검색량과 구매 트렌드 데이터
- 활용 방법: 학생들은 특정 제품군의 검색 트렌드를 기간별(예 월별, 계절별)로 분석하고, 연령별 또는 성별 데이터를 활용하여 소비자 선호도를 시각화한다. 이를 바탕으로 소비자의 관심 변화와 구매 요인을 파악하고, 효율적인 마케팅 전략(예 프로모션 시기, 광고 타깃 설정)을 제안하는 과제를 수행한다.
- 기대 효과: 학생들은 소비자 행동 데이터를 분석함으로써 마케팅 전략 수립에 필요한 실무적인 감각과 데이터를 기반으로 한 의사결정 능력을 키울 수 있다.

(2) 사회적 이슈와 관심사 변화 분석 사례

- 활용 데이터: 네이버 데이터랩의 검색어 트렌드 데이터를 활용한 특정 주제(예 환경, 교육, 건강 등)에 대한 관심도

- **활용 방법:** 학생들은 특정 사회적 이슈를 선정한 후, 검색어 트렌드 데이터를 기간별로 비교 분석하여 관심도가 높아지는 시점과 그 배경(예 언론 보도, 정책 변화)을 조사한다. 이를 바탕으로 이슈가 사람들에게 어떤 영향을 미쳤는지 논의하고, 해결 방안을 제안하는 보고서를 작성한다.
- **기대 효과:** 학생들은 사회적 이슈와 관련된 데이터를 통해 관심도 변화와 그 영향을 분석하는 능력을 키우고, 문제해결을 위한 실질적 아이디어를 제안해 보는 경험을 할 수 있다.

4. 구글 트렌드

1) 서비스 내역 및 특징

구글 트렌드(https://trends.google.co.kr)는 전 세계 사용자들의 검색 데이터를 기반으로 특정 키워드의 관심도와 검색 빈도를 실시간으로 분석할 수 있는 서비스다. 이 플랫폼은 글로벌 데이터를 다루며, 지역별 비교 기능을 제공하여 사용자들이 특정 이벤트, 이슈, 또는 주제에 대한 전 세계적 또는 지역적 관심 변화를 파악할 수 있도록 한다. 예를 들어, 특정 뉴스나 이벤트(예 'COVID-19' '올림픽')에 대한 검색량 변화를 통해 사회적 관심사를 쉽게 이해할 수 있다. 이 서비스는 언론사, 마케팅 전문가, 연구자뿐 아니라 교사와 학생들이 수업과 연구에 활용하기에도 유용하다고 알려져 있다.

[그림 6-5]는 구글 트렌드의 홈 화면으로, 사용자가 키워드를 입력하고 데이터의 지역, 시간, 범주를 설정해 검색어에 대한 상세한 트렌드를 분석할 수 있도록 설계되어 있다.

[그림 6-5] 구글 트렌드 홈 화면

2) 활용 사례

(1) 역사적 사건과 대중 관심도의 관계 분석 사례

- 활용 데이터: 특정 역사적 사건(예 'COVID-19' '블릭스')에 대한 검색 트렌드 데이터
- 활용 방법: 학생들은 구글 트렌드를 사용해 특정 역사적 사건이 발생한 시점을 기준으로 검색량 변화 그래프를 분석한다. 예를 들어, 'COVID-19'와 관련된 검색량 급증 시점을 확인하고, 해당 시점의 사회적 · 정치적 배경을 조사한다. 데이터를 바탕으로 사건이 대중의 관심과 행동에 어떤 영향을 미쳤는지 발표하고 토론하도록 과제를 설계한다.
- 기대 효과: 학생들은 데이터를 기반으로 역사적 사건과 대중 관심 변화 간의 관계를 이해하며, 이를 새로운 관점에서 분석하고 해석하는 경험을 할 수 있다.

(2) 미디어 콘텐츠 기획을 위한 관심 키워드 분석 사례

- 활용 데이터: 특정 주제(예 'Artificial Intelligence' 'Climate Change' 'Healthy Lifestyle')에 대한 검색량 데이터와 연관 검색어 정보

- **활용 방법:** 학생들은 구글 트렌드를 활용해 관심 있는 주제의 검색량 변화를 분석하고, 연관 검색어를 통해 대중의 세부적인 관심사를 파악한다. 예를 들어, 'Artificial Intelligence' 관련 키워드 중 검색량이 높은 주제를 선정해 유튜브 영상, 블로그 포스트 등의 콘텐츠 기획안을 작성한다. 이를 발표하거나 실제 제작해 공유하는 활동을 진행한다.
- **기대 효과:** 학생들은 데이터를 활용해 대중의 관심사를 이해하고, 이를 기반으로 창의적이고 실질적인 콘텐츠를 설계하는 과정을 경험하며 실무적 감각을 키울 수 있다.

5. 빅카인즈

1) 서비스 내역 및 특징

빅카인즈(https://www.bigkinds.or.kr)는 한국언론진흥재단이 제공하는 뉴스 빅데이터 분석 플랫폼으로, 다양한 언론사의 뉴스 데이터를 수집하고 분석하여 사용자들에게 사회적 관심사와 트렌드를 파악할 수 있도록 돕는다. 이 서비스는 키워드 검색을 통해 기사량 변화, 연관 키워드, 기사 내용의 감성 분석 등을 제공하며, 뉴스 데이터를 기반으로 한 의사결정과 연구 활동에 유용하다.

사용자는 특정 키워드에 대한 기사 발생량을 확인하거나, 언론사별, 주제별, 시간별로 뉴스를 분석할 수 있다. 또한 빅카인즈는 언론의 편향성 분석, 여론 변화 추적 등 다양한 분석 기능을 제공하여 미디어 리터러시 교육에도 활용할 수 있다.

[그림 6-6]은 빅카인즈의 홈 화면으로, 사용자가 키워드를 검색하거나, 관심 있는 이슈별로 데이터를 탐색하고 분석할 수 있도록 설계되어 있다.

[그림 6-6] 빅카인즈 홈 화면

2) 활용 사례

(1) 언론 보도 비교를 통한 미디어 리터러시 향상 사례

- 활용 데이터: 특정 주제(예 '기후 변화' '4차 산업혁명')에 대한 다양한 언론사의 기사 데이터
- 활용 방법: 학생들은 빅카인즈를 활용해 동일한 주제에 대해 여러 언론사에서 작성한 기사들을 비교 분석한다. 예를 들어, '기후 변화'에 대한 기사에서 사용된 어휘, 논조, 강조점 등을 비교하여 각 언론사의 시각 차이를 파악하고 편향성을 분석한다. 이를 바탕으로 미디어 리터러시 교육과 연계하여 학생들에게 비판적으로 뉴스를 소비하는 방법을 학습하도록 지도한다.
- 기대 효과: 학생들은 언론 보도의 방식을 데이터 기반으로 이해하고, 뉴스의 신뢰성을 평가하며 비판적 사고력을 배양할 수 있다.

(2) 사회적 사건에 대한 언론 보도량과 여론 변화 분석

- 활용 데이터: 특정 사회적 사건(예 '코로나19 확산' '지역 재난')과 관련된 기사 발생 빈도와 주제별 키워드 데이터

- **활용 방법:** 학생들은 특정 사건의 기사 발생량 변화를 시간 순서대로 분석하고, 주요 키워드와 여론의 변화를 시각화한다. 예를 들어, 코로나19 초기 확산 시기의 보도량 변화와 언론 보도 방향의 변화를 조사한다. 이를 통해 언론이 여론 형성에 어떤 영향을 미쳤는지 분석하고, 사회적 사건에 대한 대중적 인식 변화에 대해 토론하도록 과제를 설계한다.
- **기대 효과:** 학생들은 데이터를 기반으로 사회적 사건을 다각도로 분석하며, 언론과 여론 간의 상호작용을 이해하고 데이터를 통해 사회적 현상을 해석하는 능력을 기를 수 있다.

6. 구글 스콜라

1) 서비스 내역 및 특징

구글 스콜라(https://scholar.google.co.kr)는 학술 자료를 손쉽게 검색할 수 있는 강력한 도구로, 기사, 논문, 도서, 초록, 법원 의견 등 다양한 학문적 자료를 제공한다. 연구자, 학생, 전문가 등 폭넓은 사용자를 대상으로 하며, 특정 주제에 대한 최신 연구 논문, 저자별 학술 작업 또는 특정 출처의 자료를 탐색할 수 있다.

사용자는 주제어, 제목, 저자명 등을 검색창에 입력해 관련 학술 자료를 효율적으로 탐색하고, 자료의 초록과 관련 논문을 확인할 수 있다. 구글 스콜라는 학술 연구와 학습을 지원하며, 학문적 관점을 넓히고 심화된 연구를 수행하는 데 도움을 준다.

[그림 6-7]은 구글 스콜라의 홈 화면으로, 사용자가 검색어를 입력해 학술 자료를 검색하거나, 자료와 관련된 메타데이터를 확인할 수 있도록 설계되어 있다.

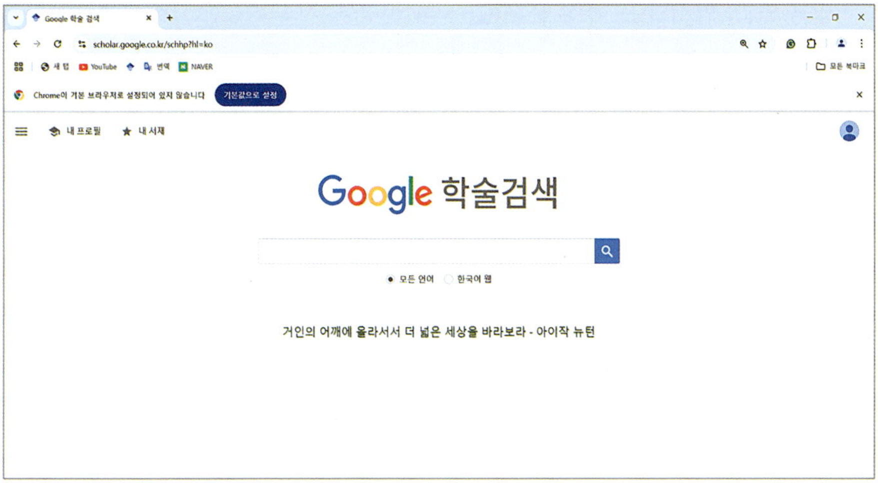

[그림 6-7] 구글 학술검색 홈 화면

2) 활용 사례

(1) 연구 주제에 대한 학술적 관점 탐구

- 활용 데이터: 특정 주제(예 '소셜 미디어와 청소년' 'AI와 윤리')에 대한 학술 논문과 리뷰 논문
- 활용 방법: 학생들은 구글 스콜라를 통해 특정 주제와 관련된 최신 학술 논문을 검색하고, 논문의 주요 주장과 연구 동향을 파악한다. 예를 들어, '소셜 미디어와 청소년' 주제를 탐구하면서 소셜 미디어가 청소년의 행동 및 심리적 건강에 미치는 영향을 분석하고, 이를 바탕으로 사회적 대안을 제시하는 발표 과제를 수행한다.
- 기대 효과: 학생들은 학술 자료를 기반으로 심층적인 분석을 수행하고, 전문적 관점을 통해 문제를 이해하며 학문적 사고력을 배양할 수 있다.

(2) 문제해결을 위한 학제적 접근법 개발

- 활용 데이터: 구글 스콜라에서 제공하는 다양한 학문 분야(예 '심리학' '교육학' '환경학') 간 연관성을 다룬 논문

- **활용 방법:** 학생들은 특정 문제(예 '교육 불평등' '지속 가능한 도시 개발')를 선정하고, 이를 해결하기 위해 다양한 학문적 관점을 통합하여 학제적 접근법을 개발한다. 예를 들어, '지속 가능한 도시 개발'을 주제로 환경학의 이론, 경제학의 데이터, 사회학의 관점을 융합하여 창의적인 해결 방안을 도출하는 과제를 설계한다.
- **기대 효과:** 학생들은 다양한 학문적 관점을 융합하여 문제를 해결하는 능력을 기르고, 통합적 사고를 바탕으로 창의적이고 실질적인 해결책을 제안해 보는 경험을 할 수 있다.

7. RISS 학술연구정보서비스

1) 서비스 내역 및 특징

RISS(학술연구정보서비스, https://riss.kr)는 한국교육학술정보원(KERIS)이 운영하는 국내외 학술 자료 통합 제공 플랫폼으로, 학위논문, 학술지 논문, 연구보고서 등 다양한 자료를 검색하고 열람할 수 있다. 이 서비스는 연구자, 학생, 전문가가 학술 정보를 효율적으로 탐색하고 활용할 수 있도록 돕는다.

사용자는 검색창에 제목, 주제어, 연구자 이름 등을 입력하여 관련 자료를 찾을 수 있고 결과 내 재검색도 가능하며, 일부 자료는 원문 열람 기능도 지원된다. RISS는 특히 국내 학술 자료에 강점을 가지며, 이를 바탕으로 연구와 학습 활동을 심화할 수 있도록 지원한다.

[그림 6-8]은 RISS 학술연구정보서비스 홈 화면으로, 사용자가 검색어(제목, 주제어, 연구자 이름 등)를 입력하여, 해당되는 학술 자료의 정보와 원문까지 확인할 수 있도록 설계되어 있다.

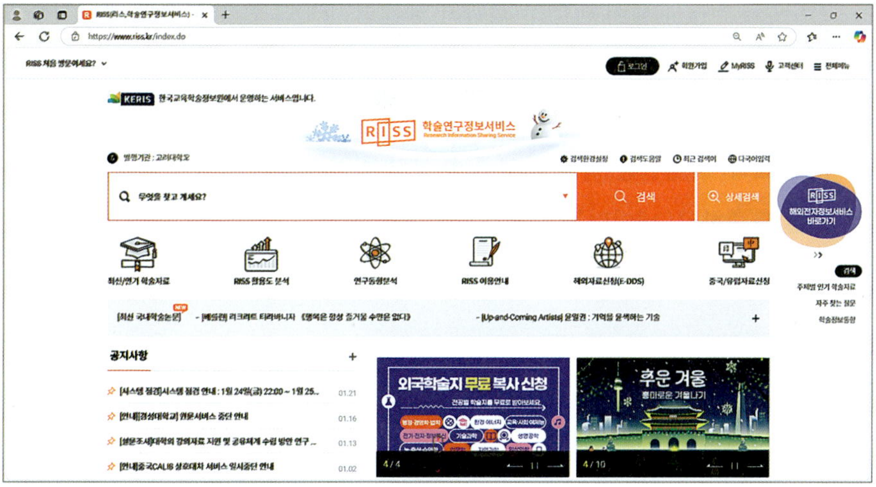

[그림 6-8] RISS 학술연구정보서비스 홈 화면

2) 활용 사례

(1) 지역사회의 역사적 사건 조사

- **활용 데이터:** 지역 관련 학위논문 및 학술지 논문
- **활용 방법:** 학생들은 자신이 거주하는 지역의 역사적 사건이나 인물에 대해 조사하며, RISS에서 관련 논문을 검색하고 원문을 열람한다. 예를 들어, '전주 한옥마을의 역사적 가치'를 주제로 논문을 분석하고, 이를 바탕으로 지역 역사 유산의 보존 및 활용 방안을 제안하는 보고서를 작성한다.
- **기대 효과:** 학생들은 지역의 역사와 문화를 학술적 관점에서 이해하고, 데이터를 기반으로 문제를 해결하는 능력을 배양할 수 있다.

(2) 교육 현안 분석 및 해결책 제안

- **활용 데이터:** 국내 교육학 관련 논문 및 연구 자료
- **활용 방법:** 학생들은 RISS에서 제공하는 원문 열람 기능을 활용해 국내 교육 현안(예 '교사와 학생 간 소통 문제' '디지털 교육 격차')에 대한 학술 논문을 분석

한다. 논문에서 제시된 연구 결과와 통계를 바탕으로 자신만의 해결책을 도출하고, 이를 발표하는 과제를 수행한다. 예를 들어, '디지털 교육 격차 해소를 위한 방안'에 대한 학술 자료를 활용하여 실질적인 대안을 제안한다.

- **기대 효과:** 학생들은 학술 자료를 분석하여 실질적이고 실행 가능한 해결 방안을 도출하고, 데이터를 기반으로 문제를 해결하는 능력을 기를 수 있다.

8. 국회전자도서관

1) 서비스 내역 및 특징

국회전자도서관(https://dl.nanet.go.kr)은 대한민국 국회도서관이 제공하는 디지털 서비스로, 학술 자료, 법률 정보, 정책 자료 등을 통합적으로 제공한다. 사용자는 국회도서관 소장 자료와 국회의원 정책 자료를 비롯해 다양한 자료를 검색하고 열람할 수 있다. 국회전자도서관은 법률과 정책 자료를 포함하여 학술 연구와 실무적 의사결정에 필요한 정보를 제공하며, 특히 정책 수립이나 법률 이해가 필요한 교육 및 연구 활동에 유용하다.

[그림 6-9]는 국회전자도서관의 홈 화면으로, 사용자가 검색창에 제목, 주제어, 연구자 이름 등을 입력해 자료를 탐색하고, 원문을 열람할 수 있도록 설계되어 있다.

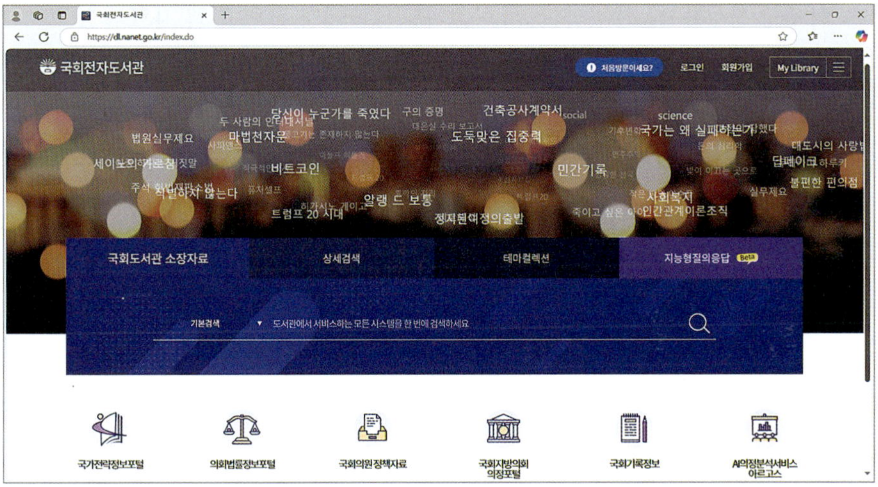

[그림 6-9] 국회전자도서관 홈 화면

2) 활용 사례

(1) 법률과 정책 이해를 통한 모의 의회 활동

- 활용 데이터: 특정 법안이나 정책과 관련된 국회 보고서, 법령 자료
- 활용 방법: 학생들은 국회전자도서관에서 특정 법안(예 「기후변화대응법」, 「청소년 보호법」)과 관련된 자료를 검색하고, 법안의 배경과 주요 내용을 학습한다. 이후, 찬성과 반대 입장을 나누어 토론을 진행하고, 법안을 수정하거나 새로운 제안을 도출하여 발표하는 모의 의회 활동을 수행한다.
- 기대 효과: 학생들은 법안과 정책 자료를 기반으로 토론과 의사결정을 경험하며, 법과 정책에 대한 이해를 높이고 비판적 사고력과 의사소통 능력을 기를 수 있다.

(2) 지역 문제해결을 위한 정책 제안

- 활용 데이터: 특정 지역과 관련된 국회 정책 자료 및 지방자치 관련 보고서
- 활용 방법: 학생들은 자신이 거주하는 지역에서 직면한 문제(예 '교통 체증' '지

역 관광 활성화')를 선정하고, 국회전자도서관에서 관련 정책 자료와 보고서를 검색한다. 이를 바탕으로 지역사회 개선을 위한 구체적인 정책 아이디어를 도출하고, 이를 프레젠테이션이나 보고서 형태로 발표한다.

- **기대 효과:** 학생들은 정책 자료를 활용해 지역 문제를 분석하고, 실행 가능한 대안을 제시하며, 실제 문제해결을 위한 창의적 사고와 문제해결 능력을 키울 수 있다.

참 / 고 / 문 / 헌

공공데이터포털 (https://data.go.kr)

구글 스콜라 (https://scholar.google.co.kr)

구글 트렌드 (https://trends.google.co.kr)

국회전자도서관 (https://dl.nanet.go.kr)

기상자료개방포털 (https://data.kma.go.kr)

네이버 데이터랩 (https://datalab.naver.com)

빅카인즈 (https://www.bigkinds.or.kr)

RISS 학술연구정보서비스 (https://riss.kr)

PART 03

디지털 도구의 교육적 활용

디지털 도구는 수업 설계, 자료 제작, 실행 등 교육 활동 전반에 활용될 수 있으며, 교사는 수업의 목적과 조건에 맞는 도구를 선택하고 효과적으로 활용할 수 있어야 한다. 제3부는 디지털 도구의 기능과 실제 사용법을 중심으로 구성하였으며, 각 도구가 교실 수업에서 어떻게 활용될 수 있는지를 실제 사례와 함께 설명하였다.

제7장 '수업 운영을 위한 디지털 도구'에서는 교실 수업과 원격 수업에서 학습자의 참여를 높이고 상호작용을 촉진할 수 있는 도구들을 소개한다. 의견 수렴 도구인 패들렛과 멘티미터, 퀴즈 도구인 카훗, 띵커벨, 슬라이도, 블루킷, 원격 수업 도구인 줌(Zoom)을 중심으로, 각 도구의 주요 기능과 수업 적용 방식을 정리하였다.

제8장 '실감형 콘텐츠와 메타버스의 활용'에서는 증강현실(AR), 가상현실(VR), 360도 영상 등 실감형 콘텐츠의 유형과 특성을 설명하고, 에듀넷과 디지털교과서 뷰어를 통해 제공되는 공공 실감형 자료를 소개한다. 또한 메타버스 플랫폼 Zep의 특징과 수업에서의 활용 방법도 함께 소개하여, 가상 공간 기반 학습 환경에 대한 실제적 접근을 제시한다.

제9장 '수업 자료 제작을 위한 디지털 도구'에서는 시각 자료 및 동영상 콘텐츠를 제작할 수 있는 도구들을 다룬다. 캔바(Canva), 어도비 익스프레스(Adobe Express), 프레지(Prezi)는 프레젠테이션, 포스터, 인포그래픽 등 시각 자료 제작에 적합하며, VLLO는 모바일 기반의 직관적인 동영상 편집 도구로, 손쉽게 컷 편집은 물론 자막, 스티커, 음악 등을 삽입할 수 있어 수업용 콘텐츠를 개발하거나 학생들이 과제물을 제작하는 데 적당하다.

제10장 '디지털 도구의 선택 및 활용'에서는 다양한 디지털 도구 가운데 어떤 도구를 어떤 수업 상황에 사용할 것인지를 판단하는 기준과 전략을 제시한다. 특히 PICRAT 모델을 적용하여 도구가 학습자의 참여 수준(수동적 · 상호작용적 · 창의적)과 교수 전략의 변화 수준(대체, 증대, 변형)에 따라 어떻게 분류될 수 있는지를 설명하고, 구체적인 활용 사례를 통해 실천적 적용 방안을 제시한다.

제3부는 디지털 도구의 기능과 사용법을 실제 수업 장면에 적용할 수 있도록 안내하며, 예비교사와 현직 교사가 수업 목적과 상황에 맞는 디지털 도구를 적절히 선택하고 활용할 수 있는 실천적 역량을 기를 수 있도록 구성되었다.

CHAPTER 07

수업 운영을 위한 디지털 도구

1. 의견 수렴 도구

디지털 시대 교육에서 학생들의 적극적인 참여와 즉각적인 피드백은 필수적이다. 이에 교사들은 전통적인 수업 방식에 다양한 디지털 도구를 접목하여 학생들과의 상호작용을 강화하고 있다. 특히 학생들의 의견을 효과적으로 수집하고 이를 신속하게 수업에 반영할 수 있도록 돕는 디지털 도구는 학습의 질을 높이는 데 중요한 역할을 한다. 이러한 의견 수렴 도구로는 패들렛과 멘티미터가 있으며, 이를 활용하면 학생들의 생각을 실시간으로 공유하고, 수업 진행에 유용한 인사이트를 얻을 수 있다.

1) 패들렛

패들렛(https://www.padlet.com)은 학생들의 다양한 의견을 실시간으로 수집하고 시각적으로 공유할 수 있는 온라인 도구다. 교사는 가상 게시판을 만들어 학생들이 자유롭게 텍스트, 이미지, 링크, 동영상 등을 게시할 수 있도록 하여 수업 중 활발한 참여를 유도할 수 있다. [그림 7-1]은 패들렛으로 생성한 전공 분야별 자기소개 게시판을 보여 준다. 패들렛은 간편한 사용법과 직관적인 인터페이스 덕분에 학생들이 쉽게 접근할 수 있다는 장점이 있다.

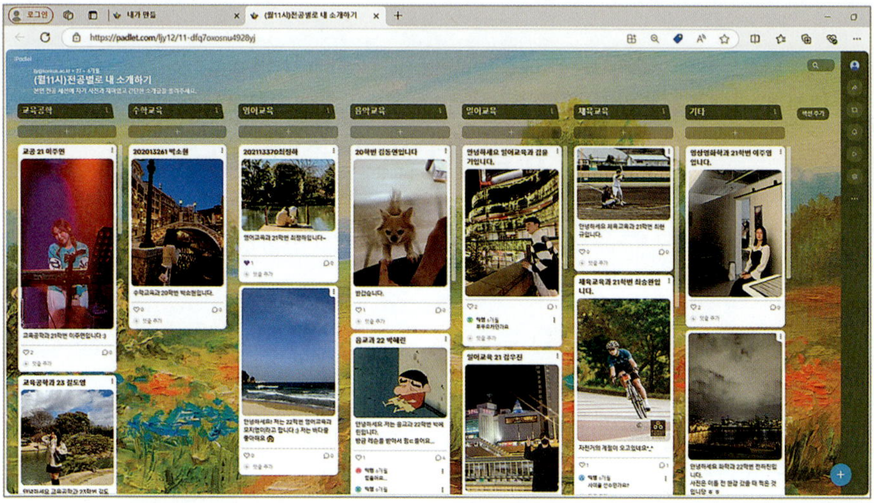

[그림 7-1] 패들렛으로 생성한 전공 분야별 자기소개 게시판

(1) 특징 및 주요 기능

① 실시간 의견 교환 지원: 학생들은 스마트폰, 태블릿 PC, 컴퓨터 등 다양한 디지털 기기를 사용해 언제 어디서든지 의견을 게시할 수 있다. 교사는 학생들의 게시물을 실시간으로 확인하고 즉각적인 피드백을 제공할 수 있다.

② 다양한 표현 방식 제공: 텍스트뿐만 아니라 이미지, 동영상, 파일 첨부 등을 통해 학생들은 자신의 생각을 보다 다양하고 창의적으로 표현할 수 있다.

③ 다양한 게시판 템플릿 제공: 담벼락, 그리드, 캔버스, 타임라인 등 다양한 레이아웃을 통해 교사가 수업 목표와 내용에 맞게 게시판을 구성할 수 있다.

④ 프라이버시 설정 가능: 게시판의 공개 범위와 접근 권한을 설정하여 참여자의 프라이버시를 보호할 수 있다.

(2) 무료 버전 사용 범위

① 패들렛 개수 제한: 무료 버전에서는 최대 3개의 패들렛만 생성할 수 있다. 유료 버전은 두 가지 플랜이 있으며, 플래티넘 플랜은 패들렛을 무제한으로 생성할 수 있고, 골드 플랜은 최대 20개까지 생성 가능하다. 생성 가능한 패

들렛 수에 도달했을 경우, 기존 패들렛을 삭제하면 새로운 게시판을 만들 수 있다. 삭제 전에는 기존 패들렛을 이미지나 PDF 파일로 내려받아 보관할 수 있다. 여러 이메일 주소를 활용해 여러 개의 패들렛 계정을 생성하면 더 많은 게시판을 관리할 수 있다. 예를 들어, 3개의 이메일을 사용해 각각 계정을 생성하고, 서로를 공동작업자로 설정하면 최대 9개의 패들렛 게시판을 관리할 수 있다.

② 파일 업로드 용량: 파일 업로드 용량이 20MB로 제한된다. 따라서 패들렛 게시판에 파일을 게시하게 할 때, 업로드 가능한 파일 크기가 20MB 이하임을 안내하는 것이 필요하다. 유료 버전에서는 플래티넘 플랜의 경우 500MB, 골드 플랜의 경우 100MB까지 업로드가 가능하다.

③ 오디오 녹음 시간: 오디오 녹음 시간은 5분으로 제한된다. 따라서 오디오 녹음은 꼭 필요한 경우에만 짧게 활용하도록 안내해야 하며, 5분 이상의 녹음이 불가능하다는 점을 미리 알리도록 한다. 유료 버전에서는 플래티넘 플랜의 경우 30분, 골드 플랜의 경우 10분까지 업로드가 가능하다.

(3) 사용법

① 패들렛 홈페이지 접속 및 로그인: 패들렛(Padlet) 웹사이트(https://padlet.com)에 접속하여 계정을 생성하거나, 기존 계정으로 로그인한다. 구글, 마이크로소프트, 애플 계정으로도 쉽게 로그인할 수 있다.

② 새로운 게시판 생성: 로그인 후, 홈 화면 상단에 있는 '만들기(Make a Padlet)' 버튼을 클릭한다. 이 버튼을 누르면 [그림 7-2]와 같이 Padlet 만들기 화면이 보이는데, '빈 게시판'을 클릭한다.

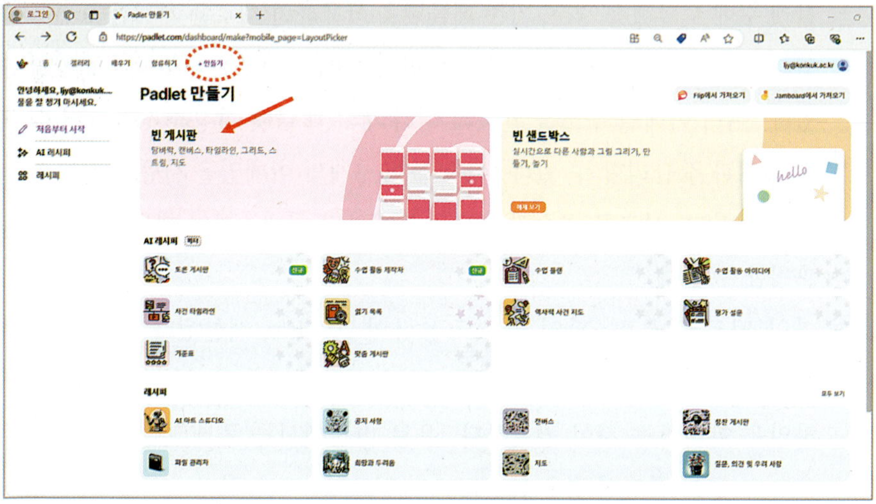

[그림 7-2] 패들렛 로그인 후 홈/내가 만듦 화면

③ 게시판 제목, 유형 및 섹션 설정: 새 게시판이 생성되면([그림 7-3] 참조), 우측 기본 설정 화면에서 '제목'을 입력하고, '형식'에서 게시판 유형을 선택한다. 패들렛은 담벼락, 컬럼, 그리드, 테이블, 프리폼, 타임라인, 스트림, 지도 등 7가지 게시판 유형을 제공한다. 〈표 7-1〉은 각 게시판 유형의 사용 목적과 활용 사례를 제시한다. 사용 목적에 맞는 유형을 선택하면 된다. '섹션'의 활성화 여부도 설정할 수 있다. 섹션을 활성화하면 학생들이 게시판에 글을 쓸 때 자신이 속한 범주에 글을 올릴 수 있어 다른 범주의 글들과 비교가 가능하다. 예를 들어, 토론 주제에 대해 찬성과 반대 섹션을 만들어 의견을 받아 볼 수 있으며, 팀별로 섹션을 나누어 의견을 게시하도록 설정할 수도 있다. 설정을 완료한 후 화면 우측 하단의 '완료' 버튼을 누르면 된다.

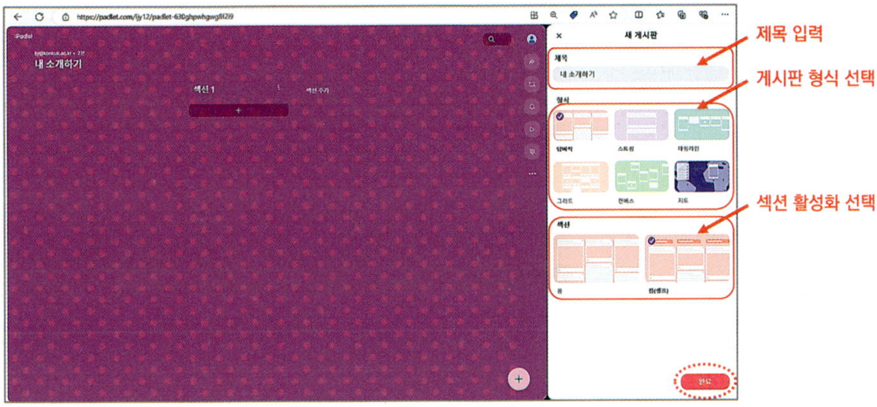

[그림 7-3] 패들렛 새 게시판 제목, 유형 및 섹션 설정 화면

〈표 7-1〉 패들렛 게시판 옵션 및 사용 목적과 사례

옵션	사용 목적	사례
담벼락 (wall)	벽돌 형식의 레이아웃으로 학생들의 다양한 의견을 자유롭게 수집하고 공유하기 위해 사용한다.	수업 중 학생들의 즉흥적인 아이디어를 브레인스토밍할 때 사용한다.
컬럼 (column)	게시글을 세로로 정렬하여 카테고리별로 분류하기 위해 사용한다.	프로젝트별로 아이디어를 정리하고, 팀별 의견을 공유하고자 할 때 사용한다.
그리드	게시글을 바둑판과 같이 체계적으로 정렬하여, 한눈에 보기 쉽게 정리하기 위해 사용한다.	학생들이 조사한 자료를 카테고리별로 정리하고 발표할 때 사용한다.
테이블	미디어가 풍성하게 사용된 스프레드 시트 형태로 데이터를 정리하기 위해 사용한다.	프로젝트별로 아이디어를 정리하고, 팀별 의견을 공유하고자 할 때 사용한다.
프리폼	게시물을 자유롭게 배치하고 연결해 보기 위해 사용한다.	마인드맵을 작성하거나, 개념도를 그려 보고자 할 때 사용한다.

타임라인	시간 순서에 따라 이벤트나 자료를 정리하고, 이를 일목요연하게 시각화하기 위해 사용한다.	역사 수업에서 중요한 사건들을 연대순으로 정리하여 시각화할 때 사용한다.
스트림	게시물을 세로 한 줄로 배치하되, 새로운 게시물을 상단에 위치하도록 하여, 최신 정보를 쉽게 파악할 수 있도록 사용한다.	최신 뉴스 업데이트를 연속적으로 제공하는 게시판으로 활용한다.
지도	지도 위에 게시글을 추가하여 위치기반 정보를 제공하기 위해 사용한다.	지리 수업에서 세계 여러 나라의 문화적 특징을 지도에 표시하고 설명할 때 사용한다.

④ 게시판 기본 설정 변경: 완성된 게시판에서 화면 우측 톱니바퀴 모양의 '설정'을 클릭하여 게시판 제목과 설명을 수정하거나 아이콘 및 맞춤 시각물을 추가할 수 있다([그림 7-4] 좌측 창 참조). 또한 배경화면, 글꼴 스타일, 레이아웃(유형 및 섹션)을 조정할 수 있다.

⑤ 새 게시물 위치 설정: 참여자들의 '새 게시물 위치'를 결정할 수 있다([그림 7-4] 우측 창 참조). 예를 들어, 먼저 올린 사람의 의견 뒤에 나중에 올린 사람의 의견이 게시되도록 하려면 '마지막'을 선택하면 된다. 이러한 설정 옵션들은 게시판의 사용성을 높이고, 매력적인 시각적 경험을 제공하는 데 도움을 준다.

⑥ 참여도 및 추가 설정: 설정 화면을 아래로 스크롤하면([그림 7-4] 우측 창 참조) '참여도'를 설정할 수 있다. 학생들이 타인의 게시물에 댓글을 달거나 '좋아요' '투표' '별점' '점수'를 부여할 수 있도록 설정할 수 있다. 이는 학생들의 참여도를 높이는 데 유용하므로 특별한 상황이 아니라면 활성화하는 것이 좋다. 게시판 생성 및 설정에서 선택한 대부분의 옵션은 자동으로 저장되지만, 배경 변경이나 참여도 설정 등 일부 경우에는 설정 패널 우측 상단에 '저장' 버튼이 나타난다. 이 경우 반드시 클릭하여 저장하도록 한다.

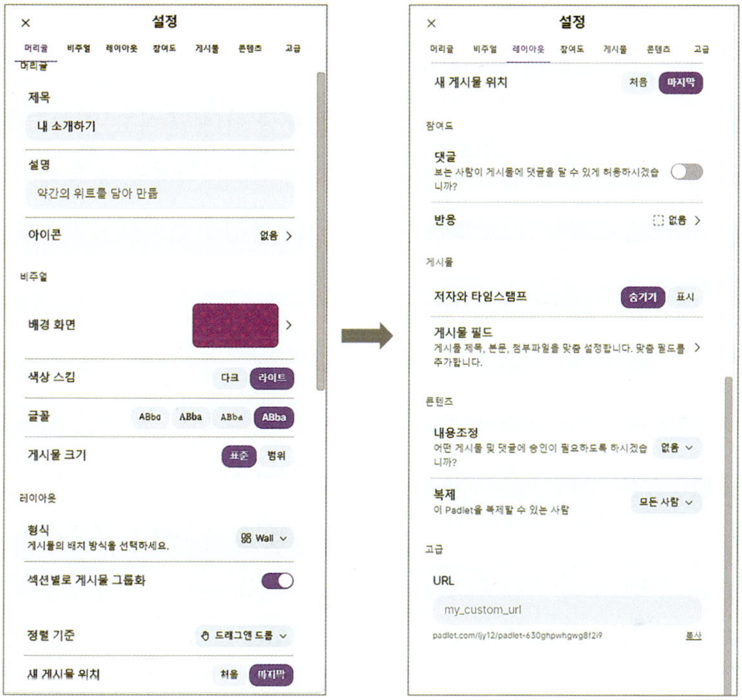

[그림 7-4] **패들렛 게시판 설정 화면**

⑦ 프라이버시 및 접근 권한 설정: 완성된 게시판에서 우측 상단의 '공유' 옵션을 클릭하여 게시판의 공개 범위와 접근 권한을 설정한다. '비공개', 즉 '링크를 아는 사람만 접근할 수 있도록 설정'이 가능한데 이때 비밀번호와 로그인을 요구할 수도 있으며, '공개'로 설정해 링크 없이 전세계 누구나가 접속하게 할 수도 있다. 또한 게시판에 글을 쓰거나 편집할 수 있는 사람을 지정하여 관리 권한을 설정할 수 있다. 생성한 게시판 접속 링크와 QR 코드를 다운받을 수 있으며, 완성된 게시판을 이미지, PDF 파일, 엑셀 파일 등으로 내려받을 수도 있다.

⑧ 게시판 공유 및 사용 시작: 게시판 및 프라이버시/접근 설정이 완료되면, '공유' 패널에서 QR 코드를 생성하거나 적절한 접속 링크를 복사해서 학생들에게 공개하여, 의견을 게시하거나 타인의 게시글을 보고 반응할 수 있도록 한다.

⑨ **게시판 관리 및 피드백 제공**: 학생들이 게시판에 교사가 공유한 링크나 QR 코드를 사용하여 접속하여 게시물을 올리기 시작하면, 교사는 이러한 게시물을 실시간으로 확인하고, 필요시 '댓글'이나 '좋아요'를 누르거나, 피드백을 제공할 수 있다. 또한 게시물의 이동, 수정, 삭제 등을 통해 게시판을 목적에 맞게 관리할 수 있으며, '슬라이드쇼' 옵션을 선택해서 게시물을 하나씩 살펴볼 수도 있다.

2) 멘티미터

멘티미터(https://www.mentimeter.com)는 실시간으로 학생들의 의견을 수집하고 이를 시각적으로 표현할 수 있는 온라인 투표 및 의견 수렴 도구이자, 학생들의 이해도를 경쟁적으로 점검할 수 있는 퀴즈 도구다. 교사는 수업 중 질문을 제시하고, 학생들은 스마트폰, 태블릿 PC, 컴퓨터 등을 통해 즉각적으로 응답할 수 있다.

멘티미터는 패들렛과 마찬가지로 사용하기 쉬운 인터페이스와 다양한 시각화 옵션을 제공하여 학생들의 참여를 촉진하고, 수업의 상호작용을 강화할 수 있다. [그림 7-5]는 멘티미터로 진행한 실시간 설문 실행 화면이다.

[그림 7-5] 멘티미터로 진행한 실시간 서베이(코스 기대사항 알아보기)

(1) 특징 및 주요 기능

① 실시간 의견수렴 및 이해도 점검 가능: 교사는 멘티미터를 활용해 수업 중 실시간으로 설문 조사 또는 퀴즈를 실시할 수 있다. 학생들의 응답은 실시간으로 수집되고 판정되며 그 결과가 즉각적으로 시각화됨에 따라, 교사는 학생들의 응답에 대한 실시간 피드백을 제공할 수 있다.

② 다양한 서베이 옵션 제공: 다양한 서베이 옵션을 제공함에 따라 교사는 수업의 특징과 목표에 맞는 옵션을 선택해서 활용할 수 있다. 〈표 7-2〉는 멘티미터가 제공하는 서베이 옵션별 설명과 적절한 활용 사례다.

〈표 7-2〉 서베이 옵션(Interactive Questions)

옵션	설명 및 사례
Multiple Choice	참여자들이 여러 선택지 중에서 하나 또는 복수의 답을 선택할 수 있는 기능이다. 예를 들어, 학생들에게 음식 리스트를 제시하고 선호하는 음식을 1개 또는 복수로 선택하도록 한 후, 그 결과를 확인해 보고 이에 적합한 영양 교육을 실시할 수 있을 것이다.
Open Ended	참여자들이 자유롭게 텍스트로 답변을 작성할 수 있는 기능이다. 학생들의 창의적인 생각을 수집하거나, 수업 후 피드백을 받을 때 유용하다. 예를 들어, '낙태' 문제에 대한 학생들의 자유로운 의견을 모아 토론을 시작할 수 있다.
Ranking	여러 항목을 우선순위에 따라 순서대로 나열할 수 있는 기능이다. 예를 들어, 학생들에게 수업 중 다룬 개념 중 가장 중요한 항목을 선택하게 하여 그들의 우선순위를 파악하고, 이를 토대로 더 깊이 있는 수업을 진행할 수 있다.
Guess the Number	참여자들이 숫자를 추측하여 입력할 수 있는 기능으로, 추정이나 예측 활동에 적합하다. 예를 들어, 과학 수업에서 실험 결과를 예측하거나, 역사 수업에서 중요한 연도를 추측하게 하여 배경지식을 확인하는 활동에 활용할 수 있다.
2×2 Grid	두 가지 기준에 따라 항목을 배치하는 기능으로, 사분면 분석에 주로 사용된다. 예를 들어, 학생들이 SWOT 분석을 수행할 때 이 기능을 사용하여 아이디어를 시각적으로 배열하고 상호작용할 수 있다.

Pin on Image	이미지 위에 위치를 지정하는 기능으로, 공간적 또는 지리적 과제에 적합하다. 예를 들어, 지리 수업에서 지도 위에 특정 지역을 표시하게 하여 학생들의 공간적 이해를 돕거나, 생물학 수업에서 특정 구조를 표시하게 할 수 있다.
Word Cloud	참여자들이 입력한 단어를 시각적으로 클라우드 형태로 표현하는 기능이다. 토론 주제를 브레인스토밍할 때 유용하며, 예를 들어 학생들이 특정 주제와 관련된 단어를 제출하면 가장 많이 등장한 단어가 시각적으로 강조되어, 토론을 시작할 수 있다.
Scales	척도를 통해 의견을 평가할 수 있는 기능이다. 예를 들어, 학생들이 수업 내용을 얼마나 이해했는지 1~5점으로 평가하게 하여, 학습 진도를 파악하고 수업의 난이도를 조정할 수 있다. 또한 특정 주제에 대한 학생들의 감정이나 의견을 수치화하여 시각적으로 분석할 수 있다.
Q&A	참여자들이 실시간으로 질문을 제출하고 발표자가 이에 답변할 수 있는 기능이다. 수업 중 학생들이 궁금한 점을 실시간으로 질문하게 하여, 즉각적인 피드백을 제공하며 수업을 더 역동적으로 만들 수 있다.
100 Points	100점을 다양한 항목에 배분하여 중요도를 평가할 수 있는 기능이다. 예를 들어, 프로젝트나 과제에서 중요한 요소들을 나열하고 학생들이 각 요소에 점수를 배분하게 하여, 그들이 어떤 요소를 가장 중요하게 생각하는지 파악할 수 있다.
Quick Form (유료버전에서만 가능)	간단한 양식을 통해 정보를 수집할 수 있는 기능이다. 예를 들어, 수업 첫날 학생들의 기본적인 정보나 선호도를 빠르게 수집할 수 있어, 이후 수업 계획을 세우는 데 유용하게 활용할 수 있다.

③ 선다형 및 단답형 퀴즈 지원: 선다형이나 단답형 퀴즈 문제를 출제할 수 있으며, 학생들의 응답을 즉각 판정해서 리더보드(Leader Board, 순위표)를 제공함으로써 학생들이 좀 더 경쟁적으로 퀴즈에 임할 수 있도록 한다. 리더보드는 참가자들이 문제를 얼마나 빠르고 정확하게 풀었는지를 기준으로 순위를 매기며, 이를 통해 참가자들은 자신의 현재 순위를 확인할 수 있어 학습 동기 및 참여도 증진에 도움이 된다. 〈표 7-3〉은 멘티미터가 제공하는 퀴즈 옵션별 설명과 활용 사례다.

〈표 7-3〉 퀴즈 옵션(Quiz Competitions) 설명 및 활용 사례

옵션	설명 및 사례
Select Answer	주어진 선택지 중 정답을 고르는 기능으로, 주로 지식 확인 퀴즈에 사용된다. 예를 들어, 수업 도중에 학습한 내용을 복습할 때 이 기능을 사용하여 학생들이 정답을 선택하도록 하고, 그들의 이해도를 점검할 수 있다.
Type Answer	참여자들이 직접 정답을 입력해야 하는 기능으로, 짧은 답변 퀴즈나 도전 과제에 적합하다. 예를 들어, 수학 문제의 정답을 직접 입력하게 하여 학생들이 수업 내용을 응용하고 문제해결 능력을 키우는 데 사용할 수 있다.

(2) 무료 버전 사용 범위

① 참여자 수 제한: 무료 버전에서는 매달 최대 50명의 참여자만 응답할 수 있다. 실제로는 약 1주일 후에 리셋되어 다시 50명의 참여자를 받을 수 있도록 허용되곤 한다. 한 개의 프레젠테이션에 50명 이상이 참여할 수 있지만, 이후 사용이 제한된다.

② 질문 수 제한: 한 개 프레젠테이션당 서베이 질문은 최대 5개, 퀴즈 문제는 최대 2개까지 추가할 수 있다. 그러나 프레젠테이션의 생성 개수에는 제한이 없어 원하는 만큼 제작이 가능하다.

(3) 사용법

① 멘티미터 홈페이지 접속 및 로그인: 멘티미터 웹사이트(https://mentimeter.com)에 접속하여 계정을 생성하거나 기존 계정으로 로그인한다. 구글, 마이크로소프트, 페이스북 계정으로도 쉽게 로그인할 수 있다.

② 새로운 멘티(Menti) 만들기: 로그인 후 홈 화면 상단의 'New Menti' 버튼을 클릭하여 새로운 프레젠테이션을 만들 수 있는데, '퀴즈'를 만들 것인지 '서베이'를 만들 것인지 선택해야 한다([그림 7-6] 참조).

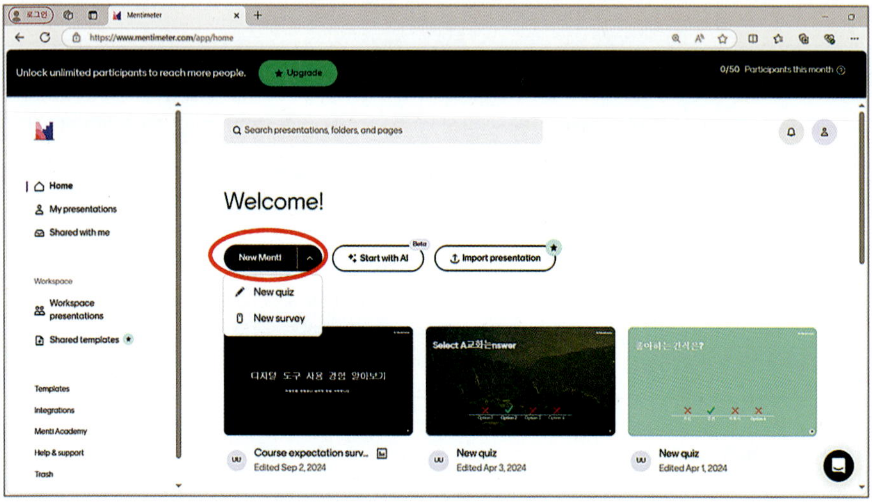

[그림 7-6] 멘티미터 로그인 후 홈 화면

• 'New Survey'를 선택한 경우, 제시되는 창에서 적절한 템플릿을 선택해서 필요한 곳을 수정해서 손쉽게 활용할 수 있도록 한다. 기존 템플릿을 사용하지 않고 새로운 프레젠테이션을 만들고 싶다면 'blank'를 선택한 후 'Start From Scratch'를 클릭하면 된다. 이때 [그림 7-7]과 같은 옵션 창을 화면 좌측에서 볼 수 있으며, 제시된 다양한 서베이 옵션 중 적절한 것을 선택하면 된다.

[그림 7-7] 멘티미터가 제공하는 서베이, 퀴즈 및 내용 슬라이드 유형

- 'New Quiz'를 선택한 경우, 'New Survey'에서와 동일하게, 템플릿 사용 여부를 결정하고, 템플릿을 사용하지 않고 처음부터 새로운 프레젠테이션을 만들고자 할 때에는 질문 유형을 선택하면 된다. 사실상 서베이를 선택하느냐, 퀴즈를 선택하느냐 하는 것은 중요하지 않다. 다음에서 설명할 설정 옵션 등을 조절해서 한 프레젠테이션 안에 서베이 질문 5개, 퀴즈 2개까지 넣을 수 있다. 서베이 질문과 퀴즈 문제의 큰 차이는 서베이 질문에는 정답이 없는 반면, 퀴즈 문제에는 정답이 있고 정답에 따라 참여자의 순위가 매겨져서, 문제 바로 다음 화면에 리더보드가 생성된다. 리더보드는 필요에 따라 비활성화할 수도 있다.

③ 문제 입력 및 설정: 멘티미터의 문제 입력 화면은 파워포인트 편집 화면과 유사하다([그림 7-8] 참조). 화면 좌측에는 각 문제 화면의 섬네일이 표시되며, 상단의 'New slide' 버튼을 클릭하여 새로운 서베이 또는 퀴즈 문제 화면을 추가할 수 있다. 한 슬라이드에는 1개의 문제만 추가할 수 있다. 화면 중앙에는 문제를 입력할 수 있는 '문제 입력란'이 있으며, 커서를 해당 영역에 위치시키고 문제를 입력하면 된다. 문제 유형이 선다형(Multiple choice)일 경우, 문제 입력란 하단의 선택지 영역을 클릭한 후, 화면 우측의 설정 창에서 선택지를 입력하면 된다. 선택지가 많을 경우 'Add option'을 클릭하여 추가로 입력할 수 있다. 멘티미터는 학생들의 응답 결과를 'Bar' 'Donut' 'Pie' 'Dots'와 같은 다양한 방식으로 시각화하여 교실 앞 전자칠판 또는 스마트 TV에 표시할 수 있다. 이 시각화 방식은 화면 우측 설정 창에서 'Visualization type'을 선택하여 지정할 수 있다. 제시한 문제에 정답이 있다면 'Choose correct answers'를 활성화하고 정답을 지정하면 된다. 설문 문항(서베이)인 경우에는 정답 지정을 할 필요가 없다. 학생들에게 복수 개의 선택을 허용하려면 'Select multiple options'을 활성화한 후 허용할 선택지 개수를 입력하면 된다. 이후 문제 입력 화면으로 다시 돌아가려면 화면 우측 상단에 위치한 'Edit'를 클릭하면 된다.

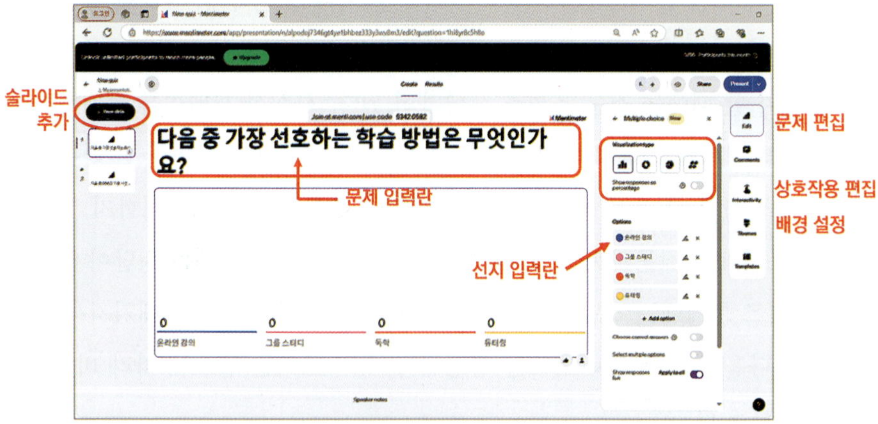

[그림 7-8] 멘티미터 문제 입력 및 설정 화면

[그림 7-7] 하단에는 'Content slides'의 여러 유형이 제시되어 있다. 작성 중인 슬라이드에 서베이 또는 퀴즈 문제가 아닌 표지 제목(Heading)이나 지시 사항(Instruction) 등의 내용을 입력하려면 적절한 유형을 선택하여 입력할 수 있다. 지시 사항(Instruction)을 선택하면, 학생들이 서베이 또는 퀴즈에 참여할 수 있는 자동 생성된 공유 링크와 QR 코드가 포함된다.

[그림 7-8]의 화면 우측에는 'Interactivity' 옵션이 있다. 이를 클릭하여 좋아요(Reaction), 추천, 질의응답(Q&A), 실시간 채팅(Live chat) 등의 활성화 여부를 설정할 수 있다. 또한 'Questions are visible to everyone' 기능을 활성화하면 문제 화면이 모든 학생의 기기에 표시되며, 비활성화하면 학생들은 교실 앞 전자칠판에 제시된 문제를 보고 자신의 기기에서는 답만 입력할 수 있다.

'Themes'를 클릭하면 문제 화면의 배경과 색상을 변경할 수 있다. 프레젠테이션 생성 시 처음에 'blank'를 선택했더라도, 멘티미터가 제공하는 템플릿을 사용하고 싶다면 'Templates'를 클릭하여 선택하면 된다.

④ 프레젠테이션 공유 및 시작: 문제 생성과 설정을 모두 완료한 후, 프레젠테이션이 준비되면 화면 상단의 'Share' 버튼을 클릭하여 다양한 공유 옵션을 설정할 수 있다. 화면 좌측 상단의 육각형 모양 'settings' 버튼을 누르면 presentation과 survey라는 두 가지 옵션을 선택할 수 있다. presentation을 선택하면 교사가 전자칠판에 제시하고 있는 문제에 대해서만 답할 수 있고, 다음 문제를 미리 풀어 볼 수 없다. 반면, survey를 선택하면 학생들이 자신의 속도에 맞게 자유롭게 문제를 풀 수 있다. 이후 화면 우측의 'Present'를 눌러 서베이 또는 퀴즈를 시작하면 된다. 학생들은 화면에 표시된 고유 코드나 QR 코드를 통해 스마트폰이나 컴퓨터로 접속해 질문에 응답할 수 있다.

⑤ 피드백 수집 및 관리: 학생들의 응답은 실시간으로 화면에 표시되며, 교사는 이를 바탕으로 즉각적인 피드백을 제공하거나 수업 내용을 조정할 수 있다. 모든 서베이와 퀴즈가 끝난 후에는 화면 상단의 'Results'를 눌러 학생들의 응답 데이터를 자세히 확인할 수 있다([그림 7-9] 참조). 응답 데이터는 화

면 우측 하단의 옵션을 사용해 엑셀 파일 등으로 내려받아 이후 분석에 활용할 수 있다. 새로운 서베이 또는 퀴즈 세션을 시작하려면 화면 우측 하단의 'Clear results' 버튼을 눌러 기존 응답 데이터를 삭제하면 된다.

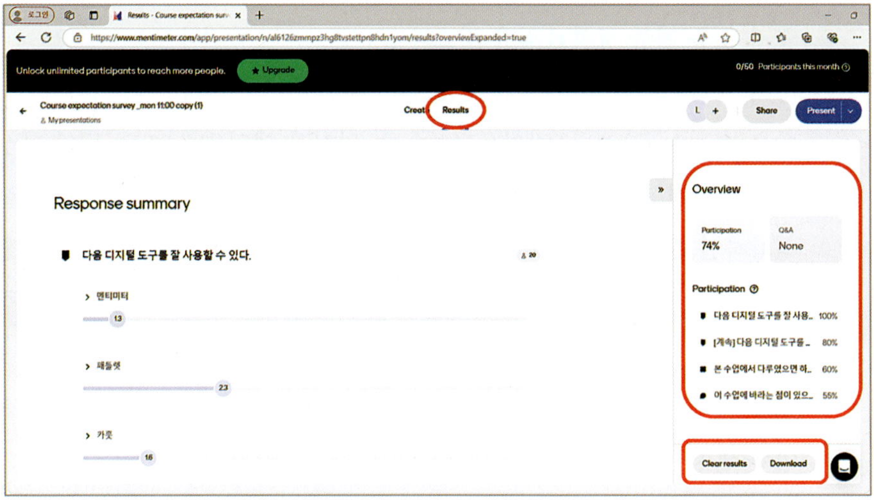

[그림 7-9] 멘티미터 응답 결과 보기 화면

2. 퀴즈 도구

디지털 퀴즈 도구는 학생들에게 복습과 학습 내용에 대한 이해도를 실시간으로 점검할 기회를 제공한다. 이를 통해 학습 참여도를 높이고, 재미와 경쟁을 통해 학습 동기를 유발하는 중요한 역할을 한다. 교사는 각 도구가 제공하는 다양한 퀴즈 유형과 옵션을 활용하여 문제를 출제하고 즉각적인 피드백을 제공할 수 있다. 이러한 퀴즈 도구에는 카훗, 띵커벨, 슬라이도, 블루킷 등이 있다. 특히 띵커벨과 슬라이도는 퀴즈 도구이면서 앞서 살펴본 의견 수렴 도구(서베이 도구)이기도 하다. 또한 멘티미터 역시 퀴즈 문제를 출제하고 운영할 수 있는 퀴즈 도구로 활용 가능하다.

1) 카훗

카훗(Kahoot.com)은 아마도 가장 잘 알려지고 많이 활용되는 퀴즈 도구일 것이다. 교사는 손쉽게 퀴즈를 생성할 수 있으며, 학생들은 스마트폰이나 태블릿 PC와 같은 기기를 사용하여 실시간으로 퀴즈에 참여하고 결과를 확인할 수 있다. 카훗의 강점은 게임 요소를 도입하여 학생들이 퀴즈를 더욱 재미있고 몰입감 있게 풀 수 있도록 한다는 점이다. [그림 7-10]은 카훗이 제공하는 퀴즈 실행 화면이다.

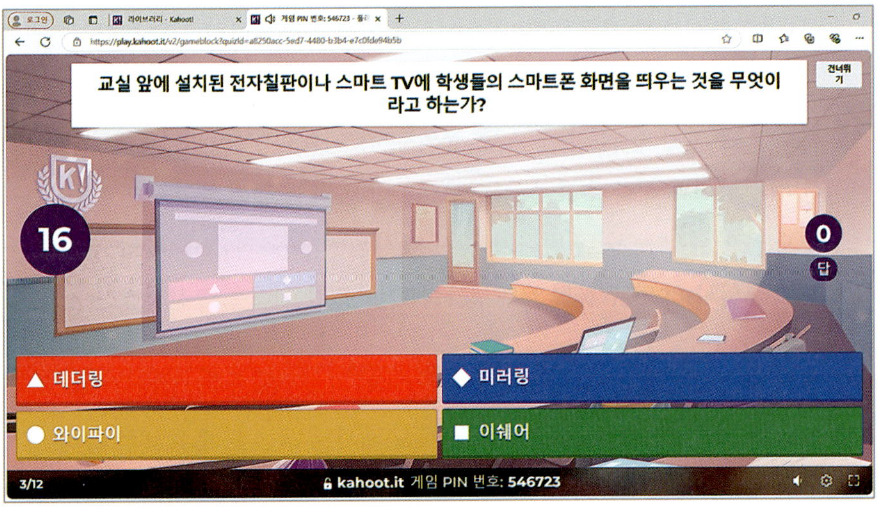

[그림 7-10] 카훗 퀴즈 화면

(1) 특징 및 주요 기능

① 게임화된 학습 경험 제공: 카훗은 퀴즈를 게임 형식으로 제공하여 학생들이 경쟁을 통해 학습할 수 있도록 한다. 학생들은 정답을 빠르게 맞히고 점수를 쌓아 가며 실시간으로 순위를 확인할 수 있다. 이를 통해 활기찬 수업 분위기를 조성하고 학습 동기를 향상시킬 수 있다.

② 다양한 퀴즈 형식 제공: 카훗은 객관식, 참/거짓, 주관식 등 다양한 퀴즈 형식을 제공한다. 교사는 수업 내용에 적합한 형식을 선택할 수 있다. 예를 들

어, 역사 수업에서는 객관식으로 날짜나 사건을 묻고, 과학 수업에서는 주관식으로 원리를 설명하도록 할 수 있다. 단, 무료 버전에서는 사지선다형 문제와 참/거짓 문제만 출제할 수 있다.

③ 실시간 피드백 및 순위 제공: 학생들이 문제를 풀면 그 결과가 즉시 리더보드에 반영되어 실시간으로 순위가 표시된다. 이를 통해 학생들은 자신의 순위를 확인하며 더 나은 성적을 위해 학습에 집중할 수 있다.

④ 쉬운 사용법과 접근성: 카훗은 직관적인 인터페이스를 제공하여 교사와 학생 모두 쉽게 활용할 수 있다. 교사는 간단한 단계를 거쳐 퀴즈를 생성할 수 있으며, 학생들은 회원가입이나 로그인 없이 스마트폰이나 태블릿 PC로 고유 핀을 입력하거나 QR 코드를 스캔하여 바로 참여할 수 있다.

⑤ 비주얼 효과와 음악: 카훗은 큰 글씨로 퀴즈 질문과 답변을 제시하며, 화려한 배경화면과 시각적 효과, 흥미로운 배경음악을 통해 몰입감을 높인다. 각 문제 풀이 후에는 순위 변화가 즉시 표시되며, 퀴즈가 모두 끝난 후 제시되는 1~3위 순위 발표 장면은 학생들의 학습 동기를 더욱 증진시킨다.

(2) 무료 버전 사용 범위

① 참여자 수: 카훗의 무료 버전(Basic Plan)에서는 퀴즈를 개수 제한 없이 생성할 수 있으며, 학생들의 응답 결과를 즉시 확인할 수 있다. 하지만 기존 회원의 경우 퀴즈에 참여할 수 있는 인원이 최대 10명으로 제한되어 무료 사용에 큰 제약이 된다. 반면, 신규 가입자는 최대 40명까지 동시 참여자를 받을 수 있다. 몇 년 전만 해도 무료 버전에 참여자 수 제한이 없었으나, 현재는 제한이 생긴 점이 아쉬운 부분이다. 유료 버전으로 업그레이드하면 최대 200명까지 동시 참여가 가능하다.

② 퀴즈 유형 및 보고서: 무료 버전에서는 퀴즈 유형에 제한이 있다. 선다형 또는 참 · 거짓 문제만 출제할 수 있으며, 선다형 문제의 경우 답지는 반드시 4개여야 한다. 답지를 3개 또는 5개로 설정하는 것은 불가능하다. 반면, 유료 버전에서는 주관식 문제, 퍼즐, 투표 등 다양한 유형의 문제를 출제할 수 있으

며, 4개 이상의 답지를 포함한 문제도 만들 수 있다.

퀴즈가 종료된 후 무료 버전에서는 간단한 보고서만 생성되지만, 유료 버전에서는 고급 보고서를 자동으로 생성하여 교사가 학생들의 성취도를 면밀히 분석할 수 있도록 지원한다.

(3) 사용법

① 카훗 접속 및 로그인: 카훗 웹사이트(https://kahoot.com)에 접속하여 계정을 생성하거나 기존 계정으로 로그인한다. 구글, 마이크로소프트, 페이스북 계정으로도 쉽게 로그인할 수 있다.

② 새로운 퀴즈 세트 만들기: 로그인 후 '홈' 화면에서 '만들기(Create)' 버튼을 클릭한 후 'Kahoot'을 선택한다([그림 7-11] 참조). '새 Kahoot 만들기' 창에서 '빈 캔버스(처음부터 만들기)'를 선택하여, 문제를 차례로 입력하도록 한다.

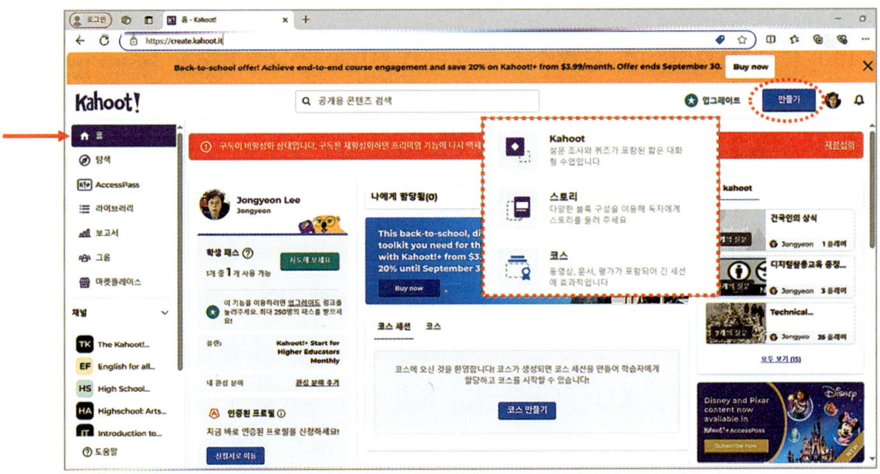

[그림 7-11] 카훗 로그인 후 홈 화면

먼저, 화면([그림 7-12]) 우측 단에서 '테마'(문제 화면 배경)를 선택한다. 그다음, 화면 중앙에 위치한 문제 입력란을 클릭하면, 화면 우측 단이 바뀌면서 '문제의 유형'(사지선다형 또는 단답형) '시간 제한' '포인트(배점)'를 설정할 수 있다([그림

7-13] 참조). '답변 옵션'은 다중 선택 여부를 묻는 것인데, 무료 버전에서 다중 선택은 허용되지 않는다. 문제 옵션 설정 후, 문제 입력란에 질문 내용을 입력하고, 질문에 포함되어야 할 이미지, 오디오 또는 동영상이 있다면 미디어 입력란으로 드래그한다. 자신의 컴퓨터에 저장되어 있는 미디어 파일을 업로드할 수 있는데, 카훗이 제공하는 무료 이미지를 업로드할 수도 있다. 선택지도 차례로 입력한다. 정답인 선택지에는 우측 끝에 보이는 동그라미 모양 버튼을 클릭해서 정답임을 표시해 준다.

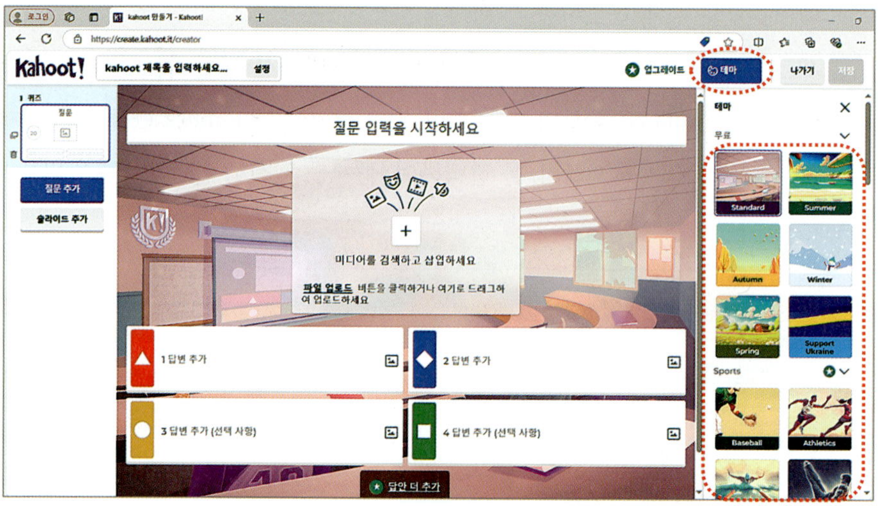

[그림 7-12] **카훗 문제 테마 선택 화면**

문제를 계속 입력하려면 [그림 7-13] 화면 좌측 메뉴단에서 '질문 추가' 버튼을 클릭해서 다음 문제를 입력할 수 있다. '슬라이드 추가' 버튼을 클릭해 문제가 아닌 표지, 지시 사항, 힌트 등의 내용을 입력할 수 있다. 문제 입력이 모두 완성되면 화면 우측 상단에 '저장' 버튼을 누른다. '미리보기' 버튼을 누르면, 교사의 기기 또는 전자칠판에서 볼 수 있는 최종 문제 화면과 학생들의 스마트 기기에서 보이는 화면을 미리 확인할 수 있다. 입력한 문제들을 다시 한번 확인한 후에는 화면 상단 '나가기' 버튼을 누른다.

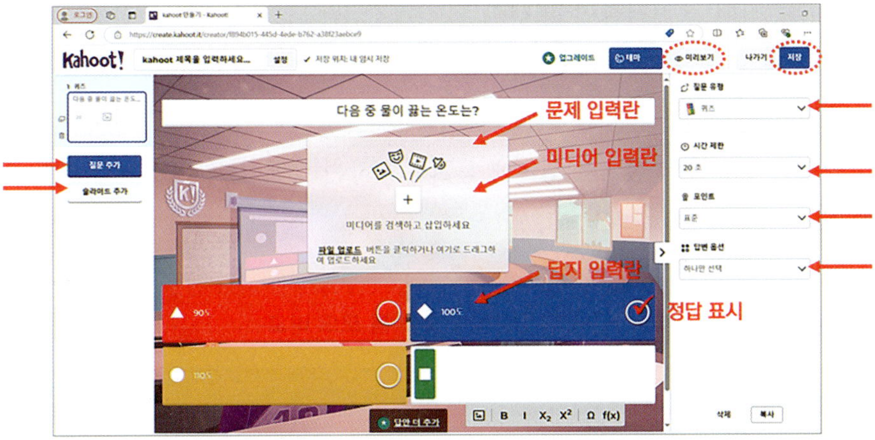

[그림 7-13] 카훗 문제 옵션 설정 및 문제 입력 화면

③ 퀴즈 시작 및 공유: 퀴즈 생성 완료 후 '나가기' 버튼을 클릭하면, 방금 만든 퀴즈 세트를 내 '라이브러리'에서 확인할 수 있다([그림 7-14] 참조). 퀴즈는 두 가지 방법으로 실행할 수 있는데, 바로 '라이브 진행'과 '전달'이다. '라이브 진행'은 교사가 학생들과 함께 실시간으로 문제를 풀어 보기 위한 옵션이고, '전달'은 퀴즈를 과제로 진행하기 위한 옵션이다.

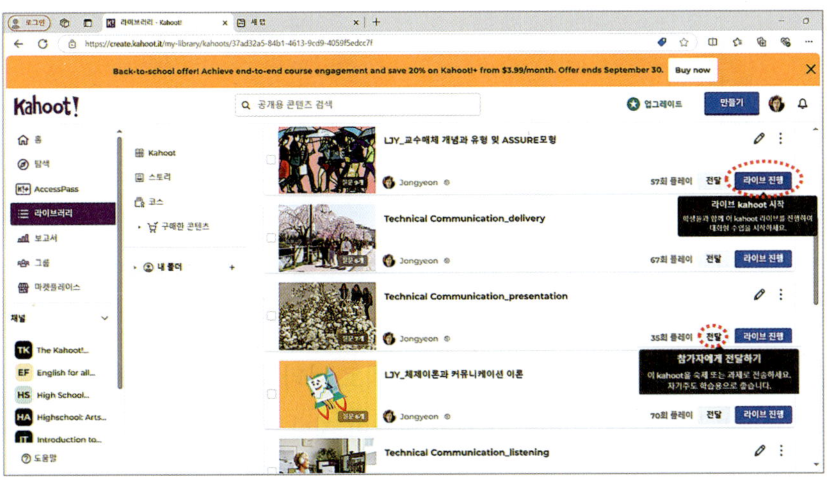

[그림 7-14] 카훗 라이브러리 화면

'라이브 진행'을 선택하면 '클래식 모드' 또는 '팀 모두'로 퀴즈를 진행할 수 있다. '클래식 모드'는 개별적으로 학생들이 각자 자신의 기기(스마트폰, 태블릿 PC 또는 컴퓨터)를 통해 퀴즈에 참여하는 방식이다. 이에 비해 '팀 모드'는 학생들을 여러 팀으로 나누어 팀 단위로 퀴즈에 참여하게 하는 방식이다. 〈표 7-4〉는 두 실행 모드를 비교한 것이다.

〈표 7-4〉 카훗 퀴즈 라이브 진행 시 클래식 모드와 팀 모드 비교

구분	클래식 모드 (Classic Mode)	팀 모드 (Team Mode)
사용 목적	개인의 학습 성취도를 평가하고 경쟁을 유도하는 데 적합함	협력을 통해 학습을 강화하고 팀워크를 유도하는 데 적합함
참여 방식	각 학생이 닉네임을 입력하고 개인적으로 퀴즈에 참여하여 개별적으로 답을 제출함	학생들이 팀을 이루어 협력하고, 팀원들끼리 협의한 후 팀명과 닉네임을 입력하고 개별적으로 답을 제출함
경쟁 방식	학생들 간의 개인 경쟁이 이루어지며, 각 학생의 점수가 리더보드에 표시됨	팀 간 경쟁이 이루어지며, 팀 합산 또는 평균 점수가 리더보드에 표시됨
답 제출 방식	각 학생이 개별적으로 자신의 기기로 답을 입력하고 제출함	팀원들과 협의 후 각자 자신의 기기로 답을 개별적으로 입력함(팀별로 하나의 기기를 사용해 협력하는 팀 모드는 카훗 Pro 버전에서만 제공됨)
점수 산정 방식	각 학생의 정답 및 응답 속도에 따라 개별 점수가 산정됨	팀 내 각 학생의 응답을 기반으로 팀 전체의 점수가 산정됨(합산 또는 평균)

클래식 모드이든 팀 모드이든 학생들은 화면에 제시된 핀 코드 또는 QR 코드를 통해 손쉽게 퀴즈에 접속할 수 있고([그림 7-15] 참조), 교사의 기기 또는 전자칠판에는 입장한 학생들의 닉네임이 입장 순서대로 나타나며, 문제가 제시되기 시작한다. 문제별로 교사가 설정해 둔 제한 시간이 지나거나, 학생들 모두 다 문제를 풀어 교사가 수동으로 '다음'을 누르면, 각 선택지별로 몇 명의 학생이 선택했는지를 보여 주는 막대그래프가 제시되고 정답이 표시된다. 이어서 리더보드가 뜨는

데, 리더보드에는 학생들이 얼마나 빨리 정답을 맞혔는지에 따라 순위가 매겨져 표시된다. 리더보드에는 상위 5명 정도의 학생들의 목록만 제시된다. 이러한 과정은 각 문제마다 반복되며, 모든 문제를 풀고 나면 최종 우승자 3명에 대한 시상식이 어울리는 효과음과 더불어 흥미롭게 진행된다([그림 7-16] 참조).

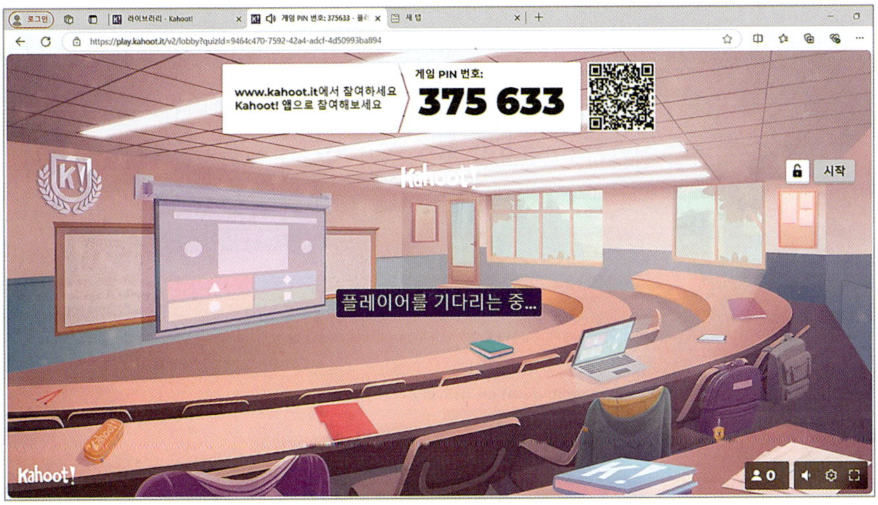

[그림 7-15] 카훗 퀴즈 실행 화면

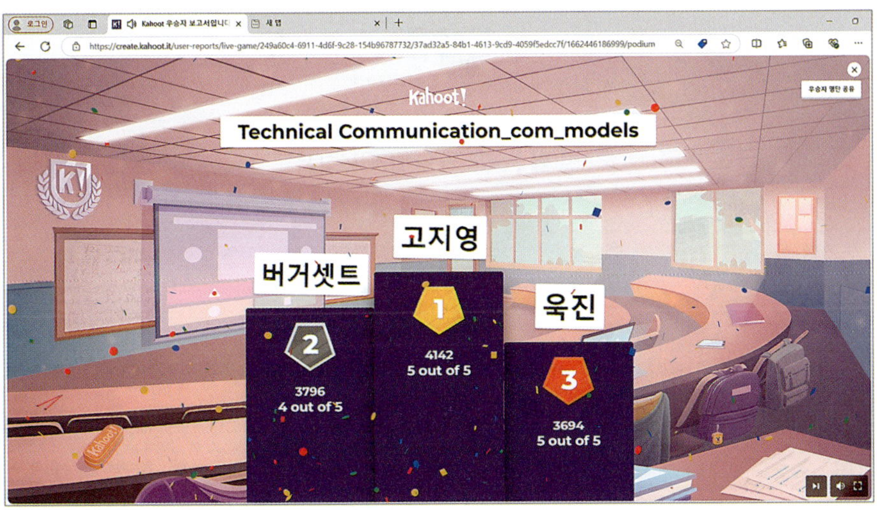

[그림 7-16] 카훗 퀴즈 최종 순위 화면

④ **결과 확인 및 피드백**: 카훗은 교사가 학생들의 문제 풀이 결과를 실시간으로 확인하고 피드백을 제공할 수 있도록 돕는다. 답지별 선택 건수와 리더보드 결과를 통해 학생들의 성취도를 즉시 파악할 수 있으며, 부족한 부분에 대해 보충 설명을 할 수 있다.

퀴즈 종료 후, '홈' 화면 좌측 메뉴의 '보고서'([그림 7-17] 참조)를 통해 상세 분석 자료를 확인할 수 있다. 무료 버전 보고서에는 학생들의 이름 또는 닉네임, 정답자 및 오답자 수와 비율, 총점 등이 포함된다. 이러한 자료는 학생들의 학습 성과를 평가하고, 필요한 경우 추가 지도를 계획하는 데 유용하다.

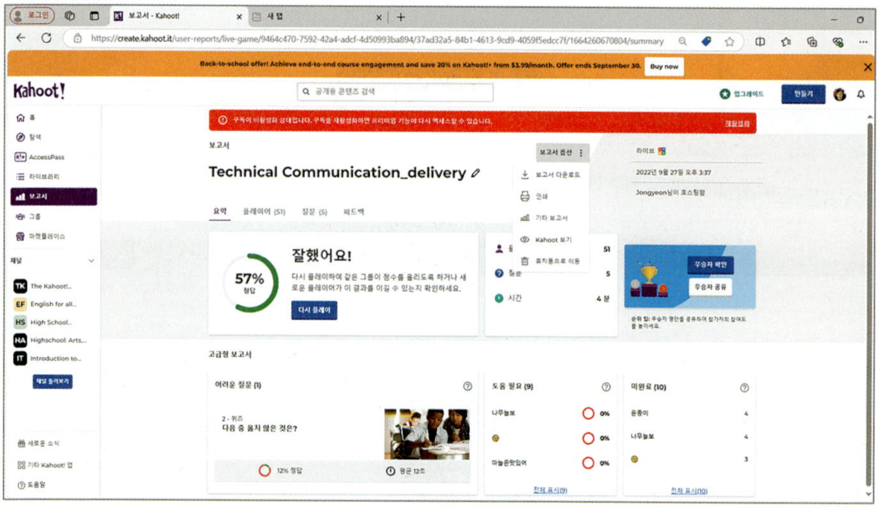

[그림 7-17] 카훗 퀴즈 보고서

2) 띵커벨

띵커벨(Thinkerbell, https://www.tkbell.co.kr)은 i-Scream(https://www.i-scream.co.kr)이라는 초등 교과서 및 창의적 체험활동 자료 제공 사이트의 한 메뉴로 제공되며, 초등뿐 아니라 중등교육 현장에서도 널리 활용되는 디지털 학습 플랫폼이다. 이 도구는 다양한 유형의 퀴즈뿐만 아니라 토의·토론 및 협업 과정에서 필요한 의견 수렴 활동을 지원하는 통합적인 기능을 제공한다. 띵커벨은 직관적인 인터페이스와 다양한 기능을 통해 교실 내 상호작용을 촉진하며, 학생들이 즐겁게 학습에 참여할 수 있는 환경을 조성한다. 이 책에서 소개되는 디지털 도구 중에서 지원하는 기능의 수가 가장 많다.

(1) 특징 및 주요 기능

① 다양한 퀴즈, 서베이, 게시판, 워크시트 및 게임 옵션을 제공하는 통합 교육 플랫폼이다.

- 띵커벨은 ○×, 선택형, 단답형, 빈칸형, 서술형, 투표, 순서형, 설명형, 선잇기형 등 다양한 유형의 퀴즈를 출제할 수 있는 교육 플랫폼이다. 교사는 이 다양한 퀴즈 옵션 중 적절한 유형을 선택하여 학생들의 학습 성취도를 평가하거나 복습 기회를 제공할 수 있다.
- 띵커벨의 토의 · 토론 메뉴는 멘티미터와 같은 서베이 도구에서 제공하는 기능을 넘어, 더욱 다양한 서베이 옵션을 지원하여 학생들의 토의와 토론을 활성화한다.
- 보드 메뉴는 패들렛과 유사한 방식으로, 학생들이 아이디어를 온라인 게시판에 자유롭게 게시하고 정리할 수 있는 기회를 제공한다.
- 워크시트 메뉴는 교사가 과제나 학습 자료를 디지털로 손쉽게 제작하고 공유할 수 있도록 돕는다. 다양한 파일 포맷을 지원하며, 간편한 편집 도구와 자동 채점 및 리포트 생성 기능을 제공한다.
- 게임 메뉴는 학습에 재미를 더해 줄 수 있는 다양한 게임 옵션을 제공한다. 가로세로 단어 찾기, 흩어진 단어 찾기, 카드 짝 맞추기, 단어 순서 맞히기, 문장 순서 맞히기, 운석 터트리기, ○× 퀴즈, 빈칸 퀴즈 쇼, 그림 맞히기 등의 게임은 학생들의 흥미와 참여를 높이는 데 효과적이다.

〈표 7-5〉는 띵커벨이 제공하는 주요 기능을 정리한 것이다.

〈표 7-5〉 띵커벨이 제공하는 퀴즈 및 서베이 옵션별 설명 및 활용 예시

메뉴	옵션	설명 및 활용 예시
퀴즈	OX, 선택형, 단답형, 빈칸형, 서술형, 투표, 순서형, 설명형, 선잇기형	다양한 형식의 퀴즈 문제를 제공하여 수업 내용을 복습하고 평가해 볼 수 있는 옵션이다. 예를 들어, 수업 종료 후 OX 퀴즈나 선택형 퀴즈로 주요 개념을 복습하거나, 이해도를 점검해 볼 수 있다.
토의 · 토론 (설문)	찬성반대, 신호등, 가치수직선, 투표, 랭킹보드, 워드클라우드, 설명형	학생들로 하여금 다양한 방식으로 의견을 제시하고 공유할 수 있도록 하여 토의 · 토론의 진행을 지원하는 옵션이다. 예를 들어, 학생들이 특정 주제에 대한 자신 관점을 찬반으로 분류해서 게시한 후 토론을 진행할 수 있도록 하거나, 워드 클라우드로 학생들의 다양한 의견을 시각화한 후 그 결과를 보면서 토의에 임할 수 있도록 한다.
보드 (의견 게시)	타일형, 그룹형, 격자형, 출석보드, 스트림, 타임라인, 롤링페이퍼, 만다라트, 헥사곤	학생들이 자유롭게 아이디어를 시각적으로 정리하고 공유할 수 있도록 하는 협업 지원 메뉴다. 예를 들어, 타임라인을 선택해 시간 순으로 역사적인 사건들을 정리해 보도록 할 수 있으며, 그룹형을 선택해 토의 결과를 팀별로 게시하도록 할 수 있도록 한다.
워크시트	–	학생들이 실시간 또는 비실시간으로 문제를 풀 수 있는 워크시트를 만들 수 있도록 하며, 과제나 복습 자료로 활용할 수 있도록 한다. 멀티미디어 자료 및 웹 사이트 링크 제공, 자동 채점 기능도 제공한다. 예를 들어, 수업을 마친 후 학생들이 워크시트를 통해 배운 내용을 정리하고 문제를 풀어보도록 할 수 있다.
게임	가로세로 단어 찾기, 흩어진 단어 찾기, 카드 짝 맞추기, 단어 순서 맞히기, 문장 순서 맞히기, 운석 터트리기, OX 퀴즈, 빈칸 퀴즈 쇼, 그림 맞히기	다양한 형식의 게임을 통해 학생들의 흥미와 집중력을 유발할 수 있도록 하는 옵션이다. 예를 들어, 수업 도입부에서 흩어진 단어 찾기나 카드 짝 맞추기를 통해 학습 주제를 재미있게 소개하고, 학습 동기를 높일 수 있다.

② 대면 및 비대면 학습 상황에서 다양한 활용이 가능하다: 띵커벨은 대면 학습은 물론 비대면 학습 상황에서 효과적으로 활용할 수 있는 유연성을 제공한다. 대면 수업에서는 WiFi-on과 WiFi-off 두 가지 모드를 지원한다. WiFi-on 모드에서는 실시간으로 학생들의 응답을 수집하고 즉각적인 피드백을 제공할 수 있어 상호작용이 활발한 수업이 가능하다. 반면, WiFi 연결이 어려운 환경에서는 파워포인트 프레젠테이션과 유사한 방식으로 띵커벨에서 생성한 퀴즈 문제나 콘텐츠를 학생들에게 제시할 수 있다.

비대면 학습 상황에서도 띵커벨은 유용하다. 워크시트 형태로 학습 과제를 개별적으로 수행할 수 있도록 지원하며, 협업 보드 기능을 통해 학생들이 온라인으로 협력하여 학습 자료를 구성하거나 프로젝트를 진행할 수 있다. 또한 Zoom 등 쌍방향 플랫폼과의 호환성을 갖춘 원격형 모드도 제공하여 다양한 학습 환경에 따른 맞춤 운영이 가능하다.

③ 손쉬운 콘텐츠 복사, 편집 및 제작이 가능하다: 띵커벨은 현직 교사들이 제작하고 공유한 라이브러리를 통해 신뢰할 수 있는 콘텐츠를 복사, 편집해서 사용할 수 있다. 특히 학교급, 학년 및 교과 과목으로 세부 검색이 가능하여 참고할 콘텐츠를 손쉽게 찾아볼 수 있도록 하며, 띵커벨 에디터를 통해 콘텐츠를 손쉽게 수정할 수도 있다. 물론 새로 콘텐츠를 만드는 경우에도 직관적인 인터페이스와 에디터를 통해 쉽게 제작할 수 있도록 지원한다.

(2) 무료 버전 사용 범위

띵커벨은 무료 회원의 경우 참여자 수와 콘텐츠 제작에 일부 제한을 두고 있다. 일반 무료 회원은 최대 20명까지 참여자를 초대할 수 있으며, 인증받은 교사 무료 회원은 최대 50명까지 참여자를 받을 수 있다. 퀴즈 및 토의 · 토론과 관련된 콘텐츠 제작은 개수 제한 없이 가능하지만, 보드와 워크시트 제작의 경우 제한이 있다. 일반 무료 회원은 최대 5개, 인증받은 교사 무료 회원은 최대 10개까지 제작할 수 있다.

무료 회원과 유료 회원별로 띵커벨의 사용 범위는 〈표 7-6〉에 정리되어 있다.

〈표 7-6〉 무료 및 유료 회원별 띵커벨 사용 범위

구분	Basic (일반 무료)	Basic (인증 교사 무료)	Pro (강사 유료)	Pro (인증 교사 유료)
요금제	무료	무료	월 구독/ 연 구독	월 구독/ 연 구독/학교 단체
참여 인원				
WiFi-on 모드	20명	50명	200명	200명
과제 모드	20명	50명	500명	500명
배틀 모드	20명	50명	50명	50명
보드	제한 없음	제한 없음	제한 없음	제한 없음
워크시트	20명	50명	300명	300명
제작 수량				
퀴즈	제한 없음	제한 없음	제한 없음	제한 없음
토의 · 토론	제한 없음	제한 없음	제한 없음	제한 없음
보드	5개	10개	100개	100개
워크시트 비공개 수량 제한	5개	10개	100개	100개
워크시트 제작 수량	제한 없음	제한 없음	제한 없음	제한 없음

(3) 사용법

① i-Scream 회원(https://www.i-scream.co.kr) 가입 후 띵커벨(tkbell.co.kr) 로그인: 띵커벨의 모 사이트인 i-Scream 홈페이지에 접속해 회원가입을 한다. 이메일 주소를 통해 간단하게 회원가입을 진행할 수 있으며, 교사로 인증 받으면 무료로 더 많은 기능을 사용할 수 있다.

② 메뉴 선택 및 만들기: 로그인 후 화면 상단의 '만들기' 버튼을 클릭하여 새로운 활동을 생성하거나, '보관함' 또는 '라이브러리'를 통해 본인이나 다른 교사들이 만든 기존 활동을 확인하고 관리할 수 있다([그림 7-18] 참조).

'만들기' 버튼을 클릭하면 [그림 7-19]와 같은 메뉴 화면이 표시된다. 이 화면에서 교사는 다양한 활동 유형을 선택해 원하는 콘텐츠를 만들 수 있다.

[그림 7-18] 띵커벨 홈페이지

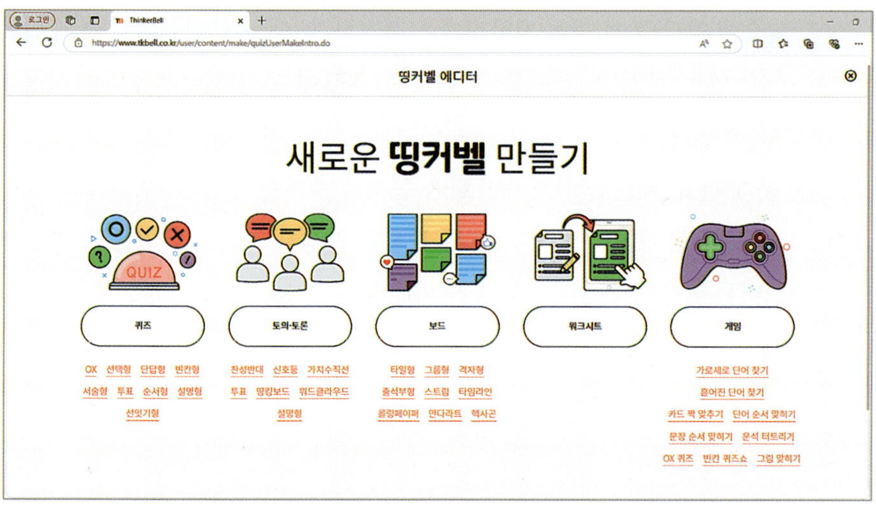

[그림 7-19] 띵커벨 메뉴 화면

메뉴 화면([그림 7-19])에서 원하는 메뉴(흰색 타원형 버튼)를 클릭하여 활동을 시작할 수 있다. 각 메뉴 버튼 하단에 빨간색 밑줄이 그어진 옵션을 클릭하면, 해당 옵션에 대한 간략한 설명과 활용 사례가 화면 우측에 팝업 형태로 표시된다. 이를 참고하여 적합한 활동을 선택할 수 있다.

띵커벨이 제공하는 주요 기능인 퀴즈, 토의 · 토론, 보드, 워크시트, 게임의 사용법은 다음과 같다.

- **퀴즈 만들기**: 메뉴 화면에서 '퀴즈'를 선택하면 [그림 7-20]과 같은 퀴즈 생성 화면이 나타난다. 먼저 퀴즈의 '제목'을 입력하고, '대표 이미지 등록'을 클릭하여 관련 이미지를 업로드한다. 이후 '공개 범위'를 설정하고, 학교급과 과목을 선택한 후 '확인' 버튼을 클릭한다. 관련된 '태그'를 입력하면 다른 사용자가 콘텐츠를 쉽게 검색할 수 있으며, '저작권과 출처'를 입력할 수도 있다.
  첫 번째 문제를 입력하려면, 학습 주제에 적합한 '문제의 유형'(○×, 선택형, 단답형, 빈칸형, 서술형 등)을 선택한다. 문제와 선택지를 입력한 후, 이미지, 오디오, 유튜브 영상 등 부가 자료를 추가할 수 있다. 이어서 '정답'을 지정하고, 필요에 따라 문제 풀이 제한시간을 설정한다. 또한 학생들이 문제에 답한 후 볼 수 있는 '해설'을 입력할 수 있으며, 해설에도 이미지나 유튜브 영상을 포함할 수 있다.
  '1번 문제 완료' 버튼을 클릭하면 다음 문제를 추가할 수 있으며, 동일한 절차를 반복하여 문제를 생성한다. 모든 문제를 완성한 후에는 화면 우측 상단의 '완료' 버튼을 클릭하여 퀴즈 제작을 마친다.

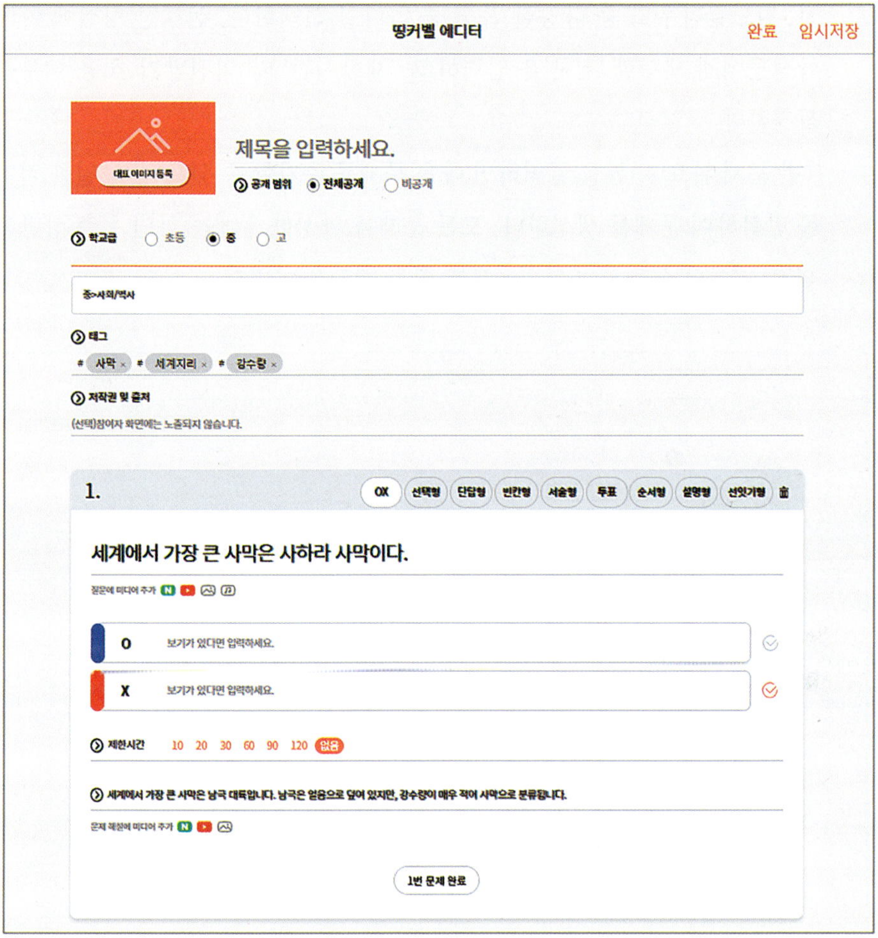

[그림 7-20] 띵커벨 문제 생성 화면

• 토의 · 토론을 위한 서베이 만들기: 메뉴 화면에서 '토의 · 토론'을 선택하면 [그림 7-21]과 같은 생성 화면이 나타난다. 먼저 '제목'을 입력하고, '대표 이미지 등록'을 클릭하여 관련 이미지를 업로드한다. 이후 '공개 범위'를 설정하고, 학교급과 과목을 선택한 후 '확인' 버튼을 클릭한다. 필요한 경우, 관련된 '태그'와 '저작권 및 출처'를 입력할 수 있다.

토의 · 토론 형식을 선택하는 단계에서는 찬반 토론, 신호등, 투표, 가치수직선, 워드클라우드 등 다양한 옵션 중 하나를 선택한다. 선택한 형식에 따라 학생들에게 제시할 '질문'을 입력하고, '제한시간' 및 '의견받기' 허용 여부를 설정한다.

'1번 문제 완료' 버튼을 클릭하면 다음 문제를 추가할 수 있으며, 동일한 절차를 반복하여 문제를 생성한다. 모든 문제를 완성한 후에는 화면 우측 상단의 '완료' 버튼을 클릭하여 토의 · 토론 활동 제작을 마친다.

[그림 7-21] 띵커벨 토의 · 토론 관련 질문 생성 화면

- **보드 만들기:** 메뉴 화면에서 '보드'를 선택하면 [그림 7-22]와 같은 생성 화면이 나타난다. 먼저 '제목'을 입력하고, 보드의 유형(타일형, 그룹형, 타임라인, 만다라트 등)을 선택한다. 이후 화면 하단의 '완료' 버튼을 누르면 [그림 7-23]과 같이 빈 보드와 화면 우측의 '개별 보드 설정' 창이 표시된다.
  '개별 보드 설정' 창에서 보드의 '제목'을 입력하고, '개별 보드 설명' 란에 보드의 목적과 참여 방법을 작성할 수 있다. 띵커벨은 보드 생성 시 임의의 배경화면을 적용하지만, 이를 사용자가 원하는 배경으로 변경할 수 있다. 띵커벨은 패들렛과 유사하게 다양한 배경화면 옵션을 제공한다.
  게시물을 올릴 때 일일이 교사의 승인 과정을 거치게 하려면 '게시물 승인'을 활성화하고, 학생들이 자유롭게 게시물을 올릴 수 있도록 하려면 게시물 승인을 비활성화하도록 한다. 또한 학생들의 '닉네임' 사용을 허용할 것인지, 다른 사람들 게시물에 '댓글'을 달 수 있도록 할 것인지, 다른 사람 게시물에 좋아요 등의 '반응'을 할 수 있도록 할 것인지를 결정한다. 마지막으로, '새 게시물'의 위치를 '처음'으로 할 것인지 '마지막'으로 할 것인지를 선택하고, 설정 창 우측 상단에 위치한 '저장' 버튼을 누르도록 한다.

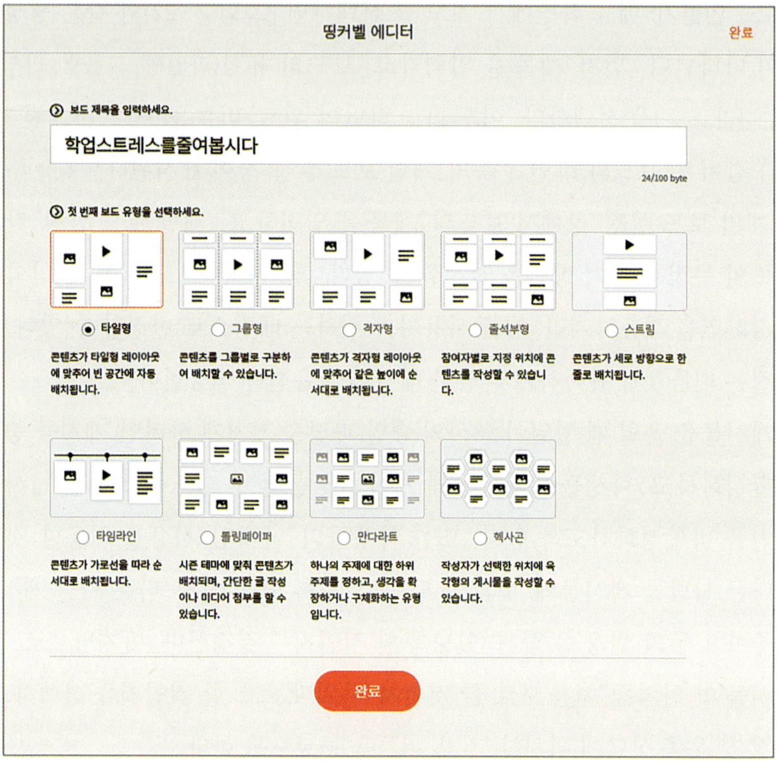

[그림 7-22] 띵커벨 보드 제목 및 유형 선택 화면

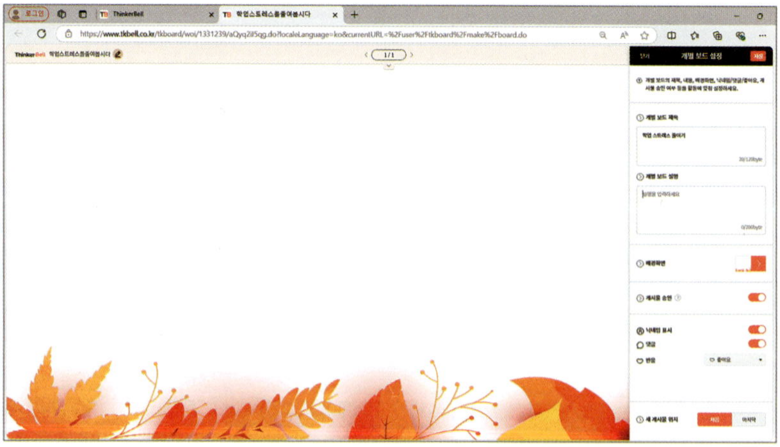

[그림 7-23] 띵커벨 보드 설정 화면

- 워크시트 만들기: 메뉴 화면에서 '워크시트'를 선택하면 [그림 7-24]와 같은 생성 화면이 표시된다. 먼저 '제목'을 입력하고, '대표 이미지 등록'을 클릭하여 이미지를 업로드한다. 이후 '공개 범위'를 설정하고, 학교급과 과목을 선택한 후 '확인' 버튼을 클릭한다. 필요한 경우, 관련된 '태그'와 '저작권 및 출처'를 입력할 수 있다.

  워크시트 생성에는 업로드할 파일이 필요하다. 띵커벨은 워크시트로 활용할 콘텐츠(예 문제지)를 사전에 워드프로세서 등으로 작성한 후 업로드할 것을 요구한다. 업로드 가능한 파일 포맷은 JPG, PNG, HWP, DOC, DOCX, PPT, PPTX, PDF 등 다양하다. 파일 첨부를 완료한 후, 화면 하단의 '문제 편집하기' 버튼을 클릭하면 본격적인 워크시트 편집 작업을 시작할 수 있다.

[그림 7-24] 띵커벨 워크시트 제목 입력 및 워크시트 파일 업로드 화면

띵커벨은 텍스트 및 그래픽으로 구성된 워크시트(예 문제지 파일)를 학생들의 입력을 허용하고, 정오판별 및 점수를 관리할 수 있는 상호작용적 콘텐츠로 전환할 수 있는 편집기를 제공하고 있다. 우선, [그림 7-25] 상단에 보이는 다양한 문제 옵션 중 적절한 유형을 선택한 후, 그 유형을 적용할 문제지 영역을 마우스로 드래그하면 대화 창이 뜨는데 원하는 값은 입력하면 된다([그림 7-25] 참조). 인터페이스가 직관적이어서 쉽게 원하는 콘텐츠를 제작할 수 있으며, 화면 상단 '?' 버튼을 누르면 옵션별 간단한 튜토리얼 영상이 제공되어 참고할 수 있다.

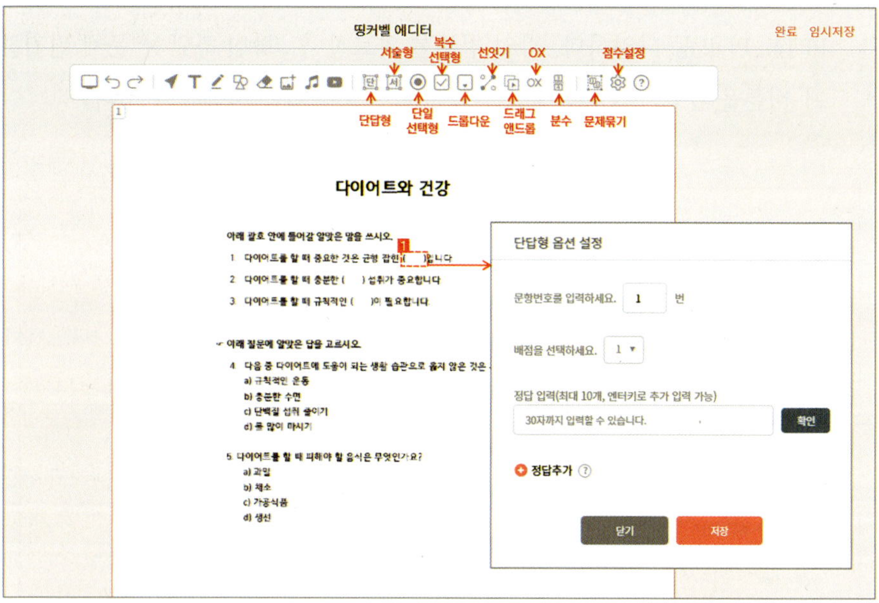

[그림 7-25] 띵커벨 워크시트 편집 화면

- 게임 만들기: 띵커벨 게임 유형 및 옵션 선택 화면([그림 7-26])에서는 우선 학습 내용에 적합한 게임 유형(가로세로 단어 찾기, 카드 짝 맞추기, ○× 퀴즈쇼, 빈칸 퀴즈쇼 등)을 선택해야 한다. 띵커벨은 각 옵션에 대한 상세한 설명을 제시하여 사용자가 쉽게 이해하고 활용할 수 있도록 돕는다.

게임 유형을 선택한 후, 화면 하단에서 '게임 난이도'와 '랜덤 텍스트'를 설정할 수 있다. 또한 '공통 질문'을 입력하여 게임의 전반적인 지시 사항을 명시할 수 있다. 예를 들어, "도전! 다이어트 관련 단어를 맞춰 보세요."와 같은 내용을 입력할 수 있다.

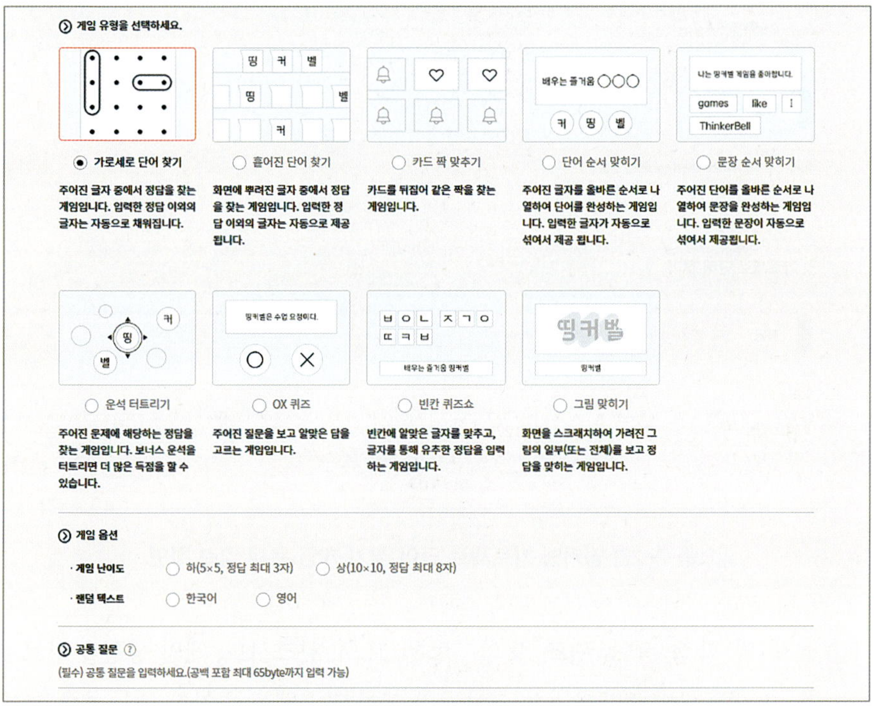

[그림 7-26] 띵커벨 게임 유형 및 옵션 선택 화면

[그림 7-27]은 게임 유형 중 '가로세로 단어 찾기'를 선택했을 때 표시되는 문제 입력 화면이다. 정답을 입력할 때, 앞서 [그림 7-26]에서 선택한 난이도에 따라 정답의 글자 수가 다르다('하'는 최대 3글자, '상'은 최대 8글자). 정답 입력 후, 힌트를 추가할 수 있으며, 텍스트뿐만 아니라 이미지를 힌트로 업로드할 수도 있다. 모든 문제 입력을 완료한 후에는 반드시 화면 상단의 '완료' 버튼을 클릭하여 저장해야 한다.

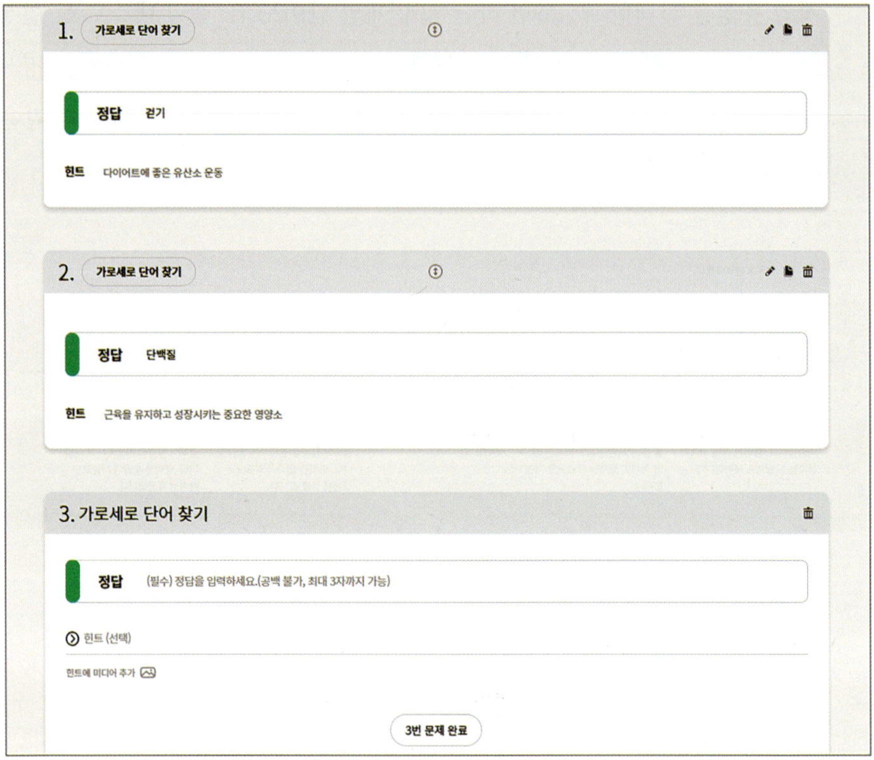

[그림 7-27] 띵커벨 가로세로 단어 찾기 게임 문제 입력 화면

③ 실행 및 학생 참여: 퀴즈, 토의 · 토론, 보드, 워크시트, 게임 생성을 완료한 후, 학생들에게 공개하고 실행하려면 띵커벨 홈페이지 상단 메뉴에서 '보관함'을 선택한다. '보관함'에서는 그동안 만든 모든 퀴즈, 토의 · 토론, 워크시트, 게임 리스트를 확인할 수 있다. 단, 보드의 경우, 화면 좌측에 제시된 보관함 서브메뉴에서 '보드'를 선택해야 목록을 볼 수 있다([그림 7-28] 참조).

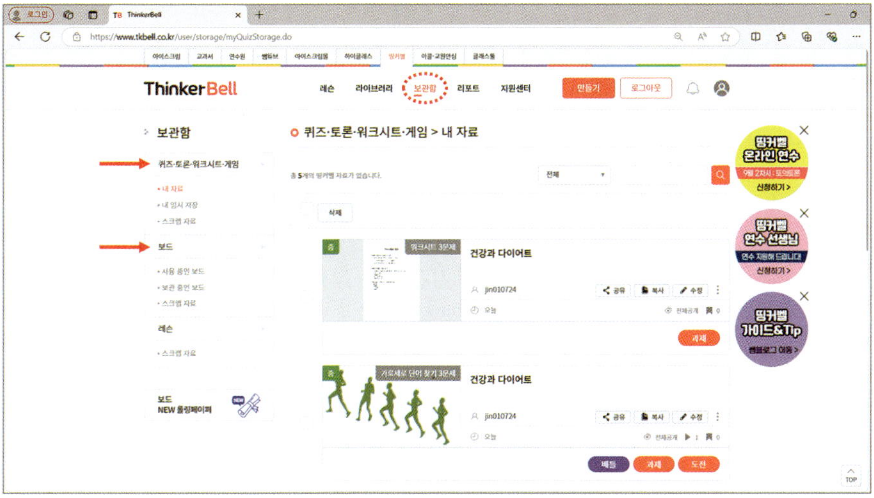

[그림 7-28] 띵커벨 홈페이지 보관함과 보드 메뉴

퀴즈, 토의 · 토론, 워크시트, 게임 및 보드별로 실행 방법에 대해 알아보면 다음과 같다.

- **퀴즈 실행**: 퀴즈 실행 옵션은 매우 다양하다. 우선 '함께 플레이'는 교사와 학생들이 교실에 모여 함께 플레이하는 유형이고, '혼자 플레이'는 학생이 혼자서 자율적으로 또는 과제 형식으로 플레이해 볼 수 있는 유형이다([그림 7-29] 참조). 〈표 7-7〉은 세부 유형에 대한 설명과 각각을 선택했을 때 제공되는 옵션을 정리한 것이다.

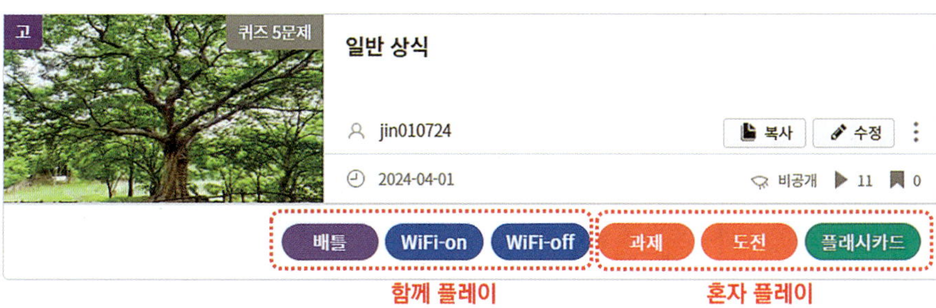

[그림 7-29] 띵커벨 퀴즈 실행 옵션 선택 화면

〈표 7-7〉 띵커벨 실행 유형별 설명 및 선택 후 진행 단계

<table>
<tr><th>유형</th><th>세부 유형</th><th>설명/진행단계</th></tr>
<tr><td rowspan="3">함께 플레이</td><td>배틀</td><td>참가자들이 실시간으로 경쟁하며 퀴즈를 풀고 점수를 얻어 순위를 겨루는 방식. 학생들은 동시에 퀴즈에 응답하며, 빠르고 정확하게 답할수록 높은 점수를 얻는다. 4가지 '배틀 모드'가 있는데 무료 버전에서는 '레이싱'과 '아이템' 모드만 선택할 수 있다. 학생들의 기기에 문제가 제시되며, 교사의 기기 또는 전자칠판에는 문제는 제시되지 않고, 학생들의 순위, 점수가 시각적으로 흥미롭게 제시된다.

클릭하면 학생들이 접속할 수 있도록 띵커벨 방번호, QR 코드가 제시되며, 배경음악, 타이머, 문제 섞기 등의 옵션을 선택할 수 있다. 간단하게 게임 룰을 안내하며 게임 종료 후 실시간으로 리더보드와 종합결과 표를 제공한다.</td></tr>
<tr><td>WiFi-on</td><td>WiFi가 연결된 상태에서 다수의 학생이 실시간으로 퀴즈에 참여하는 방식. 학생들은 자신의 기기(스마트폰, 태블릿 PC 등)를 통해 퀴즈에 접속하여 동시에 응답한다.

클릭하면 띵커벨 방번호, QR 코드가 제시되며, 배경음악, 타이머, 문제 섞기 등의 옵션을 선택할 수 있다. 모든 문제를 풀고 나면 실시간 리더보드와 종합 결과 표를 제공한다.</td></tr>
<tr><td>WiFi-off</td><td>WiFi가 없는 환경에서도 퀴즈를 진행할 수 있는 방식. 교사는 PPT 프레젠테이션처럼 띵커벨 퀴즈 문제를 제시, 학생들에게 답이 무엇인지 육성으로 말해 보게 할 수 있다.

클릭하면 배경음악, 타이머, 문제 섞기 등의 옵션을 선택할 수 있다. 간단하게 게임 룰을 안내하며 실시간 리더보드와 종합 결과 표는 제공하지 않는다.</td></tr>
<tr><td>혼자 플레이</td><td>과제</td><td>학생들이 개인적으로 각자 원하는 시간과 장소에서 퀴즈나 과제를 풀어 보는 방식. 주어진 시간 안에 문제를 풀고 제출하며, 개별적인 학습 및 과제 평가에 사용된다.

클릭하면 과제 마감일, 배경음악, 타이머, 문제 섞기 등의 플레이 옵션, 이름/닉네임 입력을 설정할 수 있다. '과제 생성' 버튼을 누르면 학생들에게 공유할 수 있는 방법을 설정할 수 있도록 하며, 과제 마감일 후 교사에게 결과 보고서가 제공된다.</td></tr>
</table>

혼자 플레이	도전	학생들이 자율적으로 자신의 기록을 갱신하거나, 목표 점수를 향해 도전하는 형식. 게임처럼 반복적으로 문제를 풀고 점수를 높이면서 학습 내용을 강화할 수 있다. 클릭하면 지금까지 플레이한 사람 중 좋은 점수를 획득한 사람들의 명단을 볼 수 있다.
	플래시 카드	카드 형태로 문제가 제시되는데, 앞면에 질문, 뒷면에 답이 있는 플래시카드를 통해 학습자가 자율적이며 반복적으로 학습할 수 있다. 영어단어 외우기와 같이 학습 내용을 암기할 필요가 있을 때 유용하다. 문제가 주어지면 학생들은 뒤집어서 답을 보거나, '알아요' '몰라요'를 선택할 수 있는데, '몰라요'라고 답한 카드가 없을 때까지 연습을 계속할 수 있다.

- **토의 · 토론 실행:** [그림 7-30]에서 볼 수 있듯이, 'Wifi-on' 'Wifi-off' '과제' 3가지 실행 옵션이 주어지며, 각각에 대한 설명과 실행 과정은 〈표 7-7〉에서 해당 옵션을 참고하면 된다.

[그림 7-30] **띵커벨 토의 · 토론 실행 옵션 선택 화면**

- **워크시트 실행:** 워크시트는 과제로 내기 위해 만드는 것이기 때문에 실행 옵션은 '과제' 한 가지만 제공된다([그림 7-31] 참조). 과제 버튼을 클릭하면, 제출 종료일, 과제 제출시 점수 및 정답 공개 여부, 힌트 제공 여부를 설정할 수 있으며, 학생들의 번호, 이름/닉네임 입력 설정과 과제 안내문을 작성할 수 있다. 모든 설정이 끝나면 화면 하단의 '과제 생성' 버튼을 누르고, 학생들과의 공유 방법을 설정하면 된다.

[그림 7-31] 띵커벨 워크시트 실행 옵션 선택 화면

- **보드 실행:** [그림 7–32] 하단의 '내 보드 열기'를 클릭하면, 보드 생성 시 설정했던 '공유' 옵션을 다시 확인할 수 있다. 필요할 경우, 이 단계에서 공유 옵션을 수정할 수도 있다. 확인이 완료되면, 접속 링크를 학생들에게 보내거나 QR 코드를 화면에 표시하여 학생들이 자신의 기기를 통해 접속 후 게시물을 올릴 수 있도록 한다.

[그림 7-32] 띵커벨 보드 실행 옵션 선택 화면

- **게임실행:** 게임의 경우, [그림 7–33]과 같이 '배틀' '과제' '도전' 3가지 실행 옵션이 주어지며, 각각에 대한 설명과 실행 과정은 〈표 7–7〉에서 해당 옵션을 참고하면 된다.

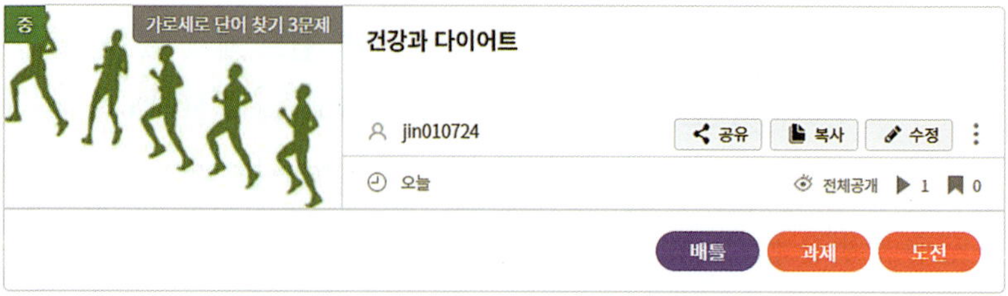

[그림 7-33] 띵커벨 게임 실행 옵션 선택 화면

④ 결과 분석 및 피드백 제공: 퀴즈나 게임이 끝나면 리더보드가 자동으로 생성되어 각 학생의 점수와 순위를 보여 준다. 학생들은 실시간으로 자신의 성적을 확인할 수 있으며, 교사는 이를 바탕으로 개별적인 피드백을 제공할 수 있다.

[그림 7-18] 띵커벨 홈페이지 화면 상단에 위치한 '리포트'를 클릭하면 퀴즈, 토의 · 토론, 워크시트, 게임 결과를 엑셀 파일 등으로 다운로드할 수 있다. 이를 통해 교사는 결과를 심층적으로 분석하여 성취도가 낮은 학생에게 추가 설명이나 보충 학습 자료를 제공하고, 성취도가 높은 학생에게는 더 높은 수준의 학습 활동을 제시할 수 있다.

3) 슬라이도

슬라이도(https://www.slido.com)는 실시간 투표(Polls), 설문 조사(Surveys), 퀴즈(Quizzes)를 간편하게 생성하고 실시간으로 진행할 수 있도록 지원하는 디지털 도구다. 일반적으로 '투표'는 한 개의 질문으로 구성되며 여러 선택지 중 하나를 선택하는 방식이고, '서베이'는 여러 질문으로 구성되어 다양한 의견이나 정보를 수집하는 조사 방식이다. '퀴즈'는 지식이나 정보를 테스트하기 위한 질문들로 정답이 있다는 특성을 지닌다. 슬라이도에서는 설문 조사와 퀴즈를 모두 폴(Poll)로 통칭한다는 점이 독특하다. [그림 7-34]는 슬라이도를 사용해 생성한 폴 실행 화면을 보여 준다.

슬라이도는 다른 디지털 도구들과 비교했을 때, 허용하는 참여자 규모가 가장 큰 도구 중 하나로, 대규모 강연이나 학술 행사에서도 효과적으로 활용할 수 있다.

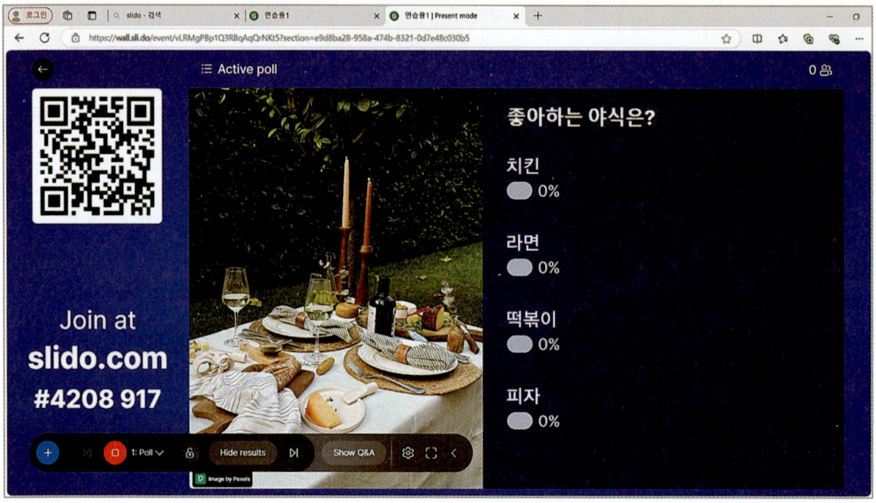

[그림 7-34] 슬라이도 폴 실행 화면

(1) 특징 및 주요 기능

① 폴(Polls)의 한 가지 유형으로 퀴즈 기능 제공: 슬라이도는 [그림 7-35]와 같이 5가지 유형의 폴을 지원하며, 그중 하나로 퀴즈 기능을 제공한다. 퀴즈 옵션은 카훗이나 띵커벨처럼 교사가 퀴즈 문제를 출제하고 실시간으로 학생들의 학습 성취도를 평가할 수 있도록 한다. 학생들은 친구들과 경쟁하며 문제를 풀고, 정답을 확인하며 점수를 얻을 수 있다.

퀴즈 진행 중 리더보드는 문제를 풀 때마다 실시간으로 갱신되며, 모든 문제가 종료되면 최종 순위표가 제시된다. 슬라이도에서 퀴즈를 선택한 경우에는 선다형 문제만 생성할 수 있으며, 선택지는 최소 2개에서 최대 10개까지로 설정할 수 있다.

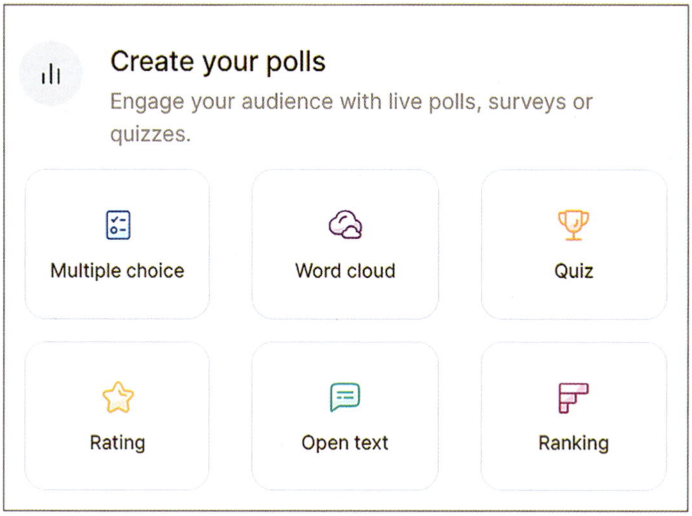

[그림 7-35] 슬라이도가 제공하는 폴의 유형

② 실시간 설문 조사 지원: 슬라이도는 [그림 7-35]와 같이 설문 조사에 활용할 수 있는 다양한 폴 유형을 제공한다. 선다형, 워드 클라우드, 척도형(2~10점 척도), 개방형 텍스트, 순위 매기기 등의 폴 유형을 통해 교사는 학생들의 의견을 수집할 수 있다. 설문 결과는 실시간으로 화면에 시각화되며, 교사는 이를 바탕으로 즉각적인 피드백을 제공하거나 수업을 조정할 수 있다.

③ 실시간 Q&A 세션 지원: 슬라이도는 설문 조사 외에도 실시간 Q&A(Audience Q&A) 기능을 제공하여 학생들이 익명으로 질문을 제출할 수 있도록 지원한다. 이를 통해 학생들은 수업 중 자유롭게 질문할 수 있으며, 교사는 중요한 질문을 선택하거나 우선순위를 정해 답변할 수 있다. 학생들은 제출된 질문에 '좋아요'를 눌러 순위를 조정할 수 있는데, 가장 관심이 높은 질문이 상단에 표시된다. 이러한 기능은 학생들의 참여를 독려하고, 수업 중 실시간 상호작용을 강화한다.

④ 타 교육 플랫폼과의 통합 기능 제공: 슬라이도는 Zoom, Microsoft Teams, Google Meet 등 주요 화상 회의 플랫폼과 통합되어 대면 수업뿐만 아니라 비대면 수업에서도 효과적으로 활용될 수 있다. 이를 통해 원격 수업에서

도 학생들과의 상호작용을 극대화할 수 있다. 통합 방법은 슬라이도 메뉴의 'Integration'을 선택한 후, 통합하려는 앱을 선택하면 화면 우측에 상세한 가이드가 표시된다([그림 7-36]). 필요한 경우 별도의 프로그램을 다운로드하여 설치한 후, 원하는 플랫폼에서 슬라이도를 편리하게 사용할 수 있다.

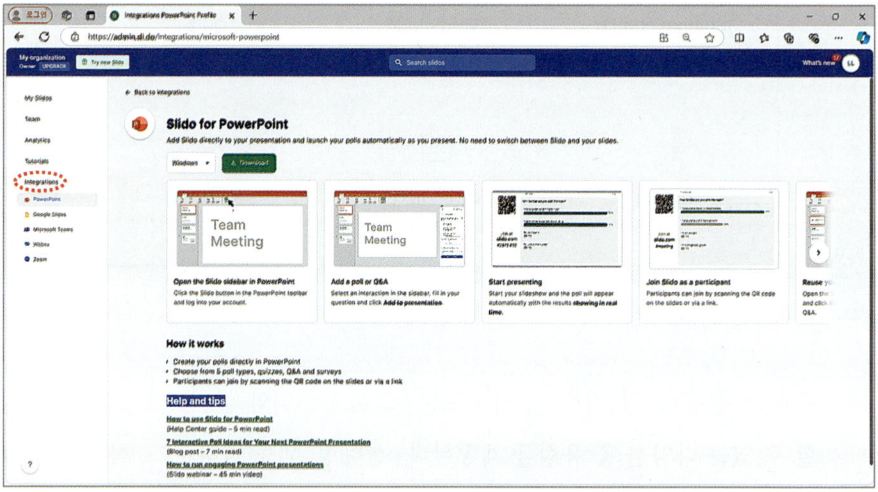

[그림 7-36] 슬라이도와 타 플랫폼과의 통합 화면

(2) 무료 버전의 사용 범위

① 참여자 수: 최대 100명의 참여자를 지원한다. 유료 버전에서는 참여자 수를 수천 명까지 확장할 수 있다.

② 기능: 무료 버전에서는 Q&A, 설문 조사, 퀴즈와 같은 기본 기능을 사용할 수 있다. 실시간 피드백과 설문 결과 시각화 기능도 제공되지만, 보고서 다운로드와 커스텀 테마 같은 고급 기능은 제한된다. 유료 버전은 고급 보고서 생성, 설문 유형 확장, 디자인 커스터마이징, 추가 분석 도구 등을 지원하며, 수집된 데이터를 엑셀이나 PDF 파일로 내보낼 수 있는 기능도 제공한다.

(3) 사용법

① 슬라이도 접속 및 로그인: 슬라이도 웹사이트(https://www.slido.com)에서

계정을 생성하거나 기존 계정으로 로그인한다. 구글 계정으로도 쉽게 로그인할 수 있다.

② 새로운 슬라이도 생성: 로그인 후 홈 화면 우측 상단에 위치한 'Create slido' 버튼을 클릭하여 새로운 이벤트 생성을 시작할 수 있다. 우선 기간을 설정할 수 있는데, 시작 및 종료 시간을 설정하고 슬라이도 이름을 입력하도록 한다([그림 7-37] 참조).

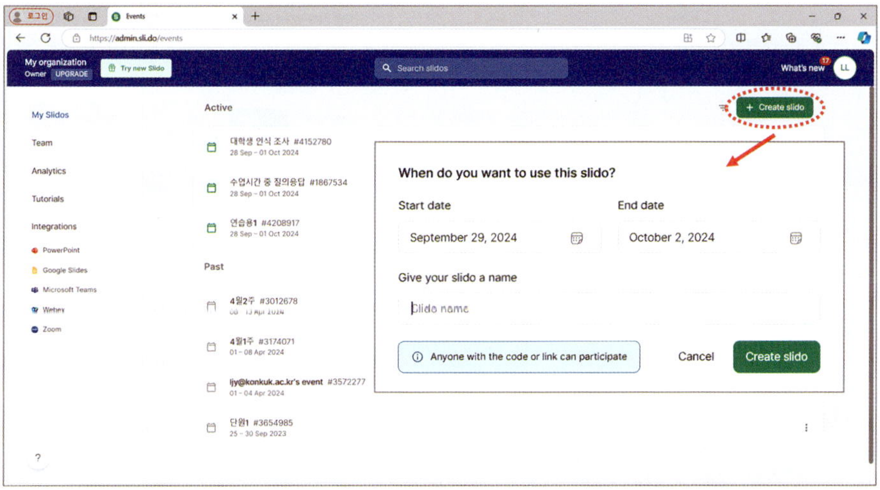

[그림 7-37] 새로운 슬라이도 생성 화면

③ 퀴즈 만들기: 슬라이도는 퀴즈의 경우 선다형 문제만을 허용한다. 학생들의 이해도 평가를 위한 퀴즈를 만들려면 'Create your polls' 창에서 '퀴즈'를 선택한 후([그림 7-38]), 질문 내용과 선택지 및 정답을 입력하고, 화면 우측 패널에서 시간 제한, 리더보드 제시 여부를 결정한다. 퀴즈 문제에 대한 추가 설명이 필요하다면 입력하고, 이미지를 삽입할 수 있다([그림 7-39] 참조). 단, 무료 버전에서는 외부 파일을 업로드할 수 없고, 슬라이도 라이브러리가 제공하는 것들 중에서 선택하여 업로드할 수 있다. 계속해서 퀴즈 문제를 입력하려면, 창 하단 'Add another question'을 클릭하면 된다. 무료 버전

을 사용할 경우, 슬라이도 세트당 한 번만 퀴즈 유형을 선택할 수 있고, 퀴즈 유형 선택 후 20개까지 선다형의 퀴즈 문제 출제가 가능하다.

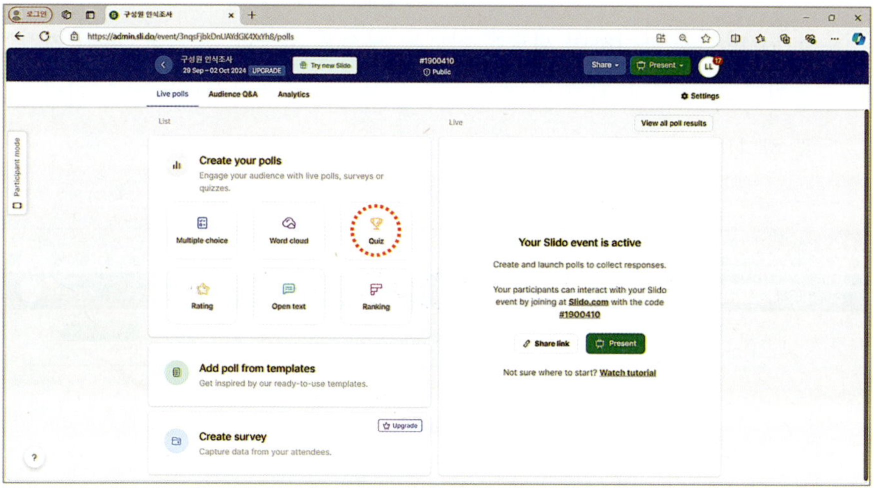

[그림 7-38] 슬라이도 폴 유형 선택 화면

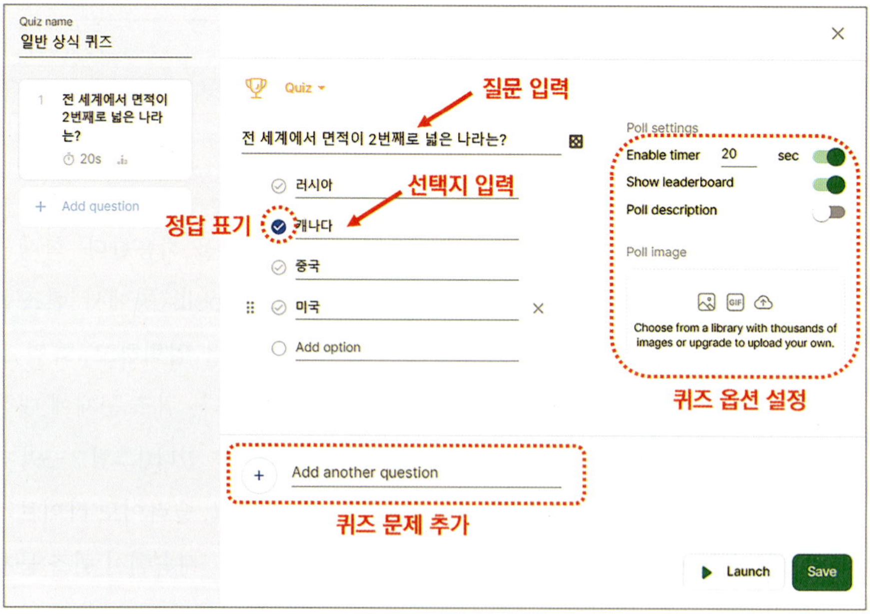

[그림 7-39] 슬라이도 퀴즈 문제 입력 화면

④ 설문 조사 만들기: 슬라이도 폴 유형 선택 화면([그림 7-38])에서 선다형, 워드 클라우드, 척도형(2~10점 척도), 개방형 텍스트, 순위 매기기 등 다양한 폴 유형 중 적절한 것을 선택한다.

[그림 7-40]은 선다형 문항을 선택했을 때 표시되는 설문 문항 입력 창이다. 문항과 선택지 입력이 완료되면, 창 우측 패널에서 필요한 설정을 진행하고, 하단의 '저장'을 클릭하여 저장한다. 설문 문항을 추가하려면 다시 폴 유형 선택 화면([그림 7-38])으로 돌아가 새로 추가할 설문 유형을 선택한 후 동일한 절차를 반복한다. 무료 버전의 경우, 한 슬라이도 세트에서 최대 3개의 설문 문항만 입력할 수 있다.

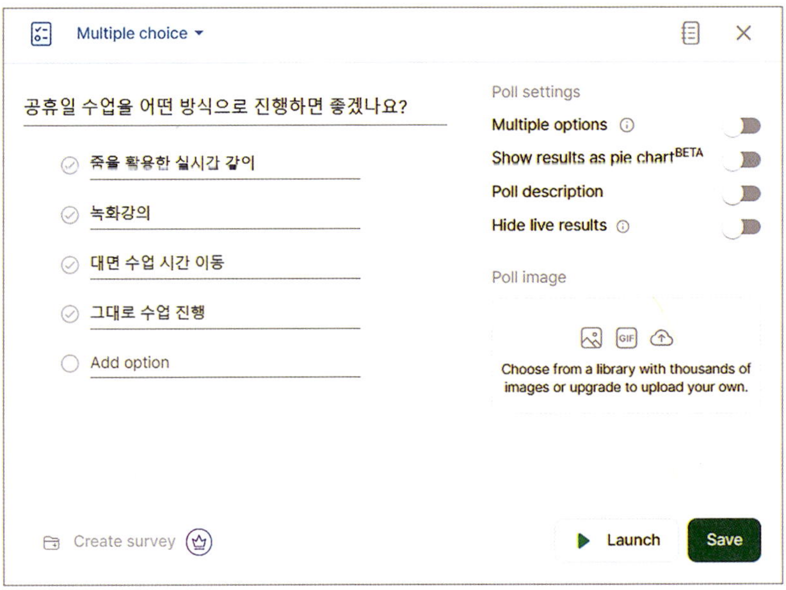

[그림 7-40] 슬라이도 설문 문항 입력 및 설정 화면

⑤ Q&A 세션 생성하기: 홈 화면에서 새로운 슬라이도를 생성한 후, 화면 좌측 상단 메뉴단에서 'audience Q&A'를 클릭하여 학생들이 실시간으로 질문을 제출할 수 있는 Q&A 세션을 생성한다. 화면 우측 상단 'Settings'를 눌러 제목을 입력하고 시작 및 마감일 설정 등을 할 수 있다.

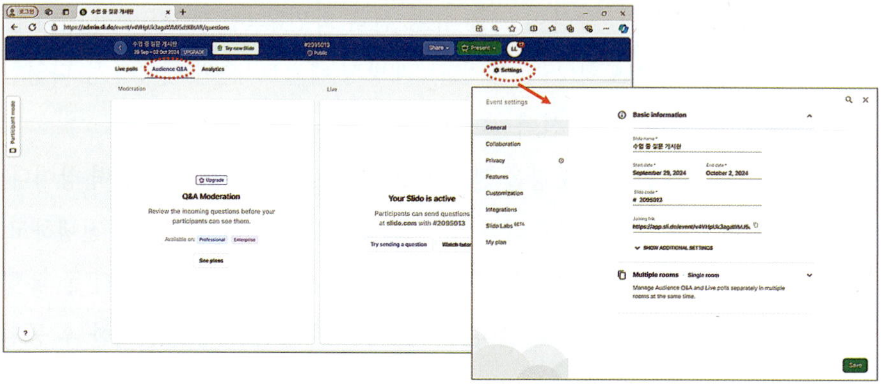

[그림 7-41] 슬라이도 Q&A 세션 생성 및 설정 화면

⑥ 폴 실행하기: 폴(퀴즈 또는 서베이) 생성을 완료하여 저장하면, 슬라이도 홈 화면 폴 목록에서 확인할 수 있다([그림 7-42] 상단 화면). 폴을 시작하려면 목록에서 해당 폴을 더블 클릭한 후, 화면 상단의 'Share' 버튼을 클릭하여 접속 링크를 복사하거나 QR 코드를 다운로드한다. 공유를 완료한 후, 'Present' 버튼을 눌러 서베이 또는 퀴즈를 시작할 수 있다. 학생들은 교사가 공유한 코드나 QR 코드를 사용해 스마트폰이나 컴퓨터로 접속한 뒤, 질문에 응답할 수 있다.

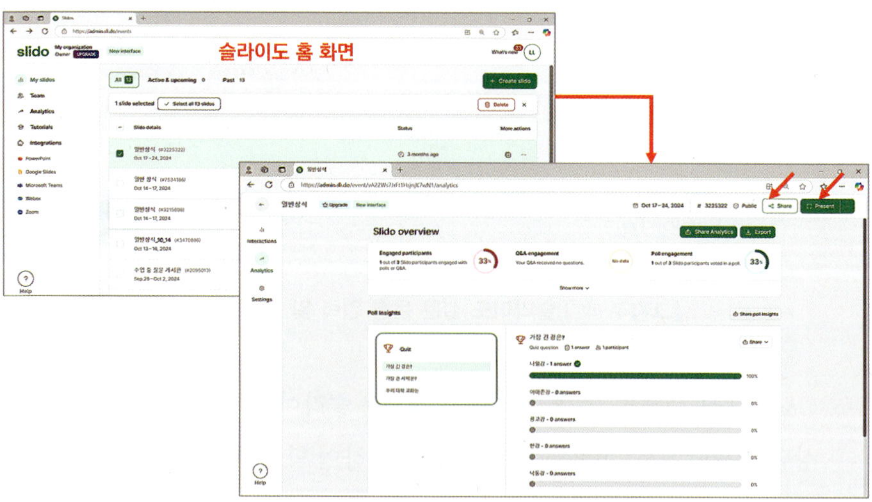

[그림 7-42] 슬라이도 홈 화면 공유 및 실행 옵션

⑦ 실시간 결과 시각화 및 피드백 제공: 학생들이 퀴즈나 설문 문항에 응답하면, 그 결과가 교실 앞 전자칠판이나 화면에 실시간으로 제시된다.

퀴즈 진행 중 학생들의 답변은 [그림 7-43]과 같이 실시간으로 전자칠판에 집계된다. 각 선택지의 비율과 답변한 학생 수가 화면에 표시되며, 제한 시간이 종료되면 정답이 공개된다. 이후 [그림 7-44]와 같은 리더보드가 표시되며, 모든 문제 풀이가 완료되면 최종 순위가 제시된다. 교사는 실시간 결과를 모니터링하며 적절한 피드백을 제공할 수 있다.

설문의 경우, 선택한 문항 유형에 따라 [그림 7-45]와 같이 결과가 실시간으로 화면에 나타난다. 설문 결과는 차트, 그래프, 워드 클라우드 등의 형태로 시각화되어 학생들의 의견을 한눈에 확인할 수 있다. 교사는 이를 바탕으로 수업 진행 방식을 조정하거나, 설문 결과를 활용하여 토의 및 토론을 이끌어 갈 수 있다.

Q&A 세션에서는 학생들이 제출한 질문이 실시간으로 화면에 표시되며, 학생들이 '좋아요'를 눌러 질문의 순위를 매길 수 있다([그림 7-46] 참조). 교사는 이 순위를 참고하여 가장 중요한 질문부터 답변할 수 있다.

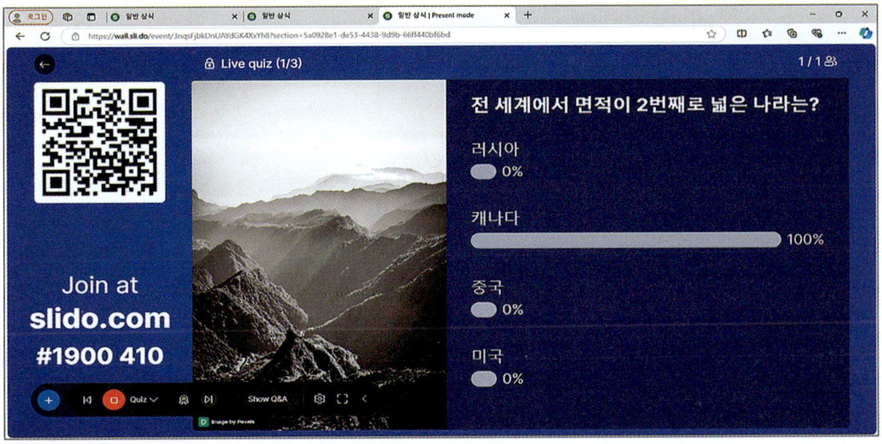

[그림 7-43] 슬라이도 퀴즈 실행 화면

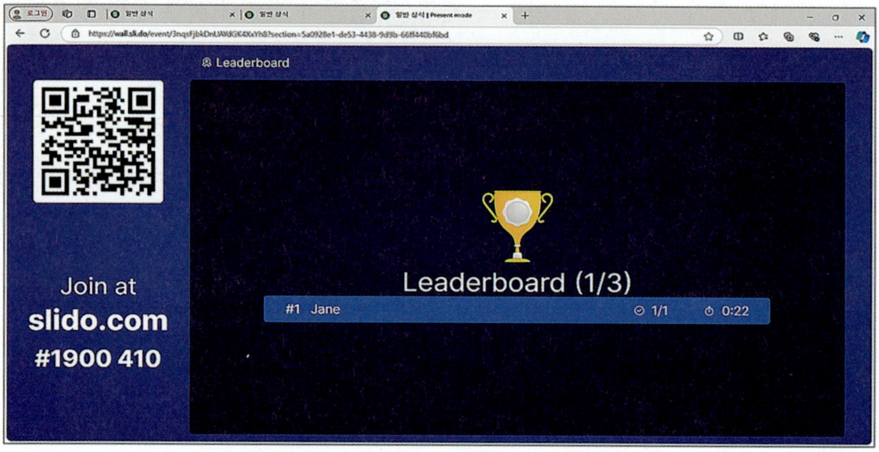

[그림 7-44] 슬라이도 퀴즈 리더보드

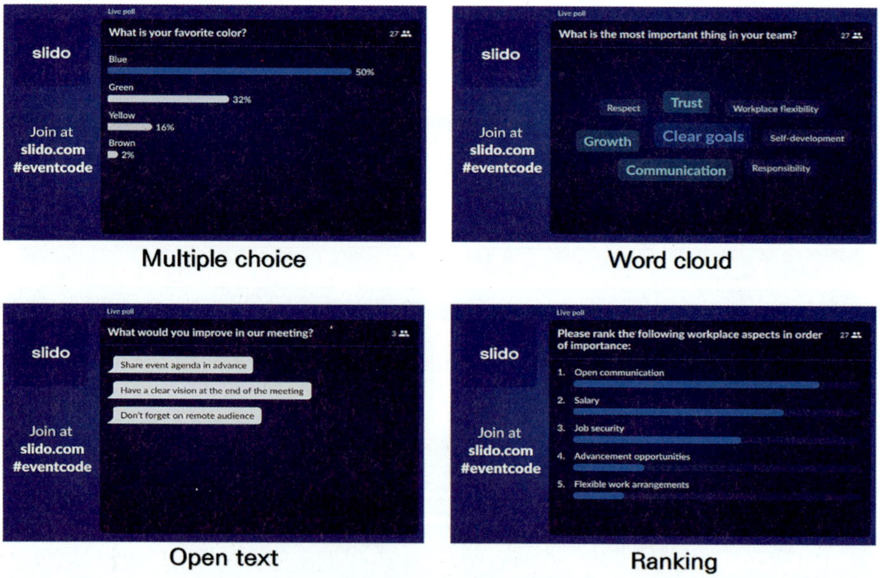

[그림 7-45] 슬라이도 설문 유형별 실행 화면

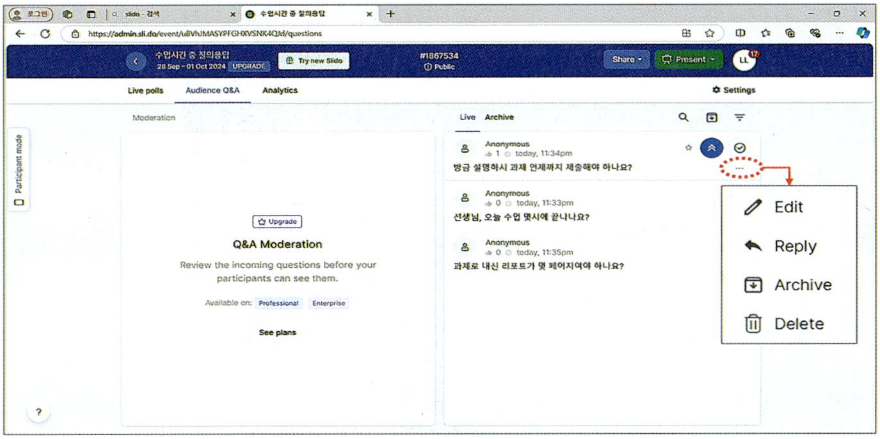

[그림 7-46] 슬라이도 Q&A 세션 실행 화면

⑧ 퀴즈 및 설문 결과 분석: 슬라이도 홈 화면 좌측 메뉴에서 'Analytics'를 클릭하면 결과 데이터를 확인할 수 있다. 무료 버전에서는 참여자 수, 질문별 응답 데이터, 설문 결과 요약, Q&A 데이터를 확인할 수 있다. 유료 버전은 무료 버전의 기본 기능에 더해 고급 응답 분석, 참여도 분석, 엑셀 및 PDF 형식의 보고서 다운로드, 세부 성과 분석, 종합 보고서 등의 추가 기능을 제공하여 심층적인 데이터 분석을 지원한다.

4) 블루킷

블루킷(Blooket, https://www.blooket.com/)은 교사가 학생들의 학습 참여를 높이기 위해 게임화된 방식으로 퀴즈를 제공할 수 있도록 지원하는 디지털 도구다. 다양한 게임 유형을 지원하며, [그림 7-47]과 같이 각기 다른 방식의 게임을 통해 학습자에게 재미와 몰입감을 제공한다. 이 도구는 단순히 정답을 맞히는 것을 넘어 경쟁, 협력, 전략적 사고를 포함한 다양한 학습 경험을 제공하여 학습 동기를 극대화할 수 있다.

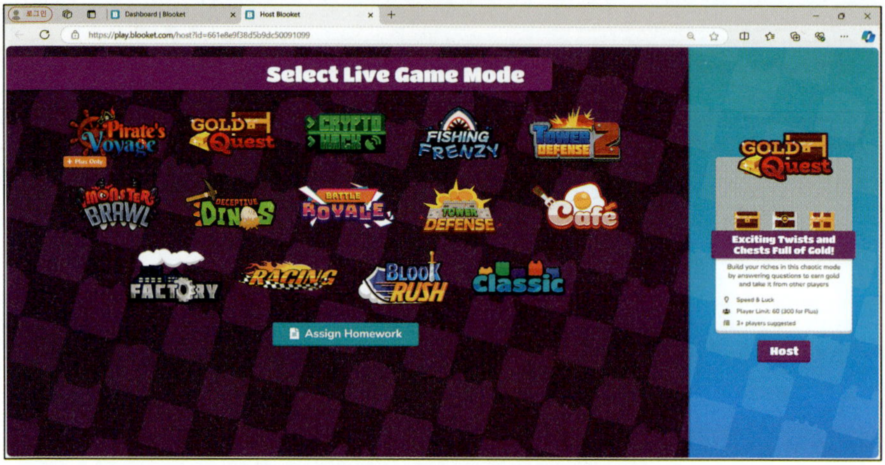

[그림 7-47] 블루킷 게임 유형 선택 화면

(1) 특징 및 활용 방안

① 게임화된 학습 도구: 블루킷은 퀴즈를 단순히 질문과 답변 형식으로 제공하는 것이 아니라, 다양한 게임으로 변환하여 학생들이 경쟁적이고 즐겁게 학습할 수 있도록 돕는다. 각 게임은 학생들이 서로 점수를 겨루거나 협력하여 목표를 달성하도록 설계되어 학습 동기를 유발한다.

② 사용자 친화적인 인터페이스: 블루킷은 직관적인 인터페이스를 제공하여 교사와 학생 모두 쉽게 사용할 수 있다. 교사는 간단한 과정으로 퀴즈를 생성할 수 있고, 학생들은 스마트폰, 태블릿 PC, 컴퓨터 등 다양한 기기를 통해 손쉽게 게임에 참여할 수 있다.

③ 실시간 점수 시스템: 블루킷은 실시간 점수 시스템을 통해 학생들이 즉시 자신의 성과를 확인할 수 있도록 한다. 이로 인해 경쟁심과 학습 동기가 높아지고, 수업이 더 역동적이고 재미있게 진행된다.

④ 다양한 게임 형식 제공: 블루킷은 다양한 게임 유형을 제공하여 교사들이 수업 목표와 학생들의 학습 스타일에 맞는 게임을 선택할 수 있도록 한다. 각 게임 유형은 서로 다른 방식으로 학습을 촉진하며, 학습 효과를 극대화할

수 있다. 〈표 7-8〉에는 블루킷이 제공하는 게임 유형별 설명과 각 게임의 활용 예시가 정리되어 있다. 단, 블루킷이 제공하는 게임 유형은 자주 업데이트되고 있다.

〈표 7-8〉 블루킷 게임 유형별 설명 및 활용 예시

게임 유형	설명	활용 예시
Pirate's Voyage (해적의 항해)	학생들이 퀴즈를 풀어 섬을 탐험하고 보물을 모으며 항해를 진행하는 게임	역사 수업에서 각 섬을 탐험하며 중요한 사건에 대한 문제를 맞히고, 보물을 모아 최종 승리를 거둘 수 있음
Gold Quest (골드 퀘스트)	퀴즈를 풀어 금을 모으고, 다른 학생의 금을 훔칠 수 있는 전략적 게임	경제 수업에서 학생들이 금을 관리하고, 전략적으로 더 많은 금을 획득하며 협력과 경쟁의 요소를 경험할 수 있음
Crypto Hack (크립토 해킹)	퀴즈를 풀어 암호 코드를 획득하고, 다른 플레이어의 암호를 훔치는 게임	컴퓨터 과학 수업에서 암호화와 관련된 문제를 풀고, 해킹을 통해 가상 자산을 모으는 활동을 통해 재미와 학습을 결합할 수 있음
Fishing Frenzy (피싱 프렌지)	문제를 풀어 물고기를 잡으며 점수를 모으는 게임. 더 많은 물고기를 잡아야 승리 확률이 높아짐	수학 수업에서 빠르게 문제를 풀어 물고기를 잡고, 이를 통해 학습 동기를 부여하고 문제해결 능력을 강화할 수 있음
Tower Defense 2 (타워 디펜스 2)	퀴즈를 풀어 자원을 모으고, 방어 타워를 업그레이드하며 적을 막는 게임	전략적으로 자원을 모아 타워를 강화하고 방어를 계획하는 과정을 통해 논리적 사고 능력을 기를 수 있음
Monster Brawl (몬스터 싸움)	퀴즈를 풀어 몬스터 캐릭터를 성장시키며, 다른 플레이어와의 전투에서 승리하는 게임	과학 수업에서 문제를 풀며 몬스터를 강화하고, 학습 내용을 통해 경쟁 요소를 추가하며 학습 효과를 높일 수 있음
Deceptive Dinos (속이는 공룡들)	퀴즈를 풀어 화석을 발굴하고, 다른 플레이어의 속임수를 감지하는 게임	역사나 지리 수업에서 문제를 풀며 학생들이 탐사와 발굴 과정을 게임으로 체험할 수 있음

Battle Royale (배틀 로열)	학생들이 1:1로 대결하여 최후의 한 명이 남을 때까지 경쟁하는 퀴즈 게임	경쟁을 통해 학생들의 집중력을 높이고, 학습 주제에 대한 심화 학습을 게임화하여 진행할 수 있음
Tower Defense (타워 디펜스)	문제를 풀어 자원을 모아 방어 타워를 짓고, 적의 침입을 막는 게임	전략적으로 타워를 배치하고 학습 내용을 바탕으로 적의 공격을 방어하는 과정을 통해 논리적 사고력을 키움
Café (카페)	퀴즈를 풀어 자원을 모아 가상의 카페를 운영하고 손님을 관리하는 게임	경제 수업에서 자원 관리와 수익 창출의 개념을 카페 경영을 통해 학습할 수 있음
Factory (팩토리)	퀴즈를 풀어 공장을 운영하고, 제품을 생산하며 점수를 모으는 게임	경제 또는 경영 수업에서 공장 운영과 자원 관리의 중요성을 게임을 통해 체험하며 학습 효과를 높일 수 있음
Racing (레이싱)	문제를 풀어 경주를 진행하고, 빠르게 도착지에 도달하는 게임	수학이나 과학 수업에서 문제를 빠르게 풀며 캐릭터를 경주시키는 방식으로 학습 내용을 복습할 수 있음
Blook Rush (블룩 러시)	퀴즈를 풀어 Blook 캐릭터를 빼앗거나 방어하는 전략적 게임	전략과 속도를 요하는 게임으로 학생들이 문제를 해결하며 자신의 캐릭터를 보호하고, 다른 학생의 캐릭터를 빼앗는 과정을 통해 학습
Classic (클래식) *카훗과 유사	학생들이 각자 문제를 풀고 점수를 모아 순위를 겨루는 기본적인 퀴즈 게임	모든 수업에서 학습 내용을 빠르게 복습하고, 점수를 통해 학생들의 이해도를 평가할 수 있음

(2) 무료 버전의 사용 범위

① 게임 유형: 블루킷의 무료 버전에서 제공되는 14가지 게임 유형(〈표 7-8〉) 중 'Pirate's Voyage(해적의 항해)'를 제외한 모든 게임을 무료로 활용할 수 있다. 단, 게임 유형은 지속적으로 업데이트되며, 유료 버전에서만 사용할 수 있는 게임도 무료로 변경될 수 있다.

② 참여자 수 및 기능: 무료 버전에서는 게임당 최대 60명의 학생이 동시에 참여할 수 있다. 기본적인 게임 데이터 저장 및 성과 분석 기능은 무료로 제공되지만, 퀴즈 데이터 보고서, 게임 커스터마이징과 같은 고급 기능은 제한된

다. 유료 버전에서는 100명 이상의 참여자를 지원하며, 고급 기능을 활용할 수 있다.

(3) 사용법

① 블루킷 접속 및 로그인: 블루킷 웹사이트(https://www.blooket.com)에 접속하여 구글 계정이나 이메일로 로그인한다. 교사로 인증받으면 추가적인 기능을 무료로 활용할 수 있다.

② 퀴즈 생성 및 게임 설정: 로그인 후, [그림 7-48]에서 화면 좌측의 'Create' 버튼을 클릭해 새로운 퀴즈를 생성한다. [그림 7-49]와 같은 화면이 나타나면, 퀴즈 제목과 설명을 입력하고, 표지 이미지를 업로드한다. 블루킷 이미지 라이브러리에서 선택하거나 유튜브 영상 URL을 추가할 수도 있다. 퀴즈 세트의 공개 여부를 설정한 후, 퀴즈 문제 생성 방식을 선택할 수도 있다([그림 7-49] 참조). 'Manual'을 선택해 새로운 문제를 출제할 수 있고, Quizlet에서 생성한 문제나 CSV 포맷으로 작성된 문제를 가져올 수도 있다.

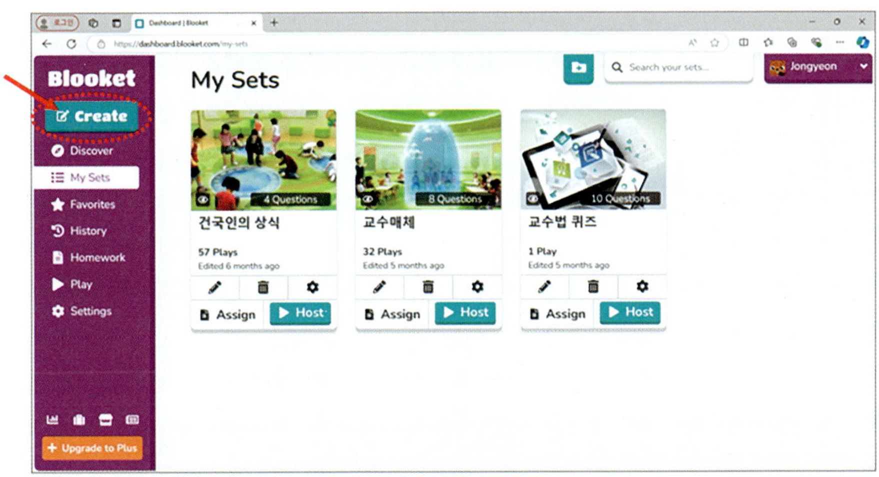

[그림 7-48] 블루킷 홈 화면

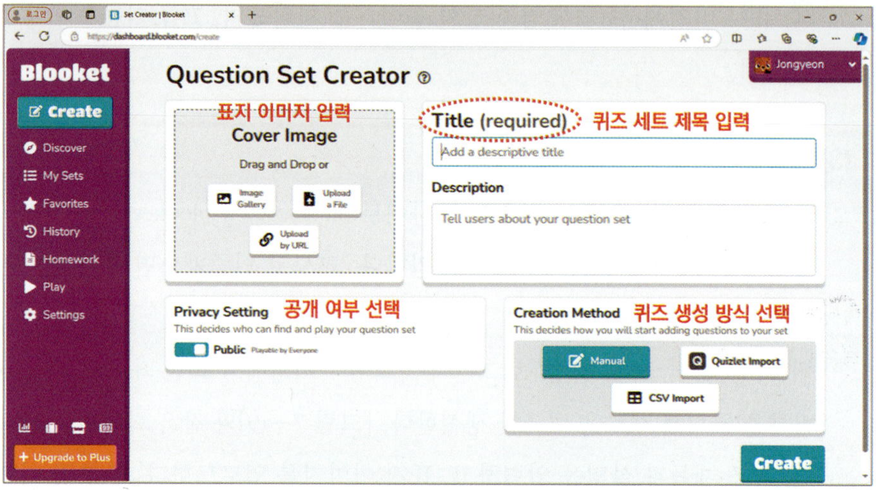

[그림 7-49] 블루킷 퀴즈 세트 생성 화면

[그림 7-50] 상단의 문제 입력 화면에서 'Add Question' 버튼을 클릭하면 질문 내용과 선택지를 입력할 수 있는 화면이 나타난다. 화면 상단 메뉴에서 문제 유형을 사지선다형(Multiple Choice) 또는 단답형(Typing Answer) 중에서 선택한다. 사지선다형을 선택한 경우, 시간 제한 여부와 선택지 섞기 옵션을 설정한 뒤, 질문 내용과 선택지를 입력하고 정답을 표시한다. 단답형을 선택하면 여러 개의 정답 입력을 허용할 수 있으며, 정답과 정확히 일치해야 하는지 또는 정답을 포함하고 있으면 되는지를 선택할 수 있다. 문제와 답지를 모두 입력한 후에는 화면 우측 상단의 '저장' 버튼을 클릭한다.

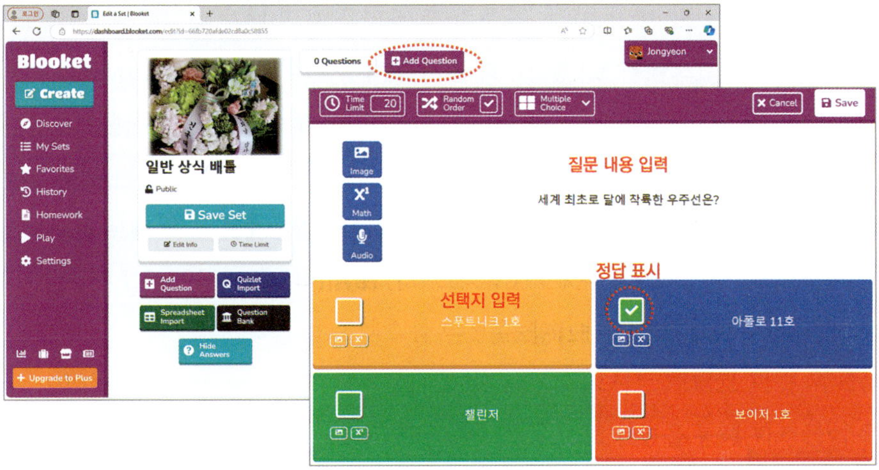

[그림 7-50] 블루킷 퀴즈 문제 입력 화면

퀴즈 문제를 계속 추가하려면 문제 저장 후 나타나는 화면([그림 7-51])에서 'Add Question' 버튼을 눌러 다음 문제를 입력하면 된다. 모든 문제 입력을 완료한 후에는 화면 상단의 'Save Set'를 클릭하여 퀴즈 세트를 저장한다.

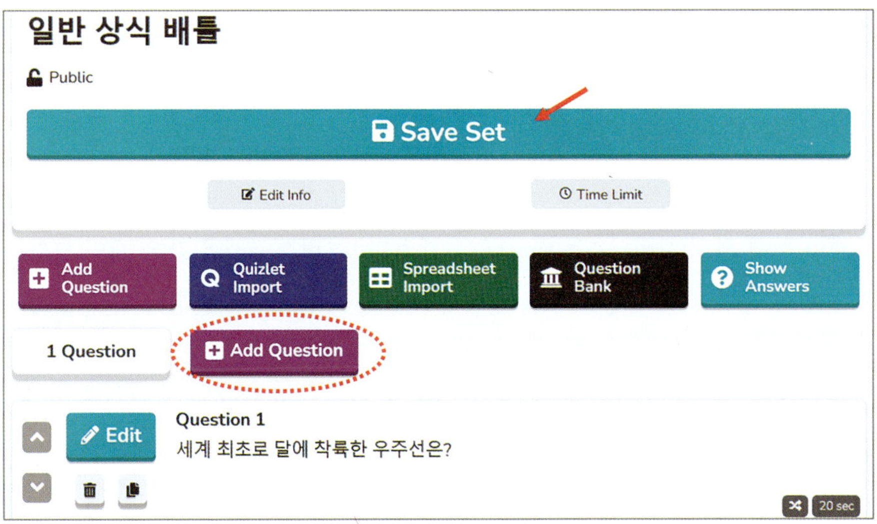

[그림 7-51] 블루킷 퀴즈 문제 저장 후 나타나는 화면

③ 학생 초대 및 게임 시작: 블루킷 홈 화면을 보면 내가 생성한 퀴즈 세트들이 보인다([그림 7-52] 참조). 화면 좌측 메뉴 단에 보이는 'Discover'를 클릭하면 다른 회원들이 생성한 퀴즈 세트들이 보인다. 한글로 검색해도 제법 많은 세트들이 검색되어 나오는데, 이러한 라이브러리를 이용하는 것도 좋은 생각이다. 내가 생성한 퀴즈 세트를 실행시키려면 해당 퀴즈 세트 하단에서 'Assign(퀴즈 세트를 과제로 보내기)'이나 'Host(퀴즈 세트의 실시간 플레이)' 버튼을 누른다([그림 7-52] 참조).

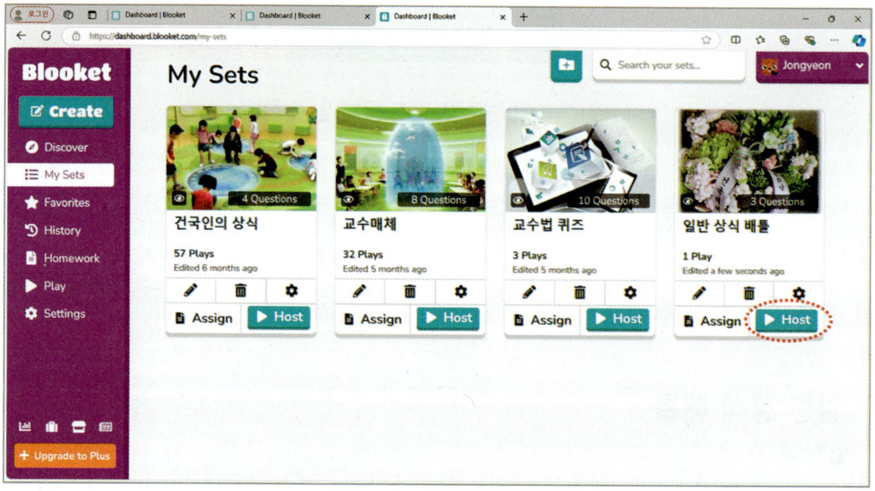

[그림 7-52] 블루킷 퀴즈 문제 저장 후 나타나는 화면

게임 실행 환경(Assign 또는 Host)을 선택하면 [그림 7-53]과 같은 게임 모드 선택 화면이 나타나며, 게임 모드를 선택하면 설정 화면으로 전환된다. 설정 화면에서 'Number of Questions' 옵션을 통해 게임의 문제 수를 조정할 수 있다. 예를 들어, 3문제를 출제했더라도 문제 수를 20으로 설정하면 블루킷이 임의로 문제를 반복 출제하여 총 20개의 문제를 풀 수 있도록 한다. 이를 통해 게임이 너무 빨리 끝나는 것을 방지할 수 있다. 수업 시간과 학생들의 집중도에 따라 문제 수를 적절히 조절하면 된다.

게임을 시작하려면 'Host Now'를 클릭하면 된다([그림 7-53] 참조). 학생들은 고유 코드를 입력하거나 QR 코드를 스캔하여 게임에 접속할 수 있다. 접속 시 닉네임을 설정할 수 있으며, 시스템에서 임의로 부여된 귀여운 동물 모양 아이콘이 표시된다([그림 7-54] 참조). 이 아이콘은 학생들이 원하는 것으로 변경할 수 있다.

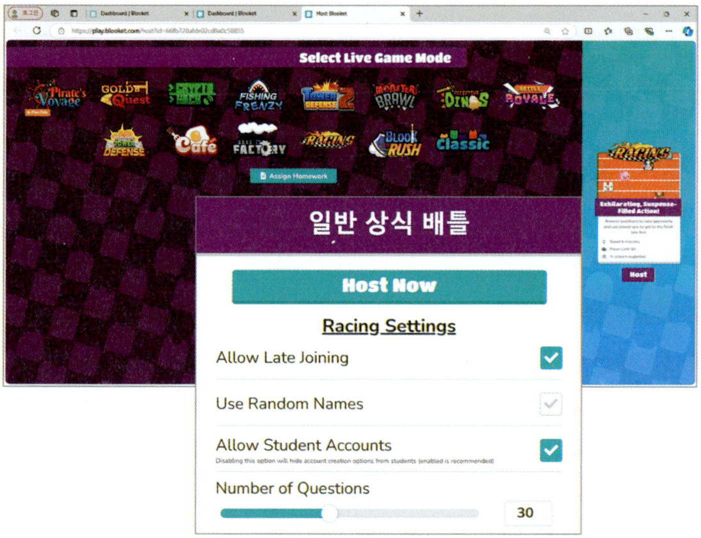

[그림 7-53] 게임 모드 선택 및 설정 화면 ①

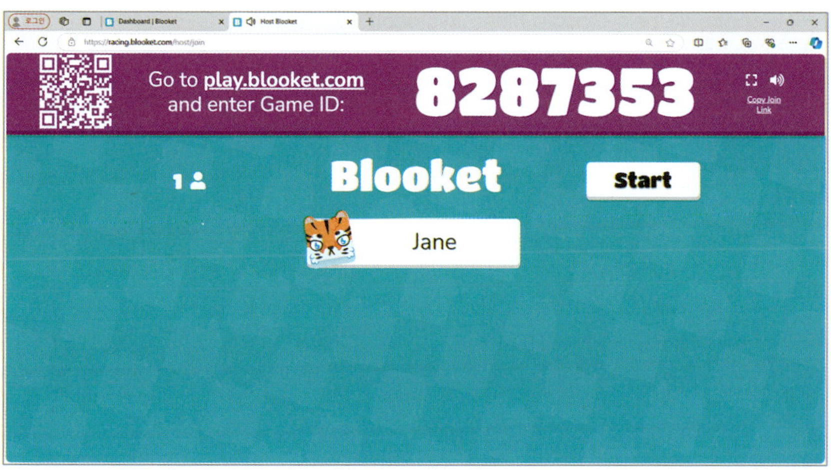

[그림 7-54] 게임 모드 선택 및 설정 화면 ②

④ **실시간 점수 및 리더보드 확인**: 게임이 시작되면 학생들은 문제를 풀고, 실시간으로 점수를 획득한다. 게임 도중 또는 종료 후 리더보드를 통해 최종 순위를 확인할 수 있으며, 이를 바탕으로 학생들의 성취도를 평가할 수 있다.

3. 실시간 원격수업 도구

실시간 원격수업 도구는 인터넷을 통해 영상 회의, 강의, 협업을 실시간으로 진행할 수 있도록 지원하는 플랫폼이다. 대표적인 도구로는 Zoom, Webex, Google Meet, Microsoft Teams가 있다. 이러한 도구들은 화상 회의, 화면 공유, 채팅, 녹화 기능 등을 제공하며, 비대면 환경에서도 원활한 의사소통과 협업을 가능하게 한다. 각 도구는 사용 목적과 대상에 따라 활용 방식이 다를 수 있으나, Zoom은 직관적이고 간편한 인터페이스를 제공하는 가장 사용하기 쉬운 도구로 평가받는다. 〈표 7-9〉는 Zoom, Webex, Google Meet, Microsoft Teams가 제공하는 주요 특징과 기능을 비교한 표다.

〈표 7-9〉 Zoom, Webex, Google Meet, Microsoft Teams 비교

구분	Zoom	Webex	Google Meet	Microsoft Teams
참가자 로그인	비로그인 가능, 일부 기능은 로그인 요구	로그인 요구	로그인 요구	로그인 요구
영상 품질	무료: HD(720p), 유료: Full HD(1080p)	무료: HD(720p), 유료: Full HD(1080p)	무료, 유료 모두 HD(720p)로 제한됨	무료: HD(720p), 유료: Full HD(1080p)
최대 접속 인원	무료: 100명, 40분, 유료: 1,000명	무료: 100명, 40분, 유료: 1,000명	무료: 100명, 1시간, 유료: 500명	무료: 300명, 1시간, 유료: 20,000명

녹화 기능	무료: 로컬 저장, 유료: 클라우드 저장	무료: 로컬 저장, 유료: 클라우드 저장	무료: 미 제공, 유료: 제공	무료: 미 제공, 유료: 제공
소회의실 기능	무료 제공	무료 제공	유료 플랜에서만 제공	무료 제공
화이트 보드	제공	제공	제공	제공
설문 조사 기능	무료 제공	무료 제공	유료 플랜에서만 제공	유료 플랜에서만 제공
채팅 및 파일 공유	제공	제공	제공	제공
가상 배경	제공	제공	제공	제공
보안 기능	AES-256 암호화, 대기실 기능 제공	AES-256 암호화, 강력한 보안 제공	AES-256 암호화, Google 보안 제공	Microsoft 보안 기술, 대기실 제공

1) Zoom

Zoom(zoom.com)은 화상 회의, 온라인 강의, 협업을 위한 대표적인 플랫폼으로, 개인 사용자부터 기업, 교육기관에 이르기까지 널리 사용된다. 2011년에 서비스를 개시하였고, 특히 COVID-19 팬데믹 기간 동안 사용자 친화적인 인터페이스와 안정적인 연결성으로 전 세계적인 인기를 얻었다. Zoom은 회의, 강의, 웨비나, 소그룹 토의 등 다양한 온라인 활동에 필요한 기능을 제공하여 비대면 환경에서도 원활한 소통과 협력을 가능하게 한다.

(1) Zoom의 특징 및 주요 기능

① HD 화질의 화상 회의: Zoom은 HD급(720p) 및 Full HD급(1080p) 화질을

지원하며, 안정적인 네트워크 연결을 유지하면서 고품질 영상을 제공한다. 대규모 회의나 웨비나에서도 화질 저하 없이 선명한 화면을 유지한다.

② 대규모 회의 지원: 무료 버전에서는 최대 100명, 유료 버전에서는 최대 1,000명까지 참가할 수 있어 대규모 강의나 세미나에 적합하다.

③ 화면 공유 기능: 사용자는 자신의 전체 화면 또는 특정 애플리케이션 창을 공유할 수 있다. 발표 중 주석 추가 기능을 활용해 공유된 화면에 실시간으로 표시하거나 강조할 수 있다.

④ 소회의실 기능: 회의 참가자들을 소규모 그룹으로 나누어 별도의 논의와 협력을 진행할 수 있다. 교육 현장에서 그룹 토론이나 팀 프로젝트를 수행할 때 특히 유용하다.

⑤ 회의 녹화: 무료 사용자는 로컬 저장만 가능하며, 녹화 파일을 PC나 디바이스에 저장할 수 있다. 유료 사용자는 클라우드에 녹화 파일을 저장하여 링크 공유 및 간편한 접근이 가능하다.

⑥ 채팅 및 파일 공유: 회의 중 실시간 채팅 기능을 통해 질문이나 의견을 나눌 수 있으며, PDF, 이미지, 문서 등 다양한 파일을 실시간으로 공유할 수 있다.

⑦ 화이트 보드 기능: Zoom에서 제공하는 화이트 보드를 활용해 아이디어를 즉석에서 시각적으로 표현하고, 참가자들과 실시간으로 협업할 수 있다.

⑧ 가상 배경 및 필터 기능: 가상 배경을 설정하여 상황에 맞는 분위기를 연출할 수 있다. 배경 흐림 효과를 추가해 프라이버시를 보호하며, 내 모습 수정 필터를 적용해 화면 상의 얼굴을 부드럽게 보이게 하거나 아바타로 대체할 수도 있다.

⑨ 자동 자막 제공: AI 기반으로 실시간 자막을 생성하며, 청각 장애인이나 비언어권 사용자에게 유용하다.

⑩ 웨비나 기능: 100명 이상의 대규모 온라인 이벤트, 발표, 패널 토론 등을 지원한다. 일반 회의와 달리 참가자는 마이크와 카메라가 비활성화되며, 채팅도 제한된다. Q&A 기능을 통해 질문을 수집하고, 설문 조사를 통해 청중의 피드백을 효율적으로 얻을 수 있어 소통 관리가 용이하다.

⑪ 보안 기능: 과거 보안 문제를 겪었으나, 현재는 대부분 개선되었다. AES-256 암호화를 적용해 통신 보안을 강화하고, 대기실 활성화, 참가자 제어, 회의 비밀번호 설정 등의 기능을 통해 불필요한 방해를 차단한다.

(2) Zoom 무료 버전 사용 범위

① 참가자 수 및 회의 시간: 무료 버전에서는 최대 100명까지 참가 가능하며, 회의 시간은 40분으로 제한된다. 두 명 이하의 참가자와 회의 시에는 시간 제한이 없다.

② 회의 녹화: 무료 버전에서는 로컬 저장만 가능하며, 클라우드 녹화는 유료 플랜에서만 제공된다.

③ 화면 공유 및 소회의실: 무료 버전에서도 화면 공유 및 소회의실 기능을 사용할 수 있으며, 50개까지 소회의실을 만들 수 있다. 할당 방법은 무작위 배정(자동), 교수자가 배정(수동), 참가자가 직접 선택(선택) 3가지 방식 중 고를 수 있다.

④ 화이트 보드 및 채팅 기능: 무료 사용자도 모두 사용할 수 있다.

⑤ 자동 자막: 무료 사용자도 실시간 자막 기능을 사용할 수 있다. 다만, 트랜스크립트 내용을 저장하려면 유료 플랜이 필요하다.

⑥ 가상 배경 및 필터: 무료 버전에서도 가상 배경과 필터 기능을 제공한다. 단, 고급 필터 옵션은 유료 플랜에서 사용할 수 있다.

⑦ 자동 출석 기능: 유료 기능 중 하나인 자동 출석 기능은 회의 출석 상태를 자동으로 기록하고 확인할 수 있도록 하여 교육 및 업무 환경에서 편리하게 활용할 수 있다. 무료 버전에서는 제공하지 않는다.

⑧ 보안 기능: 대기실 설정, 비밀번호 보호, 참가자 관리 기능은 무료 사용자도 모두 활용 가능하다.

(3) 사용법

① Zoom 설치 및 계정 생성: Zoom 공식 웹사이트 또는 앱스토어에서 Zoom

앱을 다운로드한 후 회원가입한다. Zoom은 데스크톱은 물론 모바일 기기에서 사용 가능하며, 데스크톱 환경일 경우 웹 브라우저를 통해 접속할 수도 있고, 전용 앱을 설치하고 이 앱을 통해 사용할 수도 있다.

② **회의 생성 및 참가자 초대**: '새 회의'를 클릭하면 즉석 회의를 시작할 수 있다. [그림 7-55]의 웹 화면 우측 상단에 있는 '회의 예약' 버튼을 클릭하면 회의를 예약할 수 있다. 먼저, 회의 '주제'를 입력하고, '시점' 및 '기간'을 설정한 후, '되풀이 회의' 여부를 선택한다.

Zoom 계정이 있는 특정인들만 회의에 참여할 수 있도록 하려면, 참석자들의 이메일 주소를 '참석자' 란에 입력한다. 이후 '회의 ID' 설정 방법을 선택하고, 보안과 관련된 옵션인 '암호' 입력 또는 '대기실' 사용 여부를 선택한다.

화면 하단의 '옵션' 버튼을 누르면 〈표 7-10〉에 제시된 상세 옵션이 나타난다. 각 상세 옵션을 설정한 뒤, 화면 하단의 '저장' 버튼을 누르면 회의 ID, 암호(선택 사항), 초대 링크가 생성된다. 이 초대 링크는 이메일이나 SNS를 통해 참가자들에게 전달할 수 있다.

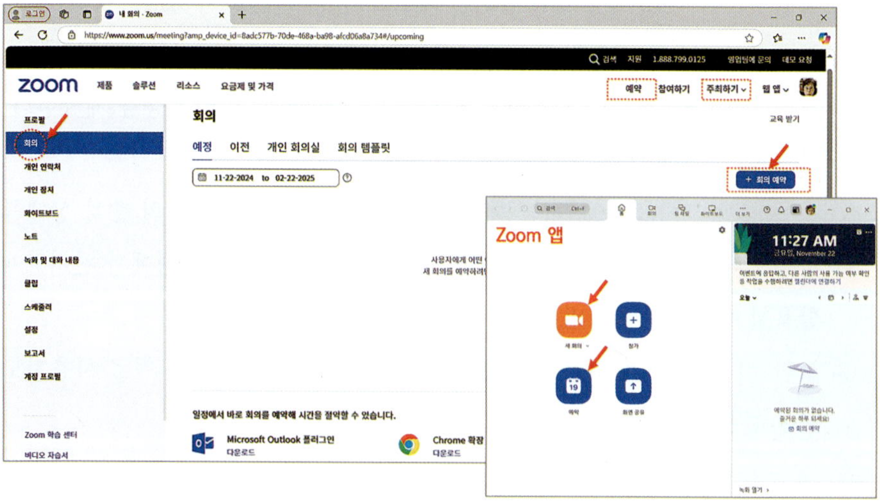

[그림 7-55] Zoom 회의 예약 화면

〈표 7-10〉 Zoom 회의 상세 옵션

옵션	설명
참가자가 언제든지 참가하도록 허용	회의 시작 전 또는 회의 중에 참가자가 입장할 수 있도록 허용. 호스트 없이도 회의실에 입장 가능
Q&A	회의 중 질문과 답변(Q&A) 세션을 활성화. 주로 웨비나에서 사용되는 기능
입장 시 참가자 음소거	참가자가 입장할 때 자동으로 마이크가 음소거되도록 설정. 회의 진행 초기의 소음을 방지할 수 있음
소회의실 미리 할당	회의 시작 전에 참가자를 특정 소회의실에 배정. 호스트가 참가자들의 이메일 주소를 수집하여 미리 그루핑(grouping)하고, CSV 파일로 만들어 업로드해야 함
로컬 컴퓨터에 회의 자동 기록	회의가 시작되면 자동으로 로컬 컴퓨터에 녹화 저장. 녹화 파일은 참가자의 PC에 저장됨

③ 회의 진행

- 회의실에 입장하면 우선 화면 하단 메뉴 바, 가장 좌측에 '오디오' 및 '비디오'를 활성화한다. 또한 호스트, 참여자 모두 '오디오'를 선택하여, '스피커 & 마이크 테스트'를 실행해 보길 추천한다([그림 7-56] 참조).
- 화면 우측 상단 '보기' 버튼을 눌러 원하는 보기 유형을 선택한다([그림 7-56] 참조). '발표자' 보기를 선택하면 현재 발표 중인 사람의 화면이 확대되어 표시되며, '갤러리' 선택 시에는 PC 또는 노트북 환경인 경우 기본적으로 25명씩 표시된다. 기기 사양이 충분하다면 최대 49명까지 표시될 수 있다. '여러 발표자' 보기는 발표자가 2명 이상일 때 선택하도록 하고, '몰입형'은 가상 배경 위에 모든 참가자를 배치해 회의실에 있는 것처럼 보여 주는 보기 방식이다.

[그림 7-56] Zoom 회의실 화면

- 회의가 시작되면 Zoom은 자동으로 발표하는 참가자 화면에 포커스를 맞추어 노란 테두리로 표시해 주며, 참가자는 본인 비디오 우측 상단 '더보기(…)'를 눌러 이름을 변경하거나, 특정 참여자의 모습을 크게 고정해서 볼 수 있도록 설정할 수 있다. 고정된 영상을 제거하려면, 고정된 비디오 좌측 상단에 위치한 버튼을 클릭하면 된다.
- 호스트가 회의를 녹화하려면 화면 우측 상단 '녹화' 버튼을 클릭하거나, 회의 예약 시 '자동으로 회의 기록' 체크 박스에 체크하면 된다.
- 호스트가 화면 하단의 '참가자' 버튼을 클릭하고 특정 참가자의 이름 위로 마우스를 가져가면 해당 참가자의 마이크를 '음소거' 또는 '음소거 해제'를 할 수 있다. 또는 참가자 목록 하단에 위치한 '모두 음소거' 버튼을 클릭하여 모든 참가자의 마이크를 음소거 할 수 있다. 문제가 있는 참가자를 퇴장시키고자 한다면, 해당 참가자의 이름 우측 '더보기(…)' 버튼을 클릭한 후, '제거' 또는 '대기실 이동' 옵션을 선택하면 된다. 특정 참가자를 공동 호스트로 지정할 수도 있는데, 해당 참가자의 이름 우측 '더보기(…)' 버튼을 클릭한 후, '공동 호스트 만들기' 옵션을 선택하면 된다. 참가자 창에 참가자 이름 정렬 순서는 다음과 같다.

- 본인 이름
- 호스트, 공동호스트
- 마이크 켜진 참가자
- 1, 2, 3, ……
- a, b, c, ……
- 가, 나, 다, ……
- 오디오 연결을 끊은 참가자

• 화면 공유 및 화이트 보드를 사용하려면, 화면 하단 '화면 공유' 선택 후 공유하고자 하는 화면을 선택하고 화면 하단의 '공유' 버튼을 클릭하면 된다([그림 7-57] 참조). 단, 공유하고자 하는 화면을 미리 열어 놓아야 한다. 화이트 보드를 사용하려면 화면 공유 창에서 화면 상단에 있는 '문서' 탭을 클릭하면 된다. 화이트 보드를 선택하면 판서가 가능하다.

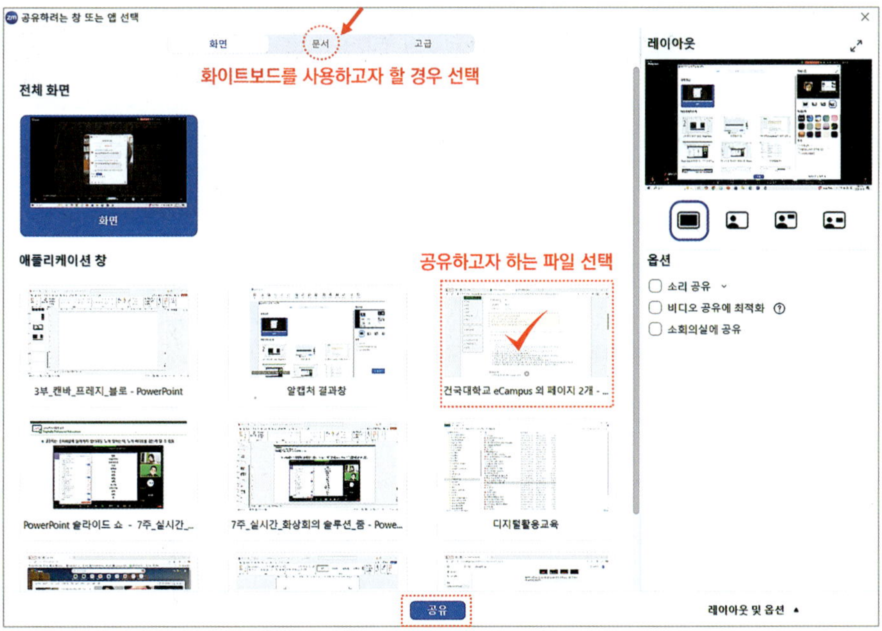

[그림 7-57] Zoom 화면 공유 옵션 창

- 공유 중인 화면([그림 7-58]) 상단 메뉴 패널에서 '주석 달기'를 선택하면 스포트라이트, 펜, 텍스트 입력 등 다양한 주석 옵션이 나타난다. 이를 사용하여 공유된 화면에서 원하는 부분을 하이라이트할 수 있다.
  공유된 화면([그림 7-58])에 오디오 또는 비디오 자료가 포함되어 있고, 참가자들에게 그 소리를 들려주고자 할 경우, 상단 메뉴 패널 우측 끝에 있는 '더보기(…)' 메뉴를 클릭한 뒤, '컴퓨터 소리 공유'를 선택하면 된다. 호스트가 PC(또는 노트북)와 스마트패드(또는 스마트폰)로 이중 접속한 후, '더보기(…)' 메뉴에서 '다른 사람에 대한 주석 활성화'를 통해 주석권을 부여하면, 호스트는 PC에서 강의를 진행하면서, 스마트 패드에서 스마트 펜을 활용해 공유된 화면 위에 메모를 달고, 줄을 긋기 등 주석 작업을 편리하게 할 수 있다.
- 공유 화면 해제는 공유 중인 화면 상단 '공유 중지'를 클릭하면 된다([그림 7-58] 참조).

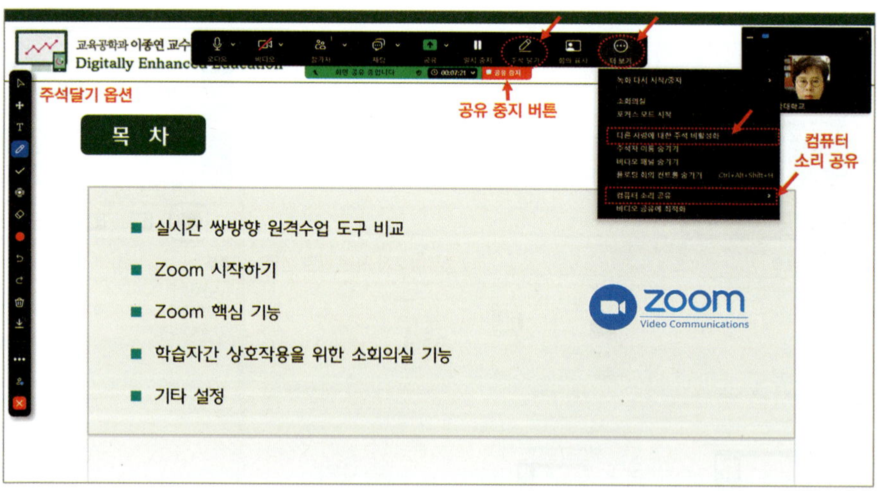

[그림 7-58] Zoom 화면 공유 창

④ 소회의실을 활용한 팀 활동 시작하기

- 소회의실을 사용하기 위해서는 우선 회의 예약 시 '설정/회의 중(고급)'을 선택하고, '소회의실' 기능을 활성화한 후, 소회의실 상세 옵션 중 필요한 것들을 선택한다([그림 7-59] 참조).

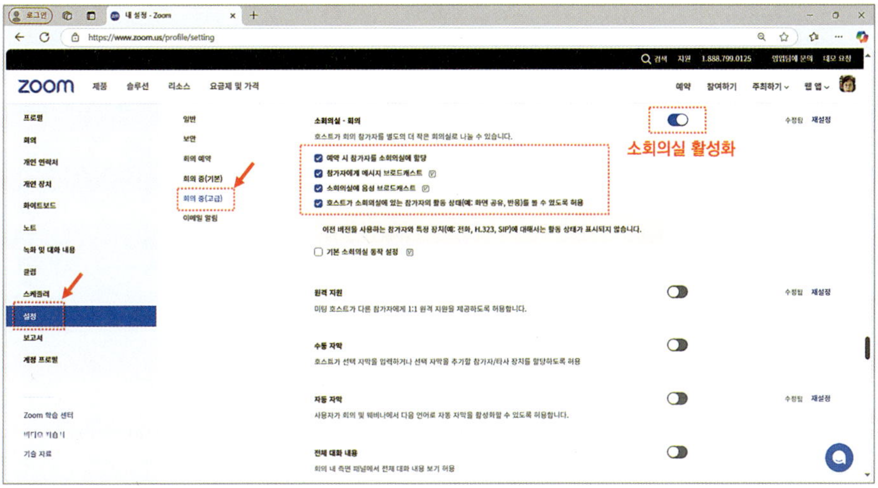

[그림 7-59] Zoom 소회의실 설정 화면

- 회의실 하단 메뉴에서 '소회의실'을 선택하면, [그림 7-60] 좌측 화면과 같은 소회의실 생성 창이 나타난다. 먼저 생성할 소회의실의 개수를 입력한 뒤, 참가자들을 '자동' 또는 '수동'으로 소회의실에 할당할 수 있다.
  '수동'을 선택하면 [그림 7-60] 우측 화면과 같이 각 소회의실에 참가자를 배정할 수 있는 창이 표시된다. 이때, '할당' 버튼을 눌러 나타나는 참가자 목록에서 원하는 참가자를 선택하면 된다. 참가자 수가 많을 경우, 미리 팀을 편성하고 그 결과를 화면 공유를 통해 보여 준 뒤, 참가자들에게 '이름 바꾸기'를 클릭해 자신의 이름 앞에 팀 번호를 추가하도록 요청한다. 이를 통해 참가자들이 숫자로 정렬되므로, 호스트가 보다 쉽게 팀 할당을 완료할 수 있다.

또한 [그림 7-60] 좌측 화면에서 확인할 수 있듯이 참가자가 직접 소회의실을 선택하도록 설정할 수도 있다. 단, 이 기능을 사용하려면 호스트와 참가자 모두 Zoom 5.3.0 이상의 최신 버전을 사용해야 한다. 따라서 수업 전에 참가자들에게 Zoom 업데이트를 안내하는 것이 필요하다. 팀 할당이 완료되면 [그림 7-60] 우측 화면 하단에 있는 '모든 소회의실 열기' 버튼을 클릭하여 소회의실을 오픈하도록 한다.

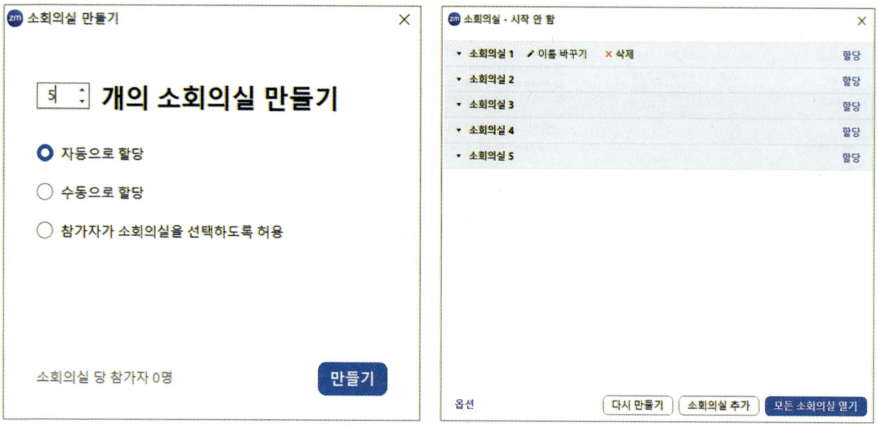

[그림 7-60] Zoom 소회의실 만들기 화면

- 소회의실에 참가자들을 미리 할당해 두면, 회의 중 참가자들을 팀에 배정하는 시간을 절약할 수 있다. 이 기능은 참가자들의 이메일 주소(회원가입 시 사용한 주소)를 사전에 알고 있을 경우에 활용 가능하다. 우선, 팀 번호와 참가자 이메일 주소로 구성된 엑셀 파일(csv 형식)을 생성한다. 이후, 회의 예약 시 '옵션'에서 '소회의실 미리 할당'을 선택한 뒤, 해당 파일을 업로드하면 된다. 회의가 시작된 후, 회의실에서 '소회의실' 메뉴를 열면 각 소회의실에 참가자들이 이미 할당된 것을 확인할 수 있다. 이후 '모든 소회의실 열기' 버튼만 클릭하면 소회의실이 활성화된다.

⑤ 팀 활동 모니터링 및 참여도 높이기

• 소회의실을 열어 팀 활동이 시작되면, 호스트는 메인 회의실에 머물면서 각 소회의실의 진행 상황을 모니터링할 수 있다([그림 7-61] 참조). 메뉴에서 '소회의실'을 선택하면 각 소회의실의 참가자 목록이 표시되며, 참가자들의 오디오 및 비디오 활성화 여부와 발언 중인 참가자를 확인할 수 있다. 또한 호스트는 각 소회의실의 '참가' 버튼을 눌러 해당 소회의실에 방문할 수 있다. 이를 통해 팀 활동에 참여하거나, 필요한 경우 피드백을 제공할 수 있다.

[그림 7-61] Zoom 소회의실 진행상황 모니터링

- 호스트는 메인 회의실에서 모든 소회의실에 음성으로 메시지를 전달할 수 있다. 이를 위해서는 회의 예약 시 '설정' 화면에서 해당 옵션 체크 박스에 체크 표시를 해야 한다([그림 7-62] 참조). 또한 호스트가 메인 회의실에서 소회의실 참가자들의 활동 상태를 모니터링하려면 소회의실 마지막 옵션, '호스트가 소회의실에 있는 참가자의 활동 상태를 볼 수 있도록 허용'에 체크해야 한다.

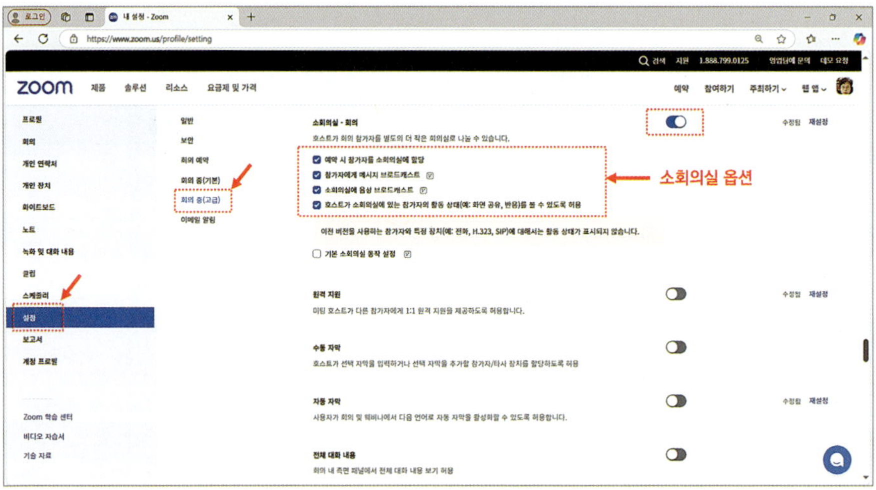

[그림 7-62] Zoom 소회의실 옵션 설정 화면

- 소회의실이 열린 상태에서, 호스트가 메인 룸에서 모든 소회의실에 화면을 공유하려면, [그림 7-63] 회의 하단 메뉴 바의 '화면 공유' 메뉴를 클릭한다. 화면 공유 창의 우측 패널에 표시되는 '소회의실에 공유' 옵션을 선택한 뒤, 공유할 화면을 선택하고 '공유'를 클릭하면 소회의실에도 메인 세션과 동일한 화면이 공유된다. 공유하려는 파일의 소리도 함께 공유하려면, '소리 공유' 체크박스를 선택해야 한다([그림 7-63] 참조).

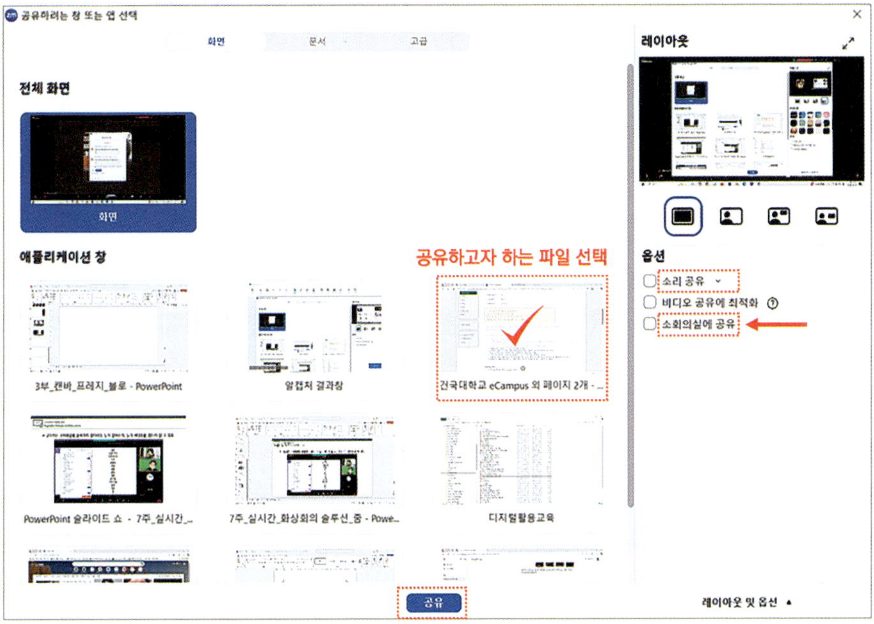

[그림 7-63] Zoom 소회의실 오픈 후 화면 공유 창

- 참가자들은 소회의실 내에서 화면 공유, 채팅 기능을 사용할 수 있으며, 소회의실 하단 '도움 요청' 버튼을 클릭해서 호스트에게 도움을 요청할 수 있다.
- 참가자들의 적극적 참여를 위해, 팀별로 서기를 정하고 화면 공유를 하면서 '회의록'을 완성해 제출하게 하거나, 소회의실을 녹화하도록 한다. 소회의실 녹화 방법은 2가지가 있는데, 우선 호스트가 소회의실을 생성한 후 각 소회의실에 들어가서 하단의 '녹화' 버튼을 클릭하면 된다. 또는 소회의실을 오픈하기 전, 메인 회의실 하단 '참가자' 메뉴를 열고, 녹화 권한을 부여할 참가자의 이름 옆에 있는 '더보기(…)'에서 '녹화 허용' 옵션을 선택하면, 해당 참가자는 소회의실에 들어가 녹화 버튼을 활성화할 수 있다. 소회의실 녹화는 PC 또는 노트북을 사용하는 참가자만 할 수 있다. 스마트폰 또는 패드 사용자는 디스크 용량이 작아 메인 회의실/참가자/더보기에서 '녹화 허용 옵션'이 생기지 않는다.

⑥ 설문 조사/퀴즈 실시하기: 유료 사용자들은 회의 중에 참가자들의 의견을 수집하거나, 이해도 확인 및 즉각적인 피드백을 제공할 수 있다. 회의 중 즉석에서 설문 조사 문항을 입력하거나, 퀴즈 문제를 입력하여 실시할 수도 있고, 회의 예약 시 문제를 미리 만들어 놓을 수도 있다. 다지선다형 질문 또는 단답형 질문이 가능하다.

⑦ 회의 종료 및 저장: 회의 종료 시 메인 회의실 및 소회의실의 모든 녹화 파일은 무료 버전의 경우 로컬 저장소에 저장된다. 유료 사용자는 클라우드 저장 옵션을 선택할 수 있다.

참 / 고 / 문 / 헌

띵커벨 (https://www.tkbell.co.kr)

멘티미터 (https://www.mentimeter.com)

블루킷 (https://www.blooket.com)

슬라이도 (https://www.slido.com)

카훗 (https://www.kahoot.com)

패들렛 (https://www.padlet.com)

Zoom (https://www.zoom.com)

CHAPTER 08

실감형 콘텐츠와 메타버스의 활용

1. 실감형 콘텐츠의 교육적 활용

1) 실감형 콘텐츠의 개념 및 유형

실감형 콘텐츠란 실제와 유사한 경험과 감성을 제공하는 디지털 콘텐츠를 의미하며, 첨단 기술을 활용하여 입체적인 시각 효과와 상호작용을 구현함으로써 가상 대상을 실제 물체처럼 조작하거나 체험할 수 있도록 한다. 주요 유형으로는 증강현실, 가상현실, 360° 사진 및 영상이 있으며, 이를 통해 학습자는 몰입감 높은 학습 환경에서 직관적이고 체험적인 학습을 경험할 수 있다. 특히 복잡한 개념이나 절차를 실제처럼 시뮬레이션하여 학습자의 이해와 기억을 촉진하는 효과가 크다. 이 장에서는 이러한 실감형 콘텐츠의 대표적인 유형과 개념 그리고 교육적 활용 사례에 대해 살펴본다.

(1) 증강현실

증강현실(Augmented Reality: AR)은 사용자가 직접 보는 현실 세계에 3차원 가상 이미지를 실시간으로 겹쳐 보여 주는 첨단 기술이다. 일반적으로 스마트 기기의 카메라를 통해 AR 마커나 GPS와 같은 위치정보가 감지되면, 현실 세계를 배경으로 가상 사물이나 현상이 스마트 기기 화면에 입체적으로 구현된다. 사용자는 이를 회전하거나 확대 · 축소하여 탐구하고, 내부 구조를 심층적으로 관찰하는 등의 상호작용이 가능하다.

증강현실을 기술적인 구현 방식으로 구분해 보면 마커 기반과 위치 기반으로 나눌 수 있다.

- 마커 기반 증강현실: 특정 패턴이나 이미지를 인식하여 가상 객체를 출력하는 방식이다. 예를 들어, 특정 이미지나 QR 코드를 스마트 기기로 인식하면 3D 모델이 화면에 출력되는 사례가 대표적이다. [그림 8-1]은 디지털교과서의 해당 페이지를 인쇄한 후, 스마트 기기로 스캔했을 때 화면에 제공되는 추가 학습 콘텐츠를 보여준다.

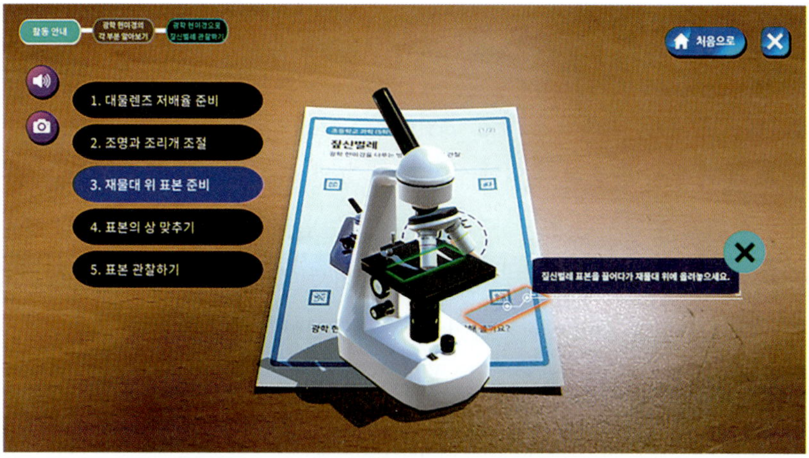

[그림 8-1] 마커 기반 증강현실 콘텐츠 샘플

- 위치 기반 증강현실: GPS와 센서를 활용하여 사용자의 위치에 따라 정보를 제공하는 방식이다. 포켓몬 GO처럼 사용자가 특정 장소에 도달하면 가상 캐릭터가 등장하는 서비스가 대표적이다. [그림 8-2]는 거리에서 특정 지점에 접근했을 때, 스마트 기기 화면에 표시되는 부가적인 콘텐츠를 보여 준다.

[그림 8-2] 위치 기반 증강현실 콘텐츠 샘플

(2) 가상현실

가상현실(Virtual Reality: VR)은 100% 컴퓨터로 생성된 가상 공간에서 사용자가 현실과 유사한 경험을 할 수 있도록 구현한 첨단 기술이다. 증강현실이 현실의 맥락을 유지한 채 부가적인 정보를 제공하는 것과 달리, 가상현실은 사용자가 실제 환경과 완전히 단절된 상태에서 가상 공간에 몰입하는 것이 특징이다. 이를 통해 현실에서는 체험이 어렵거나 불가능한 장소와 상황(예 화산 내부, 우주 공간, 심해, 인체 내부 등)을 입체적으로 탐색하고 경험할 수 있다. 또한 선거 과정, 민사 재판과 같은 사회 제도 체험이나, 현실 참여가 제한된 활동도 가상 환경에서 자유롭게 시뮬레이션할 수 있다.

가상현실 체험은 주로 HMD(Head Mounted Display)라는 머리에 착용하는 디스플레이 장치를 통해 이루어진다. HMD는 몰입감 높은 3D 환경과 상호작용 기능을 제공하여 사용자가 가상 공간에 더욱 깊이 몰입할 수 있도록 돕는다. HMD는 가격대와 성능에 따라 다양한 종류가 있으며, 가장 저가형 제품으로는 구글 카드보드(Google Cardboard)가 있다. 이 장치는 스마트폰을 장착하여 간편하게 사용할 수 있지만, 콘텐츠 품질과 몰입감에는 한계가 있다. 반면, Pico G2 4K, 메타 퀘스트 2와 같은 고가형 제품은 스마트 기기 없이 HMD에 내장된 디스플레이와 프로세서를 통해 독립적으로 콘텐츠를 실행할 수 있다. 이들 장치는 고화질 영상과 뛰어난 몰입감을 제공하여 보다 사실적인 가상현실 경험이 가능하다.

[그림 8-3] 구글 카드보드와 고가형 HMD

출처: https://www.khgames.co.kr/news/articleView.html?idxno=101023

[그림 8-4]는 HMD를 착용한 상태에서 체험할 수 있는 가상현실 콘텐츠로 조선시대의 대표적인 교통수단과 당시 사람들의 생활 모습을 보여 준다.

[그림 8-4] 가상현실 콘텐츠 샘플(초등 사회 3학년 1학기 '교통수단의 발달에 따른 생활 모습')

(3) 360° 사진 및 영상

360° 사진 및 영상은 사용자가 키보드, 마우스, 스마트 기기의 터치 화면 또는 HMD를 이용하여 원하는 방향이나 시점을 자유롭게 선택하여 감상할 수 있는 미디어 콘텐츠다. 사용자는 화면을 드래그하거나 고개를 돌려 가며 상하좌우 360°

모든 방향을 탐색할 수 있으며, 기존의 정적인 사진이나 고정된 시점의 동영상과 달리 높은 현장감과 몰입감을 제공한다.

360° 사진 및 영상은 사용자가 가상 공간(혹은 시점) 안으로 들어가 주변을 둘러본다는 점에서 가상현실의 한 유형으로 분류되기도 한다. 그러나 가상 환경 내에서 자유롭게 이동하거나 직접적으로 상호작용할 수는 없기 때문에, 비몰입형(Non-Immersive) 또는 반몰입형(Semi-Immersive) 가상현실로 간주된다. 이는 관람 중심의 체험으로, 사용자가 가상 공간 속 특정 지점에 고정된 상태에서 주위를 탐색하는 방식이다.

[그림 8-5]는 초등학교 사회과 4학년 1학기 '드론으로 땅의 모습 살펴보기' 단원에서 활용할 수 있는 360° 사진 및 영상 콘텐츠다. 학생들은 드론으로 촬영한 360° 영상을 통해 하늘에서 내려다본 지형을 직관적으로 탐색하며, 공간 감각과 탐구 능력을 효과적으로 기를 수 있다.

[그림 8-5] 360° 사진 및 영상 샘플(초등 사회 4학년 1학기 '드론으로 땅의 모습 살펴보기')

2) 공공 실감형 콘텐츠 서비스

증강현실(AR), 가상현실(VR), 360° 사진 및 영상과 같은 실감형 콘텐츠는 교사나 일반 사용자가 직접 개발하거나 제작하기 쉽지 않다. 이에 따라 필요성을 인식하고도 활용을 포기하는 사례가 많았다. 이러한 문제를 해결하기 위해 교육부와 한국교육학술정보원(KERIS)은 2015 개정 교육과정을 기반으로 초·중등 주요 학습 내용을 효과적으로 전달할 수 있는 실감형 콘텐츠의 개발과 보급을 지속적으로 추진하고 있다.

2018년부터 디지털교과서를 통해 초등학교 3~6학년, 중학교 1~2학년 사회와 과학 교과를 중심으로 실감형 콘텐츠가 본격적으로 개발·보급되었다. 이러한 콘텐츠는 복잡한 과학적 개념을 시각화하거나, 역사적 사건과 지리 공간에 대한 가상 체험을 가능하게 하였다. 2020년에는 디지털교과서 뷰어 및 웹 뷰어가 제공되어, 교사와 학생이 별도의 프로그램 설치나 다운로드 없이 웹 환경에서 실감형 콘텐츠를 바로 체험할 수 있는 환경이 마련되었다. 이로 인해 학교 현장에서의 활용이 한층 편리해졌고, PC, 태블릿 PC, 스마트폰 등 다양한 기기를 통한 접근성도 강화되었다.

2025년에는 에듀넷(https://edunet.net)이 전면 개편되면서, 학습자의 수준과 학습 이력 분석을 기반으로 한 맞춤형 추천 자료 제공 기능이 도입되었고, 실감형 콘텐츠 역시 학생 개개인의 학습 목표와 흥미에 최적화된 형태로 제공되어, 더욱 개인화되고 자기주도적인 학습 경험을 지원하고 있다. 현재 에듀넷에는 학교급(초등, 중등), 교과목, 학년별로 실감형 콘텐츠를 손쉽게 검색하고 선택할 수 있는 인터페이스가 제공되어, 교사가 수업에 적합한 자료를 효율적으로 탐색하고 활용할 수 있다. 실감형 콘텐츠는 사회, 과학, 역사, 진로 탐색 등 다양한 교과 및 주제와 연계되어 있으며, 교실 수업, 개별 학습, 진로 체험 활동 등 다양한 교육 상황에서 활용이 가능하다. [그림 8-6]은 에듀넷에서 학교급과 교과목별로 실감형 콘텐츠를 검색하고 선택하는 화면이고, [그림 8-7]은 중학교 사회 교과의 '나도 할 수 있다, 형사 재판(검사, 변호인 편)' 콘텐츠를 선택했을 때 제공되는 화면이다.

[그림 8-6] 에듀넷 실감형 콘텐츠 검색 및 선택 화면

[그림 8-7] 에듀넷 실감형 콘텐츠 예시 화면

현재 학교 현장에서 보급되고 있는 실감형 콘텐츠는 증강현실(AR), 가상현실(VR), 360° 사진 및 영상뿐만 아니라 인터랙티브 시뮬레이션과 3D 애니메이션 등 다양한 유형으로 제작되고 있다(〈표 8-1〉 참조). 특히 인터랙티브 시뮬레이션과 3D 애니메이션은 별도의 고가 장비 없이 일반적인 교실 환경에서 쉽게 활용할 수

있다는 점에서 주목된다. 사용자는 PC나 태블릿 PC만으로도 다양한 실험, 모의 상황, 과학적 원리 등을 직관적으로 체험할 수 있으며, 복잡한 장비 착용이 필요 없어 간편하게 학습에 참여할 수 있다. 다만, 증강현실이나 가상현실에 비해 몰입감과 현장감은 다소 제한적이라는 한계가 있다. 그럼에도 불구하고 학습 접근성과 활용 편의성이 높아 교실 수업을 비롯한 다양한 교육 현장에서 널리 사용되고 있다.

〈표 8-1〉 공공 실감형 콘텐츠 유형별 설명 및 필요 장비

유형	설명	예시 콘텐츠	필요 장비
AR 콘텐츠	현실 공간에 가상 정보를 덧입혀 제공. 실시간 상호작용 가능	역사 유적지 AR 체험, 동물 해부 AR	스마트 기기(스마트폰, 태블릿 PC)와 AR 마커 또는 전용 앱 필요
VR 콘텐츠	가상 공간에서 몰입형 체험 제공. 사용자가 환경과 상호작용 가능	화산 폭발 시뮬레이션, 인체 해부 체험	VR HMD(예 메타 퀘스트 2)와 컨트롤러 필요
360° 사진 및 영상	360° 시점으로 촬영된 이미지나 영상을 자유롭게 탐색	드론 촬영 지형 탐사, 세계 문화유산 탐방	별도 장비 필요 없음(PC, 태블릿 PC, 스마트폰으로 바로 실행) HMD 사용 시 몰입감 강화
인터랙티브 시뮬레이션	학습자가 가상 환경에서 조작 및 실험을 수행하며 탐구 활동 진행	전기회로 조립, 생태계 먹이사슬 체험	별도 장비 필요 없음(PC, 태블릿 PC로 바로 실행)
3D 애니메이션 콘텐츠	복잡한 개념이나 원리를 3D 그래픽으로 시각화하여 설명	태양계 운동, 지질 구조 설명	별도 장비 필요 없음(PC, 태블릿 PC, 스마트폰으로 바로 실행) 프로젝터 활용 가능

2. 메타버스의 교육적 활용

1) 메타버스의 개념 및 유형

메타버스(Metaverse)는 '초월, 상위'를 의미하는 Meta와 '세계, 우주'를 의미하는 Universe의 합성어이다. 메타버스라는 개념은 1992년 미국 소설가 닐 스티븐슨(Neal Stephenson)의 SF 소설 『스노우 크래시(Snow Crash)』에서 처음 등장하였다. 이 소설에서 등장인물들은 아바타가 되어 3차원 가상 세계에서 활동하며, 이를 메타버스라고 지칭하였다.

이후 메타버스를 현실화하기 위한 다양한 노력과 연구가 진행되었고, 학자마다 메타버스를 다양한 방식으로 정의하고 있다. 메타버스에 대한 정의는 포괄적 정의와 협의의 정의로 나누어 설명할 수 있다.

포괄적으로 메타버스를 정의하면, 〈표 8-2〉와 같이 증강현실(Augmented Reality), 라이프로깅(Lifelogging), 거울 세계(Mirror World), 가상 세계(Virtual World)의 네 가지 유형을 모두 포함하는 개념이다(ASF, 2006). 이는 물리적 세계와 가상 세계가 결합하여 상호작용하며, 그 안에서 일상생활과 경제활동이 이루어지는 새로운 공간을 의미한다(김상균, 2020). 즉, 메타버스는 단순히 가상의 공간을 넘어, 현실과 가상이 혼합되고 연결된 확장된 현실의 개념이며, 포스트 인터넷 시대를 주도하는 새로운 패러다임으로 평가된다.

〈표 8-2〉 메타버스의 3가지 유형

구분	증강현실 (Augmented Reality)	라이프로깅 (Lifelogging)	거울 세계 (Mirror World)	가상 세계 (Virtual World)
정의	현실 공간에 가상의 2D 또는 3D 콘텐츠를 덧입혀 정보를 증강하는 환경	개인의 삶과 감정을 디지털로 기록 · 공유하는 활동	현실 세계를 정밀하게 반영한 디지털 공간	현실과 유사하거나 완전히 분리된 디지털 3D 공간

특징	• 현실 기반 + 가상 정보 통합 • 실시간 정보 제공	• 주관적 경험의 기록과 공유 • 개인 중심의 디지털 자서전	• 현실 공간, 사물, 환경을 디지털로 재현 • 실시간 반영	• 현실과 구분된 독립적 공간 • 아바타 중심 상호작용
주요 기술	AR, MR, 위치기반 기술, 센서, 모바일 기기 등	IoT, 웨어러블, 센서, 클라우드 기반 저장기술	GIS, 3D 매핑, 디지털 트윈, GPS, IoT	VR, 아바타 시스템, 3D 렌더링, 실시간 상호작용 엔진
사례	• 포켓몬 GO • 네이버 렌즈 • 증강형 교육 콘텐츠	• 구글 핏 • 애플 헬스 • Class123 • 자기주도 학습 앱	• 네이버 지도 • 카카오맵 • 디지털 트윈 시티	• 제페토 • 이프랜드 • 게더타운 • 스페이셜 • 메타버스 캠퍼스

협의의 메타버스는, 가상 세계(Virtual World) 유형만을 포함한다. 사용자는 아바타를 통해 3차원 가상 공간에 접속하고, 그 안에서 사회적 · 경제적 · 문화적 활동을 영위한다. 협의의 메타버스는 닐 스티븐슨의 『스노우 크래쉬』에서 제시된 메타버스 개념과 일치하며, 이 장에서는 협의의 메타버스를 중심으로 논의하고자 한다.

2) 메타버스의 특징

메타버스에서 나타나는 특징은 아바타, 연속성, 상호운용성, 실재감, 동시성, 투명성 6가지를 들 수 있다(김상균, 2020; 정유선 외, 2021; 황경화 외, 2021). 메타버스의 6가지 특성([그림 8-8] 참조)과 각 특성을 강조하여 구성한 메타버스를 활용한 수업이 갖는 특징은 다음과 같다.

[그림 8-8] 메타버스의 6가지 특성

- **아바타를 통한 상호작용과 이동**: 메타버스에서는 사용자가 아바타로 참여한다. 아바타는 자신의 감정과 생각을 표현하고, 교실 · 토론장 · 발표 공간 등을 자유롭게 이동할 수 있어, 비대면 상황에서도 자연스러운 소통과 정서적 교감을 돕는다.
- **경험과 활동의 연속성**: 메타버스 안의 활동은 끊기지 않고 이어진다. 같은 아바타로 수업, 토론, 과제 제작까지 연속적으로 참여할 수 있으며, 현실보다 빠르게 공간을 이동하며 다양한 경험을 할 수 있다.
- **현실과 메타버스의 상호 연결성**: 메타버스에서의 학습 결과가 현실 세계에도 반영되고, 반대로 현실에서의 정보나 데이터가 메타버스 수업 설계에 활용된다. 두 세계는 서로 영향을 주고받으며 연동된다.
- **사회적 · 공간적 실재감 제공**: 메타버스에서는 아바타가 현실 사람을 대신해 움직이며 대화 상대에게 다가가야만 소통이 가능하다. 이런 공간 개념 덕분에 실제로 같은 공간에 있는 것 같은 느낌과 사람 간의 존재감을 경험할 수 있다.
- **동시다발적 참여와 경험**: 여러 명이 동시에 접속하여 각기 다른 활동을 할 수 있다. 다수의 학습자가 한 공간에서 협력하거나 개별 활동을 병행할 수 있어 수업 운영이 유연하다. 다만, 플랫폼별 인원 제한은 사전에 확인해야 한다.

- 실시간 기록과 데이터 활용: 모든 활동과 학습 과정이 실시간으로 기록된다. 이 데이터를 바탕으로 학습 포트폴리오를 만들거나, 교사가 학생별 맞춤 피드백을 제공할 수 있다. 개인정보 보호에는 각별한 주의가 필요하다.

3) 메타버스 기반 교수-학습 유형

메타버스 기반 교수-학습 유형은 메타버스 환경에서 효과적으로 적용할 수 있는 다섯 가지 방식, 강의형, 체험형, 토의 · 토론형, 문제해결형, 창작형으로 구분될 수 있다(임철일 외, 2022). 강의형에서 창작형으로 갈수록 학습자의 능동적 참여가 강조된다. 각 유형에 대한 설명은 다음과 같다.

(1) 강의형 메타버스

교수자가 주도하여 지식과 정보를 전달하는 방식이다. 교수자는 메타버스 공간의 강의실에서 개념 및 이론을 설명하고, 학습자는 아바타를 통해 강의에 참여하고 이해하는 데 집중한다. [그림 8-9]는 메타버스 환경에서 진행되는 강의형 수업의 예시 화면이다.

[그림 8-9] 강의형 메타버스 수업 예시 화면

(2) 체험형 메타버스

학습자가 메타버스 환경을 활용하여 현실에서 쉽게 경험하기 어려운 활동을 직접 수행하는 방식이다. 과거 역사 현장 및 박물관 탐방, 미래 사회 체험, 외국 문화 이해와 같은 가상 체험뿐만 아니라 과학 실험, 시뮬레이션, 게임 기반 학습도 포함된다. [그림 8-10]은 체험형 요리 실습 메타버스 수업의 예시 화면이다.

[그림 8-10] 체험형 메타버스 수업 사례

(3) 토의·토론형 메타버스

학습자들이 가상 공간에 모여 의견을 교환하고 논의하는 방식이다. 익명성이 보장된 환경에서 실재감 있는 소통이 가능하여 자유롭고 적극적인 참여가 가능하다. 이를 통해 다양한 아이디어가 도출되고 협업이 촉진될 수 있다. 가상 회의실에서의 토론 및 토의가 대표적인 사례다. [그림 8-11]은 토의 · 토론형 메타버스 수업의 예시 화면이다.

[그림 8-11] 토의 · 토론형 메타버스 수업(예 찬반 토론) 예시 화면

(4) 문제해결형 메타버스

가상 공간에서 학습자들이 팀을 이루어 주어진 문제를 협력적으로 해결하는 방식이다. 프로젝트 기반 학습, 문제 기반 학습, 해커톤(제한된 시간 안에 팀을 이루어 아이디어를 기획하고, 시제품이나 소프트웨어, 서비스를 개발하는 협업 대회) 등을 진행하게 되며, 협력하여 결과물을 제작하는 과정에서 문제해결 능력을 키울 수 있다. [그림 8-12]는 문제해결형 메타버스 수업의 예시 화면이다.

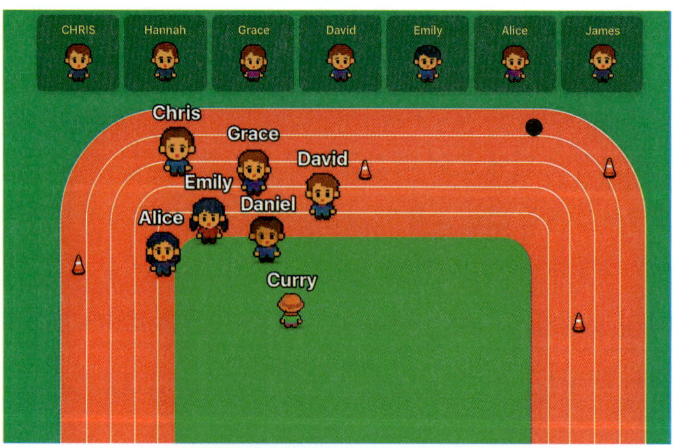

[그림 8-12] 문제해결형 메타버스 수업(예 팀 레이스) 예시 화면

(5) 창작형 메타버스

학습자가 메타버스 공간에서 콘텐츠나 결과물을 직접 제작하는 방식이다. 코딩, 디자인, 디지털 콘텐츠 제작 등 창의적인 과제를 수행하며, 경우에 따라 외부 전문가와 협업하거나 플랫폼 기능을 확장하는 활동도 가능하다. 예를 들어, 코딩을 통해 아바타를 개발하거나 디지털 전시회를 기획하는 활동이 있다. [그림 8-13]은 창작형 메타버스 수업의 예시 화면이다.

[그림 8-13] 창작형 메타버스 수업(예 졸업식 기획하기) 예시 화면

4) 메타버스 윤리

메타버스는 몰입감 있는 학습과 자유로운 상호작용을 제공하는 차세대 교육 공간이다. 그러나 익명성과 개방성은 학습자의 참여를 촉진하는 동시에, 인신공격, 저작권 침해, 사이버폭력 등 다양한 윤리적 문제를 초래할 위험이 있다. 이러한 문제는 개인 차원의 일탈을 넘어 교육 환경 전체에 부정적인 영향을 미칠 수 있다.

이 책은 '제6부 디지털 윤리와 안전한 정보 활용'에서 디지털 윤리에 대해 폭넓게 다룰 예정이다. 그러나 메타버스 환경은 기존 디지털 공간과는 다른 특성과 위험 요소를 지닌다. 한송이, 노양진(2021), 김상균, 박기현, 송은정(2022)은 메타버스가 새로운 교육 기회를 제공함에 틀림이 없지만, 디지털 시민성, 정보 윤리, 인격 존중 교육이 반드시 병행되어야 한다고 강조하였다. 이에 이번 장에서는 메타버스 수업 시 발생할 수 있는 주요 윤리 문제와 그 대응 방안을 다음과 같이 제시한다.

(1) 개인정보와 프라이버시 침해

메타버스는 사용자의 아바타 움직임, 시선, 말투는 물론 심박수, 호흡과 같은 생체 데이터까지 실시간으로 수집한다(한국인터넷진흥원, 2021). 감정이나 신경 상태와 같은 민감한 정보도 함께 수집될 수 있어, 사용자의 사생활이 침해될 가능성이 크다. 예를 들어, 메타버스 수업 중 학생의 아바타 위치, 이동 경로, 발언 내용 등이 플랫폼 서버에 저장되고, 제3자에게 전송될 위험이 존재한다. 특히 생체 정보와 결합된 데이터가 유출될 경우, 학생의 건강 상태나 정서적 반응까지 추적당할 수 있다. 대응 방안은 다음과 같다.

- 개인정보 수집 및 이용 동의를 사전에 받고, 수집 항목과 활용 목적을 명확히 안내한다.
- 생체 정보가 포함된 플랫폼 사용은 가급적 제한하고, 보안성이 검증된 플랫폼만을 사용한다.
- 개인정보 유출 사고에 대비한 대응 절차를 마련하고, 이를 학생과 학부모에게 충분히 안내한다.

(2) 사이버 범죄와 폭력 노출

메타버스의 익명성과 아바타 시스템은 사이버 범죄의 위험을 높인다. 아바타를 통한 친근한 접근 뒤에 성적 괴롭힘, 욕설, 따돌림 등의 문제가 발생할 수 있다. 실제로 한국정보화진흥원(2020) 조사에 따르면, 초 · 중 · 고등학생 중 19.7%가 사이버폭력을 경험했다고 응답했다. 예를 들어, 메타버스 수업 중 특정 학생이 다른 학생을 아바타로 따라다니며 괴롭히거나, 음란 채팅을 유도하는 사례가 보고되고 있다. 대응 방안은 다음과 같다.

- 수업에 참여하는 인원과 공간을 제한하고, 신원 확인 절차를 강화한다.
- 사이버폭력 예방 교육을 진행하고, 문제가 발생했을 경우 교사가 즉각 개입하여 조치한다.
- 교사는 실시간 모니터링을 통해 부적절한 언행을 차단하고, 신고 시스템을 마련한다.

(3) 과몰입과 가상 세계 집착

메타버스는 현실보다 자극적이고 매력적인 경험을 제공해 학습자의 과몰입을 유도할 수 있다. 한국과학기술한림원(2021)은 메타버스 중독 가능성을 경고하며, 특히 게임 요소가 결합된 메타버스 플랫폼에서는 이러한 위험이 더 크다고 분석했다. 예를 들어, 아바타를 꾸미기 위해 과도한 시간을 소비하거나, 가상 세계에서의 성공 경험에 집착해 현실의 학습과 인간관계를 소홀히 하는 경우가 있다. 대응 방안을 다음과 같다.

- 수업 시간을 명확히 정하고, 학습 외 활동은 제한한다.
- 아바타나 아이템 중심의 경쟁을 지양하고, 협력과 공동 과제 중심의 활동을 설계한다.
- 메타버스 이용 후 현실 세계 활동을 병행하여 균형을 유지하도록 지도한다.

(4) 디지털 소양에 따른 정보 격차

메타버스는 디지털 기기와 기술에 대한 이해가 전제된다. 디지털 소양이 부족하거나 접속 환경이 열악한 학생은 참여 기회 자체가 제한될 수 있다(계보경 외, 2021). 예를 들어, 고성능 기기가 필요한 플랫폼에서 일부 학생이 접속 문제로 수업에 참여하지 못하거나, 기능을 제대로 활용하지 못해 학습 효과가 떨어질 수 있다. 대응 방안은 다음과 같다.

- 모든 학생이 동일한 학습 기회를 보장받을 수 있도록 학교에서 기기와 네트워크를 지원한다.

- 메타버스 활용 전, 기본적인 디지털 소양 교육을 강화하고 단계별로 학습을 지원한다.
- 수업 후 개별 피드백과 추가 학습 기회를 제공한다.

(5) 저작권 침해 문제

메타버스에서는 다양한 콘텐츠가 생성되고 유통된다. 그러나 학생들이 제작한 콘텐츠나 사용하는 자료가 저작권을 침해할 가능성도 높다. 실제로 메타버스 플랫폼인 로블록스에서는 사용자가 업로드한 음악이나 이미지가 저작권을 침해하여 소송이 제기된 사례가 있으며(김현숙, 손호진, 2022), 이러한 문제는 교육 현장에서도 충분히 발생할 수 있다. 예를 들어, 학생이 음악이나 이미지를 무단으로 사용하여 가상 공간을 꾸미거나, 타인의 콘텐츠를 복제하여 과제에 활용하는 경우가 대표적이다. 대응 방안은 다음과 같다.

- 콘텐츠 제작 전, 저작권 교육을 실시하고 저작권이 명확한 자료만 사용하게 한다.
- 오픈소스와 무료 자료의 활용법을 안내하고, 출처 표시를 습관화하도록 지도한다.
- 교사는 학생의 제작물을 사전에 검토하고, 불법 자료 사용 시 즉각 수정하도록 한다.

(6) 불건전·편향 콘텐츠 노출

메타버스의 자유로운 콘텐츠 제작 환경은 편향되거나 유해한 콘텐츠 노출 위험을 높인다. 일부 플랫폼에서는 인종차별, 성차별, 혐오 표현이 담긴 콘텐츠가 실제로 유통되고 있다(계보경 외, 2022). 예를 들어, AI 아바타가 특정 인종이나 성별에 대한 편견을 강화하는 대사를 하거나, 사용자들이 부적절한 게임과 채팅을 통해 유해 콘텐츠를 유포하는 사례가 있다. 대응 방안은 다음과 같다.

- 교사는 플랫폼의 콘텐츠 필터링 기능과 관리 기준을 사전에 검토하고, 안전한 플랫폼을 선택한다.
- 메타버스에서 상호작용하는 AI(인공지능 캐릭터)나 NPC(시스템이 제어하는 비사용자 캐릭터)의 편향성을 지속적으로 평가하고, 문제가 발생하면 즉시 차단한다.
- 학생들이 유해 콘텐츠를 인지하고 거부할 수 있도록 비판적 사고력과 디지털 시민 교육을 병행한다.

3. 메타버스 플랫폼의 활용: 젭(ZEP) 중심으로

1) 메타버스 플랫폼의 개념 및 유형

메타버스 플랫폼은 사용자가 아바타를 통해 가상 공간에서 다양한 사회·경제적 활동을 수행할 수 있도록 설계된 디지털 환경이다(김상균, 2020). 이는 사용자가 직접 참여하고 활동할 수 있는 기본 환경과 인터페이스를 제공하는 디지털 생태계라고 할 수 있다. 메타버스 플랫폼은 초·중등 교육 현장에서 새로운 교수-학습 방법과 활동을 구현하게 함으로써 교육적 가능성을 확대하는 데 기여하고 있다. 최근 학교 현장에서는 이러한 플랫폼을 활용하여 다양한 학습 활동과 프로그램을 운영하고 있으며, 학급 경영을 지원하는 가상 교실, 전시회 및 축제 공간, 교과 수업에 적합한 맞춤형 가상 공간 등을 설계하여 적용하고 있다. [그림 8-14]는 서울에 위치한 한 중학교가 게더타운이라는 메타버스 플랫폼을 사용해 구축한 가상 동아리 활동 종합발표회 및 자유학년제 전시회의 샘플 화면이다.

[그림 8-14] 메타버스를 활용한 중학교 전시회

출처: https://www.eduyonhap.com/m/page/view.php?no=59942

현재 널리 사용되는 메타버스 플랫폼으로는 로블록스(Roblox), 제페토(ZEPETO), 이프랜드(ifland), 게더타운(Gather.Town), 젭(ZEP)이 있다. 이들 플랫폼은 각각 고유한 기능과 특징을 지니며, 교육, 커뮤니티, 게임 등 다양한 목적으로 활용되고 있다. 〈표 8-3〉은 각 플랫폼을 주요 기능, 접근성, 언어 지원, 무료·유료 기능 그리고 활용 적합성 기준으로 비교한 것이다. 이 중 젭(ZEP)은 한국어 기반으로 설계되어 초·중등 교사와 학생들이 쉽게 활용할 수 있으며, 웹 브라우저만으로 접속이 가능해 별도의 프로그램 설치가 필요 없다. 이러한 편리성을 바탕으로 이 절에서는 젭(ZEP)의 교육적 활용 방안을 자세히 살펴보고자 한다.

〈표 8-3〉 메타버스 플랫폼 비교

플랫폼	주요 기능 및 특징	언어 지원/접근성	무료/유료 기능 구분	활용 적합성 및 추천 대상
로블록스(Roblox)	• 게임 제작 및 공유 • 사용자 커스터마이징 아바타 • 경제 시스템 지원	• 영어 중심(한글 일부 지원) • 앱 설치 필요	• 기본 게임 이용 무료 • 프리미엄 아이템 및 수익화 유료	• 게임 중심 • 코딩 및 창작 교육 목적 활용 가능 • 초등 고학년~일반인 추천

제페토 (ZEPETO)	• 아바타 꾸미기 • SNS 기반 가상 공간 탐험	• 한국어 지원 • 앱 설치 필요	• 기본 아바타 제공 무료 • 프리미엄 아이템 유료	• 커뮤니티 및 SNS 중심 • 역할극, 가상 전시 등에 활용
이프랜드 (ifland)	• 가상 회의 및 발표 • 실시간 음성 대화 지원	• 한국어 완전 지원 • 앱 설치 필요	• 기본 공간 무료 • 대형 이벤트 공간 유료	• 소규모 강연, 회의 중심 • 이벤트 및 커뮤니티 적합
게더타운 (Gather.Town)	• 2D 공간 협업 • 실시간 비디오/음성 대화	• 영어 중심(한글 일부 지원) • 웹 브라우저 사용	• 기본 25명 무료 • 인원 추가 및 커스텀 공간 유료	• 팀 프로젝트 수행 • 인적 네트워킹 • 비대면 교육에 활용
젭 (ZEP)	• 한국어 기반 플랫폼 • 교육용 템플릿 세공 • 실시간 소통 지원	• 한국어 완전 지원 • 웹 브라우저 사용	• 기본 50명 무료 • 인원 확장 및 전용 서버 유료	• 초 · 중등 교육 최적화 • 회의, 토론, 워크숍 등 다목적 활용

2) 젭(https://zep.us/) 소개 및 활용 방안

젭(ZEP)은 2D 기반의 메타버스 플랫폼으로, 초 · 중등 및 고등교육 환경에서 교수-학습 활동을 효율적으로 설계하고 운영할 수 있도록 지원하는 디지털 도구다. 젭은 아바타를 활용한 상호작용과 더불어 교육적 목적에 부합하는 화이트 보드, 유튜브 영상 삽입, 퀴즈, 게임과 같은 다양한 기능과 템플릿을 제공하여 학습자와 교수자가 보다 몰입할 수 있는 환경을 제공한다. 예를 들어, 학교 내 독서실을 가상 공간으로 구현한 [그림 8-15]에서는 학생들이 아바타를 통해 책상에 앉아 공부하며 학습 시간이 자동으로 기록된다. 이러한 기능은 학생들의 자기주도적 학습 습관 형성과 학습 시간을 시각적으로 확인하는 데도 유용하게 활용된다.

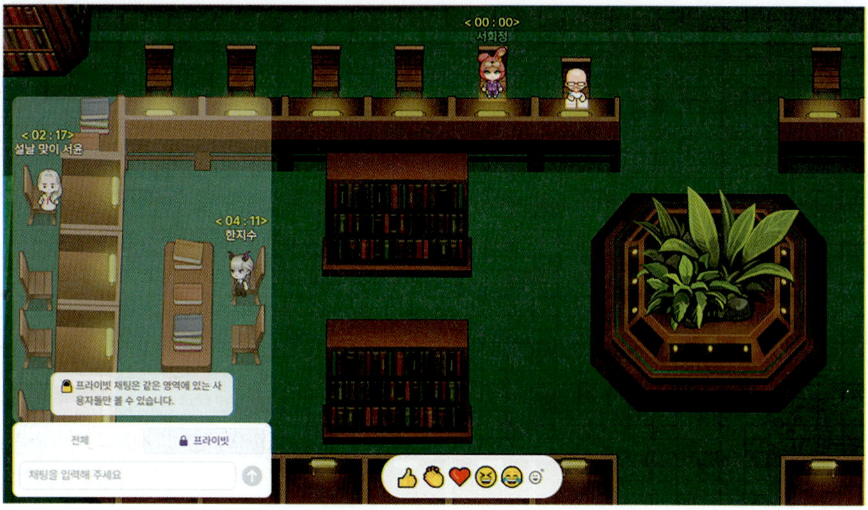

[그림 8-15] ZEP의 독서실(공부방)

출처: https://zep.us/play/yxWJjz

(1) 특징 및 주요 기능

① 교육목적에 적합하게 가상 공간을 생성할 수 있다: 학습 경영을 위한 가상 교실을 만들고 학급게시판, 출석부, 학습 공간들을 배치하며 학급 내 학생들이 서로 소통할 수 있는 공간을 제공한다. 또한 과학 전시회, 미술 작품 전시회, 음악 전시회와 같은 활동을 가상 공간에서 개최하여, 학생들이 만든 프로젝트 결과물을 가상 공간에 배치하고, 동료 학생들과 학부모들이 이를 관람하며 상호작용할 수 있다.

② 실시간 소통과 협업을 지원한다: 음성 채팅, 텍스트 채팅, 화상 회의 기능을 통해 실시간으로 소통하며, 그룹 활동 및 개별 학습 모두를 지원한다. 교수자는 학생들의 질문과 토론 내용을 실시간으로 모니터링하고 조율할 수 있다.

③ 플러그인 확장성과 외부자료 통합이 가능하다: 퀴즈, 게임, 영상 재생 등 다양한 학습도구를 플러그인 형태로 추가할 수 있다. 외부 학습자료를 업로드하고 실시간 공유가 가능하다.

④ 게이미피케이션 요소가 포함되어 있다: 가상 캐릭터와 아바타를 활용하

여 학습자들에게 동기를 부여하며, 게임 기반의 학습 환경이 조성되어 학습자들의 몰입도와 재미를 증진한다.

⑤ 다양한 디지털 기기를 지원한다: PC, 태블릿 PC, 스마트폰 등 다양한 기기에서 활용 가능하며, 별도의 설치 없이 웹 브라우저에서 즉시 사용이 가능하다.

(2) 무료 버전 사용 범위

① 동시접속자 수 제한: ZEP의 무료 버전은 최대 10명의 동시접속자를 허용하며, 일부 고급 기능이 제한된다. 무료 버전에서는 사이드바 앱 설치가 1개로 제한되며, 보다 확장된 기능이나 더 많은 동시접속자를 초대해야 할 경우 프리미엄 플랜(유료)으로 업그레이드해야 한다. 프리미엄 플랜은 대규모 사용자가 참여할 수 있으며, 다양한 부가 기능을 추가로 제공한다.

② ZEP EDU 사용: 전국 초중고 공교육 학교를 대상으로 특화된 서비스이며, 학교에서의 공식적인 도입을 위해서는 교육청이 발급한 학교 관리자 계정이 필요하다. 또한 웨일 스페이스 발급 계정으로 로그인해야 ZEP EDU를 사용할 수 있으며, 무료 버전은 최대 50명까지 동시접속이 가능하고, 기본적인 기능을 사용할 수 있다. 프리미엄 플랜 버전(유료)을 사용했을 때 베이직 버전과 프로버전 모두 500명까지 동시접속을 지원하지만, 프로버전에만 Google 애널리틱스 연동, URL 및 로딩 커스터마이즈, 프리미엄 전용 앱 및 기능 등이 제공되어, 학교에서 예산의 지원을 받아서 사용하는 것을 권장한다.

(3) 사용법

① 젭 홈페이지 접속 및 로그인: 젭(ZEP) 웹사이트(https://zep.us/)에 접속하여 계정을 생성하거나, 기존 계정으로 로그인한다. 구글, 웨일스페이스와 기타 이메일 계정으로도 로그인할 수 있다.

② 가상 공간 설정: 로그인 후, 화면 중앙에 위치한 '스페이스 만들기' 버튼을 클릭하면, [그림 8-16]과 같이 기본적으로 제공하는 다양한 템플릿을 선택할 수 있다. 이러한 템플릿은 교육적 목적에 적합하게 설계되어 있으며, 사

용자는 템플릿을 간단히 커스터마이징하여 활용이 가능하다. 만약 직접 가상 공간을 설계하려면 '빈 맵에서 시작하기'를 선택하면 된다. 그다음 단계로, 스페이스 설정 창에서 '스페이스' 이름을 입력하고, 빈 맵의 공간이 생성되면 학습 목표에 적합한 오브젝트(교실, 책상, 화이트 보드)와 리소스를 자유롭게 배치한다.

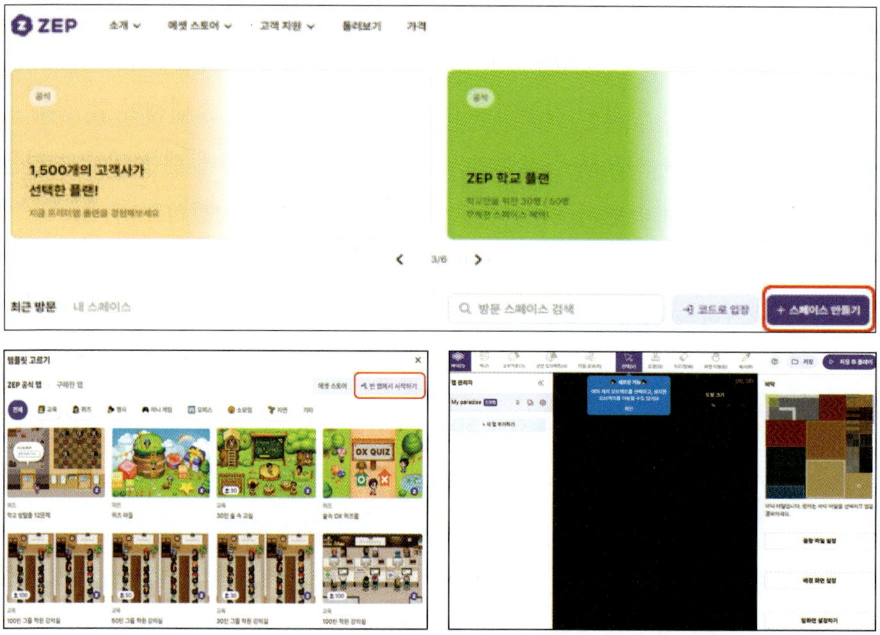

[그림 8-16] 젭의 가상 공간 템플릿 선택하기(상) 및 빈 맵에서 직접 만들기(하) 화면

출처: https://zep.us/home/spaces

③ 참여자 초대: 가상 공간에 학습자들을 초대하기 위해서는 템플릿의 우측 상단의 '초대하기' 버튼을 클릭한다. 버튼을 클릭하면, 화면 중앙에 초대 옵션이 표시되며, '입장코드' '입장QR 코드' 'URL코드'를 통해서 학생들이 입장할 수 있도록 안내한다.

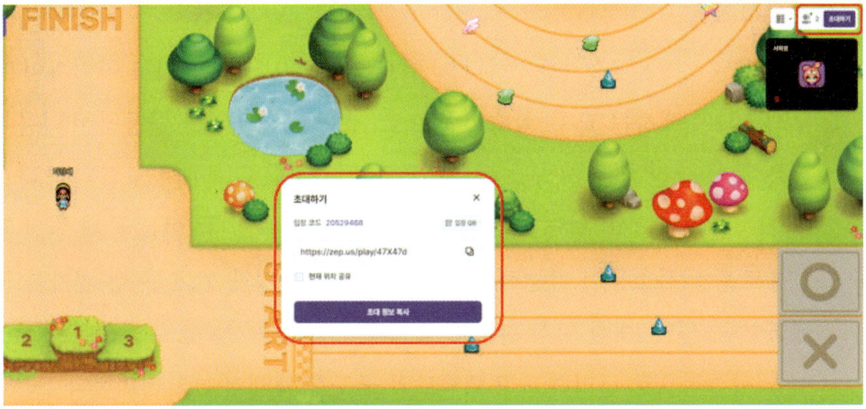

[그림 8-17] 젭의 가상 공간에서 학습자 초대하기 화면

출처: https://zep.us/home/spaces

④ 세션 운영: 학습자 초대가 완료된 후, 교수자는 설정된 가상 공간에서 다양한 수업 활동을 진행할 수 있다. 세션 운영은 학습 목표에 따라 실시간 질문, 발표, 그룹 토론 등으로 설계하여 진행한다.

[그림 8-18] 젭의 가상 공간에서 팀 프로젝트 결과 발표회 화면

출처: https://zep.us/home/spaces

(4) 교육적 적용

① 프로젝트 기반 학습(PBL): 하나의 주제를 중심으로 팀 단위로 협력하여 프로젝트를 수행하는 교수-학습 방법으로, 젭의 가상 공간을 활용하여 다음과 같은 활동을 진행할 수 있다. 첫째, 프로젝트 계획 단계에서는 젭의 프라이빗 기능을 활용하여 팀별로 개별 논의를 진행할 수 있다. 이를 통해 팀원 간 자유로운 의사소통이 가능하며 프로젝트의 방향성과 목표, 수행 절차를 구체화할 수 있다. 또한 가상 화이트 보드와 문서 공유기능을 사용하여 아이디어를 시각적으로 정리하고 프로젝트의 구조를 체계적으로 정리한다. 둘째, 프로젝트 진행 과정에서 팀원들은 수집한 자료를 젭에 업로드하거나, 화면 공유 기능을 활용하여 공동으로 검토하고 분석한다. 이러한 과정을 통해 문제를 다각적으로 탐구하고 해결 방안을 도출할 수 있다. 마지막으로, 최종 결과물을 젭의 가상 공간에서 발표한다. 교수자와 학습자로부터 피드백을 받아 결과물을 개선하는 데 활용할 수 있다.

② 플립러닝(Flipped Learning): 교수자가 제공한 학습 콘텐츠(동영상, 읽기 자료)를 사전에 학습한 학습자들은 젭을 활용하여 심화 학습을 진행한다. 사전에 이해한 내용을 기반으로 문제를 풀이하며, 학습 내용을 점검한다. 또한 가상 화이트 보드나 채팅을 활용하여 그룹별 토론을 진행하고 학습자들이 서로의 의견을 공유하며 학습한 내용을 심화한다. [그림 8-19]는 젭의 퀴즈룸을 활용한 학습 평가의 사례다. 학생들이 사전에 학습한 내용을 기반으로 문제를 풀도록 되어 있다. 학생들은 문제를 풀고 나서, 정답이 적힌 문을 열어 다음 문제로 이동하며, 단계별로 학습 내용을 점검할 수 있다.

[그림 8-19] ZEP의 퀴즈룸 화면

출처: https://zep.us/play/8gbBzB

참 / 고 / 문 / 헌

계보경, 권미영, 이동국, 이정서, 구병국, 김대권, 김준현, 김형태, 노성욱, 박중현, 박지훈(2022). 메타버스 기반 교수 학습모델 개발 연구. 한국교육학술정보원.

계보경, 한나라, 김은지, 박연정, 조소영(2021). 메타버스의 교육적 활용: 가능성과 한계. 한국교육학술정보원.

고선영, 정한균, 김종인, 신용태(2021). 메타버스의 개념과 발전 방향. 정보처리학회지, 28(1), 7-16

김보은, 김민지(2021). 실시간 화상교육 플랫폼 방향 제시를 위한 탐색. 교육정보미디어연구, 27(4), 1377-1405.

김상균(2020). 메타버스: 디지털 지구, 뜨는 것들의 세상. 플랜비디자인.

김상균, 박기현, 송은정(2022). 스쿨 메타버스: 시작된 미래, 새로운 학교. 테크빌교육.

김상균, 신병호(2021). 메타버스 새로운 기회: 디지털 지구, 경제와 투자의 기준이 바뀐다. 베가북스.

김현숙, 손호진(2022). 로블록스의 케이팝 지식재산권 침해 현황과 구제방안. 경영법률, 32(4), 299-335.

도재우, 유정헌, 한원영, 최선혜, 박규리, 김태영(2022). 온라인 교사의 메타버스 기반 원격수업 운영 사례 연구. 한국교원연구, 39(1), 225-254.

범백원, 김자영, 김남주(2019). VRAR을 활용한 실감형 교육 콘텐츠 정책동향 및 사례 분석. 정보범통신산업진흥원.

윤진영, 김연형, 이채원(2021). 메타버스를 활용한 창작 기반 융합교육 프로그램 개발 연구. 한국과학예술융합학회, 39(5), 273-283.

이승환(2021). 로그인(Log In) 메타버스 : 인간×공간×시간의 혁명. 소프트웨어 정책연구소, IS-115.

임철일, 한송이, 김은지, 권미영(2022). 메타버스의 교육적 활용을 위한 가이드라인 연구. 한국교육학술정보원.

정고은, 김혜련(2022). 게더타운(Gather Town)을 활용한 영어 학습에서의 상호작용에 관한 초등학생의 인식 조사. **교육문화연구**, 28(2), 345-368.

정유선, 임태형, 류지헌(2021). 메타버스를 활용한 대학생 온라인 수업에서 공간이동 수준이 학습실재감과 흥미발달에 미치는 효과. **교육정보미디어연구**, 27(3), 1167-1188.

한국과학기술한림원(2021). 메타버스의 구현과 긍정적 활용을 위한 극복과제와 해결방안은 무엇인가? 한림원의 목소리 제92호.

한국인터넷진흥원(2021). 개인정보보호. 월간동향분석 제7호.

한국정보화진흥원(2020). 2019 한국인터넷백서.

한송이, 노양진(2021). 메타버스 활용 교육에 대한 대학 교수자 인식 연구. **한국디지털콘텐츠학회 논문지**, 22(11), 1793-1806.

한송이, 이가영(2020). 실시간 온라인 수업에 대한 교수자 인식 연구: A 대학의 사례를 중심으로. **문화와 융합**, 42(7), 395-418.

황경화, 정주연, 권오병(2021). **가상 세계형 메타버스 지속방문의도에 영향을 미치는 요인 연구**. 2021 한국경영정보학회 춘계통합학술대회, 43-46.

Acceleration Studies Foundation (2006). Metaverse Roadmap Pathway to the 3D web.

Almarzouqi, A., Aburayya, A., & Salloum, S. A. (2022). Prediction of User's Intention to Use Metaverse System in Medical Education: A Hybrid SEM-ML Learning Approach. *IEEE Access, 10*, 43421-43434.

Beth, B., Lucy, W., & Marcelina, C. (2014). Learning mathematics through Minecraft. *Teaching Children Mathematics, 21*(1), 56-59.

Dionisio, John David, N., William, G. Burns III, & Richard, G. (2013). 3D Virtual worlds and the metaverse. *ACM Computing Surveys, 45*(3), 1-38.

Frey, D., Royan, J., Piegay, R., Kermarrec, A-M., Anceaume, E., & Fessant, F. (2008), Solipsis: A decentralized architecture for virtual environments, In Proceedings of the 1st International Workshop on Massively Multiuser Virtual Environments (MMVE). 29-33. https://dtbook.edunet.net/viewCntl/ARMaker?in_div=nedu&pg=use(실감형콘텐츠 활용안내서).

CHAPTER 09

수업 자료 제작을 위한 디지털 도구

1. 그래픽 디자인 및 프레젠테이션 제작 도구

캔바(Canva), 어도비 익스프레스(Adobe Express), 프레지(Prezi)는 그래픽 디자인과 프레젠테이션 제작에 최적화된 도구다. 캔바는 직관적인 드래그 앤 드롭 방식 인터페이스와 다양한 템플릿을 통해 손쉽게 시각 자료를 제작할 수 있다. 어도비 익스프레스는 캔바의 유료 버전에서 제공되는 일부 고급 편집 기능을 무료로 제공하며, 동영상 편집과 웹 콘텐츠 제작에 강점을 가진다. Prezi는 줌 인/줌 아웃 방식을 활용해 동적이고 몰입감 높은 프레젠테이션을 지원하며, 독창적인 동영상 강의 제작에도 적합하다. 이들 도구는 교사와 학생이 참신하고 질적으로 우수한 수업 자료, 학습 활동 자료, 결과물을 제작하는 데 유용하다. 캔바, 어도비 익스프레스, Prezi의 특징과 사용법에 대해 자세히 알아보도록 한다.

1) 캔바

캔바(https://www.canva.com)는 오스트레일리아에서 개발되어 누구나 쉽게 그래픽 디자인과 프레젠테이션을 제작할 수 있도록 설계된 온라인 플랫폼이다. 이 도구는 사용자 친화적인 드래그 앤 드롭 방식을 통해 다양한 시각 자료를 간편하게 제작할 수 있도록 돕는다. 프레젠테이션, 포스터, 인포그래픽, 소셜 미디어 콘텐츠, 마케팅 자료 등 다양한 시각 콘텐츠 유형별로 템플릿을 제공하여 초보자도 손쉽게 활용할 수 있도록 한다.

(1) 특징 및 주요 기능

① 웹 브라우저과 모바일 앱에서 사용 가능: 캔바는 웹 브라우저뿐만 아니라 모바일 앱(Android, iOS)에서도 시각물을 제작할 수 있는 플랫폼이다. 제작 중인 파일을 클라우드에 저장하여 다양한 기기에서 동기화할 수 있도록 지원하여 효율적인 작업이 가능하도록 한다.

② 다양한 시각 콘텐츠 제작 지원: 캔바는 프레젠테이션, 포스터, 인포그래픽 등 정적 콘텐츠뿐만 아니라 비디오와 소셜 미디어 콘텐츠와 같은 동적 콘텐츠 제작도 지원한다.

③ 다양한 템플릿 제공: 캔바는 시각 콘텐츠 유형별로 전문가가 설계한 2백만 개 이상의 무료 템플릿을 제공하여 사용자가 쉽게 디자인을 시작할 수 있도록 돕는다.

④ 풍부한 미디어 라이브러리 제공: 450만 개의 무료 사진, 아이콘, 일러스트, 오디오, 비디오 요소들을 제공한다. 또한 사용자는 자신의 이미지 등 미디어 파일을 업로드하여 활용할 수 있다.

⑤ 드래그 앤 드롭 방식 편집 도구: 사용자는 텍스트, 이미지, 아이콘 등을 드래그 앤 드롭 방식으로 추가 및 조절할 수 있다. 요소의 배치, 앞뒤 정렬, 투명도 조절 등의 기능을 통해 정교한 디자인 작업이 가능하다.

⑥ 팀 협업 기능: 캔바는 실시간 공동 작업과 댓글 기능을 제공하여 팀원들과 함께 디자인을 편집하고 의견을 공유할 수 있다.

(2) 무료 버전의 사용 범위

① 템플릿과 디자인 요소: 무료 사용자는 기본적인 템플릿과 디자인 요소를 사용할 수 있지만, 일부 고급 템플릿과 프리미엄 자료는 캔바 프로(Canva Pro) 구독이 필요하다.

② 파일 다운로드: 무료 사용자는 디자인을 PDF, PNG, JPG 등 다양한 형식으로 다운로드할 수 있지만, 고해상도 파일 다운로드와 동영상 길이에는 제한이 있다.

- 이미지 파일(JPG, PNG): 최대 해상도는 5000 × 5000 픽셀까지 다운로드 가능하다.
- 동영상 파일(MP4): 최대 해상도는 1920 × 1080 픽셀(Full HD)이며, 길이는 최대 30분까지 다운로드 가능하다.

③ 팀 협업 기능: 무료 버전에서도 팀 협업 기능(실시간 공동 작업, 댓글 달기 등)을 사용할 수 있지만, 고급 팀 관리 도구(역할 권한 설정, 승인 워크플로우, 브랜드 관리 도구 등)는 유료 플랜에서만 제공된다.

④ 교육자 혜택: 인증된 교육용 이메일 도메인을 사용해 회원가입하게 하거나, K-12 교사나 학생으로 인증받으면, 모든 캔바 프로 기능을 무료로 사용할 수 있다. 이는 고급 템플릿, 고해상도 다운로드, 고급 협업 기능을 포함한다.

(3) 사용법

캔바가 지원하는 다양한 시각 콘텐츠 중 프레젠테이션과 동영상 제작 방법을 설명하고자 한다. 프레젠테이션과 동영상 제작 방법을 익히면, 다른 유형의 시각 콘텐츠 제작도 손쉽게 진행할 수 있다.

① 계정 생성 후 로그인: 캔바 웹사이트에서 회원가입을 완료한 후 로그인한다.

② 시각물 유형 및 화면 크기 선택: 로그인 후 홈 화면에서 제작하려는 시각 콘텐츠 유형을 선택한다. [그림 9-1]에서 점선으로 표시된 메뉴 옵션에서 선택하거나, 화면 좌측 상단의 '만들기'를 클릭해 원하는 시각물의 종류와 화면 크기를 선택할 수 있다. 시각물 유형 중 '교육용'이라고 명명된 옵션은 캔바가 교육 현장에서 활발히 사용됨에 따라 특히 교육 분야에서 많이 활용되는 템플릿을 시각물 유형별로 모아서 제공하기 위한 것이다.

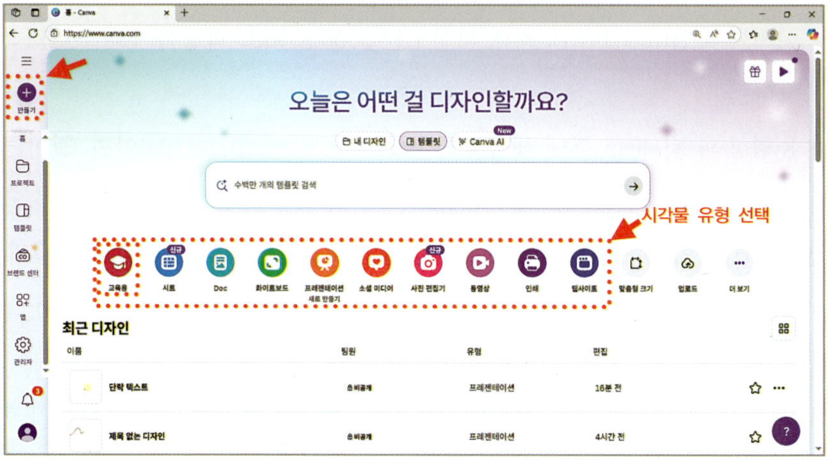

[그림 9-1] 캔바 홈 화면

['프레젠테이션'을 만들고자 하는 경우]

③ 화면 크기 및 템플릿 선택: 홈 화면([그림 9-1] 참조)의 좌측 상단에 있는 '만들기'에서 '프레젠테이션'을 선택한다. 이후 [그림 9-2]의 화면 상단에서 화면 크기를 선택할 수 있다. 화면 크기를 선택한 후 템플릿을 고르는데([그림 9-3] 참조), 원하는 범주나, 특정 키워드로 검색하여 적합한 템플릿을 선택할 수 있다.

[그림 9-2] 프레젠테이션 화면 크기 선택 화면

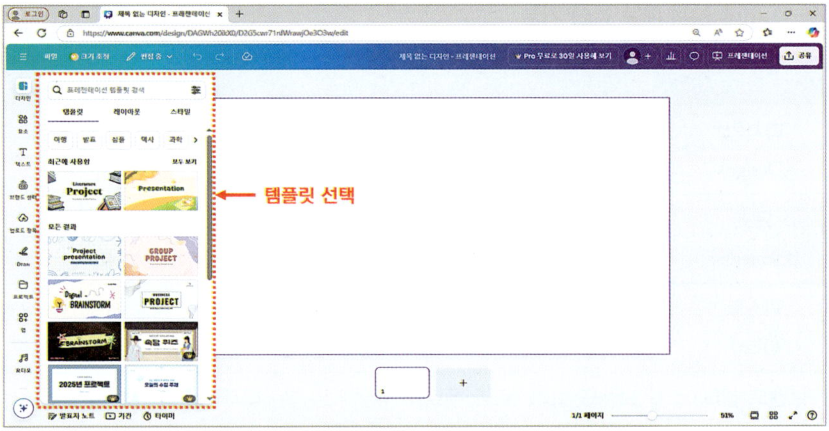

[그림 9-3] 프레젠테이션 템플릿 선택 화면

④ 편집 및 디자인: 선택한 템플릿은 화면 하단([그림 9-3] 참조)에 섬네일 형식으로 제공되며, 필요 없는 화면은 삭제할 수 있다. 편집 방식은 파워포인트와 유사하다. 텍스트, 이미지, 그래픽 등을 추가하려면 화면 좌측의 상세 메뉴에서 원하는 옵션을 선택한 뒤, 화면에 드래그 앤 드롭 방식으로 추가하고 편집하면 된다. 상세 메뉴의 각 옵션별 기능은 〈표 9-1〉에 정리되어 있다. 편집 화면에 포함된 요소들은 해당 요소를 클릭하여 삭제하거나 수정할 수 있다. 이 과정에서 화면 상단에 제공되는 다양한 편집 옵션을 활용할 수 있다.

[그림 9-4] 프레젠테이션 편집 화면

〈표 9-1〉 캔바 상세 메뉴 옵션 기능

메뉴 옵션	설명
디자인 (Design)	다양한 템플릿을 통해 새로운 디자인을 빠르게 시작할 수 있도록 도와줌. 프레젠테이션, 포스터, 소셜 미디어용 템플릿을 포함
요소 (Elements)	아이콘, 도형, 스티커, 프레임 등을 추가하여 디자인을 꾸밀 수 있음. 그래프와 다이어그램 삽입도 가능
텍스트 (Text)	다양한 텍스트 상자와 스타일을 제공하여 제목, 본문 등을 쉽게 추가 가능. 폰트 스타일과 크기, 색상 등을 조절 가능
브랜드 센터 (Brand Center)	브랜드 컬러, 로고, 폰트를 저장해 일관된 디자인을 유지할 수 있는 기능. 캔바 프로 사용자에게 제공
업로드 항목 (Uploads)	사용자가 직접 사진, 동영상, 오디오 파일을 업로드해 디자인에 활용 가능
도구 (Tools)	다양한 디자인 도구(그리기, 도형, 선, 스티커 메모, 표 등)를 제공
프로젝트 (Projects)	이전에 작업한 디자인과 프로젝트를 관리하고, 팀과 공유하며 협업할 수 있음
앱 (Apps)	캔바와 연동 가능한 외부 앱과 통합 기능을 제공하여 Google Drive, Dropbox 등의 자료를 가져와 활용 가능
Magic Media	캔바 자체 AI 도구로 이미지, 그래픽 및 동영상을 생성해 주는 기능
오디오 (Audio)	배경음악 및 사운드 클립을 추가하여 영상이나 프레젠테이션에 풍부한 음향 효과를 더할 수 있음
동영상 (Video)	동영상 클립을 추가하거나 편집 가능. 트랜지션 효과와 애니메이션을 사용해 동적 콘텐츠 제작 가능
차트 (Charts)	다양한 차트와 그래프를 사용해 데이터를 시각적으로 표현할 수 있음. 막대그래프, 원형 차트 등을 제작 가능
Melody Music	음악 라이브러리에서 다양한 멜로디를 선택하여 동영상 또는 프레젠테이션에 배경음악으로 추가 가능
Imagen	구글에서 제작한 앱으로, AI 기반 이미지 생성 기능을 제공

⑤ 저장, 프레젠테이션 및 공유: 완료된 파일은 캔바 프로젝트로 자동 저장된다. 제작한 파일을 프레젠테이션하려면 화면 우측 상단 '프레젠테이션' 버튼을 누르면 된다. [그림 9-5]의 좌측 화면과 같이 4개의 프레젠테이션 옵션이 있고, 그 각각의 기능은 〈표 9-2〉에 제시되어 있다.

[그림 9-4]의 우측 상단 '공유' 버튼을 누르면, [그림 9-5]의 우측 창이 뜬다. 액세스 수준은 디폴트로 '본인만 액세스 가능'으로 설정되어 있는데, '링크가 있는 모든 사용자'로 바꾸고, '보기 가능' '댓글 가능' '편집 가능' 중 원하는 것을 고르면 된다. '공유' 옵션에는 다양한 다운로드 옵션이 제공되는데, PDF, PDN, PPT, MP4 등으로 다운로드할 수 있다.

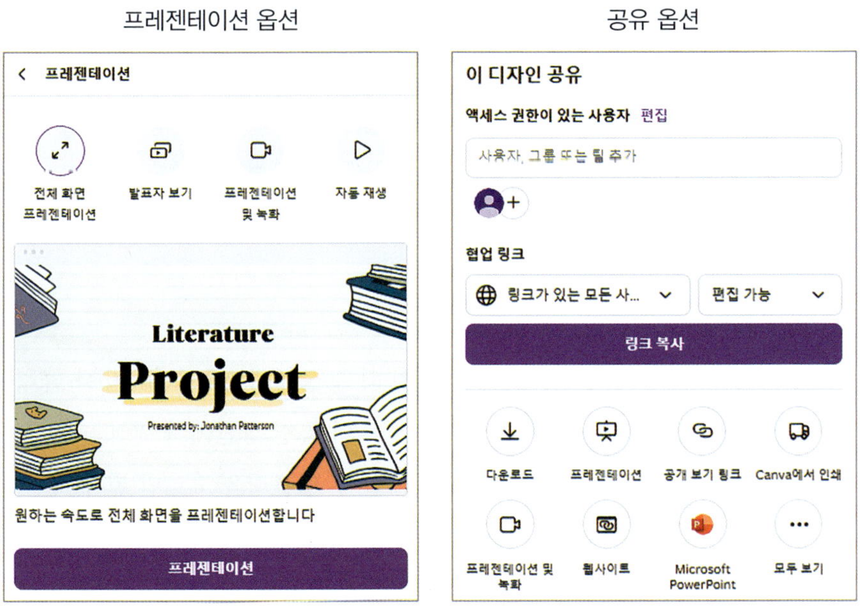

[그림 9-5] 캔바 프레젠테이션 옵션 및 공유 옵션

〈표 9-2〉 캔바 프레젠테이션 옵션 설명 및 활용 예시

옵션	설명	활용 예시
전체 화면 프레젠테이션	디자인을 전체 화면으로 보여 주며, 슬라이드를 클릭하거나 화살표 키를 사용해 수동으로 넘길 수 있는 기본 프레젠테이션 모드	오프라인 회의실에서 직접 발표할 때 사용
발표자 보기	발표자만 볼 수 있는 메모와 다음 슬라이드 미리보기가 제공되며, 발표 중 노트 참고가 가능해 발표를 더 효과적으로 진행 가능	온라인 강의나 웨비나에서 발표자가 노트를 보며 진행할 때 유용
프레젠테이션 및 녹화	슬라이드 화면과 발표자의 얼굴을 함께 녹화할 수 있는 기능으로, 강의 영상이나 온라인 프레젠테이션을 사전에 녹화 가능	비대면 강의 자료나 발표 영상을 사전에 녹화하여 배포하고자 할 때 활용
자동 재생	설정된 시간 간격에 따라 자동으로 슬라이드를 넘기며 재생하는 기능으로, 전시회나 키오스크에서 사용하기 적합	이벤트 부스나 전시회에서 반복 재생용 콘텐츠를 제작할 때 사용

['동영상'을 만들고자 하는 경우]

⑥ 화면 크기 및 템플릿 선택: 홈 화면의 좌측 상단에 있는 '만들기'를 클릭한 뒤, '동영상'을 선택한다. 이후 [그림 9-6]의 화면 상단에서 원하는 화면 크기를 선택할 수 있다. 화면 크기를 선택한 후 템플릿을 고르면 된다. 선택한 템플릿은 [그림 9-7]에서처럼 화면 하단에 섬네일로 표시되며, 이 템플릿의 경우 7개의 비디오 클립으로 구성되어 있음을 확인할 수 있다. 템플릿 중에는 배경음악이 포함된 것과 포함되지 않은 것이 있다. 오디오 트랙이 포함된 템플릿은 동영상 템플릿 섬네일 아래에 보라색 라인이 나타난다.

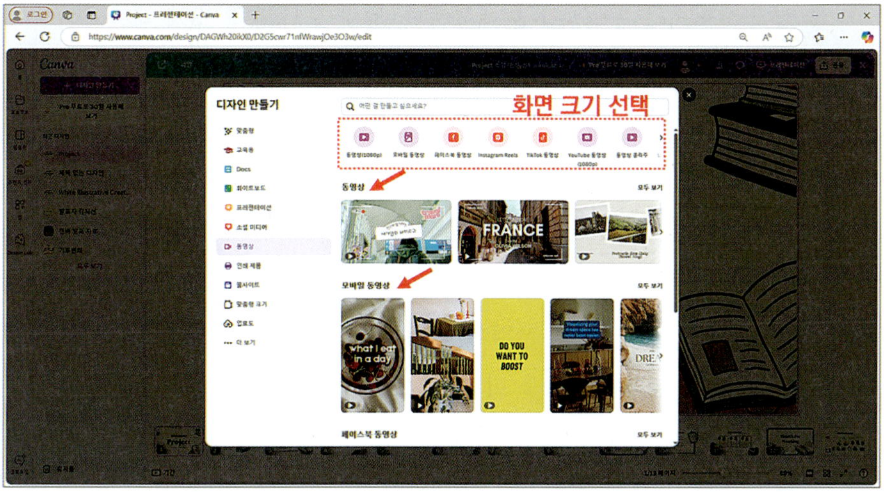

[그림 9-6] 동영상 화면 크기 선택 화면

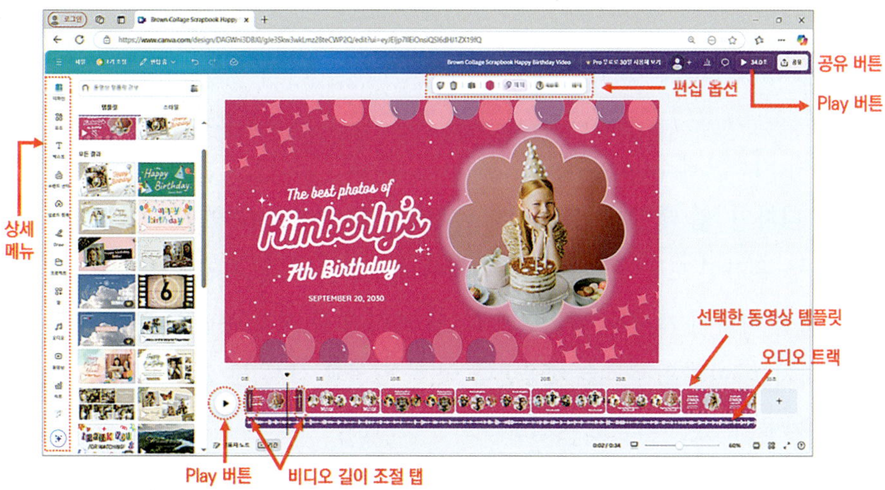

[그림 9-7] 동영상 편집 화면

⑦ 동영상 편집: 화면에 보이는 모든 요소는 편집이 가능하며, 화면 좌측의 상세 메뉴에서 원하는 항목을 불러와 추가할 수 있다([그림 9-7] 참조). 특히 업로드 항목을 통해 사용자가 직접 찍은 사진이나 동영상을 업로드한 후 편집 중인 동영상의 구성 요소로 포함할 수 있다. [그림 9-7]과 같이 꽃 모양의

요소에 사진이나 동영상을 드래그하면, 해당 모양에 딱 맞게 재단되어 추가된다. 사진이나 동영상을 화면 전체에 꽉 채우는 것도 가능하다.

오디오가 포함되지 않은 템플릿을 선택했거나, 포함된 오디오가 마음에 들지 않을 경우에는 이를 삭제하고, 상세 메뉴에서 '오디오'를 선택해 원하는 음악을 추가할 수 있다. 각 비디오 클립과 오디오 트랙은 양쪽 끝에 위치한 조절 탭을 움직여 원하는 길이로 조절할 수 있다.

⑧ 재생하기 및 공유하기: 동영상 편집이 완료되면 화면 우측 상단의 재생(play) 버튼을 눌러 동영상을 미리보기로 재생할 수 있다. 이후, 공유 버튼을 클릭하여 협업 링크를 생성하거나 다운로드를 진행하면 된다. 공유 방식은 앞서 설명한 '프레젠테이션'과 동일하며, 협업 링크를 통해 '보기 가능' '댓글 가능' '편집 가능' 중에서 원하는 접근 권한을 설정할 수 있다.

2) 어도비 익스프레스

어도비 익스프레스(https://www.express.adobe.com)는 사용자가 쉽고 빠르게 그래픽 디자인, 웹 페이지, 짧은 비디오 콘텐츠를 편집할 수 있도록 설계된, 캔바와 유사한 온라인 도구다. 캔바만큼 다양한 콘텐츠 유형을 지원하지는 않지만, 포스터, 소셜 미디어 게시물, 슬라이드쇼, 웹 페이지 등 시각 콘텐츠 유형별로 템플릿, 이미지, 아이콘을 무료로 제공한다. 또한 팀원과 실시간으로 협업하고 피드백을 주고받을 수 있는 기능도 지원한다.

어도비 익스프레스는 캔바 유료 버전에서만 제공되거나, 제공하지 않는 일부 기능들을 무료로 또는 간단한 절차를 통해 구현할 수 있도록 설계되었다. 이러한 기능들은 주로 동영상 편집과 관련이 있다. [그림 9-8]은 어도비 익스프레스의 홈 화면을 보여 주며, 홈 화면 상단의 '빠른 작업 알아보기'를 선택하면 이러한 기능들에 접근할 수 있다([그림 9-8] 참조). 〈표 9-3〉은 어도비 익스프레스의 주요 강점으로 꼽히는 '빠른 작업' 중 활용도가 높은 옵션들을 정리한 것이다.

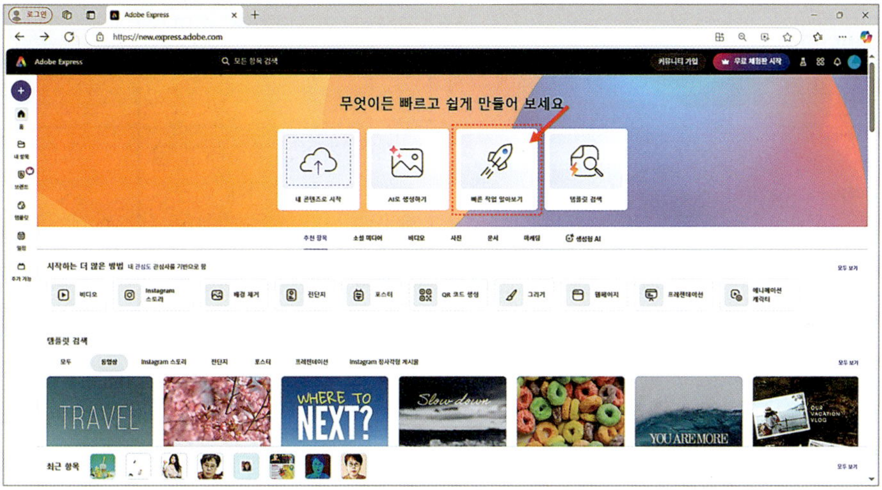

[그림 9-8] 어도비 익스프레스 홈 화면

〈표 9-3〉 어도비 익스프레스 빠른 작업들 중 활용도가 높은 옵션들

기능	설명	활용 예시	캔바 무료 버전 제공 여부
배경 제거	이미지에서 자동으로 배경을 제거하여 피사체만 남김	제품 사진에서 배경을 제거해 투명 배경으로 쇼핑몰 사이트에 활용	×
MP4로 변환	다른 형식의 비디오 파일을 MP4 형식으로 변환	유튜브에 업로드하기 위해 다양한 비디오 형식을 MP4로 변환	○
비디오 병합	여러 비디오 클립을 하나의 파일로 결합	짧은 홍보 영상을 합쳐서 하나의 긴 프로모션 비디오로 제작	×
비디오 자르기	비디오 크기를 조정하여 원하는 부분만 남김	인스타그램 릴스에 업로드하기 위해 동영상에서 불필요한 부분을 잘라냄	○
비디오 트리밍	비디오의 시작과 끝 부분을 조정하여 길이를 줄임	SNS에 맞는 길이로 광고 영상을 트리밍	○

비디오 크기 조정	비디오의 해상도와 비율을 변경하여 다양한 플랫폼에 맞춤	유튜브, 인스타그램, 페이스북 등 플랫폼별 최적화된 비율로 조정	○
비디오 자막	비디오에 자동으로 자막을 생성하여 시청자 이해도 향상	온라인 강의나 튜토리얼 영상에 자막을 추가해 접근성 강화	×
오브젝트 제거	이미지나 비디오에서 원치 않는 개체를 삭제	인물 사진에서 배경의 불필요한 사물 제거	×
오브젝트 삽입	이미지나 비디오에 새로운 개체를 추가 삽입	광고 영상에 브랜드 로고나 제품 아이콘 삽입	○
PDF 편집	PDF 파일에서 텍스트나 이미지를 수정 가능	보고서나 계약서를 수정하여 업데이트	×
콜라주 메이커	여러 사진을 조합하여 콜라주 형태로 디자인	가족 사진을 모아 기념일 카드 제작 또는 소셜 미디어 게시물로 활용	○
QR 코드 생성	웹사이트나 연락처 정보를 담은 QR 코드를 생성	이벤트 초대장이나 명함에 QR 코드를 추가해 접근성 향상	○
로고 메이커	브랜드의 아이덴티티를 반영한 맞춤형 로고를 디자인	소규모 비즈니스를 위한 브랜드 로고 제작	○
애니메이션 캐릭터	사용자가 지정한 스타일로 캐릭터를 애니메이션화	교육용 콘텐츠에서 캐릭터를 활용해 학생들의 관심 유도	×

〈표 9-3〉의 옵션 중 '배경 제거'의 구현 절차는 다음과 같다. 먼저 홈 화면에서 '빠른 작업 알아보기'를 선택하고, 시작하기 창에서 '배경 제거'를 클릭한다. [그림 9-9]의 화면 우측에 이미지를 업로드하면, 순식간에 배경이 제거된 사진으로 변환되어 나타난다. 이후 화면 우측에서 새로운 배경을 선택하여 이를 좌측 이미지에 추가할 수 있다. 완성된 이미지는 다운로드하여 사용할 수 있다. 이 외에 다른 빠른 작업 옵션들도 '배경 제거'와 유사한 절차를 통해 구현할 수 있다.

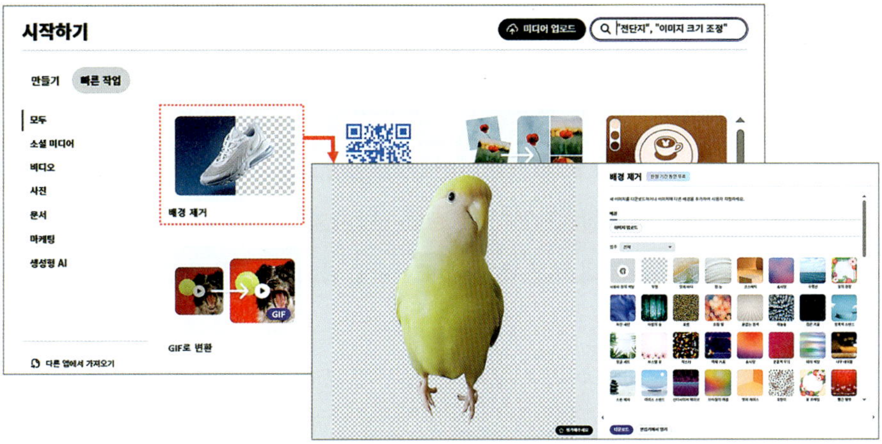

[그림 9-9] 배경제거 화면

3) Prezi

Prezi(https://www.prezi.com)는 프레젠테이션, 비디오, 인포그래픽 제작을 지원하는 온라인 도구다. 파워포인트나 캔바와 같은 기존의 슬라이드 기반 프레젠테이션과 달리, 줌 인과 줌 아웃 방식을 활용하여 시각적 흐름을 강조하는 동적 프레젠테이션 도구로 잘 알려져 있다. Prezi는 학술 발표, 강의, 마케팅 프레젠테이션에 적합하며, 발표 중 비선형 구조를 통해 자유롭게 콘텐츠를 탐색할 수 있다.

(1) 특징 및 주요 기능

① 줌 인/줌 아웃 기능: 특정 주제나 슬라이드에 줌 인하여 세부 내용을 강조하고, 줌 아웃하여 전체 구조를 한눈에 보여 줄 수 있다. 이를 통해 시각적 임팩트를 극대화할 수 있다.

② 비선형 프레젠테이션: 발표 순서에 얽매이지 않고 청중의 반응에 따라 자유롭게 내용을 전환할 수 있다. 이 기능은 발표자가 상황에 맞게 유연하게 발표를 진행할 수 있도록 돕는다.

③ 고등교육 및 비즈니스 프레젠테이션을 위한 템플릿: 템플릿이 세련되고

깔끔하게 구성되어 있어, 성인 청중이나 직장인을 대상으로 한 발표에 적합하다. 반면, 캔바는 친근하고 다채로운 스타일의 템플릿을 제공하며, 초중고 교사나 학생(K-12)에게 적합한 도구로 평가된다.

④ Prezi 비디오 기능: 프레젠테이션을 동영상으로 전환하여 온라인 강의나 웹 세미나에서 활용할 수 있다. Prezi는 발표자의 영상이 전체 화면을 채우는 상태에서 프레젠테이션 내용이 그 위에 겹쳐지는 형태로 동영상을 제작할 수 있도록 한다.

⑤ 협업 및 분석 기능: 여러 사용자가 동시에 프레젠테이션을 편집할 수 있는 협업 기능을 제공한다. 또한 발표 후 청중 분석 기능을 통해 청중의 반응과 피드백을 확인할 수 있다.

(2) 무료 버전의 사용 범위

① 템플릿 사용: 무료 사용자는 기본 템플릿과 기능을 사용할 수 있지만, 프리미엄 템플릿은 유료 사용자에게만 제공된다. 또한 기본적인 이미지, GIF, 스티커, 아이콘 등의 이용이 가능하다.

② 공개 설정: 무료 사용자는 제작한 프레젠테이션 및 동영상을 반드시 공개해야 하며, 비공개 설정은 유료 구독자만 이용할 수 있다.

③ 파워포인트 파일 불러오기: 무료 사용자는 프레젠테이션 및 동영상 제작 시 파워포인트 파일을 불러올 수 없다. 유료 플랜에서는 기존 파워포인트 파일을 불러와 Prezi의 줌 인/줌 아웃 스타일로 변환할 수 있다.

④ 동영상 및 오디오 업로드: 무료 사용자도 프레젠테이션 제작 시 유튜브와 연결하거나 MP4 포맷의 동영상을 업로드할 수 있다. 단, 업로드 가능한 동영상의 용량은 최대 50MB로 제한되며, 오디오 파일 업로드는 유료 사용자만 가능하다.

⑤ 동영상 만들기: 무료 사용자도 Prezi 동영상 녹화와 동영상 프레젠테이션 만들기를 이용할 수 있다. 그러나 저장 공간과 고급 기능(예 고해상도 다운로드, 파워포인트 불러오기, 비공개 설정 등)에는 제한이 있다.

(3) 사용법

① 계정 생성 및 로그인: Prezi 웹사이트(prezi.com)에서 회원가입을 완료한 후 로그인한다. Prezi의 메인 메뉴는 [그림 9-10]에 상단 가로로 길게 표시되어 있다. 또한 화면 좌측 메뉴에서 '프레젠테이션' '동영상' '인포그래픽' 중 하나를 선택할 수 있다. 화면 좌측 상단에 위치한 '새로운 프레젠테이션' 버튼을 클릭하면 프레젠테이션 만들기를 바로 시작할 수 있다. '새로운 프레젠테이션'을 누르면 [그림 9-10]의 상단 창과 같이 네 가지 옵션이 제시되며, 각 옵션의 기능은 〈표 9-4〉에 정리되어 있다.

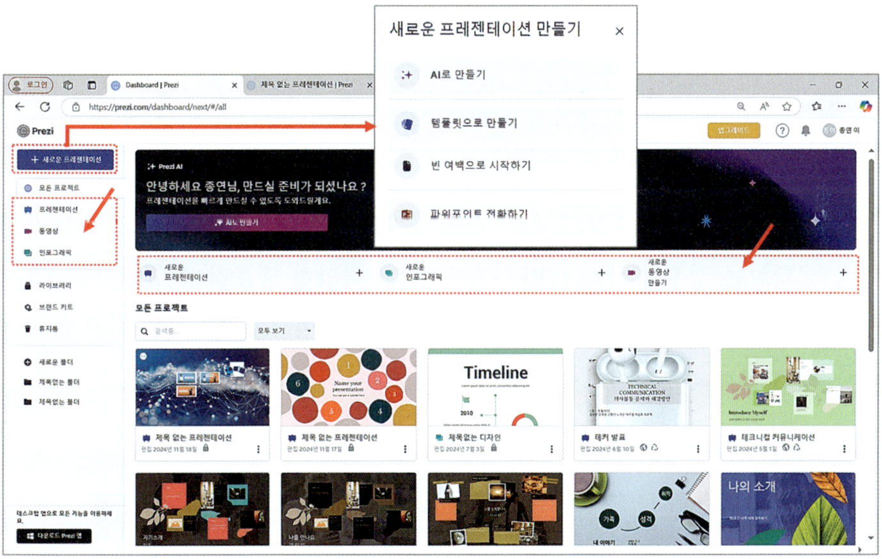

[그림 9-10] Prezi 홈 화면

〈표 9-4〉 Prezi '새로운 프레젠테이션' 옵션들

옵션	설명
AI로 만들기 (Create with AI)	AI 도구를 사용해 프레젠테이션을 자동 생성하는 기능으로, 사용자가 주제와 주제에 대한 설명을 입력하면 자동으로 템플릿을 선택해 내용을 구성해 줌
템플릿으로 만들기 (Use a Template)	Prezi에서 제공하는 다양한 템플릿 중 한 개를 선택하여 프레젠테이션 만들기를 시작할 수 있음. 디자인이 미리 구성되어 있어 빠르게 제작 가능
빈 여백으로 시작하기 (Start from Scratch)	빈 캔버스에서 자유롭게 슬라이드를 구성할 수 있는 옵션으로, 사용자가 처음부터 모든 내용을 직접 디자인함
파워포인트 전환하기 (Convert PowerPoint)	기존의 파워포인트 파일을 Prezi 프레젠테이션으로 변환하는 기능으로, 파워포인트 슬라이드를 가져와 Prezi 스타일로 편집 및 추가 효과 적용 가능

② 콘텐츠 추가 및 편집: 〈표 9-4〉에서 제시된 옵션 중 '템플릿으로 만들기'를 선택하는 경우를 예로 들면 다음과 같다. 다양한 템플릿 중 'AI 함께 사용하기'라고 표시된 템플릿을 선택하면, 제목과 설명을 입력하는 것만으로 내용이 자동으로 구성된다.

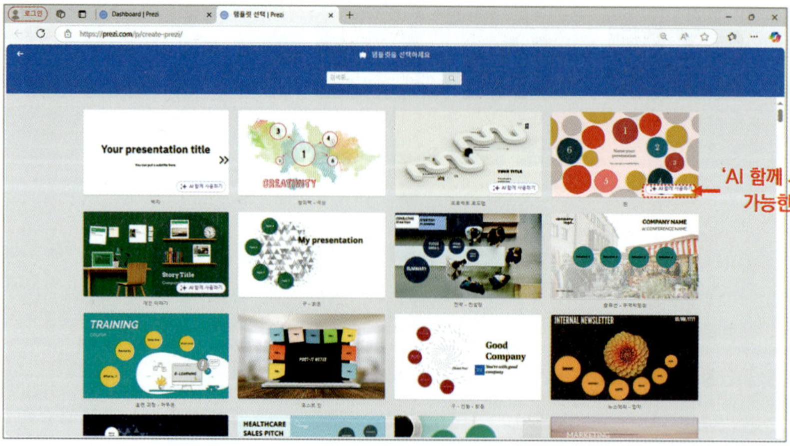

[그림 9-11] Prezi 프레젠테이션 템플릿 선택 화면

'AI 함께 사용하기'가 표시되지 않은 일반 템플릿을 선택하면, [그림 9-12]와 같은 편집 화면이 나타난다. 우선, 화면 우측에 템플릿 배경을 변경할 수 있는 편집 창이 표시된다. 화면 상단에는 다양한 편집 옵션들이 있으며, 각 옵션의 기능은 〈표 9-5〉에 정리되어 있다. 이러한 옵션을 활용해 콘텐츠를 추가하고 편집할 수 있다. 또한 [그림 9-12] 좌측 상단의 '제목 없는 프레젠테이션'을 클릭하여 프레젠테이션 제목을 입력할 수 있다.

[그림 9-12]의 좌측 패널에는 파워포인트와 유사하게 프레젠테이션에 포함된 슬라이드 섬네일이 표시된다. 하지만 파워포인트는 슬라이드를 선형적으로 나열하며, 순서를 변경할 때 단순히 위아래로 이동하는 방식에 따른다. 반면, Prezi는 슬라이드를 계층 구조로 표시하고 트리 형태로 구성한다. 예를 들어, [그림 9-12]에서는 'Training'이라는 제목 아래 네 가지 요소를 설명하는 프레젠테이션 구조를 확인할 수 있다. 타이틀 화면이 최상위 요소로 맨 위에 위치하며, 각 구성 요소는 하위 요소로 표시된다.

슬라이드 순서를 변경하려면 화면 좌측 패널에서 원하는 슬라이드를 클릭한 뒤, 드래그 앤 드롭 방식으로 원하는 위치로 이동하면 된다. 이 과정에서 전체 구조를 파악하며 순서를 조정하는 것이 중요하다.

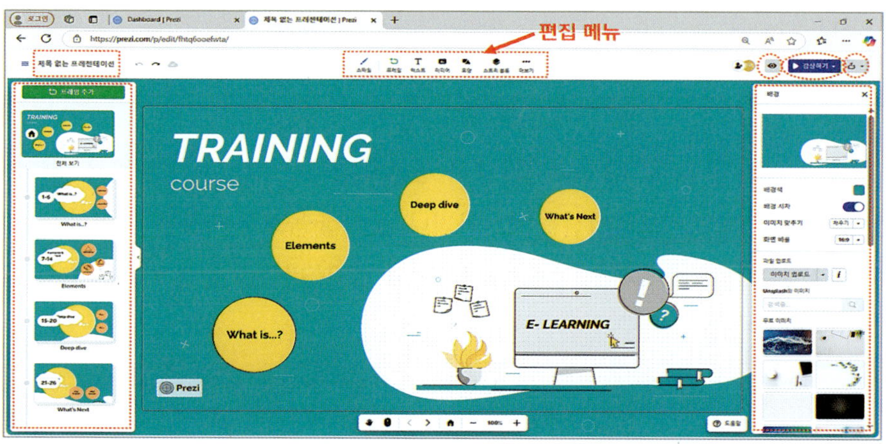

[그림 9-12] Prezi 프레젠테이션 편집 화면

〈표 9-5〉 Prezi 프레젠테이션 편집 메뉴

메뉴 옵션	설명 및 기능
스타일(Style)	선택한 템플릿의 배경, 색상 팔레트를 변경하고, 글꼴 스타일을 설정할 수 있다. 파워포인트, 캔바에 비해 한글 글꼴 선택권이 풍부하지 않음
텍스트(Text)	프레젠테이션에 텍스트 상자를 추가하고 텍스트의 글꼴, 크기, 색상을 조정할 수 있음
미디어(Media)	Prezi가 기본적으로 제공하는 이미지, GIF, 스티커, 아이콘을 추가할 수 있음. 오디오, 차트, 파워포인트, PDF 추가는 유료 플랜 구독 시에만 가능함. 이미지나 동영상(50M까지)을 컴퓨터에서 업로드하거나 유튜브 동영상을 삽입할 수 있음
모양(Shapes)	사각형, 원형, 선 등 다양한 기본 도형을 추가할 수 있음. 추가된 도형의 색상과 테두리를 설정할 수 있음
스토리 블록 (Story Blocks)	손쉽고 빠르게 프레젠테이션을 구성할 수 있도록 사전 제작된 다양한 스토리 블록, 다시 말해, 콘텐츠 모듈을 제공하고 있음
애니메이션 (Animation)	화면 구성 요소를 강조하기 위해 페이드 인, 페이드 아웃, 줌 인, 줌 아웃 애니메이션을 추가할 수 있음
더보기(More)	토픽이란 Prezi 프레젠테이션에서 주제와 내용을 계층적으로 구성하는 단위임. 원형 토픽, 페이지 토픽을 추가할 수 있음. 코멘트, 발표자 노트 만들기, 나의 라이브러리는 유료 사용자들만 접근할 수 있음

③ 발표 및 공유: [그림 9-12]의 우측 상단에 위치한 '감상하기' 버튼을 클릭하여 완료된 프레젠테이션을 재생하거나, 동영상 녹화를 시작할 수 있다. 프레젠테이션 준비가 완료되면, 우측 상단의 '공유' 버튼을 눌러 공유 링크를 생성할 수 있다.

2. 동영상 편집 도구

최근 스마트폰의 발전으로 고화질 동영상 촬영이 가능해지면서, 모바일 전용 동영상 편집 앱이 큰 인기를 얻고 있다. 대표적인 앱으로는 VLLO, InShot, KineMaster, CapCut, PowerDirector 등이 있다. 이들 앱은 직관적인 인터페이스와 다양한 편집 기능을 제공하여 초보자부터 전문가까지 쉽게 사용할 수 있다.

그중 VLLO는 직관적인 인터페이스를 제공해 사용하기 쉬운 것은 물론 워터마크 없는 무료 내보내기, PIP(화면 속 화면) 기능, 다양한 텍스트와 스티커 옵션 등에서 다른 앱들과 비교해 돋보인다. 이러한 점에서 VLLO는 교사와 예비교사들이 교육 자료 영상을 쉽고 빠르게 제작할 수 있는 효율적인 도구로 평가된다.

1) VLLO

(1) 특징 및 주요 기능

① 모바일 전용 앱: VLLO는 모바일과 태블릿 PC에서만 사용 가능한 동영상 편집 도구로, 데스크톱 버전은 제공되지 않는다. 사용자는 언제 어디서나 간편하게 편집할 수 있지만, PC 기반의 세밀한 편집 작업은 허용되지 않는다.

② 개인 작업용 편집기: VLLO는 협업 기능을 지원하지 않으며, 개인 사용자가 독립적으로 동영상을 제작하는 데 초점을 맞춘 편집 도구다.

③ 전문적인 편집 기능 제공: 자르기, 분할, 속도 조절, 오디오 추가, PIP(Picture In Picture) 등 다양한 편집 기능을 제공하여 고품질 영상을 제작할 수 있도록 지원한다. 다만, 어도비 프리미어 프로(Adobe Premiere Pro)와 같은 고급 동영상 편집 소프트웨어와 비교하면 전문적인 기능은 제한적이다. 어도비 프리미어 프로는 다양한 커스터마이징 및 고급 기능(예 고급 컬러 그레이딩)을 필요로 하는 고급 사용자에게 적합하다. 반면, VLLO는 초보자나 빠르고 간단한 작업을 원하는 사용자에게 적합하다.

④ 무음 영상 변환 및 텍스트 추가: 동영상에 포함된 소리를 무음 처리하거

나, 배경음악, 효과음, 음성 녹음을 추가할 수 있다. 또한 자막과 텍스트 오버레이를 삽입하여 효과적인 스토리텔링을 지원한다.

⑤ 오디오, 비디오, 스티커 및 필터 라이브러리 제공: VLLO는 다양한 오디오(배경음악 및 효과음), 비디오 클립, 스티커, 이모티콘, 필터 효과를 무료로 제공하여 영상을 손쉽게 다채롭고 생동감 있게 꾸밀 수 있다.

⑥ 워터마크 없이 동영상 내보내기: 다른 무료 비디오 편집 앱과 비교했을 때, VLLO는 무료 버전 사용자도 워터마크 없이 프로페셔널한 결과물을 제작할 수 있다. 이로 인해 VLLO는 유튜버와 같은 콘텐츠 제작자들 사이에서 인기가 높다.

(2) 무료 버전의 사용 범위

① 편집 기능: 무료 버전에서는 대부분의 기본 편집 도구를 사용할 수 있다. 자르기, 속도 조절, 텍스트 추가, 기본 필터 및 스티커 사용, 애니메이션 효과 추가 등 영상 편집에 필요한 주요 기능이 제공된다. 다만, 고급 스티커, 프리미엄 필터, 일부 템플릿 등은 유료 버전에서만 이용 가능하다.

② 고해상도 내보내기 제한: 무료 버전은 최대 1080p 해상도로 동영상을 내보낼 수 있다. 4K와 같은 초고해상도 출력은 유료 버전에서만 지원된다. 따라서 유튜브나 소셜 미디어 콘텐츠 제작에 적합한 고화질 동영상을 제작할 수 있지만, 초고해상도의 전문 영상 제작이 필요한 경우에는 유료 버전을 이용해야 한다.

③ 광고 표시: 무료 버전에서는 편집 작업 중 간헐적으로 팝업 광고가 표시된다. 광고는 주로 앱을 열 때, 편집 도중 옵션을 선택할 때 또는 내보내기 전후에 나타난다. 하지만 최종 동영상 출력 시에는 광고가 포함되지 않는다. 광고를 제거하려면 유료 버전으로 업그레이드해야 한다.

④ PIP(Picture In Picture) 기능 제한: 무료 버전에서는 이미지 오버레이만 가능하며, 동영상 오버레이는 지원되지 않는다. 동영상 PIP 기능을 활용하려면 유료 버전을 사용해야 한다.

⑤ 프리미엄 콘텐츠 접근 제한: VLLO의 무료 버전은 기본적인 스티커, 이모

티콘, 필터 등의 라이브러리 요소를 제공한다. 하지만 고급 스티커와 프리미엄 효과는 유료 버전에서만 이용 가능하다.

(3) VLLO 사용법

① 앱 설치 및 실행: 앱스토어 또는 구글 플레이스토어에서 VLLO 앱을 설치한 후 실행한다.

② 새 프로젝트 생성: 홈 화면 하단의 '새 프로젝트'를 선택하고 편집할 영상을 불러온다. 불러온 동영상은 홈 화면 하단에 표시되며, 확인 후 화살표 버튼(→)을 클릭한다. 이후 '화면 비율'과 '영상 배치' 방식을 선택하고, '프로젝트 생성하기' 버튼을 누르면 편집을 시작할 수 있다.

[그림 9-13]의 마지막 4단계 화면에는 빨간색(시기에 따라 파란색인 경우도 있음) 세로줄이 보이는데, 이를 Play Head라고 한다. Play Head는 동영상 편집 과정에서 매우 중요한 역할을 하므로 항상 그 위치를 유념하며 편집을 진행해야 한다.

[그림 9-13]의 네 번째 화면 하단에는 VLLO의 메인 메뉴인 '오디오' '그래픽' '글자' 'PIP' '효과'가 표시되며, 각 메뉴의 세부 옵션이 화면 좌측 중하단에 나타난다. 현재는 '오디오' 메뉴가 선택된 상태로, 상세 옵션인 '미디어' '배경음악' '효과음' '음성녹음'이 제시되어 있다.

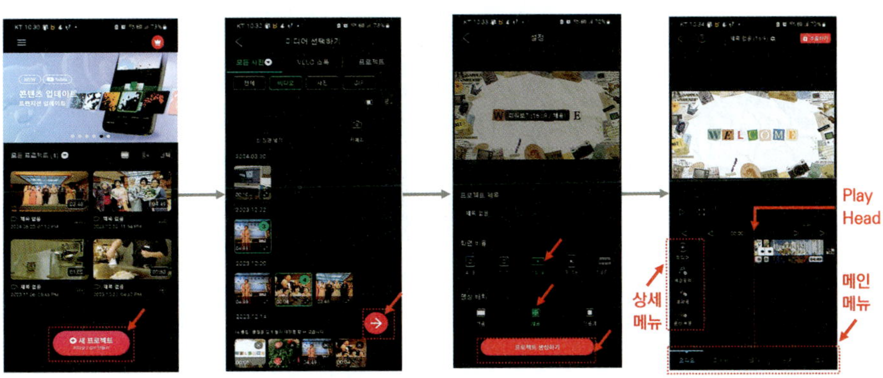

[그림 9-13] VLLO 새 프로젝트 생성 과정

③ 컷 편집: 컷 편집은 동영상에서 필요한 부분만 잘라 내어 이어 붙이는 작업을 의미한다. 우선 편집할 동영상 컷을 터치하면 테두리가 생기고, 화면 하단에 컷 편집 상세 메뉴가 나타난다([그림 9-14] 참조). 작업을 더 편리하게 진행하려면 해당 동영상 컷을 다음 그림처럼 확대하여 세부적으로 확인할 수 있다. 이후 Play Head를 원하는 위치에 놓고, 화면 하단 메뉴에서 '여기부터' 또는 '여기까지'를 눌러 필요 없는 부분을 제거할 수 있다. 또한 '분할' 메뉴를 선택하면 해당 동영상 클립을 쪼갤 수 있으며, 분할된 동영상 클립 중 필요없는 것은 지울 수 있다. 컷 편집 작업이 완료되면 화면 하단의 '완료' 버튼을 눌러 작업을 저장한다.

[그림 9-14] VLLO 컷 편집 화면

④ 세부 효과 넣기: 동영상 컷이 선택된 상태에서는 하단의 '완료' 버튼을 눌러 현재 작업을 마무리한 후 다음 단계로 진행해야 한다.

- **배경음악 추가하기:** 화면 하단의 '오디오'를 클릭하면 VLLO가 제공하는 배경음악을 검색하거나 카테고리별로 찾아볼 수 있다([그림 9–15] 첫 번째 및 두 번째 화면 참조). 또한 내 기기에 저장된 음악 파일을 불러올 수도 있다. 선택한 음악은 미리 들어 볼 수 있으며, 오디오 바를 조절해 원하는 부분만 사용할 수 있다. 배경음악 탭을 이동하여 특정 지점에서 음악이 시작되도록 설정할 수도 있다([그림 9–15] 세 번째 화면 참조).
- **음량 및 음소거하기:** 배경음악이나 동영상에 포함된 오디오의 음량을 모두 조절할 수 있다. 대상 탭을 선택한 뒤, 화면 하단의 '음량조절'을 클릭하여 기본 소리 크기(100%)를 기준으로 음량을 높이거나 낮출 수 있다([그림 9–15] 세 번째 화면 참조). 같은 방법으로 '음소거'를 클릭해서 동영상에 포함된 소리를 묵음 처리할 수 있다.
- **페이드 인, 페이드 아웃 효과 넣기:** 소리가 서서히 커지거나 작아지는 효과를 적용하려면, 동영상 또는 오디오 탭을 선택한 뒤 화면 하단의 '페이드'를 클릭하여 설정할 수 있다([그림 9–15] 세 번째 화면 참조).
- **속도 조절 효과 넣기:** 대상 탭을 선택한 후, 화면 하단의 '배속'을 클릭하면 속도를 조절할 수 있다. 기본 속도(1.0x)를 기준으로 동영상 속도를 빠르게 또는 느리게 설정할 수 있다([그림 9–15] 네 번째 화면 참조).

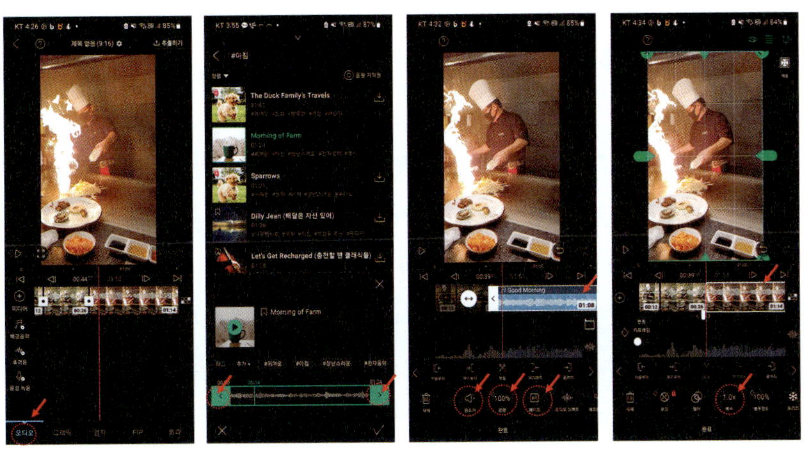

[그림 9–15] 오디오 세부 효과 및 속도 조절 편집 화면

⑤ 자막 및 글자 넣기

- **Play Head 위치 설정:** 자막을 추가하려는 위치로 Play Head를 이동시킨다.
- **자막 스타일 선택:** 화면 하단의 '글자' 메뉴를 클릭한 뒤, 왼쪽 상세 메뉴 패널에서 '자막'을 선택한다([그림 9-16] 첫 번째 화면 참조). 다양한 자막 스타일 중 원하는 것을 선택한다.
- **자막 내용 입력 및 위치 조정:** 동영상 화면에 나타난 자막 상자를 두 번 탭하여 원하는 내용을 입력한다. 자막 상자의 크기를 조절하거나 위치를 이동하여 자막의 크기, 기울기, 위치를 설정한 후, 자막 상자 우측에 있는 체크 표시를 클릭하여 변경 사항을 저장한다.
- **자막 지속 시간 설정:** 마지막으로, 자막 탭의 조절 바를 움직여 자막 지속 시간을 설정하고 화면 하단에 있는 '완료' 버튼을 누른다.
- **글자 넣기:** '글자'는 제목과 같이 자막보다 큰 텍스트를 추가하는 데 사용하는 옵션이다. 글자는 자막과 동일한 방식으로 추가 및 편집할 수 있다.

⑥ 프레임 두르기와 스티커로 꾸미기

- Vlog 느낌이 나도록 시작 부분에 프레임을 두르고자 한다면 Play Head를 맨 앞으로 이동시킨 후, 화면 하단 메인 메뉴에서 '그래픽'을 클릭하고, 화면 좌측 상세 메뉴 패널에서 '프레임'을 선택한다. 그다음 프레임 유형 선택 후 체크 표시를 누른다([그림 9-16] 두 번째 화면 참조).
- 프레임 탭의 조절 바를 움직여 지속시간을 지정한 후, 화면 하단에 '완료' 버튼을 누른다.
- 스티커를 추가하려면, 화면 하단 메인 메뉴에서 '그래픽'을 클릭하고, 화면 좌측 상세 메뉴 패널에서 '스티커'를 선택한 후, 스티커 유형을 고르고, 프레임 두르기와 동일한 절차를 거치도록 한다.

⑦ PIP(Picture in Picture) 넣기: 화면 하단의 메인 메뉴에서 'PIP'를 클릭하면, 화면 좌측의 상세 메뉴 패널에 '이미지' 'GIF' '비디오' 'VLLO 스톡'의 네 가지 옵션이 표시된다([그림 9-16] 세 번째 화면 참조). 이 중 '비디오'는 유료 버전에서만 사용 가능하다. '이미지'를 선택하면, 내 기기에 저장된 사진 중

에서 원하는 이미지를 선택해 현재 편집 중인 동영상 화면에 오버레이할 수 있다. 이미지가 나타나는 지점과 디스플레이 지속 시간의 설정 방식은 '글자'나 '그래픽' 메뉴와 동일하다.

⑧ 필터/보정하기: 화면 하단 메인 메뉴에서 '효과'를 클릭하면, 화면 좌측 상세 메뉴 패널에 '필터/보정' '특수효과' '모자이크' 3가지 옵션이 제시되는데([그림 9-16] 네 번째 화면 참조), '필터/보정'을 선택하고 원하는 효과를 선택하고, 체크 표시를 누른다. 필터 탭을 움직여 필터 효과가 시작될 지점을 지정하고 필터 탭 끝 조절 바를 조정해 끝날 지점을 설정한 후, 화면 하단 완료 버튼을 누른다.

[그림 9-16] 글자, 그래픽, PIP 및 효과 편집 화면

⑨ 영상 크기와 위치 변경하기: 영상의 특정 부분을 클로즈업하려면 [그림 9-17] 첫 번째 화면과 같이 손가락으로 영상을 확대하고, 원하는 방향으로 이동시킨 후 '완료' 버튼을 누르면 된다.

⑩ 목소리(내레이션) 넣기: 내레이션을 추가하려면 Play Head를 원하는 위치로 이동시킨 후, 화면 하단 메인 메뉴에서 '오디오'를 선택한다. 이어서 좌측

상세 메뉴 패널에서 '음성 녹음'을 선택하고, [그림 9-17] 두 번째 화면과 같이 '녹음' 버튼을 누르면 녹음이 시작된다.

⑪ 화면 전환 효과 주기: [그림 9-17] 세 번째 화면에서 동영상 컷 사이에 있는 표식을 클릭하고 다양한 화면 전환 효과 중 원하는 유형을 선택해 적용할 수 있다.

⑫ 저장 및 공유: 편집이 완료되면 [그림 9-17] 세 번째 화면 우측 상단의 '추출하기' 버튼을 클릭하여 비디오를 추출한다. [그림 9-17] 네 번째 화면은 추출하기 메뉴를 보여 주며, 여기서 추출 범위와 해상도를 설정할 수 있다. 4K 영상 추출은 유료 플랜에서만 가능하다. 일반적인 프레임 레이트인 30fps를 선택한 뒤, 화면 하단의 '추출하기' 버튼을 클릭하면 비디오가 사용자 기기에 저장된다.

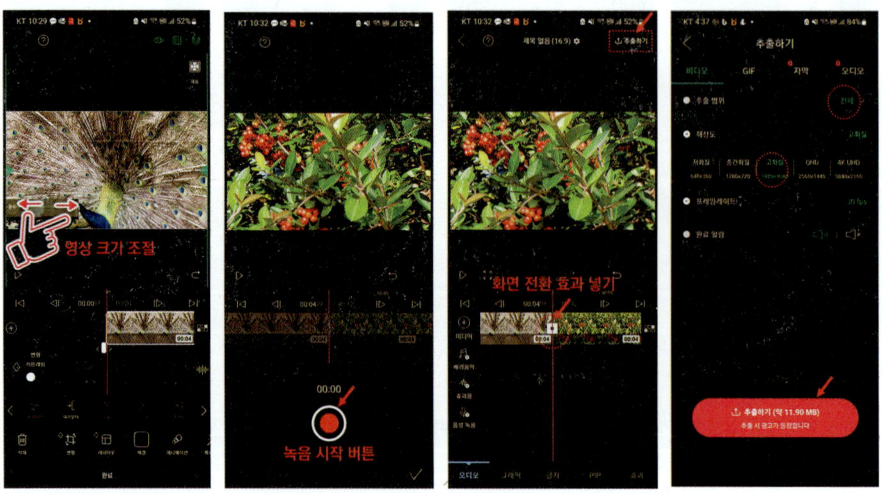

[그림 9-17] VLLO 영상 크기 조절, 음성 녹음, 화면 전환 및 추출하기 화면

참 / 고 / 문 / 헌

블로 (https://www.vllo.io)

어도비 (https://www.express.adobe.com)

캔바 (https://www.canva.com)

Prezi (https://www.prezi.com)

CHAPTER 10

디지털 도구의 선택 및 활용

1. 디지털 도구 활용의 중요성

1) 디지털 도구가 학습에 미치는 효과

오늘날 디지털 도구는 교육에서 필수적인 핵심 지원으로, 학습 목표 달성에 긍정적인 영향을 미칠 수 있다. 다음 〈표 10-1〉은 이 책에서 다루고 있는 디지털 도구와 그 주요 기능 및 특징을 정리한 것이다.

〈표 10-1〉 디지털 도구별 주요 기능, 특징 및 기대되는 학습 효과

도구	주요 기능	특징
패들렛	아이디어 공유 게시판	게시판 형태로 실시간 협업과 의견 수집, 게시물에 다양한 미디어 추가 가능
멘티미터	설문 조사 및 퀴즈	참여자 반응에 대한 즉각적이며 시각화된 결과 제공, 프레젠테이션과 통합 가능
카훗	퀴즈	게임화된 퀴즈 기능으로 경쟁 유도, 다양한 배경 화면과 배경음악 제공, 팀 모드 지원
띵커벨	퀴즈, 설문 조사, 보드, 워크시트, 게임	다양한 메뉴와 실행 방법 제공, 방대한 라이브러리 제공

슬라이도	설문 조사, 퀴즈, Q&A 세션	선다형 퀴즈 문제만 지원, 무료 버전에서도 100명의 참여자 허용, 수업 중 Q&A 진행 가능
블루킷	퀴즈 게임	재미있게 학습할 수 있는 다양한 게임 모드 포함
Zoom	화상 회의, 온라인 강의, 협업	HD 화질, 소회의실 기능, 실시간 채팅 및 화면 공유, 녹화 기능 제공
Zep	메타버스 기반 협업 및 학습 플랫폼	가상 공간에서 실시간 소통, 팀 협업, 학습 자료 공유 및 게임화된 학습 요소 제공
캔바	프레젠테이션 제작 및 그래픽 디자인	드래그 앤 드롭 방식, 풍부한 템플릿 제공, 팀 협업 가능
어도비 익스프레스	그래픽 디자인, 웹 및 동영상 콘텐츠 제작	기본 디자인 및 동영상 편집 무료 제공, 간단한 편집과 '빠른 작업' 기능 제공
Prezi	프레젠테이션, 비디오, 인포그래픽 제작	줌 인/줌 아웃 방식의 동적 프레젠테이션 지원, 독창적이며 세련된 시각적 효과 제공
VLLO	동영상 편집	워터마크 없는 동영상 제작, 다양한 텍스트와 스티커 옵션, 직관적인 편집 인터페이스 제공

이러한 디지털 도구들은 단순히 학습 자료를 전달하는 데 그치지 않고, 학습자에게 몰입감 있는 학습 경험을 제공하며, 학습자 간의 상호작용을 촉진하고, 창의적 사고를 개발하는 데 중요한 역할을 할 수 있다. 예를 들어, '띵커벨' '멘티미터'와 같은 실시간 의견 수렴 및 퀴즈 플랫폼은 학생들이 학습 과정에 능동적으로 참여하도록 유도하며, 'Zep'과 같은 협업 기능을 포함한 도구는 팀 기반 학습에서 문제해결 능력을 강화하는 데 기여한다. 또한 '캔바'와 'VLLO' 같은 그래픽 및 동영상 제작 도구는 학습 내용을 시각적이고 직관적으로 전달하여 학습자의 이해도를 높이는 데 매우 효과적이다.

그러나 디지털 도구의 기대 효과는 단순히 사용하는 것만으로 보장되지 않는다. 기대한 학습 효과를 실현하기 위해서는 체계적이고 전략적인 계획이 필수적이다. 이에 디지털 도구를 활용하여 기대하는 학습 효과를 이끌어 내기 위한 구체적인 방안에 대해 알아보고자 한다.

2) 디지털 도구의 효과적 활용을 위한 조건

디지털 도구를 효과적으로 활용하기 위해서는 학습 목표와 주어진 학습 조건에 적합한 도구를 선택하고, 그 사용 목적에 부합하는 면밀한 활용 방안을 수립하는 것이 중요하다. 특히 도구가 학습자의 참여 수준과 교수법 변화에 미칠 영향을 평가하고, 이를 기반으로 최적의 활용 방식을 찾아야 한다. 디지털 도구는 단순한 보조 수단이 아니라 학습 목표를 효과적으로 달성하고 학습 경험을 혁신할 수 있는 전략적 자원으로 자리 잡아야 한다.

이 절에서는 디지털 도구의 체계적이고 전략적 활용을 위한 이론적 기반으로 PICRAT 모델을 소개한다. PICRAT 모델은 디지털 도구 활용을 학습자 참여 수준(Passive, Interactive, Creative)과 교수법 변화 수준(Replacement, Amplification, Transformation)으로 구분하여 그 적합성을 평가하고 활용 방향을 제시한다.

2. PICRAT 모델 개요

1) PICRAT 모델 배경

PICRAT 모델은 미국 유타주에 위치한 브리검 영 대학교(Brigham Young University: BYU)에 재직 중인 3명의 교수, 로이스 키몬스 (Royce Kimmons), 찰스 R. 그레이엄(Charles R. Graham), 리처드 E. 웨스트(Richard E. West)에 의해 교사가 수업에서 보다 효과적으로 기술(technology), 즉 디지털 도구의 통합을 계획하고 성찰하며 실행할 수 있도록 돕기 위해 고안되었다(Royce, Charles, & Richard, 2020). 서울시교육청은 교사 및 관련자들에게 학교 현장에서 디지털 도구의 선택 및 활용 시 이 모델을 참조하도록 권장하고 있다(김남희, 2024).

2) PICRAT 모델 원리

PICRAT 모델은 기술의 활용이 학생의 학습과 교사의 교수법에 미치는 영향을 평가하는 다음과 같은 두 가지 주요 질문에 기반하여 설계되었다.

첫째, 학생 관점에서 "학생들은 기술을 어떻게 활용하는가?"라는 질문으로, 기술을 사용하는 학생의 역할을 다음과 같이 세 가지로 구분한다.

- Passive(수동적): 기술을 통해 정보를 수동적으로 수용
- Interactive(상호작용적): 기술과 상호작용하며 학습
- Creative(창의적): 기술을 이용해 학습 산출물을 창의적으로 제작

둘째, 교사 관점에서 "교사는 기술을 어떻게 활용하는가?"라는 질문으로 기술 사용의 교수적 효과를 다음과 같이 세 가지로 나눈다.

- Replacement(대체): 기존 교수법을 단순히 디지털 도구로 대체
- Amplification(강화): 기존 교수법의 효율성을 향상
- Transformation(변형): 기술이 기존에 불가능했던 교수법을 가능하게 함

[그림 10-1]는 특정 수업 상황에서 기술 사용이 Replacement(대체), Amplification(증대) 또는 Transformation(변형) 중 어디에 해당하는지를 평가하기 위한 단계별 절차를 보여 준다.

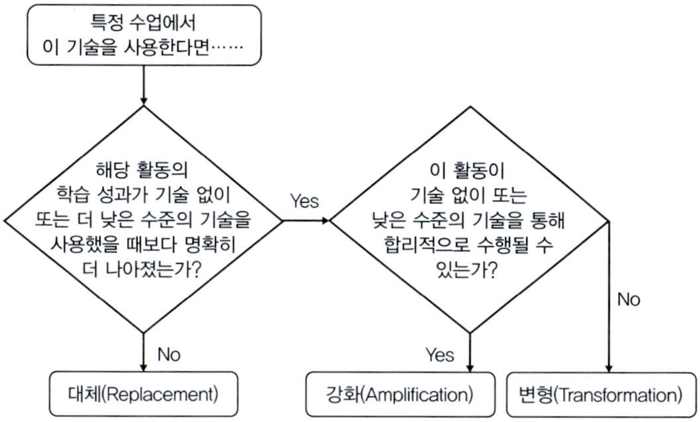

[그림 10-1] RAT 기반 기술 활용 수준

출처: Kimmons, Graham, & West (2020).

PIC(Passive, Interactive, Creative)와 RAT(Replacement, Amplification, Transformation)의 조합으로 [그림 10-2]와 같은 PICRAT 매트릭스가 만들어지는데, 이 매트릭스에 포함된 9개의 셀은 교수-학습 과정 중에 전개될 수 있는 9가지 유형의 기술 통합 활동을 의미한다. 이 매트릭스는 교사들이 현재의 기술 활용 수준을 평가하고, 더 높은 수준의 활용으로 나아갈 수 있도록 안내한다.

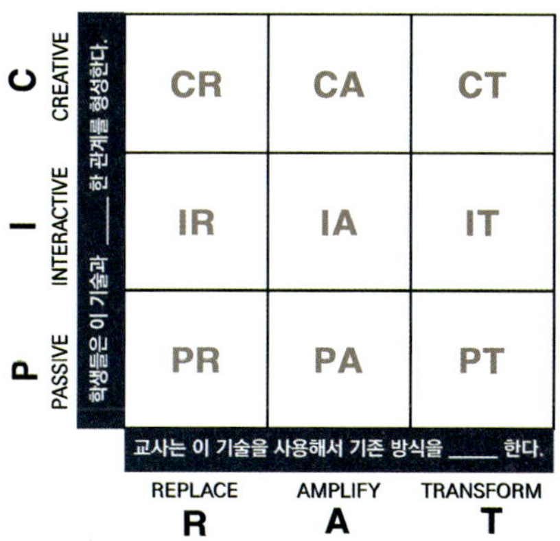

[그림 10-2] PICRAT 매트릭스

출처: Kimmons, Graham, & West (2020).

3) PICRAT 모델에 입각한 9가지 기술 통합 활동

① 수동적/대체(Passive Replacement: PR): 기술이 기존 교수법을 단순히 대체하는 수준으로 활용되고, 학생은 정보를 수동적으로 수용하며, 학습 경험은 기존의 방식과 큰 차이가 없다. 사례는 다음과 같다.

- 칠판 대신 파워포인트 슬라이드를 사용하여 강의 내용을 전달함.
- 기존의 종이 교재를 PDF로 변환하여 배포함.
- 강의를 녹화하여 학생들이 시청할 수 있도록 함.
- 교사가 수업 자료를 이메일로 배포하거나 학습 관리 시스템(LMS)에 업로드함.

② 수동적/증대(Passive Amplification: PA): 기술이 자료를 더 효율적으로 전달하지만, 학생은 여전히 수동적 역할을 수행하는 경우를 말한다. 사례는 다음과 같다.

- 강의 내용을 유튜브 동영상으로 제작해 학생들이 반복 시청할 수 있도록 함.
- 구글 슬라이드를 활용하여 실시간 업데이트 가능한 교안을 제공함.
- 퀴즈에 대한 피드백 또는 시험 결과를 자동으로 생성하여 즉시 제공함.

③ 수동적/변형(Passive Transformation: PT): 기술이 기존에는 불가능했던 방식으로 수업을 진행할 수 있도록 하지만, 학생들은 여전히 수동적으로 수업에 임하는 경우를 말한다. 사례는 다음과 같다.

- 가상현실(VR)을 활용해 학생들이 역사적 장소를 방문함.
- Zoom을 통해 외부 전문가의 강연을 시청함.
- 공공데이터 사이트에서 제공하는 시각화 자료를 학습 자료로 사용함.
- 온라인 학습 플랫폼에서 연습문제를 제공하고 학생이 정답을 확인함.

④ 상호작용/대체(Interactive Replacement: IR): 기술이 학생과 상호작용을 가능케 하지만 기존 학습 활동의 단순 대체 수준에 머무는 경우를 말한다. 사례는 다음과 같다.

- 종이 플래시카드를 띵커벨이 제공하는 디지털 플래시카드로 대체하여 학습함.

- 카훗을 활용해 수업 중 실시간 퀴즈를 진행함.
- 멘티미터로 설문 조사를 진행한 후 결과를 실시간으로 확인함.
- 소크라티브를 활용하여 방과 후 선다형 연습문제를 풀고, 즉각적인 피드백을 받는 과제를 수행함.

⑤ 상호작용/증대(Interactive Amplification: IA): 기술이 기존 수업 활동의 효율성을 높이고, 학생들의 참여도를 증진시키는 경우를 말한다. 사례는 다음과 같다.

- 학생들은 패들렛에 자신의 생각이나 학습한 내용을 게시하고, 다른 학생들의 글에 '좋아요' 등의 반응을 남기며 댓글로 피드백을 주고받음.
- Google Docs를 활용해 실시간으로 문서를 공동 편집하며 에세이를 완성함.
- 카훗을 이용해 학생들이 팀별로 경쟁적으로 퀴즈를 풀고, 즉시 점수를 확인함.
- Zoom에서 팀별 토론을 진행하며 실시간 의견을 나눔.
- 슬라이도를 사용해 수업 중 실시간 질의응답을 진행하여 교수와 학생 간 상호작용을 강화함.

⑥ 상호작용/변형(Interactive Transformation: IT): 기술이 기존에 불가능했던 새로운 상호작용적 활동을 가능하게 하는 경우를 말한다. 사례는 다음과 같다.

- Zep를 활용해 학생들이 가상 세계에서 문제를 해결함.
- Zoom을 통해 전 세계 학생들과 공동 프로젝트를 수행함.
- ChatGPT를 활용해 논문의 구조를 설계하며 AI와 상호작용함.
- 공공데이터를 분석하고 그 결과를 바탕으로 실시간 온라인 토론을 진행함.

⑦ 창의적/대체(Creative Replacement: CR): 학생들이 창의적 산출물을 제작하지만 기존 활동의 단순 대체에 머무르는 경우를 말한다. 사례는 다음과 같다.

- 파워포인트를 활용해 발표 자료를 제작함.
- 캔바의 정해진 템플릿으로 포스터를 제작함.

- VLLO를 사용해 수업 내용을 요약한 비디오를 제작함.
- 패들렛을 활용해 독창적인 자기소개 글을 작성하고 게시하도록 함.

⑧ 창의적/증대(Creative Amplification: CA): 기술이 창의적 활동의 효율성을 증진시키고 산출물을 풍부하게 만드는 경우를 말한다. 사례는 다음과 같다.

- 학생들이 동영상 다큐멘터리를 제작하여 VLLO로 편집함.
- 캔바를 활용해 팀별로 창의적인 인포그래픽을 제작함.
- 생성형 AI를 활용해 독창적인 시각 자료를 제작함.
- Zep에서 가상 전시회를 개최하고 산출물을 전시함.

⑨ 창의적/변형(Creative Transformation: CT): 기술이 기존에는 불가능했던 창의적 학습 경험을 가능하게 하는 경우를 말한다. 사례는 다음과 같다.

- 학생들이 시나리오를 작성하고 영화를 제작한 뒤 발표함.
- VR을 활용해 가상 실험 환경을 설계하고 실험을 수행함.
- 다른 나라 학생들과 협업하여 다국적 연구를 진행하고 결과를 발표함.
- 생성형 AI를 활용해 학생들이 직접 학습 게임을 설계하고 개발함.

3. 디지털 도구 선택 시 고려 사항

디지털 도구를 효과적으로 활용하기 위해서는 학습 목표와 환경에 적합한 도구를 신중하게 선택해야 한다. 디지털 도구는 학습 효과를 극대화하고, 학습자와 교사 모두에게 유익한 경험을 제공할 수 있어야 한다. 이를 위해 [그림 10-3]과 같은 다섯 가지 고려 사항을 중심으로 디지털 도구를 평가하고 선택할 수 있다(이종연, 2009; Kimmons, Graham, & West, 2020). 이 중 학습 목표, 학습자 특성, 학습 환경은 대표적인 교수 조건 변인들이며, 모든 수업 설계에서 고려해야 할 사항들이다. 학습자 참여도 및 교수법 변화는 PICRAT 모델이 제안하는 디지털 도구 활용 수준(수동적/상호작용적/창의적)과 교수법 변화(대체/증대/변형)의 기준을 바탕으로 도출된 핵심 요소다.

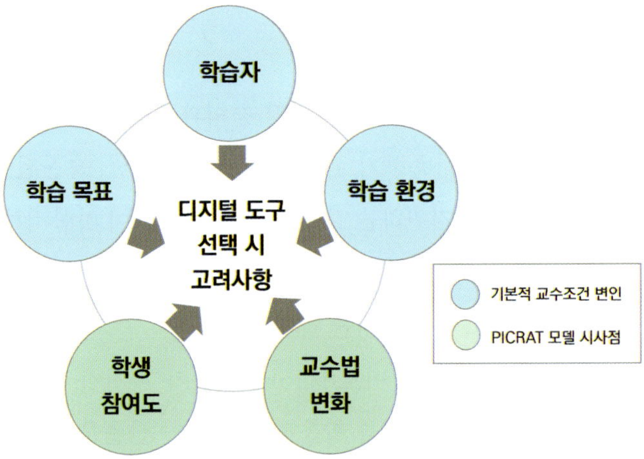

[그림 10-3] 디지털 도구 선택 시 고려 사항

1) 학습 목표 달성을 지원하는가

디지털 도구는 학습자가 달성해야 할 학습 목표와 직접적으로 연관되어야 한다. 목표에 적합하지 않은 도구는 학습자의 집중력을 저해하거나 목표 달성에 방해가 될 수 있다. 학습자가 습득해야 할 지식이나 기술에 초점을 맞추고, 이를 효과적으로 지원하는 도구를 선택해야 한다.

예시 1 역사적 사건의 흐름을 이해하는 학습 목표에서는 Google Earth를 활용하여 사건이 발생한 지역을 시각적으로 탐색할 수 있도록 하거나, Prezi를 사용해 시간의 흐름과 사건 간의 연결을 강조한 프레젠테이션을 제작할 수 있다.

예시 2 물질의 상태 변화를 이해하는 과학 수업에서는 파워포인트를 사용해 상태 변화 과정을 시각적으로 보여 주거나, Google Slides로 학생들이 각 상태 변화를 협업해 정리하도록 유도할 수 있다.

2) 학습자 능력과 수준에 적합한가

디지털 도구는 학습자의 기술적 · 인지적 능력과 수준에 부합해야 한다. 초보 학습자에게는 직관적이고 사용하기 쉬운 도구가 적합하며, 숙련된 학습자에게는 창의적이고 복잡한 작업을 지원하는 도구를 제공하는 것이 바람직하다.

예시 1 초보 학습자에게는 카훗과 같은 직관적 퀴즈 도구를 활용하여 기본 개념 이해를 돕고 학습 동기를 높일 수 있다.

예시 2 숙련된 학습자에게는 미로(Miro)를 사용해 복잡한 아이디어를 시각적으로 정리하거나, 캔바를 활용해 창의적인 산출물을 제작하도록 유도할 수 있다.

3) 주어진 학습 환경과 자원으로 활용 가능한가

도구의 접근성, 필요 시설, 비용 등 학습 환경과 자원을 고려하여 선택해야 한다. 학습자가 다양한 기기에서 쉽게 접근할 수 있는 도구를 선택하고, 지속적으로 활용 가능한 도구를 우선적으로 고려해야 한다.

예시 1 비용 제약이 있는 환경에서는 캔바와 같은 무료 버전 도구를 사용하여 수업 자료를 제작하거나, Google Workspace의 무료 기능을 활용한다.

예시 2 다양한 기기와 운영체제에서 사용할 수 있는 띵커벨 같은 디지털 도구를 선택하여 학습자 접근성을 보장한다.

4) 학습자의 상호작용적 창의적 참여를 지원하는가

디지털 도구는 학습자가 단순히 정보를 수용하는 수동적인 역할을 넘어서, 상호작용하거나 창의적인 활동에 참여할 수 있는 기회를 제공해야 한다. 학습자의 적극적인 참여를 유도하고, 학습 과정을 능동적으로 이끌어야 한다.

예시 1 패들렛을 사용해 학생들이 의견을 게시하고 서로 피드백을 주고받으며 토론하도록 유도한다.

예시 2 팀 프로젝트에서는 Google Docs를 활용해 학생들이 실시간으로 협업하고 공동 작업물을 만들 수 있도록 한다.

5) 바람직한 교수법 변화를 유도하는가

디지털 도구는 기존 교수법을 단순히 대체하는 데 그치지 않고, 교수법의 효율성을 증대하거나 기존에는 채택할 수 없었던 새로운 교수법을 가능하게 해야 한다. 교사는 도구를 활용해 교수법 변화에 긍정적인 영향을 미칠 수 있는지 평가해야 한다.

예시 1 기존의 종이 설문을 띵커벨 실시간 서베이로 전환해 데이터를 자동으로 분석하고, 실시간으로 결과를 시각화할 수 있다.

예시 2 글로벌 협업 프로젝트를 목표로, Zoom을 활용해 국제 학생들과 실시간으로 협력하고 소통할 수 있도록 한다.

디지털 도구를 선택할 때는 학습 목표, 학습자의 능력과 수준, 학습 환경 및 자원, 학생 참여도, 교수법 변화라는 다섯 가지 고려 사항을 종합적으로 평가해야 한다. 이를 통해 디지털 도구는 단순한 보조 수단을 넘어, 학습 효과를 극대화하고 교육의 질을 향상시키는 강력한 도구로 활용될 수 있다.

4. 디지털 도구 활용 전략

디지털 도구를 효과적으로 활용하려면 체계적인 계획과 단계적인 접근이 필수적이다. 디지털 도구 활용은 학습 목표를 지원하는 동시에, 학습자와 교사 모두에게 풍부한 경험과 새로운 가능성을 제공해야 한다. 이를 위해 다음 네 가지 전략을 활용할 수 있다.

1) 단계적 활용 전략

디지털 도구는 간단한 활용에서 시작해 점진적으로 고도화된 방식으로 발전시켜야 한다. 먼저 현재 도구의 활용 수준을 평가한 후, 학습 목표와 학습자의 요구에 맞게 점진적으로 상호작용적이고 창의적인 방식으로 확장해야 한다. PICRAT 매트릭스는 도구의 활용 수준(수동적/상호작용적/창의적)과 교수법 변화(대체/증대/변형)를 분석하고 점진적 확장을 계획하는 데 유용하게 활용될 수 있다.

예시 1 초기 단계에서는 카훗을 활용해 단순 퀴즈를 진행하고, 이후 패들렛을 사용해 학생들이 서로 의견을 공유하고 피드백을 주고받으며 상호작용을 강화한다. 이는 수동적/대체 (PR) 수준에서 상호작용/증대 (IA) 수준으로 발전한 사례다.

예시 2 처음에는 파워포인트를 사용해 수업 자료를 제공하지만, 이후 Google Slides 또는 캔바를 활용해 학생들이 팀별로 발표 자료를 공동 제작하도록 하여 협업과 상호작용을 증진한다.

2) 다양한 도구의 혼합 활용

한 가지 도구에 의존하기보다는 여러 도구를 조합하여 학습 목표를 다각적으로 충족시키는 방식도 권장할만 하다. 각 도구의 강점을 최대한 활용하면 학습자가 더 풍부한 학습 경험을 얻을 수 있다. 도구의 목적별 기능을 고려하여 학습 목표에 맞는 조합을 설계해야 한다.

예시 1 강의 자료는 Prezi를 통해 시각적으로 제공하고, 학습 진행 상황은 멘티미터를 활용해 실시간 설문으로 점검하며, 팀 협업 활동은 Google Docs를 사용해 진행한다.

예시 2 이론 수업에서는 유튜브 동영상을 통해 개념을 전달하고, 실습 단계에서는 캔바를 활용해 학생들이 직접 학습 내용을 기반으로 창의적인 포스터를 제작하도록 한다.

3) 학생 반응 분석 및 반영

디지털 도구의 활용 효과를 극대화하려면, 사용 중인 도구에 대한 학생들의 반응을 조사하고 이를 바탕으로 평가해야 한다. 학생들의 피드백은 현재 도구의 강점과 약점을 파악하고, 다음 도구 선택과 활용 전략을 개선하는 데 중요한 근거가 된다.

학생들의 반응을 조사하고 분석하는 과정에서도 디지털 도구를 적극 활용할 수 있다. 설문 조사 도구나 데이터 시각화 도구는 학습자의 의견을 체계적으로 수집하고 분석하는 데 효과적이다.

예시 1 Google Forms를 통해 도구 활용 경험에 대한 설문 조사를 실시하고, 학생들이 느낀 강점과 약점을 분석하여 이후 도구 선택에 반영한다.

예시 2 멘티미터를 사용해 실시간으로 학습자 만족도를 조사하고, 데이터를 바탕으로 차기 수업에서 더 적합한 도구를 선택하거나 기존 도구의 활용 방식을 개선한다.

4) 학습자 맞춤형 활용

디지털 도구는 학습자의 수준과 요구에 맞게 조정되어야 한다. 학습자가 자신의 능력과 목표에 맞게 도구를 활용하도록 설계하면, 학습 참여도가 높아지고 목표 달성 가능성이 커진다. 초보 학습자와 숙련된 학습자를 구분하여 도구 사용 방식을 차별화하거나, 맞춤형 학습 경로를 제공해야 한다.

예시 1 초보 학습자에게는 카훗과 같은 직관적인 도구를 활용해 기본 개념을 익히게 하고, 숙련된 학습자에게는 미로를 사용해 복잡한 아이디어를 체계적으로 정리하도록 유도한다.

예시 2 학습 수준이 낮은 학생에게는 AI 디지털교과서를 사용해 개별화된 학습 자료와 연습문제를 제공하고, 고급 학습자에게는 캔바를 활용해 학습 내용을 기반으로 창의적인 산출물을 제작하게 한다.

디지털 도구 활용 전략은 단순히 기술을 사용하는 데 그치는 것이 아니라, 학습 목표를 달성하고 학습자의 요구를 충족하는 데 중점을 두어야 한다. 이 절에서는 이를 위해 단계적 활용, 도구의 혼합 활용, 학생 반응 분석 및 반영, 학습자 맞춤형 활용이라는 네 가지 전략을 제안하였다. 이러한 전략은 디지털 도구의 잠재력을 최대한 발휘하여 효과적이고 몰입감 있는 학습 환경을 조성하는 데 기여할 것으로 기대된다.

참 / 고 / 문 / 헌

김남희(2004). 서울 에듀테크소프트랩 개소식 기조강연. 2024. 11. 29.

이종연(2009). 교육공학의 이해와 적용 (개정판). 원미사.

Kimmons, R., Graham, C. R., & West, R. E. (2020). The PICRAT model for technology integration in teacher preparation. *Contemporary Issues in Technology and Teacher Education, 20*(1), 176-198.

PART 04

디지털 교육과 교수법의 변화

디지털 시대의 가속화와 함께 교육은 그 형태와 교수법에서 중대한 변화를 맞이하고 있다. 제4부에서는 이러한 변화의 흐름 속에서 새로운 교수법이 어떻게 디지털 환경과 결합하여 학습자 중심의 교육을 실현할 수 있는지 탐구한다. 제11장에서는 교육과 교수법이 어떻게 변화하고 있는지 소개하며, 학습자의 참여와 상호작용을 촉진하는 디지털 교수법의 필요성을 강조한다. 이후에는 디지털 시대의 대표적인 교수법인 플립러닝, 프로젝트 기반 학습 그리고 하이브리드 러닝을 구체적으로 살펴본다.

플립러닝은 학습자가 비실시간 온라인 학습을 통해 기본 개념을 이해한 후, 대면 수업에서 실습이나 토의 · 토론을 통해 지식을 심화시키는 방식으로, 자기주도적 학습 역량을 기를 수 있는 교수법이다. 다음으로 프로젝트 기반 학습은 학생들이 실제 문제를 해결하는 과정에서 상호작용하고 협력할 수 있도록 설계되어, 학습자들의 문제해결 능력과 창의성을 효과적으로 강화한다. 마지막으로, 하이브리드 러닝은 대면 학습과 실시간 온라인 학습을 융합한 교수법으로, 물리적 한계를 뛰어넘어 유연한 학습 환경을 제공하며, 학습자가 참여 방식을 선택할 수 있는 자유를 준다. 이러한 교수법들을 통해 디지털 시대의 학습 환경이 어떻게 변화하고 있는지 살펴보며, 앞으로의 교육 혁신에 대한 방향성을 제시하고자 한다.

CHAPTER 11

디지털 시대의 교육 특징

디지털 기술의 발전은 교육의 형태와 교수법에 커다란 변화를 초래하였다. 전통적인 교육에서는 교사가 주도하는 강의식 수업이 주를 이루었지만, 디지털 기술의 도입으로 보다 학습자 중심적이고, 상호작용적이며, 협력적인 학습 환경 구축이 가능해졌다([그림 11-1] 참조).

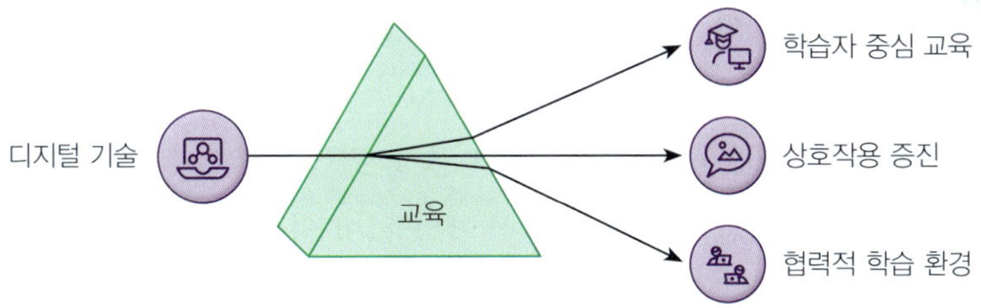

[그림 11-1] 디지털 시대 교수법의 특징

1. 학습자 중심 교육

디지털 기술은 학습자가 자신의 학습을 주도하는 데 필요한 다양하고 풍부한 자원을 제공한다. 전통적인 교사 중심의 수업에서는 교사가 지식을 일방적으로 전달했지만, 디지털 시대에는 학생들이 필요할 때 필요한 자료를 찾아 학습할 수 있는 자율성이 강조된다. 예를 들어, '칸 아카데미' 'e-학습터'와 같은 온라인 학습 플랫폼은 학습자에게 시간과 장소의 제약 없이 필요한 학습 자료에 접근할 수 있도록 한다. 이와 같이 학습자 중심 교육은 학습자가 자신의 필요에 맞춰 학습을 계획하고 진행할 수 있는 유연성을 제공하여 학습 동기와 자기주도성을 향상시킨다.

오늘날 디지털 기술은 학습자 중심 학습을 넘어 학습자의 개인적 필요와 능력에 맞는 맞춤형 학습을 가능하게 한다. 인공지능 및 머신러닝 기술을 이용해 학습자의 성향, 학습 수준, 학습 속도에 맞춰 개별적인 학습 경로를 제공할 수 있다. 예를 들어, 미국의 '드림박스 러닝(DreamBox Learning)'이나 '똑똑수학탐험대'와 같은 적응형 학습 시스템은 실시간으로 학생들의 학습 패턴을 분석하여 개인 맞춤형 학습 콘텐츠를 제공한다.

2. 상호작용 증진

디지털 기술을 활용한 교육 환경에서는 교사와 학습자 간 그리고 학습자들 간의 상호작용이 보다 활발하게 이루어질 수 있다. 쌍방향 화상 회의 시스템, 채팅 도구, 실시간 협업 플랫폼, 디지털 의견수렴 및 퀴즈 도구 등을 통해 학습자들은 교사와 또한 동료 학습자들과 시공간적 제약 없이 의사소통할 수 있다. 예를 들어, Zoom과 같은 도구를 통해 실시간으로 질문하고 답변받을 수 있어 대면 수업에서 이루어지던 상호작용을 디지털 공간에서도 진행할 수 있다.

한편, 대면수업에서는 패들렛, 띵커벨과 같은 도구를 통해 예전보다 훨씬 효율적으로 학생들의 의견을 공유하고 수렴할 수 있으며, 서로에게 반응할 수 있다. 카훗과 같은 도구를 활용해 학생들의 이해도를 점검하고, 즉각적인 피드백을 제공할 수 있다. 패들렛, 띵커벨, 카훗과 같은 도구는 Zoom과 같은 쌍방향 화상 회의 시스템을 활용한 원격수업 중에도 활용할 수 있다. 상호작용 기회의 확대는 학습자의 참여도를 증가시키고 학습자의 이해도를 향상시킬 수 있다.

3. 협력적 학습 구축

디지털 시대의 교육에서는 협력 학습이 더욱 강조된다. 디지털 도구를 통해 학습자들이 팀을 이루어 과제를 수행하거나 프로젝트를 진행할 수 있는 환경이 효율적으로 조성될 수 있다. 예를 들어, Google Docs, 캔바와 같은 협업 도구를 사용하면 여러 명의 학습자가 동시에 문서 작업을 하며 아이디어를 공유하고, 실시간으로 수정 및 피드백을 주고받을 수 있다. 이러한 협력적 학습 환경은 학습자들이 문제를 해결하는 과정에서 다양한 관점을 이해하고 서로의 지식을 공유할 수 있게 하여, 문제해결 능력과 창의성을 길러 줄 수 있다.

CHAPTER 12

디지털 시대의 교육 형태

디지털 시대의 교육은 [그림 12-1]과 같이 대면수업, 비실시간 온라인 학습과 실시간 온라인 학습으로 구분되며, 이 세 가지 교육 형태는 개별적으로 또는 결합하여 교육 현장에서 다양하게 활용될 수 있다. 각 교육 형태는 학습 목표와 상황에 따라 그 강점이 발휘되며, 학습자의 요구에 맞춘 교육 방식으로 적용될 수 있다.

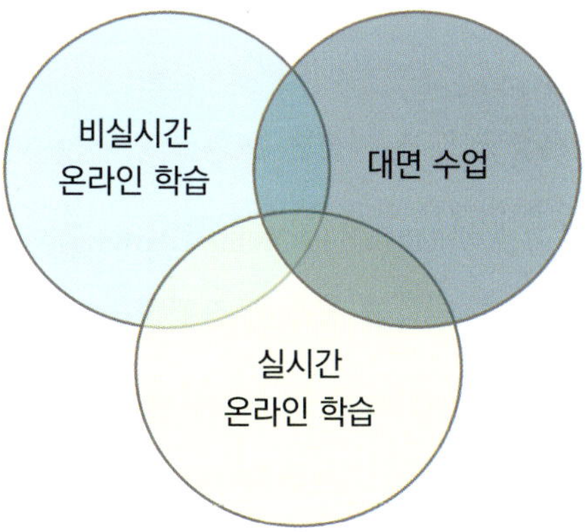

[그림 12-1] 디지털 시대 교육 형태

1. 대면 수업

대면 수업(Face-to-Face Learning)은 교사와 학습자가 같은 물리적 공간에서 교수-학습 활동을 진행하는 전통적인 교육 형태다. 그러나 디지털 시대의 대면 수업은 단순히 물리적 만남에 그치지 않고, 디지털 기술과 도구를 활용하여 학습자들의 참여도와 상호작용을 극대화하며, 새로운 학습 경험을 제공할 수 있는 환경으로 발전하고 있다. 예를 들어, 증강현실과 가상현실 기술을 통해 실제로 관찰하거나 경험하기 어려운 현상을 체험하는 활동을 전개할 수 있고, 실시간 퀴즈 도구를 활용하여 학생들의 학습 상태를 즉시 점검하고 피드백을 제공할 수 있다. 팀 단위로 협업 도구를 활용하여 창의적인 결과물을 함께 제작하는 활동이나, AI 디지털교과서를 활용한 개별 맞춤형 활동도 진행할 수 있다. 이처럼 디지털 기술을 활용한 대면 수업은 학습자 중심의 몰입할 수 있는 환경을 조성하고, 협력을 촉진하며, 수업의 효과를 높이는 데 기여한다.

2. 비실시간 온라인 학습

비실시간 온라인 학습(Asynchronous Online Learning)은 교사와 학습자가 각자 원하는 시간과 장소에서 교수-학습 활동을 진행하는 방식으로, 학습자에게 높은 유연성을 제공한다. 학습자는 온라인 플랫폼에 접속해 강의 동영상과 학습 자료를 활용하여 자신의 속도에 맞춰 학습하고, 이를 통해 깊이 있는 예습과 복습을 할 수 있다. 또한 온라인 학습 플랫폼이 제공하는 퀴즈, 토론, 과제 제출 등 다양한 기능을 활용하여 자신의 일정에 맞게 과제를 수행할 수 있다. 특히 플립러닝의 사전 학습은 비실시간 온라인 방식으로 진행되는데, 교사가 제작한 동영상 자료나 온라인 교육 플랫폼 제공하는 콘텐츠가 본 수업 전 수강해야 하는 과제로 제공되곤 한다.

비실시간 온라인 학습은 학습자가 주도적으로 학습 계획을 수립하고 실행할 수 있도록 돕는다. 이 방식은 학습 내용을 반복적으로 검토하며 심화할 기회를 제공하고, 자기주도적 학습 역량을 강화하는 데 효과적이다.

3. 실시간 온라인 학습

실시간 온라인 학습(Synchronous Online Learning)은 교사와 학습자가 서로 다른 장소에 있지만, 동일한 시간에 디지털 플랫폼을 통해 교수-학습 활동에 참여하는 방식이다. 이 학습 형태는 학생들이 실시간으로 교수자의 강의를 수강하는 것은 물론 물리적 거리에 상관없이 교수자와 실시간으로 소통할 수 있도록 한다. 예를 들어, Zoom과 같은 실시간 화상 회의 플랫폼을 활용해 방과 후나 방학 중 수업이 진행되고, 학생들은 즉각적인 질의응답과 토론에 참여할 수 있다. 또한 대규모 강의에서 공간 부족 문제를 해결하기 위해 일부 학생들이 온라인으로 참여하거나, 지역 간 협력 프로그램에서 교사가 다른 학교의 학생들과 실시간 수업을 진행하는 데 활용될 수 있다. 더불어 자연재해나 팬데믹과 같은 비대면 상황에서도 학습의 연속성을 보장하는 중요한 역할을 한다. 실시간 온라인 학습은 비실시간 학습에 비해 높은 참여도를 유도하며, 학습자가 수업 중 궁금한 점을 즉각 해결할 수 있어 효과적인 학습 방식으로 인정받고 있다.

CHAPTER 13

디지털 시대의 주요 교수법

디지털 시대의 대표적인 교수 방법으로 플립러닝, 프로젝트 기반 학습, 하이브리드 러닝을 소개하고자 한다. 플립러닝은 학습자 중심적 교수법으로, 교사-학생 간 및 학생 간의 상호작용과 협력을 촉진하는 특징을 가진다. 이 교수법은 사전 비실시간 온라인 학습 후 대면 수업이 진행되는 방식으로, 디지털 시대를 대표하는 교수법으로 자리 잡았다(이종연 외, 2014).

프로젝트 기반 학습은 전통적인 교수법이지만, 디지털 기술의 도입으로 학습자들이 더욱 풍부하고 다양한 학습 자원에 쉽게 접근할 수 있게 되었으며, 학생들 간의 소통과 협업이 더욱 활성화되었다(이종연, 2024). 특히 플립러닝의 대면 수업 파트를 프로젝트 기반 학습으로 운영하는 경우가 많아, 디지털 시대를 대표하는 교수법으로 더욱 부각되고 있다. 프로젝트 기반 학습은 온라인 환경과 대면 환경 모두에서 운영될 수 있으며, 실시간 및 비실시간 학습 형태를 결합하여 유연하게 진행될 수 있다.

하이브리드 러닝은 대면 수업과 실시간 온라인 학습이 동시에 이루어지는 형태로, 물리적 공간의 제약을 넘어 유연한 학습 환경을 제공한다(이재경, 2021). 2020년 후반기부터 감염병으로 인한 결석자가 늘어나면서, 하이브리드 러닝이 대안으로 널리 채택되었다. 이러한 교수법은 다양한 학습자의 상황에 맞추어 교육의 연속성을 보장하는 데 효과적이다.

각 교수법의 개념 및 특징, 적용하기에 적합한 교수 조건, 진행 시 유의사항과 구체적인 사례를 다음에서 자세히 알아보겠다.

1. 플립러닝

1) 개념 및 특징

플립러닝(Flipped Learning)은 2007년 미국 콜로라도주에 위치한 한 고등학교에서 두 명의 교사가 시작한 교수법으로 알려져 있다. 당시 이들은 수업에 결석한 학생들이 진도를 따라가는 데 어려움을 겪는 문제를 해결하기 위해 수업 내용을 동영상으로 미리 녹화하여 학생들이 집에서 시청하도록 했다. 실제 수업 시간에는 학생들이 어려워하는 개념을 이해하고 문제를 해결하는 데 집중하도록 수업 방식을 재구성했다(이종연 외, 2014). 이처럼 플립러닝은 전통적인 수업 방식의 흐름을 뒤집는 교수법이다. 전통적인 교사 중심 강의식 수업에서는 교사가 수업 시간에 지식을 전달하고, 학습자들은 과제를 통해 복습하는 구조를 따랐다. 반면, 플립러닝에서는 지식 전달이 비실시간 온라인 학습을 통해 이루어지고, 대면 수업은 팀 기반 활동과 심화 학습에 초점을 맞춘다. 학생들은 수업 전에 강의 동영상이나 온라인 학습 자료를 자율적으로 학습하며, 수업 시간에는 이를 바탕으로 문제를 해결하거나 토론을 진행하는 등 상호작용적이고 협력적인 학습 활동에 참여한다(이재경, 2019). 〈표 13-1〉은 전통적인 교사 중심 강의식 수업과 플립러닝의 차이를 정리한 것이다.

〈표 13-1〉 교사 중심 강의식 수업과 플립러닝 비교

항목	교사 중심 강의식 수업	플립러닝
수업 방식	• 별도의 사전 학습은 없고, 교사가 강의실에서 일방적으로 지식 전달 • 인지주의적 접근	• 사전 학습은 온라인 강의 수강(개별학습), 수업 시간에는 토의, 프로젝트 기반 학습 등 팀 활동 중심의 심화 학습 진행 • 구성주의적 접근
학습자 역할	• 대부분 수동적으로 강의 청취	• 사전 학습에서 능동적 · 자율적으로 지식 습득 후 수업 시간에 토론 및 문제해결
교사 역할	• 지식 전달자	• 학습 촉진자 및 가이드 역할
학습자 간 상호작용	• 제한적	• 적극적인 상호작용 및 협력 학습
참여도 및 학습 동기	• 학습자 참여도 낮음	• 학습자 참여도와 학습 동기 강화
학습 성과	• 주로 시험을 통한 평가 • 지식 향상	• 팀 활동 결과물 평가 • 비판적 사고 및 문제해결력 향상

2) 플립러닝의 적용이 적절한 상황

플립러닝이 디지털 시대의 대표적인 교수법임에는 틀림이 없으나, 모든 상황에서 효과적이라고 단언할 수는 없다. 플립러닝의 성공적인 적용을 위해서는 학습자의 특성, 학습 목표의 수준, 수업 내용의 성격 그리고 기술적 환경을 면밀히 고려해야 한다. 플립러닝이 적절히 적용되지 않을 경우, 학습 효과가 저하되거나 학습자들의 부담이 증가할 수 있다. 따라서 플립러닝의 적용 여부는 상황에 따라 신중하게 판단해야 한다.

〈표 13-2〉는 플립러닝을 적용하기에 적절한 경우와 그렇지 않은 경우를 비교하여 제시한 것이다.

〈표 13-2〉 플립러닝 적용이 적절한 상황과 그렇지 않은 상황

항목	플립러닝 적용이 적절한 상황	플립러닝 적용이 적절하지 않은 상황
학습자의 특징	자기주도적 학습 능력이 높은 학습자 (예 고등학생, 대학생)	자기주도적 학습 능력이 낮거나 학습 동기가 낮은 학습자 (예 초등학생)
학습 목표의 수준	비판적 사고, 문제해결 능력 등 고차원적인 사고 능력 향상이 목표인 경우	단순 암기나 기초 지식 습득이 주된 목표인 경우
수업 내용의 성격	복잡한 개념을 학습하고 응용하는 것이 필요한 경우	간단한 지식 전달이 주된 목표일 때
기술적 환경	온라인 학습 자료 접근이 원활하며, 디지털 기기와 인터넷 환경이 충분한 경우	디지털 기기 또는 인터넷 접근성이 부족한 경우

3) 설계 및 운영 시 유의사항

플립러닝은 항상 기대하는 성과를 보장하는 것은 아니다. 따라서 플립러닝을 설계하고 운영할 때 다음과 같은 사항을 유념해야 한다.

(1) 사전 학습의 질 관리

플립러닝에서 사전 학습은 매우 중요한 요소다. 사전 학습 자료의 질이 낮을 경우 학습자들이 학습 내용을 충분히 이해하지 못할 수 있으므로, 자료는 명확하고 이해하기 쉽게 구성되어야 한다. 또한 본 수업에서 학습자들의 적극적인 참여의 기반이 될 만큼 충분한 내용을 담아야 한다. 이를 위해 사전 학습용 콘텐츠는 다음 사항을 준수해야 한다.

- 마이크로 러닝 방식 적용: 동영상은 핵심 개념을 짧고 명확하게 설명하는 마이크로 러닝 형식이 적합하다. 5~10분 내외의 길이로 핵심 내용을 요약하면 학습자들이 부담 없이 시청하고 이해할 수 있다. 길이가 길어질 경우 몰입하기

어렵고, 심지어는 사전학습을 포기할 확률이 커진다.

- **필수 수강 및 보충 자료 제공**: 사전 학습을 필수적으로 수강하도록 하여 학습의 기초를 다지게 하는 것과 동시에, 추가적으로 학습을 원하는 학습자들에게는 참고 자료나 추가 학습용 링크를 제공할 필요가 있다. 보충 자료를 제공하여 학습자가 자발적으로 심화 학습할 수 있는 기회를 제공한다.
- **자기 점검 기회 제공**: 학습자가 사전 학습 후 자신의 이해도를 스스로 평가할 수 있는 기회를 제공하여, 본 수업을 철저히 준비할 수 있도록 한다. 예를 들어, 간단한 퀴즈나 이해도 체크리스트를 통해 학습자는 자신이 부족한 부분을 확인하고 이를 보충하도록 할 수 있다. 이러한 자기 점검은 학습자의 메타인지를 강화하여, 자신이 알고 있는 것과 모르는 것을 명확히 구분하고, 주도적으로 학습을 조절할 수 있게 한다.
- **외부 콘텐츠 활용**: 교사가 동영상을 직접 제작할 수도 있지만, 칸 아카데미, e-학습터, EBS 고교강의와 같은 공신력 있는 온라인 학습 플랫폼에서 제공하는 양질의 콘텐츠를 활용할 수도 있다. 이들 사이트는 다양한 과목에 대해 이미 잘 구성된 학습 자료를 제공하고 있어 플립러닝의 사전 학습 자료로서 효율적으로 활용할 수 있다.

(2) 학습자 자기주도성 강조

플립러닝은 학습자가 자기주도적으로 학습해야 효과적이다. 따라서 학생들이 스스로 학습 계획을 세우고, 학습 목표를 달성할 수 있도록 자기주도적 학습 전략을 개발하는 것이 필요하다.

(3) 학습자의 사전 준비 점검

모든 학습자가 사전 학습을 충실히 수행하지 않을 수 있으므로, 교사는 본 수업을 시작하면서 퀴즈, 요약 제출, 토론 포인트 제출 등을 통해 학생들의 사전 학습 상태를 점검하는 것이 중요하다. 사전 학습의 일부로 자기점검의 기회(퀴즈 또는 체크리스트)가 제공된 경우에도 생략하지 않는 것이 바람직하다.

(4) 본 수업을 위한 학습 활동 설계

플립러닝에서 본 수업은 단순한 복습이 아니라 심화 학습과 응용 활동을 포함해야 한다. 문제해결, 토론, 프로젝트와 같은 팀 기반 학습 활동에 중점을 두어 학습자들이 사전 학습 내용을 실제로 적용하고 확장할 수 있도록 설계한다.

(5) 학습자 간 상호작용 촉진

플립러닝은 교사-학습자 간 상호작용뿐만 아니라 학습자 간의 상호작용이 매우 중요하다. 이를 위해 소그룹 활동, 팀 프로젝트, 상호 평가 등을 통해 협력적 학습 환경을 조성한다.

(6) 기술적 준비

플립러닝은 온라인 학습 플랫폼과 디지털 도구의 활용이 필요하므로, 기술적 지원이 충분히 이루어져야 한다. 학습자들이 수업 자료에 쉽게 접근할 수 있도록 기술적 지원을 제공하고, 필요한 경우 교사가 기술 도구 사용법을 안내해야 한다.

(7) 적응 문제 대비

일부 학생들은 플립러닝 방식에 적응하는 데 어려움을 겪을 수 있다. 특히 전통적인 강의 방식에 익숙한 학생들에게는 변화가 부담스럽게 느껴질 수 있다. 따라서 플립러닝의 이점과 기대 효과를 명확히 설명하고, 초기에는 전통적인 강의와 비실시간 온라인 학습을 병행하며 간단한 토론 활동을 진행한다. 이후 점차 비실시간 온라인 학습의 비중을 늘리고, 프로젝트 기반 학습과 같은 심화 학습을 도입함으로써 학생들이 적응할 수 있도록 한다.

4) 플립러닝 절차

사전 학습을 위해 제시될 동영상 및 기타 참고 자료와 사전 학습 자가 점검 방안을 확보하고, 본 수업에서 전개할 팀 기반 활동을 계획했다면, 수업은 [그림 13-1]과 같은 절차로 진행될 수 있다.

우선, 교사는 플립러닝에 활용할 온라인 학습 플랫폼을 점검하고, 사전 학습용 콘텐츠와 자가 점검용 퀴즈 또는 체크리스트를 업로드한다. 이후, 학생들에게 플립러닝 시행을 공지하고 사전 학습 방법과 목표를 안내한다. 학생들은 학습 목표를 확인한 뒤, 개별적으로 온라인 학습 플랫폼에 접속해 사전 학습을 수행하며, 교사는 이 과정을 모니터링하며 질문에 답변한다.

본 수업에서는 교사가 학생들의 사전 학습 수준을 간단히 점검한 후 진행할 학습 활동에 대해 안내한다. 학생들이 학습 활동을 시작하면, 교사는 이 과정을 모니터링하며 필요한 지원을 제공한다. 학생들은 학습 활동을 진행하며, 결과물을 정리하고 완성한다.

수업 종료 단계에서는 학생들이 학습 활동 기록이나 산출물을 온라인 플랫폼에 업로드하고, 교사가 이를 평가한 후 피드백을 제공한다. 또한 학생들이 학습 활동을 성찰하도록 유도하며, 교사는 성찰 과정을 지원한다.

[그림 13-1] 플립러닝 진행 절차

5) 플립러닝 사례

(1) 신탄진고등학교 영어 수업(교육부, 2021)

- 사례 개요: 대전에 위치한 신탄진고등학교에서는 영어 수업에 플립러닝을 도입하여 학생들이 각자의 학습 속도에 맞춰 사전에 제공된 동영상 강의를 통해 영어 문법과 단어를 미리 학습하도록 했다. 교실에서는 이를 바탕으로 학생들 간 토론과 과제 수행 활동을 진행하여, 사전 학습 내용을 실제 상황에 맞춰 응용하고 연습할 수 있도록 구성했다. 교사는 이 과정에서 학생들이 사전 학습에서 이해하지 못한 부분을 보완하고, 실시간 피드백을 제공하며 수업의 진행을 지원했다.
- 성과: 학생들은 전통적인 강의 방식보다 자신의 학습 속도에 맞춰 학습할 수 있다는 점에서 긍정적인 반응을 보였다. 수업 참여도와 만족도가 크게 증가했으며, 영어에 대한 자기주도적 학습 능력과 이해력이 향상되었다.

(2) 고등학교 가정과 실습 수업(육경민, 2019)

- 사례 개요: 대구에 위치한 A 고등학교에서는 1학년 가정과 의생활 실습 수업에 플립러닝을 도입하여, 학생들이 수업 전에 의복 관리와 재봉 기초 이론을 온라인 강의를 통해 학습하도록 했다. 교실에서는 사전에 학습한 내용을 바탕으로 의복을 다루고 재봉 작업을 수행하는 실습 활동에 집중했다. 이 과정에서 교사는 학생들에게 개별적인 피드백을 제공하며, 학생들은 동료와 협력해 실습을 진행하면서 학습 내용을 심화했다.
- 성과: 수업에 참여한 학생들은 높은 만족도(평균 3.69~4.17점)를 보였으며, 수업 참여도와 상호작용 면에서도 긍정적인 결과가 확인되었다. 학생들은 플립러닝 방식이 반복적인 사전 학습을 촉진하여 실습 효과를 높이는 데 큰 도움이 되었다고 응답했다. 이 사례는 플립러닝을 통한 학습자 중심 접근이 학생들의 학습 몰입도와 실습 기술 향상에 효과적임을 보여 준다.

(3) 중학교 과학 수업(이정민, 노지예, 정연화, 2016)

- 사례 개요: 서울에 위치한 B 중학교에서는 1학년 과학 교과서의 '지구계와 지권의 변화' 단원 중 20차시를 선정하여 플립러닝으로 재구성한 수업을 5주 동안 진행하였다. 교사는 선택 또는 제작한 10분 이내의 사전 학습용 동영상을 학생들에게 제공하였으며, 학생들은 이를 시청한 후 정리 노트를 작성하였다. 본 수업에서는 4~5명씩 무작위로 구성된 팀 단위로 조별 활동과 토론에 참여했다. 다음 〈표 13-3〉은 일부 주차의 수업 활동 내용을 보여 준다.

〈표 13-3〉 B 중학교 과학 수업 2주차 구성

사전 학습	본 수업
• '지구의 내부' 관련 실험 동영상 시청	• 팀별로 지구 내부 만들기 활동
• '대륙의 이동' 관련 동영상 시청	• 판 구조론 개념 확립을 위한 교사의 보충 설명 • 팀 별로 판게아(Pangaea) 맞추기 활동 • 토론

- 성과: 플립러닝을 적용하지 않고 전통적인 강의식 수업을 받은 학생들과 비교한 결과, 플립러닝에 참여한 학생들의 성취도와 과학 흥미 수준은 유의미하게 높은 것으로 나타났다. 다만, 내재적 학습 동기 수준에서도 두 그룹 간 차이가 확인되었으나, 통계적으로 유의미한 수준은 아니었다. 연구진은 플립러닝 수업이 5주간에 그치지 않고 보다 장기간 운영되었다면 더 긍정적인 결과를 기대할 수 있었을 것이라고 결론지었다.

2. 프로젝트 기반 학습

1) 개념 및 특징

프로젝트 기반 학습(Project-Based Learning: PBL)은 20세기 초 미국의 교육학

자 존 듀이(John Dewey)가 주장한 "학습자는 실제 경험을 통해 배워야 한다."라는 경험 중심 교육 철학에서 비롯되었다고 볼 수 있다. 이후 윌리엄 허드 킬패트릭(William H. Kilpatrick)이 듀이의 철학을 확장하여 1918년 프로젝트법(The Project Method)이라는 이름으로 PBL을 체계화했다. PBL은 비판적 사고, 문제해결 능력, 협력 등 21세기 핵심 역량을 기르는 데 중점을 두어, 시대에 적합한 인재를 양성하는 데 부합한다. 특히 디지털 기술의 발달로 정보 접근성이 높아지면서 학생들의 실제 문제를 탐구하고 해결하는 역량이 더욱 강조되고 있어 주목받고 있다.

프로젝트 기반 학습은 실제성을 지닌 프로젝트 주제를 선정하고, 구체적인 해결책 또는 산출물을 개발하는 과정에서 지식과 기술을 학습하는 학습자 중심 교수법이다(DeFillippi, 2001). 학생들은 일반적으로 팀을 구성하여 공동의 목표를 달성하기 위해 의견을 교환하고, 아이디어를 구체화하며 종합하는 과정을 경험한다. 이러한 경험은 협업 능력, 비판적 사고, 의사소통 능력, 문제해결 능력, 창의적 사고 등 시대가 요구하는 핵심 역량을 함양하는 데 큰 도움을 줄 수 있다(이종연, 2024; Lee, Blackwell, Drake, & Moran, 2014).

2) 프로젝트 기반 학습이 적절한 상황

프로젝트 기반 학습은 현대 사회가 요구하는 핵심 역량을 기르기에 적합한 학습자 중심 교수법임에 틀림없지만, 모든 학습 상황에 적합한 교수법은 아니다. PBL은 학습자가 프로젝트와 관련된 기초 지식을 이미 습득한 상태에서 주어진 과제를 해결해 나가는 방식이기 때문에, 기초적인 지식 전달이 주 목적인 경우에는 적절하지 않다. 대신, 비판적 사고력, 문제해결 능력, 창의성 등 고차원적인 학습 목표를 달성하고자 할 때 효과적인 교수법이다.

학습자의 특성도 중요한 요소로 작용한다. PBL에서는 학습자가 플립러닝과 마찬가지로 자기주도적 학습 능력을 갖추고 있어야 적극적으로 프로젝트에 참여할 수 있다. 학습자는 주어진 과제와 관련하여 목표를 설정하고, 계획을 수립하며, 진행 상황을 점검할 수 있는 역량을 지녀야 한다. 따라서 초등학교 저학년처럼 자기주도적 학습 능력이 부족한 학습자에게는 적합하지 않을 수 있다. 다만 이러한 교수법을 경험하면서 학습자들의 자기주도적 학습 능력이 점진적으로 향상될 가능성은 있다.

PBL은 학습자가 실제 생활에서 직면할 수 있는 복잡한 문제를 해결하는 데 중점을 둔다. 따라서 과학, 사회, 공학과 같이 복잡한 문제해결이나 실제 사례를 다루는 과목에 특히 적합하다. 또한 PBL은 학습자들이 팀을 이루어 협력적으로 문제를 해결하는 데 초점을 맞추고 있어 협동 학습과 의사소통 능력이 중요한 수업에서 매우 효과적이다. 팀별 활동을 통해 학습자들은 서로의 의견을 교환하고 아이디어를 결합하며 보다 나은 해결책을 도출할 수 있다.

3) 설계 및 운영 시 유의사항

프로젝트 기반 학습(PBL)의 성과에 영향을 미칠 수 있는 요인을 중심으로, 설계 및 운영 시 유념해야 할 사항에 대해 살펴보고자 한다. 주요 영향 요인은 과제 실제성, 팀 구성 만족도, 과제 부담감의 적절성, 교사의 지원과 피드백, 평가의 적절성의 다섯 가지로, 각각의 개념과 선행 연구 결과는 다음과 같다(이종연, 2024; 최솔, 이종연, 2024).

(1) 과제 실제성

과제의 실제성은 학습자가 수행하는 과제가 현실 문제와 얼마나 관련이 있는지를 나타낸다. 실제성이 높은 과제는 복잡하고 융합적이며 비구조적인 특징을 가지며, 학습자의 학습 몰입도, 동기, 학습 지속 의향에 긍정적인 영향을 미친다. 따라서 프로젝트 기반 학습에서는 현실과 관련된 과제를 설계하는 것이 중요하며, 이를 통해 학습자들이 학습의 가치를 높게 인식할 수 있도록 해야 한다.

(2) 팀 구성

프로젝트 기반 학습은 팀 단위로 진행되므로, 팀 구성은 매우 중요한 역할을 한다. 팀 구성원이 서로에게 만족하고 애착을 가지면 책임감을 느끼며 과제를 성실히 수행할 가능성이 높아진다. 팀 구성은 학생 자율에 맡기거나 교사가 주도적으로 결정할 수 있다. 교사가 팀을 구성할 경우, 무작위 배정, 이질적 집단 구성, 동질적 집단 구성 등의 방법이 있다. 그러나 사전지식, 학업 성취 수준, 성별, 학습 유형, 성격 및 성향 등의 특성을 고려하여 이질적인 집단을 구성할 때, 동질적인 집단보다 더 다양한 의견을 공유하고 수렴할 수 있어 긍정적인 효과를 발휘할 가능성이 높다.

(3) 과제 부담감의 적절성

과제의 난이도와 양 그리고 시간적 요구가 학습자가 감당할 수 있는 수준인지가 성과에 큰 영향을 미친다. 적절한 부담감은 학습자가 수업의 가치를 높게 평가하고, 과제에 몰입하며 성취도를 증가시키는 데 기여한다. 반면, 과도하거나 부족한 부담감은 학습에 부정적인 영향을 줄 수 있으므로, 프로젝트 수행을 위한 시간과 난이도를 적절하게 설계하는 것이 중요하다.

(4) 교사의 지원과 피드백

교사는 프로젝트 기반 학습에서 안내자와 촉진자의 역할을 맡아야 한다. 학습자가 과제를 효과적으로 수행할 수 있도록 지식과 전략을 제공하고, 적절한 시점에 피드백을 통해 인지적 · 정서적 지원을 제공하는 것이 중요하다. 교사의 적절한 지원과 피드백은 학습자의 참여와 성과를 크게 향상시키는 중요한 요소로 작용한다.

(5) 평가의 적절성

평가가 공정하고 다양한 방식으로 이루어질 때 학습자의 성취도와 만족도를 높인다. 특히 팀 활동 결과물을 평가할 때는 교수자의 평가뿐만 아니라, 학생 간 상호 평가와 팀원 간 동료 평가를 병행하는 것이 바람직하다. 상호 평가는 학습자의 비판적 사고를 자극하며, 동료 평가는 무임승차를 방지하고 학습 동기를 촉진하는 역할을 한다. 학습자가 자신의 노력이 공정하게 인정된다고 느낄 때, 성과와 학습 만족도에 긍정적인 영향을 미친다.

4) 프로젝트 기반 학습 절차

학습 활동을 시작하기 전, 교사는 학습 목표에 기반하고, 과제의 실제성, 부담감 정도를 고려한 적절한 과제를 개발해야 한다. 또한 팀을 편성하고, 과제 수행 일정과 평가계획을 수립해야 한다. 이후 수업 시작되면 '준비하기-주제 결정하기-주제 분석 및 수행 계획 수립하기-산출물 개발 및 완성하기-발표 및 평가하기'의 다섯 단계로 운영되며, 각 단계에서 교사와 학생들이 할 일은 [그림 13-2]와 같다.

① 준비하기

〈학습자가 할 일〉
- 팀 빌딩
- 과제 이해하기

〈교사가 할 일〉
- 팀 편성
- 프로젝트 내용 및 절차 설명
- 수행 원칙 및 산출물 조건 설명
- 모니터링 및 피드백 제공

② 주제 결정하기

〈학습자가 할 일〉
- 자료 수집 및 프로젝트 주제 발굴하기
- 프로젝트 주제 결정하기

〈교사가 할 일〉
- 모니터링 및 피드백 제공

③ 주제 분석 및 수행 계획하기

〈학습자가 할 일〉
- 주제 분석하기
- 수행 업무 목록화
- 추진 일정 수립 및 역할 분담

〈교사가 할 일〉
- 모니터링 및 피드백 제공

④ 산출물 개발 및 완성하기

〈학습자가 할 일〉
- 팀원별로 할당된 업무 수행하기
- 산출물 통합하기
- 산출물 수정 보완하기
- 마무리 및 팀별 발표 준비하기

〈교사가 할 일〉
- 최종 산출물 발표순서, 방법 및 원칙 설명
- 상호평가 및 동료평가 안내
- 모니터링 및 피드백 제공

⑤ 발표 및 평가하기

〈학습자가 할 일〉
- 최종 팀 산출물 발표하기
- 팀별 발표에 대한 논의하기
- 상호 평가 및 동료 평가하기
- 팀 프로젝트 수행에 대해 성찰하기

〈교사가 할 일〉
- 팀별 발표에 대한 피드백
- 프로젝트 수행 결과 요약 및 마무리

[그림 13-2] 프로젝트 기반 학습 진행 절차

5) 프로젝트 기반 학습 사례

(1) 자유학기제 중학생 대상 프로젝트 기반 영어 수업 사례(편문정, 2024)

- 개요: 경기도 소재 S 중학교에서는 1학년 2개 반, 총 50명을 대상으로 에듀테크를 활용한 프로젝트 기반 수업을 실시하였다. 이 수업은 자유학기제 주제 선택 영어 과목으로, 2023년 9월부터 11월까지 총 17차시로 구성되었다. 수업은 1차시 오리엔테이션, 5차시씩 3개의 프로젝트 수행 그리고 마지막 17차시 마무리 및 설문 조사로 구성되었다. 각 프로젝트에서 학생들은 소그룹으로 나뉘어 주제 선정, 수행 계획 수립, 정보 탐색, 지식 구성 및 결과물 도출, 발표 및 평가를 진행하였으며, 다양한 디지털 도구와 자원을 활용하였다. 각 프로젝트의 내용은 〈표 13-4〉에 요약되어 있으며, [그림 13-3]은 학생들이 캔바를 사용해서 만든 프로젝트 결과물 샘플이다.

〈표 13-4〉 자유학기제 중학생 대상 프로젝트 기반 영어 수업에 포함된 프로젝트명과 내용

프로젝트명	내용
Heal the World	우리가 직면한 환경 문제를 이해하고 해결하기 위해 캔바를 활용해 영어 팸플릿을 제작하고 사람들에게 홍보함
Food Around the World	타 문화에 대한 이해와 외국어 습득을 결합한 수업으로, 북 크리에이터(Bookcreator)를 활용하여 세계 여러 나라의 대표적인 음식의 요리법을 소개하는 책을 만듦
Choose Your Own Adventure Stories	구글 슬라이드(Google Slides)를 활용하여 대화형 디지털 모험 스토리를 영어로 작성함

[그림 13-3] 학생들이 캔바를 사용해서 만든 프로젝트 결과물

• **성과**: 수업 후 실시된 설문 조사와 심층 면담 결과, 학습자들의 반응은 전반적으로 긍정적이었다. 에듀테크를 활용한 수업은 흥미롭고 자유로운 분위기 속에서 활발한 상호작용과 협력을 이끌어 냈으며, 자료 수집 및 발표 활동을 통해 영어 어휘력과 문장 구조에 대한 이해력이 향상되는 등 영어 학습에 도움이 되었다고 평가되었다. 또한 프로젝트 결과물을 공동으로 제작하는 과정에서 학생들은 능동적 참여와 의사소통 능력, 협업 능력, 지식 정보 처리 능력 등 다양한 역량을 익힐 수 있었다. 학습자 중심의 프로젝트 기반 언어 학습은 협력과 의사소통을 강조하며, 에듀테크 도구의 활용과 통합될 때, 디지털 시대를 살아가는 학생들에게 필요한 미래 역량을 함양하는 적절한 수업 모델임이 확인되었다.

(2) 중·고등학생 대상 경제교육 프로젝트 기반 학습(장경원, 최성호, 이희정, 2024)

• **개요**: 이 사례는 2021년 4월 수원시 소재 중학교 3학년 학생들과 2022년 12월 안양시 소재 중학교 3학년 학생들을 대상으로 경제 개념과 역량을 실생활에 적용할 수 있도록 설계된 두 가지 프로젝트 기반 학습 프로그램을 다룬 것이다. 첫 번째 프로그램인 '합리적 소비를 위한 체크리스트 개발'은 학생들이 5명씩 한 팀으로 구성되어, 합리적 소비와 비합리적 소비의 개념을 학습한 후 자신의 소비 경험을 분석하고 체크리스트를 개발하는 활동으로 이루어졌다. 두 번째 프로그램인 '서른 다섯 살 나의 페르소나와 경제 포트폴리오'는 학생들이 3~4명씩 팀을 이루어 미래의 자신을 상상하고, 자산관리 포트폴리오를 설계하며 재무 계획을 수립하는 활동으로 구성되었다. 두 프로그램 모두 학습자 주도적 탐구와 실천을 통해 경제적 개념을 내면화할 수 있도록 설계되었다.

• **성과**: 프로그램 실행 결과, 학생들은 경제 개념을 실질적으로 이해하고 적용할 수 있는 경험을 제공받았다고 평가하였다. 합리적 소비 체크리스트 활동을 통해 자신의 소비 행동을 점검하고 개선할 기회를 얻었으며, 자산관리 포트폴리오 활동을 통해 재무 설계와 미래 계획의 중요성을 학습한 것으로 나

타났다. 이 과정에서 문제해결 능력, 협력 및 소통 능력 그리고 계획 및 실행 역량이 향상된 것으로 평가되었다.

(3) 초등학교 4학년 학생 대상 과학과 프로젝트 기반 학습(신영희, 2019)

- **개요:** 이 사례는 2015년 10~11월 경기도 고양시에 위치한 T 초등학교 4학년 대상으로 주 3~4시간씩 총 4주 동안 13시간에 걸쳐 진행되었던 과학과 프로젝트 기반 학습이다. 프로젝트의 주제는 '지구와 달'이었으며, 학생들은 4명씩 모둠을 이루어 지구와 달에 관한 정보를 수집하고 과학 송 만들기에 적합하도록 가공하여 창의적으로 UCC를 만드는 전 과정을 협력하여 수행하였다.
- **성과:** 프로젝트 기반 학습은 초등학교 4학년 학생들의 공통 핵심 역량과 과학과 핵심 역량을 유의미하게 향상시킨 것으로 나타났다. 또한 학생들은 실생활과 연계된 프로젝트 수행을 통해 학습 동기가 증진되었으며, 협력과 소통을 통해 자신감을 얻고 과제 수행에 적극적으로 참여했다. 이 사례는 프로젝트 기반 학습이 학습자의 핵심 역량 개발과 실질적인 학습 효과를 증진시키는 데 효과적임을 입증하였다.

3. 하이브리드 러닝

1) 개념 및 특징

하이브리드 러닝(Hybrid Learning)은 [그림 13-4]와 같이 대면 수업과 온라인 수업이 동시에 실시간으로 진행되는 방식을 의미하며, 학생들은 대면이나 온라인 중 자신에게 적합한 방식을 선택하여 참여할 수 있다. 이 접근 방식은 학습자들에게 대면 또는 온라인으로 수업에 참여할 수 있는 선택권을 부여하는 것이 핵심적 특징으로, 실시간 수업 참여 방식에 있어서 유연성을 제공한다(Beatty, 2019).

[그림 13-4] Harvard Business School 하이브리드 러닝 수업

출처: https://www.unipress.co.kr/news/articleView.html?idxno=515

하이브리드 러닝의 개념을 좀 더 확실하게 이해하기 위해서 블렌디드 러닝(Blended Learning)과 하이플렉스 러닝(Hyflex Learning)과 비교해 볼 필요가 있다.

우선 블렌디드 러닝은 하이브리드 러닝과 자주 혼용되는 개념으로, 하이브리드 러닝이 대면 학습과 온라인 학습을 동시에 운영하는 방식인 반면, 블렌디드 러닝은 대면 학습에 온라인 학습을 결합하여 순차적으로 학습을 진행하는 형태를 의미한다. 즉, 블렌디드 러닝은 조직화된 대면 활동과 온라인 학습이 번갈아 이루어지는 방식이다(Bonk & Graham, 2012; Zydney, Warner & Angelone, 2020). 또한 하이브리드 러닝에서는 온라인 학습이 대면 참여를 대체하는 경우가 많지만, 블렌디드 러닝에서의 온라인 학습은 기존 대면 학습을 보완하는 역할을 한다는 점에서 차이가 있다.

하이플렉스 러닝(Hyflex Learning)은 하이브리드 러닝과 거의 동일하지만 차이가 있다면 학생들에게 비실시간 온라인 수업 참여도 허용한다는 점이다. 비실시간 온라인 수업은 대면 및 실시간 온라인 수업, 즉 하이브리드 러닝으로 진행한 수업을 녹화해 다시 보기로 제공하거나, 녹화 파일을 편집한 후, 예를 들어 적절한 길이의 동영상으로 분절하여 온라인 공유 플랫폼에 업로드함으로써 실현할 수 있다. 또한 비실시간으로 참여하더라도 대면 및 실시간 온라인 학습자들과 소통할 수 있도록 커뮤니케이션 채널을 확보한다는 특징이 있다. [그림 13-5]는 하이브리드 러닝과 하이플렉스 러닝의 관계를 보여 준다.

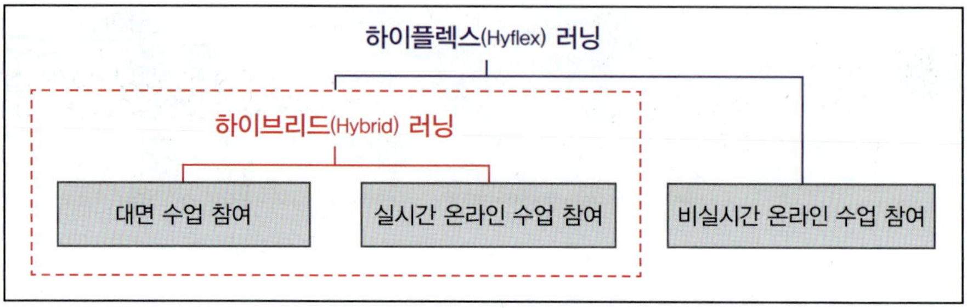

[그림 13-5] 하이브리드 러닝과 하이플렉스 러닝

2) 하이브리드 러닝이 적절한 상황

하이브리드 러닝은 대면 학습과 실시간 온라인 학습을 동시에 진행하면서 학생들이 자신의 처한 상황에 맞게 선택할 수 있도록 유연성을 제공하는 방식이므로, 다음과 같은 상황에서 적용하기 적절하다.

(1) 원격 학습과 대면 수업이 동시에 필요한 상황

코로나19 팬데믹과 같은 비상 상황에서 일부 학생들은 자가 격리 등으로 원격 학습이 필요할 때, 다른 학생들은 학교에 올 수 있는 경우가 있다. 이때 하이브리드 러닝을 통해 모든 학생이 동일한 수업에 참여할 수 있다.

(2) 학생들이 물리적으로 다양한 위치에 있는 경우

하이브리드 러닝은 지역적으로 분산된 학생들이 동일한 수업에 참여해야 하는 상황에서 매우 유용하다. 예를 들어, 대학의 여러 지역 캠퍼스에 흩어져 있는 학생들을 대상으로 하는 수업에서, 하이브리드 러닝을 통해 강사와 학생들이 물리적 거리에 구애받지 않고 실시간으로 강의에 참여하고 상호작용할 수 있다. 또한 2025년부터 전면 시행되는 고교학점제와 관련하여, 다른 학교에 개설된 교과목을 수강할 수 있는 고교 간 공동 교육과정이 운영되고 있는데, 하이브리드 러닝은 이러한 공동 교육과정에서 학교 간 연계 학습을 지원하는 방식으로 활용될 수 있다.

3) 설계 및 운영 전략

하이브리드 러닝의 핵심적 특징이라고 할 수 있는 학생들의 학습참여 방식에 대한 선택권을 보장하기 위해서는 다음과 같은 점을 고려해서 수업을 설계 · 운영해야 한다.

(1) 동등한 학습 경험을 보장할 수 있는 학습 활동 설계

- 대면 및 온라인 학습자가 동일한 학습 목표를 달성할 수 있어야 하며, 따라서 학습 경험의 일관성이 유지될 수 있도록 학습 환경을 구축하고, 수업을 설계 · 운영해야 한다.
- 대면 및 온라인 학습자가 모두 함께 참여할 수 있는 활동을 준비하여 운영한다. 예를 들어, 대면 및 온라인 학습자가 동시에 참여할 수 있는 질의응답 세션을 마련할 수 있다. 또한 토의, 프로젝트 기반 학습, 문제중심학습과 같은 협력적 팀 활동을 수행해 볼 수도 있다. 이때 온라인 참여자와 면대면 참여자의 혼합 팀을 구성한다면 더욱 바람직하다.

(2) 상호작용성과 참여 유도

- 대면 및 온라인 학습자 모두 실시간으로 참여할 수 있는 의견 수렴 및 퀴즈 시간을 되도록 자주 마련하고, 즉각적인 피드백을 제공하도록 한다. 이때 실시간 의견수렴 및 퀴즈를 지원하는 패들렛, 띵커벨, 카훗과 같은 디지털 도구를 활용하여 학습 참여를 촉진하도록 한다.
- 대면 및 온라인 학습자 간 팀 활동을 통해 활발한 상호작용이 일어날 수 있도록, 소그룹 온라인 및 오프라인 활동 공간을 제공하고, 팀 활동 내용을 전체 클래스에 공유하도록 한다.

(3) 학습 인프라 구축

대면 및 온라인 학습자들에게 동등한 학습 경험을 제공하고, 상호작용과 참여도를 극대화하기 위해서는 다음과 같은 학습 인프라 구축이 필수적이다.

- **교실 설비 확보:** 카메라, 대형 모니터, 마이크, 화상 회의 터치 패널, 안내용 모니터 등을 통해 교사와 학생 간 영상 및 음성 전달과 상호작용이 원활하게 이루어지도록 해야 한다.
  - **고화질 자동 추적 카메라:** 강의실 앞, 뒤에 설치하여 강사와 대면 학습자의 모습을 온라인 학습자에게 송출할 수 있어야 하며, 교사와 학생의 움직임을 자동으로 추적(Auto-Tracking)하며 판서 내용을 화상 회의 화면에 명확하게 보여 줄 수 있어야 한다.
  - **대형 모니터 또는 스마트 보드(전자칠판):** 강의실 전면에 배치하여 대면 학습자와 온라인 학습자가 동일한 학습 자료를 시청할 수 있어야 하며, 동시에 온라인 학습자의 모습을 대면 학습자와 강사가 확인할 수 있으며, 실시간 자료 공유 및 주석 추가가 가능해야 한다.
  - **천장형 빔포밍 마이크 시스템:** 강의실 천장에 빔포밍 마이크(Beamfoaming Microphone)를 설치하여 교실 내 다양한 방향에서 발생하는 소리를 포착할 수 있도록 한다. 빔포밍 기술을 통해 교사와 학생 간의 대화와 질문이 원격 학습자에게 명확하게 전달될 수 있어, 대면 및 온라인 학습자 간의 원활한 의사소통을 지원할 수 있다.
  - **스피커 시스템:** 강의실에 스피커를 고르게 배치하여 원격 학습자의 음성이나 수업 진행 소리가 대면 학습자에게 명확히 전달될 수 있도록 한다.
  - **교수자용 무선 마이크:** 강사가 착용 가능하도록 휴대형 무선 마이크를 제공해야 하며, 천장형 빔포밍 마이크가 설치되어 있는 경우에도 필요하다. 교수자용 무선 마이크는 교수자가 움직이며 강의할 때도 일정하고 명확한 음질을 유지할 수 있도록 해서, 대면은 물론 원격 학습자들이 교수자의 설명을 놓치지 않도록 한다.
  - **화상 회의 터치 패널:** 교사가 쉽게 접근 가능하도록 강의실 전면에 설치하여, 카메라, 마이크, 스피커 등을 직관적으로 조작할 수 있고, 실시간 질의응답, 자료 전환 등을 빠르게 수행할 수 있어야 한다.
  - **안내용 모니터:** 강의실 뒤편에 안내용 모니터를 배치하여 강사가 온라인 학

습자의 반응과 질문을 실시간으로 쉽게 모니터링하고, 피드백을 제공할 수 있어야 한다.

- **디지털화된 학습 자료 제공**: 모든 학습 활동과 자료를 디지털화하여 대면 및 온라인 학습자 모두 접근 가능하도록 해야 한다.
- **화상 회의 플랫폼 구비**: Zoom, Microsoft Teams, Webex 등 화상 회의 플랫폼을 통해 대면·온라인 학습자의 실시간 상호작용을 지원할 수 있어야 한다.
- **실시간 디지털 도구 활용**: 카훗, 띵커벨 등 실시간 의견 수렴 및 퀴즈 도구를 통해 학습자의 참여 및 상호작용을 활성화할 수 있어야 한다.
- **학습관리시스템(Learning Management System: LMS) 구비**: LMS에 강의 자료, 녹화된 강의, 과제, 참고 자료 등을 업로드하여 모든 학습자가 수업 전·후에 다양한 자료에 쉽게 접근할 수 있도록 함으로써, 예습, 복습의 기회를 제공하도록 한다. 또한 앞서 제시한 화상 회의 플랫폼과 연동하여 자동 출결 관리가 이루어질 수 있도록 한다.

(4) 교사와 학습자의 디지털 역량 강화 및 기술적 지원체계 구축

- 교사는 물론 학습자의 디지털 역량을 강화하기 위해 사전 기술 교육을 실시하여, 하이브리드 환경에서 관련 장비와 소프트웨어를 원활하게 사용할 수 있도록 한다.
- 하이브리드 학습 환경에 필요한 역량을 개발할 수 있도록 추가적인 지원(튜토리얼, 기술 지원)을 제공한다.

4) 진행 절차

하이브리드 러닝의 진행 절차는 일반적인 수업 절차와 유사하지만, 대면 및 실시간 온라인 수업을 동시에 운영한다는 점에서 추가적인 준비와 관리가 요구된다. 특히 학생들의 상호작용과 참여도를 증진시키기 위해 학습 인프라를 철저히 점검해야 한다. 또한 프로젝트 기반 학습과 같은 팀 활동을 계획한 경우에는 이를 효과적으로 지원할 수 있는 적절한 수업 모형을 추가적으로 적용해야 한다. [그림 13-6]은 하이브리드 러닝 수업의 일반적인 진행 절차를 사전 준비, 수업 진행, 사후 관리의 세 단계로 구분하여 제시하고 있다.

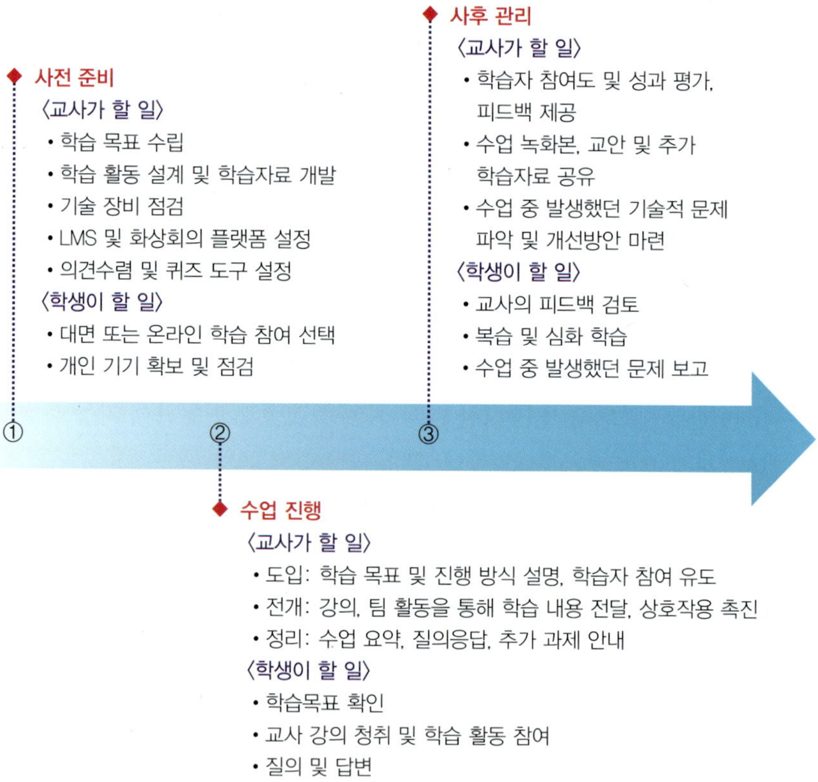

[그림 13-6] 하이브리드 러닝 수업 진행 절차

5) 하이브리드 러닝 사례

(1) 세종특별자치시교육청 캠퍼스형 공동 교육과정 II '도시 문제 탐구와 답사' 수업 사례(조명준, 2024)

• 개요: 2024학년도 1학기 세종특별자치시교육청에서 운영한 캠퍼스형 공동

교육과정 II 수업으로, 수업 명칭은 '도시 문제 탐구와 답사'다. 이 수업은 고등학생들에게 선택 과목을 확대하고 학습 기회를 보장하기 위해 개설되었으며, 학생들은 거점 학교에서 대면으로 참여하거나, 온라인으로 자유롭게 참여할 수 있었다. 수업은 2024년 3월부터 4주 동안 총 12차시로 진행되었으며, 지속 가능한 발전을 위한 해결 방안을 탐구하기 위해 프로젝트 기반 학습(PBL) 방식을 적용하였다. '준비하기와 주제 선정'(1차시), '프로젝트 계획'(2차시), '중간 평가'(3차시), '정보 탐색'(4~6차시), '과제 해결'(7~8차시), '결과물 개발'(9~10차시), '발표'(11차시), '평가(12 차시)'의 9단계로 구성되었다. 16명의 학생들은 3~4명씩 팀을 이루었으며, 팀은 소속 학교와 학년을 고려해 이질적인 집단으로 편성되었다.

- **학습 인프라 구축 방안:** 대면 및 온라인 학습자 간 원활한 소통을 위해 고화질 카메라, 빔포밍 마이크, 대형 스크린 등 다양한 기술 장비를 설치하여 교실 환경을 조성하였다. 또한 실시간 상호작용을 촉진하기 위해 Zoom과 Google Presentation을 활용하여 협력적 학습을 강화하였다.

[그림 13-7] 세종특별자치시교육청 '도시 문제 탐구와 답사' 수업 사례

출처: 조명준(2004).

• **성과:** 루브릭 기반의 수행평가를 통해 학업 성취도를 평가한 결과, 모든 학생이 높은 성취도를 보였으며, 특히 협력적 문제해결 능력과 정보 분석 능력이 유의미하게 향상된 것으로 나타났다. 학생들은 하이브리드 러닝을 활용한 공동 교육과정에 전반적으로 높은 만족도를 보였다. 특히 온라인 학습자들은 이동 시간을 절약할 수 있는 점을 긍정적으로 평가했으며, 학습자 간 협업을 통한 실질적인 문제해결 경험에 대해서도 긍정적인 반응을 나타냈다.

(2) 세종대학교 온×오프믹스 하이브리드러닝(이재경, 2021)

• **개요:** COVID-19로 인한 전면 온라인 수업을 경험하면서 많은 문제점이 제기되었고, 대학들은 이를 극복하기 위한 다양한 노력을 기울이기 시작했는데, 이러한 노력 중에 하나가 바로 하이브리드 러닝을 도입하는 것이었다. 세종대학교의 '온×오프 믹스 하이브리드 러닝'은 이러한 대학의 노력을 보여 주는 대표적인 사례로, 2020년 1학기에 전면 온라인 수업으로 진행된 학사 운영에서 학생들이 제기했던 소통과 상호작용 부족 문제를 해결하기 위해 도입되었다. 이는 WITH COVID-19 시대에 맞춘 새로운 학사 운영의 모델을 제시하고자 하는 시도였으며, 2020년 2학기부터 타 대학에 앞서 적용되기 시작하였다.

• **학습 인프라 구축 방안:** 대면 및 온라인 수업이 동시에 진행될 수 있도록 하이브리드 러닝 강의실이 구축되었는데, 교수자의 전자 교탁에는 온라인 및 오프라인 학습자의 출석 현황을 알려 주는 대시보드가 디스플레이되고, 프레젠테이션 자료, 강의실 카메라 영상 등이 실시간으로 송출되었다. 두 대의 인공지능 카메라가 교수자와 질문하는 오프라인 학습자를 자동으로 추적하며 음성을 인식해 즉각적으로 화면을 전환할 수 있도록 구성되었다([그림 13-8] 참조).

• **성과:** 세종대학교의 온×오프 믹스 하이브리드 러닝은 대면 수업에 참석한 학생뿐만 아니라 온라인 학습자들에게도 강의실에서 직접 수업에 참여하는 듯한 몰입감을 제공하였다. 실시간 소통과 상호작용이 강화된 학습 환경 속에서 학생들의 학습 만족도가 크게 향상되었고, 이러한 경험은 강의 평가에서

도 긍정적인 영향을 미쳤다. 특히 이 모델은 COVID-19로 인한 교육 환경 변화에 효과적으로 대응한 사례로 평가되며, 타 대학에서도 하이브리드 러닝 강의실 구축 및 교과목 개설을 유도하는 중요한 계기가 되었다.

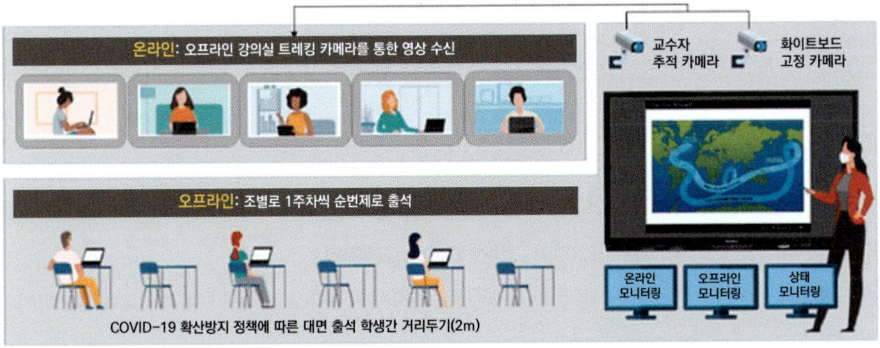

[그림 13-8] 세종대학교 온×오프믹스 하이브리드러닝 강의실 개념도

출처: https://www.unipress.co.kr/news/articleView.html?idxno=515

참 / 고 / 문 / 헌

교육부(2021). 하이브리드 교육? 새로운 교육법을 활용한 국내외 사례를 알아보자! 대한민국 교육부 공식 블로그. https://m.blog.naver.com/moeblog/222483605599

교육부(2022). 디지털 인재 양성 종합방안.

교육부(2023). 모두를 위한 맞춤교육의 실현 디지털 기반 교육혁신 방안. 교육부 보도자료.

교육부, 한국교육학술정보원(2023). 2023 디지털 교육백서.

서희정, 이종연(2018). 언어 네트워크 분석을 활용한 미래교육 동향 분석. 교육정보미디어연구, 24(4), 649-678.

신영희(2019). 과학과 프로젝트 학습이 초등학생의 핵심역량 함양에 미치는 효과. 숭실대학교 교육대학원 석사학위논문.

유재민(2023). 초 · 중등교육에서 하이브리드 수업 사례 연구: 교사의 수업경험을 중심으로. 한국교원대학교 대학원 석사학위논문.

육경민(2019). 플립러닝을 적용한 고등학교 가정과 의생활 실습수업 사례 연구. 학습자중심교과교육연구, 19(19), 399-430.

이재경(2019). 플립러닝 기반 수업의 설계 및 운영. 강현출판사.

이재경(2021). 위드 · 포스트 코로나 시대의 하이브리드 교육 모델: 국내 · 외 사례를 중심으로. KCUE Higher Education Issue, 12. 대학지성 In&Out, https://www.unipress.co.kr/news/articleView.html?idxno=5159

이정민, 노지예, 정연화(2016). 중학교 과학수업에 적용된 플립러닝(Flipped Learning)의 효과. 정보교육학회논문지, 20(3), 263-272.

이종연(2024). 대학 교양수업에서 프로젝트 기반 학습의 팀 성취도 및 학습만족도에 영향을 미치는 요인 규명. 학습자중심교과교육연구, 24(6), 475-495.

이종연, 박상훈, 강혜진, 박성열(2014). Flipped learning의 의의 및 교육 환경에 관한 탐색적 연구. 디지털융복합연구, 12(9), 313-323.

이지은(2023). 하이브리드 러닝이 학습성과에 미치는 영향. 학습자중심교과교육연구, 23(15), 545-555.

임철일, 홍수민, 임은선, 박성경, 김한휘, 한형종(2023). 대학교육에서 하이브리드 학습 운영을 위한 개념 모형 및 교수설계전략 개발 연구. **교육정보미디어연구**, 29(4), 821-850.

장경원, 최성호, 이희정(2024). 중 · 고등학생을 위한 경제교육 프로젝트 기반 학습 프로그램 개발과 실행: '합리적 소비'와 '자산관리'를 중심으로. **학습자중심교과교육연구**, 24(21), 617-638.

전숙경(2023). 디지털시대의 시 · 공간 변화에 대한 교육철학적 이해. **교육철학연구**, 45(3), 29-52.

정혜주(2022). **디지털 전환에 따른 학교교육 유연화 방안**(RR2022-01). 한국교육개발원 연구보고서.

조명준(2004). 공동교육과정에서 하이브리드 러닝 수업설계 사례연구. 한국교원대학교 대학원 석사학위논문.

최솔, 이종연(2024). 대학 교양수업에서 프로젝트 기반 학습 성과에 영향을 미치는 수업요인 분석. **학습자중심교과교육연구**, 24(10), 341-361.

편문정(2024). 에듀테크를 활용한 프로젝트 기반 영어 수업에 대한 중학생들의 인식과 만족도. 숙명여자대학교 대학원 석사학위논문.

Beatty, B. J. (2019). Values and Principles of Hybrid-Flexible Course Design. In B. J. Beatty (Ed.), *Hybrid-Flexible Course Design*. EdTech Books.

Bonk, C. J., & Graham, C. R. (2012). *The handbook of blended learning: Global perspectives, local designs*. John Wiley & Sons.

DeFillippi, R. J. (2001). Introduction: Project-based learning, reflective practices and learning. *Management learning, 32*(1), 5-10.

Lee, J. S., Blackwell, S., Drake, J., & Moran, K. A. (2014). Taking a leap of faith: Redefining teaching and learning in higher education through project-based learning. *Interdisciplinary Journal of Problem-based Learning, 8*(2), 1-17.

Zydney, J. M., Warner, Z., & Angelone, L. (2020). Learning through experience: Using design based research to redesign protocols for blended synchronous learning environments. *Computers & Education, 143*, https://doi.org/10.1016/j.compedu.2019.103678

PART 05

생성형 인공지능과 교육 혁신

디지털 기술의 발전은 교육 패러다임에 근본적인 변화를 촉진하며, 맞춤형 학습 경험을 제공하는 방향으로 나아가고 있다. 이러한 변화 속에서 최근 주목받고 있는 생성형 인공지능은 단순한 정보 검색을 넘어 입력된 질문의 의미를 이해하고 인공신경망을 활용하여 새로운 콘텐츠를 생성하는 기술로, 교육 분야에서 혁신적 도구로 주목받고 있다.

미래 교사들은 인공지능을 이해하고 이를 교수-학습 과정에서 효과적으로 활용할 수 있는 역량을 갖출 필요가 있다(Baidoo-Anu & Ansah, 2023; Montenegro-Rueda, Fernández-Cerero, Fernández-Batanero, & López-Meneses, 2023). 생성형 인공지능은 수업 설계, 운영 및 평가를 지원하는 보조교사의 역할을 수행하며, 학습 데이터를 분석하여 학습자의 이해도를 진단하고 맞춤형 학습 자료 제공 및 평가 피드백을 자동화할 수 있다. 이를 통해 학습자는 개별화된 학습 경험을 제공받고, 실시간 피드백과 문제해결을 통해 학습 효율성을 극대화할 수 있을 것으로 기대된다(Javaid, Haleem, Singh, Khan, & Kahn, 2023; Lo, 2023; Montenegro-Rueda et al., 2023).

제5부에서는 생성형 인공지능의 개념과 주요 특징, 유형 그리고 교육적 활용 방안을 살펴본다. 또한 생성형 인공지능 활용 시 발생할 수 있는 윤리적 문제와 한계를 분석하고 교사와 학생들이 책임감 있게 활용할 수 있는 방안을 논의함으로써, 인공지능이 궁극적으로 교육 효과 향상과 개별 학습자의 성장에 기여할 수 있는 방향을 제시하고자 한다.

CHAPTER 14

생성형 인공지능의 개념과 특징

1. 생성형 인공지능 정의 및 기술적 특징

1) 생성형 인공지능 개념과 교육적 활용

2022년 11월 30일, OpenAI는 ChatGPT를 공개하며 인간과의 자연스러운 대화가 가능한 대화형 인공지능의 새로운 시대를 열었다. 출시 두 달 만에 전 세계적으로 1억 명의 사용자를 확보한 ChatGPT는 금융 · 의료 · 고객 서비스뿐만 아니라 교육을 포함한 다양한 산업에 광범위한 영향을 미쳤다. 이처럼 빠르게 확산되는 생성형 인공지능의 개념과 교육적 활용 가능성을 면밀히 살펴볼 필요가 있다.

생성형 인공지능(Generative Artificial Intelligence)은 대규모 데이터 세트를 학습하여 패턴을 인식하고, 이를 기반으로 새로운 데이터를 생성하는 기술이다. 기존 인공지능(Artificial Intelligence)이 인간의 사고 과정을 모방하여 문제해결과 의사결정을 지원하는 것에 초점을 맞췄다면, 생성형 인공지능은 텍스트, 이미지, 음성, 영상 등 다양한 형태의 콘텐츠를 자동으로 생성한다는 점에서 차별화된다. 특히 사용자의 입력 정보(프롬프트)를 기반으로 맞춤형 결과물을 도출하는 특징을 가지며, 교육, 비즈니스, 예술 등 다양한 분야에서 활용될 수 있다.

교육 분야에서는 개별 학습 스타일과 수준을 분석하여 맞춤형 콘텐츠와 학습자료를 생성하는 데 활용될 수 있다. 또한 교사가 학습 목표를 설정하고 교수-학습 설계를 진행하는 과정에서 유용한 아이디어를 제공함으로써 수업 설계의 효율성을 높인다. 이처럼 생성형 인공지능은 교수-학습 과정 전반에서 지원도구로 활용될 수 있으며, 교육의 질적 향상에 기여할 가능성이 크다.

2) 생성형 인공지능의 기술적 특징

생성형 인공지능은 대규모 인공신경망(Artificial Neural Network)과 딥러닝 알고리즘을 기반으로 작동하며, 기존의 규칙 기반 인공지능과 차별화된다. 규칙 기반 인공지능은 사전에 정의된 알고리즘에 따라 고정된 결과를 도출하는 반면, 생성형 인공지능은 방대한 데이터를 학습하여 스스로 패턴을 인식하고 새로운 결과물을 능동적으로 생성할 수 있다. 특히 자연어 처리(Natural Language Processing: NLP) 기술을 활용하여 입력된 질문의 의미를 이해하고 적절한 답변을 생성하며, 이미지 및 동영상 생성과 같은 멀티모달(multimodal) 기능을 수행할 수 있다.

교육 현장에서는 이러한 기술을 활용하여 학생들의 질문에 실시간으로 답변하고, 학습 수준과 진도에 맞춘 맞춤형 문제를 제공할 수 있다. 특히 개별 학생들의 질문과 학습 요구사항을 모두 충족하기 어려운 대규모 교실 환경에서도 더욱 효과적으로 적용될 것으로 기대된다.

2. 대표적인 생성형 인공지능, ChatGPT

1) 대화형 인공지능, ChatGPT의 작동원리

생성형 인공지능의 대표적인 예로는 OpenAI에서 개발한 ChatGPT가 있다. ChatGPT는 초대규모 텍스트를 학습한 언어 모델(Large Language Model: LLM)을 기반으로 다양한 주제에 대해 자연스러운 대화를 나눌 수 있는 지능형 챗봇 서비스다.

ChatGPT는 'Chat(대화)' 'Generative(생성)' 'Pre-trained(사전 학습된)' 'Transformer(인공신경망 기반 언어 모델)'의 약자로 구성되어 있다. 사전 학습된 Transformer 기반의 언어 모델은 입력된 단어를 바탕으로 다음 단어 또는 문장을 예측하여 자연스럽고 일관된 텍스트를 생성하는 방식으로 작동한다. 예를 들어, '나는 학교에 ______'라는 문장을 입력하면, ChatGPT는 그 문맥에 따라 '간다' '공부한다'와 같은 단어를 예측하여 가장 자연스러운 문장을 완성한다. ChatGPT는 이러한 기능을 바탕으로 질의응답, 요약, 문서 생성 등의 작업을 수행할 수 있다.

[그림 14-1] ChatGPT PC 메인화면(좌)/모바일 음성대화(우)

출처: https://chatgpt.com/

2) ChatGPT 기술의 발전 과정

ChatGPT는 2022년 GPT-3.5버전 출시 이후 지속적으로 성능이 향상되었다. 특히 GPT-4.5는 2025년 2월에 발표된 최신 버전으로, GPT-4.0과 GPT-4o의 기술적 진보를 기반으로 기능의 정밀성과 실용성을 더욱 강화하였다. GPT-4.0이 이미지 생성(DALLE-3), 고급 데이터 분석, 파이썬 코드 실행 등 기능적 확장을 통해 활용 영역을 넓혔다면, GPT-4o는 텍스트 · 음성 · 이미지의 통합처리를 지원하는 멀티모달 기능과 감정 인식, 한국어 처리 성능 개선을 통해 학습자와의 상호작용성을 크게 향상시켰다. GPT-4o는 학습자가 수학 문제를 이미지로 입력하면 정답뿐만 아니라 단계별 풀이 과정을 안내하며, 오류 분석과 실시간 피드백을 통해 자기주도적 학습을 효과적으로 지원한다.

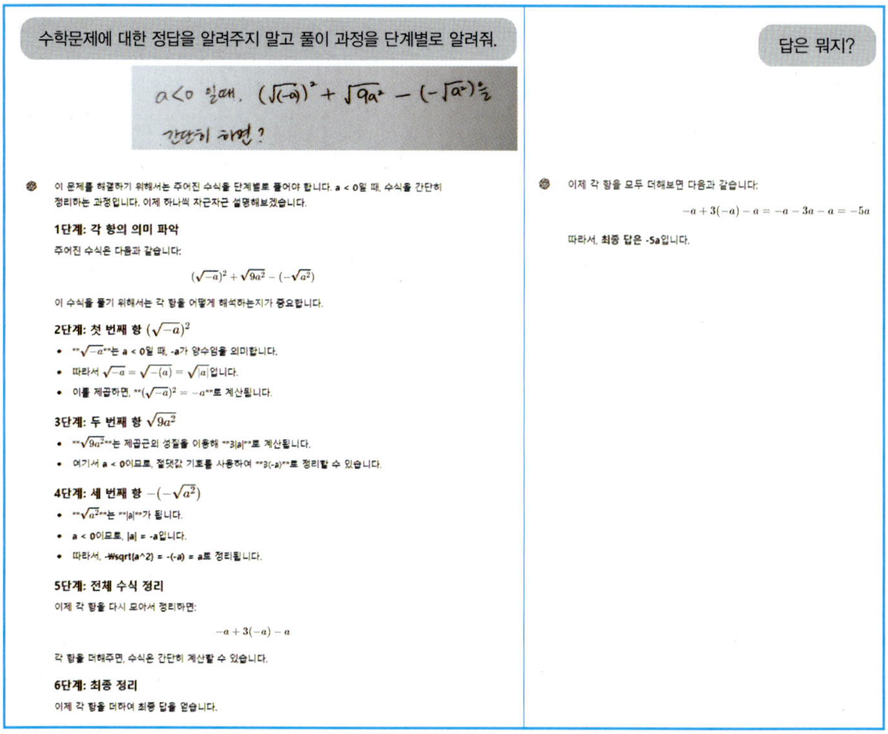

[그림 14-2] GPT-4o를 활용한 수학 문제 풀이 유도 과정

이후 등장한 GPT-4.5는 복잡한 질문에 대한 응답 정확도와 처리 속도가 비약적으로 향상되었으며 코드 생성과 리뷰, 감성지능(EQ) 처리 능력에서도 진일보한 성능을 보였다. 특히 환각(hallucination) 현상을 37.1%까지 줄이며, 신뢰성 있는 학습 지원 도구로서의 가능성을 한층 높였다. 이러한 기술적 진보는 생성형 인공지능이 단순한 정보 제공을 넘어, 교사의 수업 설계와 학습자의 자기주도 학습을 실질적으로 지원하는 교육 보조도구가 될 수 있음을 의미한다.

참 / 고 / 문 / 헌

Baidoo-Anu, D., & Ansah, L. O. (2023). Education in the era of generative artificial intelligence (AI): Understanding the potential benefits of ChatGPT in promoting teaching and learning. *Journal of AI, 7*(1), 52-62.

ChatGPT (https://chatgpt.com/)

Javaid, M., Haleem, A., Singh, R. P., Khan, S., & Khan, I. H. (2023). Unlocking the opportunities through ChatGPT Tool towards ameliorating the education system. *BenchCouncil Transactions on Benchmarks, Standards and Evaluations, 3*(2), 100115.

Lo, C. K. (2023). What is the impact of ChatGPT on education? A rapid review of the literature. *Education Sciences, 13*(4), 410. https://doi.org/10.3390/educsci13040410

Montenegro-Rueda, M., Fernández-Cerero, J., Fernández-Batanero, J. M., & López-Meneses, E. (2023). Impact of the implementation of ChatGPT in education: A systematic review. *Computers, 12*(8), 153. https://doi.org/10.3390/computers12080153

CHAPTER 15

생성형 인공지능의 유형

생성형 인공지능 서비스는 빠르게 진화하고 있으며, 단순한 텍스트 생성에서 이미지 생성, 웹 검색, 코딩 보조까지 다양한 멀티모달 기능을 통합적으로 제공하는 방향으로 발전하고 있다. 대표적인 생성형 인공지능 도구에는 ChatGPT를 비롯해 이미지 생성 인공지능, 동영상 생성 인공지능, 음악 · 음성 생성 인공지능, 코딩 보조 인공지능, PPT 생성 인공지능 등 다양한 기능을 수행하는 서비스들이 포함된다.

[그림 15-1] 생성형 인공지능의 유형

1. 텍스트 생성 인공지능

텍스트 생성 인공지능은 자연어 처리(NLP)을 기술을 활용하여 텍스트를 생성, 요약, 번역하며, 사용자와 자연스러운 대화를 통해 다양한 정보를 제공하는 인공지능 도구다. 이 기술은 초거대 언어모델(Large Language Model: LLM)을 활용하여 광범위한 주제를 다룰 수 있으며, 교육적으로는 학생에게 맞춤형 학습 자료와 피드백을 제공, 교사의 수업 자료 준비 및 작성, 영어 문법 교정 및 에세이 작성 보조, 연구지원 및 논문 초안 작성에 활용이 가능하다.

주요 텍스트 생성형 인공지능 도구에는 ChatGPT(챗지피티), Microsoft Copilot(MS코파일럿), Google Gemini(구글제미나이), Perplexity(퍼플렉시티), Claude(클로드), Wrtn(뤼튼), CLOVA X(네이버클로바엑스) 등이 있다. 각 도구는 고유한 장점을 기반으로 교육 현장에서 다양하게 활용이 가능하다. [그림 15-2], [그림 15-3], [그림 15-4]를 통해 텍스트 생성 인공지능 도구의 메인 화면을 확인할 수 있으며, 〈표 15-1〉에서는 각 도구의 교육적 활용 방식과 주요 차별점을 정리하였다.

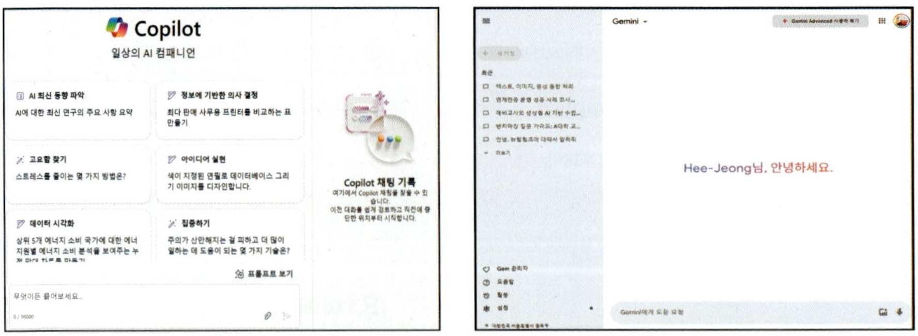

[그림 15-2] Microsoft Copilot (좌) 및 Google Gemini (우)

출처: Microsoft Copilot, Google Gemini 홈페이지.

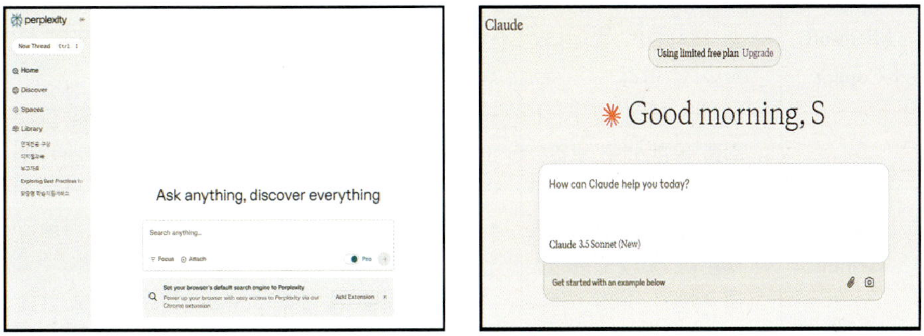

[그림 15-3] Perplexity (좌) 및 Claude (우)

출처: Perplexity, Claude 홈페이지.

[그림 15-4] Wrtn (좌) 및 CLOVA X (우)

출처: Wrtn, CLOVA X 홈페이지.

〈표 15-1〉 텍스트 생성 인공지능 도구의 교육적 활용과 주요 특징 및 차별점

AI 도구	교육적 활용	특징	차별점
ChatGPT	• 수업 자료 요약 및 맞춤형 피드백 제공 • 영어 문장 번역 및 수정 • STEM 과목에서 복잡한 문제해결 및 수학, 과학적 추론 지원	• 텍스트, 이미지, 음성을 실시간 통합 처리 • 다양한 학습 및 연구 활동에서 활용도가 높음	• 멀티모달 기능 지원(텍스트, 이미지, 음성 통합) 통합 처리로 시각 자료 및 음성 학습 지원 • 실시간 피드백 및 단계별 문제 풀이 제공

Microsoft Copilot	• 팀 프로젝트 및 리포트 작성 협업 • 데이터 분석 및 시각화를 통한 연구 보조	• Microsoft 365 생태계와 통합 • 실시간 피드백 및 협업가능	• Microsoft 365와의 통합성 • 업무 생산성 및 협업 기능 강화
Google Gemini	• 교육 분야에서 고급 추론과 멀티모달 입력 지원 • 언어 학습 자료 제작 및 복잡한 문제해결에 유용	• 멀티모달 AI 기술로 텍스트, 이미지, 영상, 음성 입력을 통합적으로 처리 • 복잡한 문제해결을 위한 작업 수행 능력 우수	• 멀티모달 AI 기술의 선두주자 • 과학적 추론 및 고급 문제해결 능력 강화
Perplexity	• 실시간 정보 검색을 통한 연구 및 학습 보조 • 신뢰성 있는 출처 제공으로 학습 자료 탐색 지원	• 최신 웹 데이터 기반 실시간 정보 검색 • 팩트 체크 및 신뢰성 높은 출처 제공	• 실시간 정보 업데이트 지원 • 팩트 체크 및 출처 신뢰성 강조
Claude	• 학생들의 토론 준비 및 논문 작성 지원 • 윤리적 문제와 데이터 보안과 관련된 학습 보조	• 복잡한 문서 및 논문 분석에 강점 • AI 윤리성을 강화한 도구	• 윤리적 설계와 강화된 데이터 보안 • 긴 문서 및 복잡한 데이터 분석에 강점
Wrtn	• 한국어 문장 교정 및 글쓰기 훈련 가능 • 다양한 글쓰기 템플릿 제공으로 에세이 작성 지원	• 한국어에 특화된 텍스트 생성 및 교정	• 한국어 맞춤형 템플릿 제공 • 한국어 교육과 국내 교육 환경에 적합
CLOVA X	• 다국어 학습 지원 및 질의응답에 활용 • 한국어 및 다국어 자연어 처리	• 네이버 생태계와 통합 • 한국어 및 다국어 학습에 특화	• 다국어 자연어 처리에 우수 • 국내 교육 환경에 최적화된 도구

텍스트 생성 인공지능은 작업의 보조 역할을 넘어 학생들의 개인화된 학습을 촉진하고, 교사의 수업 준비 시간을 단축할 수 있다. 이러한 도구는 교사와 학생 간의 상호작용을 강화하고, 학습 효과 향상에 기여할 수 있어 디지털 교수-학습 환경에서의 필수 도구로 활용될 것으로 기대된다.

2. 이미지 생성 인공지능

이미지 생성 인공지능은 컴퓨터 비전과 딥러닝 기술을 결합하여, 사용자의 입력 정보(프롬프트)를 바탕으로 맞춤형 이미지를 자동 생성하는 기술이다. 사용자가 입력한 조건(예 색상, 질감, 조명)등에 따라 원하는 시각 자료를 제작할 수 있으며, 텍스트 정보를 이미지로 변환하여 학습자들에게 시각적 자료를 제공하는 데 효과적이다. 예를 들어, '에펠탑 앞에서 사진을 찍고 있는 푸바오'라는 프롬프트를 입력하면 인공지능은 대규모 데이터에서 학습한 패턴에 기반하여 이미지로 생성한다. 이처럼 이미지 생성 인공지능은 고품질의 시각적 교육자료를 제작하여 학습자의 이해도 향상에 기여할 수 있다. 〈표 15-2〉에서는 이미지 생성 인공지능 도구의 교육적 활용과 주요 특징, 차별점을 정리하였다.

〈표 15-2〉 **이미지 생성 AI 도구의 교육적 활용과 주요 특징 및 차별점**

AI 도구	교육적 활용	특징	차별점
Midjourney	• 미술 및 디자인 교육에서 창의성 증진 • 역사, 과학 등 다양한 과목의 시각 자료 제작	• Discord 기반 인터페이스 • 고품질, 현실감 있는 이미지 생성 • 지속적인 버전 업데이트	• 사진처럼 보이는 사실적인 이미지 생성에 강점 • 독창적인 이미지 스타일 및 커뮤니티 기반 학습 환경

Playground AI	• 학생들의 시각적 아이디어 구현 도구 • 팀 프로젝트에서 시각 자료 생성에 유용	• 사용자 친화적 인터페이스 • 다양한 AI 모델 활용 (DALL–E, Stable Diffusion 등) • 실시간 협업 기능	• 팀과 함께 이미지 공유 및 수정 지원
Adobe Firefly	• 시각 커뮤니케이션 수업에서 전문적 디자인 실습 • 디자인 및 미디어 학과에서 제작 실습 도구로 활용	• Adobe Creative Cloud와 통합 • 텍스트의 이미지 변환 및 고급 편집 기능 • 상업적 사용에 적합한 라이선스	• 텍스트를 정밀하게 이미지로 변환 • 세밀한 그래픽 및 자연 경관 표현에 강점
Canva	• 학생들의 시각적 프레젠테이션 스킬 향상 • 교사용 수업 자료 및 프로젝트 자료 제작	• 직관적 드래그 앤 드롭 인터페이스 • 다양한 템플릿과 디자인 요소 제공 • AI 기반 이미지 생성 및 편집	• 비전문가도 쉽게 사용할 수 있는 강력한 도구 • 기업 및 브랜드 커스터마이징에 유용
DALL–E 3	• 시각 자료 제작 및 디자인 수업에서 활용 • 창의적 이미지 생성 실습	• 텍스트를 정확하게 인식하고 이미지로 변환하는 기능 • 이미지 확장 및 편집	• 복잡한 지시를 이해하고, 세밀한 이미지 생성 • 사용자 친화적 이미지 편집 가능

이미지 생성 인공지능은 교사의 창의적 시각 자료 개발과 학생들의 프레젠테이션 및 프로젝트 산출물의 맞춤형 시각적 자료 제작 등 다양한 교육적 활용 가능성을 보여 준다. 이미지 생성 인공지능으로 시각 자료 제작 방법을 학습함으로써 교사들은 수업 준비 및 설계 능력을 더욱 강화할 수 있다.

3. 비디오 생성 인공지능

비디오 생성 인공지능은 텍스트, 이미지 등의 입력정보를 바탕으로 자동으로 동영상 콘텐츠를 생성하거나 편집하는 기술로, 교육, 엔터테인먼트, 마케팅 등 다양한 분야에서 활용된다. 즉, 인공지능 기술이 영상 속 인물의 움직임을 조정하고, 음성 합성 및 자막 생성을 자동화하여 영화 제작, 교육 콘텐츠 생성, 광고 제작 등에서 폭넓게 적용된다. 교육 분야에서는 수업의 핵심 내용을 요약한 영상 제작, 역사적 사건의 재현, 학생들의 이해하기 어려운 복잡한 과학 개념 시각화 등의 용도로 활용할 수 있다. 〈표 15-3〉은 비디오 생성 인공지능 도구의 교육적 활용과 주요 특징, 차별점을 정리한 것이다.

〈표 15-3〉 **비디오 생성 인공지능 도구의 교육적 활용과 주요 특징 및 차별점**

AI 도구	교육적 활용	특징	차별점
Runway	• 수업 영상 제작 및 편집 • 시각적 스토리텔링 프로젝트	• 전문가 수준의 비디오 편집 도구 • 다양한 AI 모델 통합 • 이미지를 비디오로 변환하는 기능 제공	• 고급 비디오 합성 및 편집 기능 • 지속적인 AI 모델 업데이트
Kling AI	• 복잡한 과학 개념 시각화 • 역사적 사건 재현 • 교육 영상 콘텐츠 제작	• 1080p 고해상도 비디오 생성 • 사람 혹은 사물의 물리적 특성을 모방하여, 사람의 표정과 움직임을 실제처럼 세밀하게 표현	• 모바일 플랫폼에서 신속한 비디오 생성 가능 • 3D 기술로 캐릭터의 표정과 움직임을 세밀하게 표현(예 노래하거나 춤추는 모습)
Luma AI	• 3D 모델링 교육콘텐츠 제작(*3D 모델: 3차원 공간에서 생성된 디지털 객체) • 과학, 역사의 추상적 개념을 동영상 학습 자료로 제작	• 이미지와 비디오를 고해상도 3D 모델로 생성 • 실시간 3D 모델 수정 및 편집 가능	• Dream Machine 기술을 활용한 비디오 합성 기능 강화

Pictory	• 긴 분량의 수업 콘텐츠 요약 • 하이라이트 추출 영상 제작	• AI 기반 스크립트 생성 • 다양한 템플릿 제공 • 교육 콘텐츠 제작에 최적화	• 자동 하이라이트 추출 기능 • 스크립트와 키포인트 추출 가능
Synthesia	• 맞춤형 온라인 강의 제작 • 다국어 학습 콘텐츠 제작 • 텍스트 기반 아바타 비디오 생성	• 120개 이상의 음성 지원 • 다양한 AI 모델 통합 • 기업 교육 콘텐츠에 적합	• 텍스트를 실제 사람처럼 말하는 AI 아바타를 통한 비디오 생성 • 다국어 및 목소리 복제/생성
D-ID	• 개인화된 학습 경험 제공 • 다양한 교육 콘텐츠 제작 • 가상 교사 및 튜터 생성	• AI 기반 스크립트 생성 • 자연스러운 아바타 생성 • 교육 및 마케팅 활용 가능	• 실제 인물과 매우 유사한 아바타 생성 • 높은 다국어 호환성

비디오 생성 인공지능은 수업 콘텐츠 제작과 학습 자료의 보완, 창의적 학습 경험 제공을 위한 도구로서 교육 현장에서 유용하게 활용될 수 있다. 이러한 도구를 교육 목표에 맞게 효과적으로 활용한다면 교사와 학생 모두에게 몰입감을 향상시키고 다양한 학습 경험을 제공할 수 있을 것이다.

4. 음성 · 음악 생성 인공지능

음성 · 음악 생성 인공지능은 입력된 텍스트를 자연스러운 음성으로 변환하거나 다양한 장르의 음악을 자동으로 생성하는 기술이다. 음성 생성 인공지능은 다국어 지원이 가능하여 외국어 학습용 오디오 자료 제작, 청각적 학습 보조 도구 개발, 음성 내레이션 생성 등의 용도로 활용될 수 있다. 음악 생성 AI는 작곡, 편곡, 사운드 디자인을 자동화하여 학생들이 창의적인 음악 프로젝트를 수행할 수 있도록 지원하며, 인공지능이 생성한 배경음악을 교육 콘텐츠에 삽입할 수도 있다. 예를 들어, 학생들은 특정 주제를 바탕으로 인공지능을 활용해 음악을 작곡할 수 있으며, 교사는 영어 문장을 입력하여 원어민 수준의 발음을 제공하는 맞춤형 학습 자료를 생성할 수 있다. 〈표 15-4〉는 음성 · 음악 생성 인공지능 도구의 교육적 활용과 주요 특징, 차별점을 정리한 것이다.

〈표 15-4〉 음성 · 음악 생성 인공지능 도구의 교육적 활용과 주요 특징 및 차별점

AI 도구	교육적 활용	특징	차별점
Suno	• 언어 학습을 위한 맞춤형 노래 제작 • 역사, 과학 등 교과 내용을 노래로 변환 • 음악 작곡 및 작사 교육	• 텍스트 입력으로 고품질 노래 생성 • 다양한 장르와 스타일 지원 • AI 보컬 및 악기 사운드 생성	• 고품질의 완성된 노래 생성 • 교과 내용을 쉽게 노래로 변환 • 사용자 친화적 모바일 앱 제공
AIVA	• 음악 이론 및 작곡 교육 • 학생 프로젝트 배경음악 제작 • 다양한 문화의 음악 스타일 학습	• AI 기반 음악 작곡 • 25개 이상의 음악 스타일 제공 • 사용자 정의 스타일 학습 기능	• 전문가 수준의 음악 생성 가능 • 사용자 학습 스타일 제공 • 다양한 출력 형식 지원
Udio	• 개인화된 학습 자료 제작 • 퀴즈 자료 및 오디오 콘텐츠 생성 • 언어 학습을 통한 발음 가이드	• 자연스러운 AI 음성 생성 • 텍스트 감정 분석 기반 발음 조절 • 실시간 음성 변환	• 감정 기반 발음 조절 가능 • 학습자의 맞춤형 음성 변환

음성 · 음악 생성 인공지능 도구는 외국어 학습을 위한 음성 학습 자료 제작을 통해 개인화된 학습 환경을 제공하여 외국어 능력 향상에 유용하며, 음악 교육에서 학생들의 창의성과 음악적 감각 경험을 확장하는 등의 교육적 잠재력을 가지고 있다.

참 / 고 / 문 / 헌

Claude (https://claude.ai/)

CLOVA X (https://clovax.naver.com/)

Google Gemini (https://gemini.google.com/)

Microsoft Copilot (https://copilot.microsoft.com/)

Perplexity (https://www.perplexity.ai/)

Wrtn (https://wrtn.ai/)

CHAPTER 16

생성형 인공지능의 교육적 활용 방안

생성형 인공지능은 학습자, 교수자, 연구자에게 각각 최적의 학습 지원과 교수·연구 효율성을 제공한다. 학습자는 맞춤형 학습 자료와 개별 피드백을 통해 자기주도적 학습을 강화할 수 있으며, 교수자는 수업 자료 준비 시간을 단축하고, 보다 창의적인 교수 설계와 학습자 맞춤형 지도에 집중할 수 있다. 또한 연구자는 데이터 분석, 문헌 검토, 논문 작성 등의 과정에서 인공지능의 지원을 받아 연구 생산성을 극대화할 수 있다. 이처럼 생성형 인공지능은 교육과 연구의 질적 향상을 위한 혁신적 도구로서 중요한 역할을 수행하고 있다.

1. 학습자를 위한 생성형 인공지능 활용 방안

1) 맞춤형 학습 지원

(1) 외국어 학습

생성형 인공지능은 영어, 일본어 등 외국어 학습에서 작문 연습과 문법 교정을 효과적으로 지원한다. 예를 들어, [그림 16-1]과 같이 ChatGPT에 문법적으로 잘못된 문장을 입력하면 즉시 수정된 문장을 제공하고, 오류의 원인을 설명하여 학습자의 이해를 돕는다. 이를 통해 학습자는 실시간 피드백을 받아 오류를 인식하고, 문법 지식을 체계적으로 강화할 수 있다.

나는 중2 학생인데, 영어 문장을 작문했어. 문법적으로 틀린 부분이 있으면 문장을 교정하고 그 부분에 대한 문법을 이해하기 쉽게 설명해 줘.

I has a book and my friend have a pen. We goes to school every day.

Corrected Sentence:

I **have** a book, and my friend **has** a pen. We **go** to school every day.

Explanation:

1. **Subject-Verb Agreement (주어와 동사의 일치)**
   - "I **has**" → "I **have**"

     주어 "I"는 1인칭 단수이고, 이에 맞는 동사는 "have"입니다. "has"는 3인칭 단수 주어에 사용됩니다.

     - 예: He **has** a book.
     - 예: I **have** a book.
   - "my friend **have**" → "my friend **has**"

     "my friend"는 3인칭 단수 주어이므로 "has"를 사용해야 합니다.

     - 예: My friend **has** a pen.
2. **Verb Forms (동사 형태)**
   - "We **goes**" → "We **go**"

     "We"는 복수 주어이므로 동사에 **-s**를 붙이지 않습니다.

     - 예: She **goes** to school every day. (단수)
     - 예: They **go** to school every day. (복수)
3. **Sentence Structure (문장 구조)**
   - 두 문장을 연결할 때는 쉼표를 사용하는 것이 더 자연스럽습니다.

     "I have a book, **and** my friend has a pen."

[그림 16–1] ChatGPT의 영어 문장 교정 및 문법 설명

(2) 맞춤형 피드백 제공

생성형 인공지능은 학생들의 과제나 에세이를 분석하여 논리적 흐름과 문법적 오류에 대한 구체적인 피드백을 제공한다. [그림 16–2]와 같이, 인공지능은 작성된 글의 개선점을 제안하고 문법 오류를 자동으로 교정함으로써 학생들이 보다 정교한 글쓰기를 할 수 있도록 지원한다. 이를 통해 학습자는 자신의 사고력과 표현력을 효과적으로 향상시킬 수 있다.

중3 학생이 쓴 원본 글 (예시):

> 우리나라는 지금 저출산과 고령화 사회가 되고 있다. 사람들이 아이를 적게 낳아서 젊은 사람이 줄고 있다. 그래서 나중에 일할 사람이 부족해지고 경제가 나빠질 수 있다. 노인 인구는 많아지는데 그들을 돌볼 사람도 필요하다.

ChatGPT의 수정 예시:

1. **문법적 오류와 논리적 흐름을 개선한 수정본:**

   > 우리나라는 현재 **저출산**과 **고령화**로 인해 **인구 구조의 변화**를 겪고 있습니다. 사람들이 아이를 적게 낳으면서 **젊은 인구**가 줄어들고 있으며, 이로 인해 **미래에 일할 인구가 부족해져 경제에 부정적인 영향**을 미칠 수 있습니다. 또한, **노인 인구가 증가하면서** 이들을 돌볼 사람과 **복지 지원**도 필요하게 됩니다.

2. **논리적 오류와 세부 사항을 더해 개선한 수정본:**

   > 우리나라는 **저출산과 고령화로 인해 인구가 불균형**하게 변하고 있습니다. 출산율이 낮아지면서 **젊은 세대가 감소하고**, 이로 인해 **노동력이 부족해져 경제 성장에 어려움을 겪을 가능성**이 큽니다. 동시에 **노인 인구가 증가함에 따라 노인 복지와 돌봄 서비스**에 대한 부담이 커지고 있어, 이를 위한 **정부의 정책적 지원**이 필요합니다.

설명:

- 첫 번째 수정본은 문법 오류와 논리적 흐름을 개선하여 학생의 글이 더 **매끄럽게 읽히도록** 수정했습니다.
- 두 번째 수정본은 학생의 원래 아이디어에 **구체적인 설명**을 추가하여 문제의 심각성과 해결 방향을 조금 더 명확하게 제시했습니다.

[그림 16-2] ChatGPT의 글쓰기 내용 교정

(3) 학습 자료 요약

생성형 인공지능은 방대한 학습 자료를 핵심 개념 중심으로 요약하여, 학습자가 중요한 내용을 빠르게 파악할 수 있도록 돕는다. 예를 들어, 교과서 한 장의 내용을 시험 대비에 필요한 주요 개념과 핵심 사항으로 정리하면, 학생들은 보다 체계적으로 복습할 수 있다. 이를 통해 학습자는 정보 과부하를 줄이고 효율적인 학습 전략을 수립할 수 있다.

중2 사회 교과서의 내용을 시험 준비에 필요한 주요 개념을 위주로 정해 줘.

2 인권이 침해되었을 때 어디에서 도움을 받을 수 있을까?

이 단원을 배우면 인권이 침해되었을 때 국가 기관에 의해 구제받는 방법을 조사할 수 있다.

오늘 배울 주요 개념을 찾아 써 보세요.

인권이 침해되었을 때는 어떻게 해야 할까? 우리는 다양한 국가 기관을 통해 침해된 권리를 구제받을 수 있다.

법원 법원은 권리 구제의 가장 보편적인 수단이라고 할 수 있는 **재판**을 통해 침해된 권리를 구제한다. 민사 재판은 다른 사람이 나의 권리를 침해했을 때, 행정 재판은 행정 기관의 잘못으로 나의 권리를 침해받았을 때 청구할 수 있다. 형사 재판을 통해 범죄 행위로 다른 사람의 권리를 침해한 사람을 처벌하고, 범죄를 예방하는 효과를 기대할 수 있다.

헌법 재판소 헌법 재판소는 헌법 질서를 수호하고 국민의 기본권을 보장하는 국가 기관으로, **헌법 소원 심판**을 통해 인권을 보호한다. 헌법 소원 심판은 공권력의 행사 또는 불행사에 의해 기본권이 침해된 국민이 권리 구제를 요청하면 이를 심판하는 제도이다.

국가 인권 위원회 국가 인권 위원회는 어떤 국가 기관에도 소속되지 않는 독립 기구로, 인권을 침해할 우려가 있는 법이나 제도의 문제점을 찾아 개선을 권고하고, 인권 침해나 차별 행위를 조사하여 구제하는 역할을 한다. 일상생활에서 인권이 침해되면 국가 인권 위원회에 **진정**을 넣어 권리 구제를 요청할 수 있다.

* 진정 국가 기관에 사정을 알리고 어떤 조치를 희망하는 것이다.

2. 인권 침해와 구제 19

다음은 중2 사회 교과서의 "인권이 침해되었을 때 어디에서 도움을 받을 수 있을까?"에 대한 시험 준비용 **주요 개념 요약**입니다:

1. **법원**
   - **역할**: 인권 구제의 가장 보편적인 수단으로, 재판을 통해 인권을 침해한 사람에게 법적 책임을 물음.
   - **기대 효과**: 사람들의 권리를 침해하는 행동을 억제하고, 법질서를 유지함.
2. **헌법 재판소**
   - **역할**: 헌법에 어긋나는 법률이나 공권력의 남용으로 인권이 침해될 경우 심판을 통해 해결.
   - **특징**: 국민의 기본권을 보호하며, 헌법 소원 심판을 통해 개인이 구제받을 수 있도록 지원.
3. **국가인권위원회**
   - **역할**: 독립 기구로서, 인권 침해 사례에 대해 조사하고 권리 구제 요청을 수행.
   - **특징**: 정부와 독립적으로 운영되며, 사회적 약자의 인권 보호를 위한 역할을 수행함.

[그림 16-3] 미래엔 중학교 사회2 교과서(상) 및 ChatGPT의 학습 자료 요약(하)

출처: https://ebook.mirae-n.com/@kb2069/20

2) 자료 조사 및 발표 준비

(1) 과제물 자료 조사

생성형 인공지능은 과제물의 주제 분석과 참고문헌 조사 및 정리를 지원하여, 자료 조사 시간을 절약할 수 있게 한다. 예를 들어, 특정 주제와 관련된 최신 연구 자료와 논문 목록을 요청하면, 인공지능은 참고문헌 링크, 주요 연구 결과와 핵심 개념을 요약하여 제공한다. 이를 통해 학생들은 자료의 핵심 내용을 바탕으로 과제 작성의 효율성과 완성도를 높일 수 있다.

"인공지능의 교육적 활용"이라는 주제에 대해 최신 연구 논문과 참고 자료 목록을 검색하고, 정확한 링크와 제목을 제시하고, 간단하게 내용을 소개해 줘.

인공지능(AI)의 교육적 활용에 대한 최신 연구 논문과 참고 자료를 소개합니다. 각 자료의 제목과 간단한 내용을 함께 제공하니, 관심 분야에 맞춰 활용하시기 바랍니다.

1. **"국내 AI활용교육 연구동향"**
   - **링크:** SCIENCEON
   - **소개:** 이 연구는 2019년부터 2021년 7월까지 국내 학술지에 게재된 AI 활용 교육 연구 78편을 분석하여, AI 활용 교육의 방향성과 시사점을 제시합니다.
2. **"ChatGPT의 교육적 활용 관련 연구동향 및 주제 분석"**
   - **링크:** SCIENCEON
   - **소개:** 생성형 인공지능인 ChatGPT의 교육적 활용에 대한 연구 동향과 주제를 파악하고 시사점을 도출하기 위해 2022년 12월부터 2023년 5월까지 발표된 관련 문헌 72편을 분석한 연구입니다.
3. **"생성형 AI를 활용한 언어교육 연구의 동향과 전망 - 토픽 모델 분석을 중심으로 - "**
   - **링크:** KOREAN JOURNAL OF GENERAL EDUCATION
   - **소개:** 생성형 인공지능을 활용한 언어교육 연구의 최신 동향을 분석하고, 언어교육에서의 활용 가능성과 전망을 살펴본 연구입니다.
4. **"인공지능의 교육적 실천을 위한 가능성과 과제"**
   - **링크:** DBPIA
   - **소개:** AI 교육의 개념과 범위, 교육과정의 방향, AI의 교육적 활용방안, 교사의 역할과 역량 변화 등에 대해 논의한 연구입니다.
5. **"한국어교육 및 학습 도구로써 AI 활용 가능성 탐색 - 챗GPT를 중심으로"**
   - **링크:** SCIENCEON
   - **소개:** 생성형 인공지능 ChatGPT를 중심으로 한국어 교육 및 학습 도구로서 AI 활용의 가능성을 탐색한 연구입니다.

[그림 16-4] ChatGPT를 활용한 과제물 참고문헌 검색

(2) 발표자료 작성 지원

Gamma, Tome과 같은 인공지능 기반 프레젠테이션 생성 도구는 발표 주제에 맞는 내용을 자동으로 정리하고 슬라이드를 제작하는 기능을 제공한다. 사용자가 발표 주제를 입력하면 인공지능은 관련 정보를 요약하고 텍스트 정보와 시각적으로 적합한 이미지를 생성하여, 발표 자료를 손쉽게 제작할 수 있다. 학생들은 자료 정리와 시각적 자료 준비에 소요되는 시간을 단축할 수 있어 핵심 내용 전달과 발표 준비에 더욱 집중할 수 있다.

[그림 16-5] Gamma를 활용한 발표자료 개요 작성

출처: https://gamma.app

(3) 토의 및 토론 준비

생성형 인공지능은 토론 주제에 대한 다양한 관점과 관련 정보를 제공함으로써 보다 심도 깊은 토론을 준비할 수 있도록 돕는다. 예를 들어, 인공지능은 교육정책에 대한 찬반 논리를 비교하거나, 역사적 사건에 대한 다양한 해석을 제공하여 토론의 논거를 강화할 수 있다. 이를 통해, 학생들은 편향된 시각에서 벗어나 보다 균형 잡힌 논의를 전개할 수 있으며, 논리적 사고력을 배양할 수 있다.

중3 수준에서 아래의 주제에 대해서 토론을 하려고 해. 다양한 관점에서 토론에 활용할 수 있는 정보를 정리해 줘.

AI와 윤리: 인공지능과 인류가 공존할 방향은 무엇인가?

AI와 윤리: 인공지능과 인류가 공존할 방향

1. AI의 장점

- **교육**: AI 튜터와 맞춤형 학습 자료 제공.
- **의료**: 질병 예측과 치료 지원.
- **환경 보호**: 기후 변화 분석과 환경 문제 해결.
- **일상생활**: AI 비서와 음성 인식으로 생활 편리성 증가.

2. AI의 윤리적 문제

- **프라이버시 침해**: 개인 정보가 보호되지 않을 위험.
- **편향과 차별**: AI 데이터의 편향성으로 인한 사회적 차별.
- **책임 문제**: AI 오작동 시 책임 소재 불분명.
- **일자리 대체**: 인간의 일자리가 AI로 인해 사라질 가능성.

3. AI와 인류의 공존 방안

- **법적 규제와 윤리 규정**: 프라이버시 보호와 AI 사용의 규제 필요.
- **윤리 교육**: AI 개발자와 사용자의 윤리 인식 강화.
- **인간 중심의 AI**: 인간이 최종 결정을 내리도록 설계.
- **일자리 재교육**: AI로 사라지는 일자리에 대비한 기술 교육 제공.

4. AI와 인간의 협력

- **AI 역할 재정립**: AI는 인간을 돕는 도구로, 감정 대체 불가.
- **감시와 평가**: AI의 활동을 지속적으로 감시.
- **공정한 AI 개발**: 개발 과정의 투명성과 사회적 혜택 보장.

[그림 16-6] ChatGPT를 활용한 토의 및 토론 자료 준비

출처: https://chatgpt.com/

2. 교수자를 위한 생성형 인공지능 활용 방안

1) 수업 설계와 자료 개발

(1) 수업계획서 작성

생성형 인공지능은 수업 주제, 학습 목표, 주차별 학습 계획을 빠르고 효율적으로 작성할 수 있도록 지원한다. 주제와 관련된 예시 자료를 제시하여, 교수자는 수업 준비 시간을 단축하고 내용 구성에 집중할 수 있다(예 소프트웨어 수업에서 학습 목표와 실습 주제 및 실습 방법을 포함한 상세한 계획을 설계).

(2) 교수-학습 지도안 작성

생성형 인공지능은 특정 주제에 따른 교수-학습 지도안을 자동으로 작성하며, 이를 통해 효율적인 학습 목표를 설정하고 수업 전략을 강화할 수 있다(예 중학교 사회과 수업에서 온대기후와 주민생활 단원에 맞춘 교수-학습 지도안을 생성하면, 교사는 이를 수정 보완하여 활용).

(3) 차별화된 교수 전략 개발

생성형 인공지능은 프로젝트 기반 학습(PBL)과 협력학습, 온라인 학습 활동과 같은 다양한 교수 전략을 제안하여, 교수자가 보다 창의적인 수업을 설계할 수 있도록 지원한다(예 인공지능이 추천한 팀 프로젝트 주제와 수업 진행 방법을 활용하여 효과적인 협력학습 유도).

(4) 토의 및 토론 주제 개발

생성형 인공지능은 학습 주제에 적합한 다양한 토론 주제를 제공한다. 교수자는 현재의 사회적 이슈를 기반으로 학생들의 비판적 사고와 토론 역량을 향상시키는 수업을 설계할 수 있다(예 기후변화와 지속가능성에 대한 토론 주제를 통해 학생들에게 다양한 시각 제공).

(5) 수업 자료 제작

교수자는 생성형 인공지능을 활용하여 동기 유발 자료, 이미지, 비디오 등 다양한 학습 자료를 제작할 수 있다(예 역사 수업에서 '중세 유럽의 문화'를 설명하는 시각 자료를 자동 생성하거나, 과학 개념을 시각적으로 설명하는 영상 제작).

2) 평가 및 피드백

(1) 평가 루브릭 개발

생성형 인공지능은 프로젝트 학습과 수행평가를 위한 평가 기준을 자동으로 생성하여 공정하고 일관된 평가를 지원한다(예 '지방의 인구 소멸 문제해결 프로젝트'를 위한 평가 기준 작성).

(2) 평가문제 출제

생성형 인공지능은 특정 단원과 학생 수준에 맞춘 퀴즈나 시험 문제를 자동으로 생성하며, 선다형 및 서술형 문항을 포함한 다양한 형태의 문제를 출제한다(예 중학교 국어 수업에서 '시작과 관련된 한자 성어'를 연결하고 빈칸에 적절한 단어를 넣는 평가 문제 출제).

(3) 피드백 제공 및 코딩 지원

생성형 인공지능은 학생들이 작성한 글을 분석하여, 문법적 오류를 교정하고, 더 나은 표현을 제안해 준다. 또한 프로그래밍 학습에서 코딩 오류를 진단하고, 해결 방안을 제시하여, 학습자가 문제를 해결하는 과정을 지원한다(예 영어 에세이의 문법 오류를 자동으로 수정, 코딩 과제 중에 발생한 오류 분석 및 디버깅 방법 제안).

3. 연구자를 위한 생성형 인공지능 활용 방안

1) 논문 작성과 연구 지원

(1) 논문 리뷰 및 교정(Proof Reading)

생성형 인공지능은 논문의 논리적 오류나 구조적 문제를 파악하여 피드백을 제공한다. 또한 문법적 문제를 검토하고 보다 자연스럽고 명료하게 교정하여 논문의 완성도를 향상시킬 수 있다(예 영어 논문에서 문법 오류 수정 및 학술적 표현 개선).

(2) 연구방법론 지원

연구자가 선택한 연구방법론의 장단점을 분석하고, 연구 주제에 적합한 연구 설계 방안을 제시한다(예 설문 조사의 적절한 설계 방법을 추천하거나 실험 연구에 적합한 변수 제안).

2) 연구 확장 및 데이터 분석 지원

(1) 연구 주제 확장 및 최신 연구 동향 분석

생성형 인공지능은 최신 연구 동향을 분석하고 새로운 연구 아이디어를 제안하여 연구 주제를 확장할 수 있도록 돕는다(예 생성형 AI의 교육 분야 적용과 관련된 최신 연구 동향을 분석하여 연구 방향 설정 지원).

(2) 심층 토론 및 아이디어 발굴

연구자는 인공지능과의 심층적인 토론을 통해 다양한 관점을 검토하고, 창의적인 연구 아이디어를 도출할 수 있다(예 특정 연구 주제와 관련된 데이터의 분석 및 활용 가능성에 대한 토론).

(3) 프로그래밍 지원 및 데이터 분석 지원

인공지능은 연구자의 데이터 분석을 지원하며, 코드를 자동으로 작성하거나 오류를 수정하여 연구 과정의 생산성을 높여 준다(예 빅데이터 분석을 위한 파이썬 코드 작성 및 디버깅 지원).

참 / 고 / 문 / 헌

미래엔(2025). 중학교 AI 디지털교과서(중학 사회2). https://ebook.mirae-n.com/@kb2069/20

ChatGPT (https://chatgpt.com/)

gamma (https://gamma.app)

CHAPTER 17

생성형 인공지능의 한계와 윤리적 사용

1. 생성형 인공지능의 기술적 한계

생성형 인공지능은 교육 및 산업 전반에서 혁신적인 기술로 주목받고 있지만, 기술적 한계와 윤리적 이슈는 반드시 고려할 필요가 있다. 기술 발전으로 활용범위는 넓어지고 있지만, 기능적인 한계와 윤리적 문제를 간과할 경우 부작용이 발생할 가능성이 크다. 생성형 인공지능의 주요 한계점을 살펴보고 교육 현장에서 윤리적이고 책임감 있게 활용하기 위한 방안을 살펴보고자 한다.

1) 환각 현상과 정보 신뢰성 문제

생성형 인공지능은 사실이 아닌 정보를 실제처럼 그럴듯하게 제시하는 환각 현상(Hallucination)을 보인다. 특히 역사적 인물, 역사, 이념, 종교 등 민감한 주제에서 실제와 다른 정보를 생성할 가능성이 크다. 따라서 학생들은 인공지능이 제공하는 정보를 무비판적으로 수용하기보다는 신뢰할 수 있는 출처와 비교하고 검증하는 습관을 길러야 한다.

2) 데이터의 편향성과 가짜 뉴스 문제

생성형 인공지능은 편향된 데이터를 학습하여 특정 성별, 인종, 문화 등에 대해 왜곡된 결과를 생성할 수 있다. 예를 들어, 아마존의 인공지능 채용 시스템이 여성 지원자를 차별하여 이 시스템은 폐기되었으며, 이미지 생성 인공지능인 DALL-E 2와 Stable Diffusion은 '의사' '간호사' 'CEO'를 입력했을 때, 백인 남성을 의사로 나타내거나 여성을 간호사나 비서로 묘사하며 특정 인종이나 성별에 대해 편향된 이미지를 생성한 사례가 있다. 이를 해결하기 위해, 인종, 성별, 직업군을 공정하게 반영한 데이터 세트를 구축하고, 학습자들에게 인공지능이 제공하는 정보를 비판적으로 평가하는 능력을 길러 주는 것이 중요하다.

3) 최신 정보 반영의 한계

실시간으로 학습하지 않는 생성형 인공지능은 최신 정보와 시사적 이슈, 기술적 변화에 대한 정보를 반영하지 못하는 경우가 많다. 따라서 학생들이 인공지능의 답변이 항상 최신 정보를 반영하는 것이 아님을 인식하게 하고 신뢰할 수 있는 최신 정보 출처를 추가 확인하는 방법을 교육해야 한다.

2. 윤리적 사용을 위한 지침

생성형 인공지능은 사용자의 윤리적 사용과 책임이 중요한 도구다. 학습자들이 자신의 개인정보를 유출하지 않고 안전하게 사용할 수 있도록, 저작권 및 올바른 사용 방법에 대해 교육할 필요가 있다.

1) 개인정보 보호

생성형 인공지능은 사용자의 민감 정보를 학습할 가능성이 있어 개인정보 유출의 위험이 존재한다. 예를 들어, ChatGPT에 의료 상담을 진행할 경우 개인의 건강 상태, 병력의 민감한 정보나 자신의 주소, 가족관계, 학교 정보 등의 개인정보가 유출될 가능성이 있으며, 개인 프라이버시가 침해되고 악용될 소지가 있어 민감한 정보나 개인정보를 입력하지 않도록 해야 한다. 또한 학생들에게 개인정보 보호의 중요성과 개인정보 유출 방지를 위한 안전한 인공지능 사용 방법을 교육함으로써 정보 보호 의식을 강화할 필요가 있다.

2) 출처 표기와 저작권 준수

생성형 인공지능은 학습 과정에서 저작권이 있는 콘텐츠를 활용할 수 있으며, 원본의 텍스트 자료, 이미지, 음악 활용으로 인해 표절과 저작권 문제가 발생할 수 있다. 예를 들어, 유명 소설이나 학술논문의 특정 문장을 포함하거나, 특정 예술가의 스타일과 지나치게 유사한 이미지, 원본 음악과 유사한 멜로디와 코드가 포함될 가능성이 있다. 학생들에게 인공지능을 활용할 때 윤리적이고 책임감 있게 활용할 수 있도록 저작권 교육을 실시하고, 인공지능이 생성한 아이디어 초안을 자신만의 문장이나 그림으로 재구성하는 방법을 가르쳐야 하며, 과제나 발표자료에 활용할 때에는 출처를 표시하고 사용한 인공지능 모델을 인용하도록 지도한다.

3. 교육 현장에서 윤리적 사용을 위한 교육 방안

생성형 인공지능은 교사의 지도 아래 교육 현장에서 효과적으로 활용될 수 있지만 학생들이 개별적으로 사용할 가능성이 크다. 따라서 윤리적으로 사용하는 방법을 지도하는 것이 중요하다. 교사와 학생들이 인공지능을 올바르게 사용할 수 있도록 생성형 인공지능의 구체적인 교육 방법을 살펴보겠다.

1) 생성형 인공지능의 기본원리와 한계 이해

생성형 인공지능의 기본적인 작동 원리와 한계를 명확하게 이해할 수 있도록 설명한다. 교사는 실제 수업에서 시연을 통해 ChatGPT에게 직접 질문하고, 인공지능이 제공하는 답변에 오류를 발생할 수 있음을 보여 준다. 답변이 틀렸다면, 잘못된 답변을 학생들과 함께 분석한다.

예시활동

"2024년에 실시한 미국 대통령 선거 결과는 무엇입니까?"라고 ChatGPT에게 질문해 보자. 최신 정보를 제공하지 않는 AI의 한계를 학생들이 직접 체험하고 이해하게 한다.

2) 효과적인 프롬프트 작성 교육

인공지능이 더 정확하고 구체적인 답변을 생성하도록 프롬프트 활용 방법을 교육한다. 다양한 예제 프롬프트를 제공하고 간단한 질문에서 구체적인 질문으로 확장하여 '대상, 예시, 관련정보, 결과형식' 등을 포함하도록 연습을 시킨다.

예시활동

"한국의 역사에 대해서 알려 줘."라는 질문과 "조선 시대의 주요 정치 제도를 간단히 설명해 줘."라는 구체적 질문을 비교하게 한다. 이 활동을 통해서 구체적인 질문이 더 정확한 정보를 제공한다는 것을 경험하게 한다.

3) 최신 기술 동향 이해와 토론

인공지능 기술이 급속도로 발전하고 있음을 학생들에게 인식시키고, 최신 기술 동향을 통해 인공지능의 가능성과 한계에 대해 이해하게 한다. 교사는 인공지능 관련 뉴스나 흥미로운 기술 동향을 정리하여 수업 시간에 토론 주제로 활용한다.

예시활동

"이번 주에 인공지능 관련 뉴스 중에 가장 흥미로운 내용을 찾아 1분 발표를 준비해 오세요."라고 한 뒤, 수업 시간에 조별 발표를 통해 인공지능의 발전이 사회에 미치는 영향을 생각할 기회를 부여한다.

4) 정보 검증 및 비판적 사고 훈련

생성형 인공지능이 제시한 정보를 그대로 받아들이기보다는 검증하고 비교하는 과정을 통해 비판적 사고를 기르도록 교육한다. 학생들이 직접 인공지능이 생성한 정보와 실제 정보를 비교하여 정확성을 평가하고, 인공지능이 잘못된 정보를 제공할 수 있음을 알게 한다.

예시활동

"ChatGPT에게 '한국의 주요 수출품'에 대해 물어보고, 통계청 자료와 비교해 보세요. 혹시 차이가 있다면 왜 그런지 활동지에 적어 봅니다."와 같이 두 개의 차이점에 대해 짝토론을 하게 하고 인공지능이 제공한 정보 검증의 중요성을 깨닫게 한다.

5) 인공지능 생성물의 출처 표기 및 저작권 교육

학생들이 생성형 인공지능이 생성한 결과물을 사용할 때, 출처를 명확히 표기하고 저작권을 준수해야 한다는 점을 강조한다. 과제나 발표 자료에 인공지능으로 생성한 이미지나 텍스트를 사용할 때, 출처 표기 방법과 윤리적 사용의 중요성을 설명한다.

예시활동

발표 자료에 인공지능이 생성한 이미지를 사용했을 때, 'AI(DALL-E)에서 생성'이라는 출처를 표시하게 한다.

6) 개인정보 보호 의식 강화

인공지능에 질문할 때 자신의 개인정보를 노출하지 않는 것이 중요하다는 점을 설명해야 하며, 이를 통해 사이버 보안의 중요성과 개인정보 유출의 위험성을 인식하도록 한다. 개인정보 유출 사례와 학습 활동 질문을 제시하여 토론을 진행한다.

예시활동

"인공지능과 대화할 때 왜 개인정보를 입력하지 말아야 할까요? 주의해야 할 점은 무엇일까요?"와 같은 질문을 통해 개인정보를 안전하게 보호할 수 있도록 지도한다.

7) 윤리적 활용과 인공지능의 의존도 성찰

인공지능은 인간의 작업을 돕는 보조 도구에 불과하므로 지나치게 의존하기보다는 인간의 주체적인 사고와 판단이 중요하다는 것을 강조한다. 학생들이 인공지능의 장단점과 윤리적 사용에 대해 스스로 성찰하고 모둠활동을 통해 토론하고 성찰할 수 있는 활동을 실시한다.

예시활동

"인공지능을 활용하여 숙제를 했을 때와 내가 직접 숙제를 했을 때의 차이는 무엇인가요? 각각의 장단점을 분석해 보고, 자신의 생각을 정리해 봅시다." 이 활동을 통해 인공지능에 대해 비판적으로 사고하고 윤리적 인식을 갖게 된다.

CHAPTER 18

생성형 인공지능 프롬프트 작성 가이드

생성형 인공지능을 효과적으로 활용하기 위해서는 질문, 즉 프롬프트(prompt)를 잘 작성하는 것이 중요하다. 인공지능은 입력한 프롬프트에 따라 사용자의 의도를 파악하여 결과물을 생성한다. 따라서 명확하고 구체적인 프롬프트를 작성하면 불필요한 정보를 배제하고 더 높은 품질의 결과물을 얻을 수 있다. 생성형 인공지능을 활용하여 생산성을 높이기 위해서, 이 장에서는 생성형 인공지능 프롬프트의 정의와 구성 요소, 이를 활용한 예시를 제시하였다.

1. 프롬프트의 정의

프롬프트(prompt)는 인공지능 모델, 즉 대규모 언어모델(Large Language Model: LLM)에게 사용자가 원하는 형태와 내용의 응답을 유도하기 위해 입력하는 텍스트나 파일을 의미한다. 프롬프트는 단순한 질문부터 복잡한 지시까지 사용자가 작성하는 내용에 따라 달라지며, 인공지능이 명확하게 이해하고 실행할 수 있도록 작성하는 것이 중요하다.

2. 프롬프트의 구성 요소

프롬프트(prompt)를 작성할 때는 다음과 같은 7가지 주요 구성 요소를 포함하는 것이 좋다.

① **역할(role) 부여**: 특정 역할이나 직무를 지정하고, 구체적인 전문가 명칭 포함

예 시

당신은 초등학교 선생님입니다. "지구의 운동에 대해서 알려 주세요".
당신은 법률 전문가입니다. "법률 관련 질문"에 답하십시오.
당신은 신문 기자입니다. "인공지능이 산업에 미친 영향"에 대한 기사를 작성하세요.

② **대상(Audience) 명시**: 응답의 대상을 명시하고, 그 대상의 필요나 수준에 맞게 조정

예 시

초등학생에게 지구의 공전에 대해서 설명해 주세요.
피아노 초보자들을 위해 연습 팁을 제공해 주세요.
데이터 과학자에게 최신 생성형 인공지능 기술의 동향을 정리해 주세요.

③ **특정 작업(Task) 혹은 목표(Goal) 제시**: 작업을 최대한 상세하게 제시하고, 필요하면 단계별로 나누어 제시

예 시

환경 보호를 위한 설득력 있는 연설문을 작성해 주세요.
생성형 인공지능으로 인해 발생하는 윤리적 문제를 개선하기 위한 제안을 제시해 주세요.

500단어로 자기소개서를 작성해 주세요.
자기소개서를 작성해 주세요.
서론, 본론, 결론으로 나누어서 작성해 주세요.
경험, 성과, 개인적 성장 등 구체적 사례를 들어 설명력을 높여 주세요.

~분석해 주세요, ~개요를 작성해 주세요, ~에세이를 작성해 주세요.

④ 구체적인 예시(example) 제공: 응답 형식이나 내용을 구체적으로 보여 주는 예시 제공

예 시

광합성 과정을 다음의 예시처럼 3단계로 요약해 설명하세요.
질문: 광합성 과정을 알려 줘.
예시: 1단계: 빛을 흡수한다.
2단계: 이산화탄소와 물을 이용해 포도당을 합성한다.
3단계: 산소를 방출한다.

⑤ 특정 정책(Policy), 규칙(Rule), 스타일(Style), 어조(tone), 제약사항(Constraint) 설정: 응답에 필요한 스타일이나 어조, 혹은 특정한 제약을 설정

예 시

사실 기반의 정보만을 사용하여 뉴스 기사를 작성해 주세요.
긍정적인 피드백만을 포함하여 에세이를 평가해 주세요.
나의 경력사항과 프로젝트 수행 이력을 강조하여 자기소개서를 작성해 주세요.

예 시

전문적이고 간결한 언어로 제품에 대한 간략 소개글을 작성해 주세요.
정중하고 공손한 어조로 교육 안내문을 작성해 주세요.
센스있고 유머러스한 톤으로 생일 축하 메시지를 작성해 주세요.

예 시

120자 이내로 트윗을 작성해 주세요.
1분 내로 읽을 수 있는 뷰티 유튜브 영상의 인트로 인사를 작성해 주세요.
한 페이지 분량 이내의 디저트 관련 비즈니스 제안서를 작성해 주세요.

⑥ 형식(format), 구조(Structure) 설정: 목록, 단락, 대화형

예 시

APA 스타일로 참고문헌 목록을 만들어 주세요.
JSON 형식으로 결과를 출력해 주세요.
가사 형식으로 이별에 관한 노래를 만들어 주세요.

조선왕조를 시간의 순서대로 정리해 주세요.
세 문단으로 구분해 주세요.
글머리표 형식으로 정리해 주세요.

⑦ 맥락(context) 제시: 설명하기 어려운 복잡한 상황이나 배경, 의도와 목표 등 설명

예 시

세종대왕의 업적을 널리 알릴 수 있는 노래를 지어 주세요. 세종대왕은 수많은 업적을 남긴 조선시대의 왕으로 훈민정음을 만들고 한글을 창제하였으며, 과학 기술과 예술, 문화, 국방 등 여러 분야의 발전을 통해서 우리나라가 더욱 부강해질 수 있도록 한 위대한 왕입니다.

3. 교수 설계를 위한 프롬프트 작성 예시

프롬프트를 활용하면 학습 자료 생성, 수업 설계, 학습 동기 부여 등 수업을 설계하고 준비할 때 효과적이다. 프롬프트 작성과 응용 예시를 통해 교수자들이 인공지능을 교육적으로 활용할 수 있는 방법을 살펴보겠다.

1) 프롬프트 작성 예시

프롬프트는 교육 목표와 맥락을 고려하여 작성하며, 다음의 기본적인 프롬프트 구성 예시를 참고할 수 있다.

[역할] 인공지능에게 특정 페르소나를 부여

[원하는 결과] 생성물의 목표와 세부 요구사항 제시(예 (숫자)개의 초안을 작성해 줘.)

[포함 데이터] 생성물에 포함될 데이터나 구체적 정보 명시

[스타일과 톤] 청중에 적합한 글쓰기 스타일과 어조를 지정

↓

[역할] 너는 초등학교 선생님이야.

[결과] 학생들의 흥미를 끌 수 있는 활동 3가지를 작성해 줘.

[포함데이터] 활동별 예상 학습 효과도 포함해야 돼.

[스타일] 초등학교 5학년 학생이 이해하기 쉬운 방식으로

예시 프롬프트

예 나는 중학교 선생님이야. 중학교 사회 수업에서 ChatGPT를 활용하려고 해. 학생들의 학습 동기를 자극하고 흥미를 줄 수 있는 수업을 하려고 할 때 ChatGPT를 활용할 수 있는 5가지 방법을 알려 줘.

① 프롬프트 작성과 답변 예시(ChatGPT4.0 사용)

> AI와 메타버스로 학습할 수 있는 방법에 대해서 역할극을 수행하려고 해. 중학생 수준으로 역할극을 할 수 있는 영어 시나리오를 작성해 줘.

Scenario: Learning with AI and Metaverse

Characters :

- **Teacher (Ms. Lee)**
- **Student 1 (Tom)**
- **Student 2 (Anna)**

Setting :

A virtual classroom in the Metaverse where students are exploring AI-powered learning tools. The classroom is futuristic, and students can interact with digital objects and AI characters.

Teacher (Ms. Lee) :
Welcome, everyone! Today, we're going to explore a new way of learning using AI and the Metaverse. You can see this isn't just a regular classroom anymore. We're in a virtual world! So, how do you think we can use AI to help us learn here?

Tom:
This is amazing, Ms. Lee! But I don't really get how AI can teach us things. Isn't it just for robots?

Ms. Lee :
Good question, Tom! AI isn't just for robots. In fact, AI can help us with our learning by giving us personalized lessons, answering our questions in real-time, and even guiding us through complex problems. Here, let me show you an example.

(Ms. Lee waves her hand, and an AI assistant appears on the screen.)

AI Assistant :
Hello, class! I'm your AI assistant. I can help you with any questions you have and even show you how things work in 3D. What do you want to learn about today?

Anna :
Wow, this is cool! Can we learn about space? I always wanted to see the planets up close.

AI Assistant :
Of course, Anna! Let me take you to a virtual tour of the solar system.

(The classroom transforms into space, with planets floating around. Students can touch the planets and zoom in to see details.)

Tom :
Whoa, we're actually in space! This is way better than just reading a textbook.

Ms. Lee :
Exactly! The Metaverse allows us to experience things in 3D, making learning more interactive. And with AI, you get answers immediately. Imagine learning science like this every day!

Anna :
This makes everything so much easier to understand. Can AI help with math, too?

AI Assistant :
Yes, Anna! I can walk you through any math problem step-by-step. Let's try one together.

(A digital whiteboard appears, and the AI solves a math problem interactively with the students.)

Tom :
I didn't think AI could be this helpful. It's like having a tutor whenever we need one.

Ms. Lee :
Exactly, Tom. And in the Metaverse, you're not limited to a classroom. You can explore different environments, interact with historical figures, or even visit other countries–all with AI guiding you.

Anna :
This is awesome! I can't wait to see what else we can learn here.

Ms. Lee :
And that's just the beginning! AI and the Metaverse are changing how we learn. Now, let's explore some more topics, shall we?

② 생성형 인공지능 결과물 활용: 웹툰 제작으로 창의적 학습 실시

앞의 프롬프트와 답변 내용을 활용하여 학생들이 인공지능 기반의 창의적 학습을 경험할 수 있도록 웹툰 제작 활동을 추가한다. 인공지능 웹툰 생성 서비스 '투닝(Tooning)'을 활용하여, '문장으로 툰 생성' 기능에서 기본적인 인물, 상황, 발화를 넣고 4컷 웹툰을 제작한다.

위 상황극을 4컷짜리 웹툰으로 제작하려고 해. 각 컷별로 대화를 나눠 주고, 웹툰에 들어갈 대화의 길이가 짧기 때문에 각 대화는 간결하게 핵심만 요약해 줘.

(ChatGPT 답변 원본)	(ChatGPT 답변 번역)
1st Panel : **Background:** Students are amazed in a virtual classroom **Tom:** Is this really a virtual world? This is amazing! **Anna:** How can AI help us? **Ms. Lee:** AI will help with personalized learning. Let me show you!	**1컷** **배경:** 가상 교실에서 학생들이 놀라고 있다 **Tom:** 여기가 진짜 가상 세계야? 정말 놀라워! **Anna:** 인공지능이 우리를 어떻게 도와줄 수 있어요? **Ms. Lee:** 인공지능은 맞춤형 학습을 도와줄 거예요. 제가 보여 줄게요!
2nd Panel: **Background:** AI assistant appears **AI Assistant:** Hello! What would you like to learn? **Anna:** I want to see space! **AI Assistant:** Let's go to space then!	**2컷** **배경:** AI 어시스턴트 등장 **AI 어시스턴트:** 안녕하세요! 무엇을 배우고 싶나요? **Anna:** 우주를 보고 싶어요! **AI 어시스턴트:** 그럼 우주로 가 봅시다!

3rd Panel:
Background: Students are touching planets in space
Tom: Wow! It feels like we're really in space!
Anna: This is way better than just reading a book!

3컷
배경: 학생들이 우주에서 행성을 만지고 있다
Tom: 와! 정말 우리가 우주에 있는 것 같아!
Anna: 책으로 읽는 것보다 훨씬 좋아요!

4th Panel:
Background: AI assistant explains a math problem
Anna: Can AI teach math too?
AI Assistant: Of course! Let's solve one together!
Tom: This feels like a real tutor!

4컷
배경: AI 어시스턴트가 수학 문제를 설명하고 있다
Anna: 인공지능도 수학을 가르칠 수 있어요?
AI 어시스턴트: 물론이죠! 함께 풀어 봐요!
Tom: 진짜 선생님 같아!

PART 06

디지털 윤리와 안전한 정보 활용

디지털 기술의 급격한 발전은 윤리적 · 법적 · 사회적 문제를 새롭게 제기하고 있다. 제6부 디지털 윤리와 정보 보호는 이러한 환경에서 책임감 있고 윤리적인 행동을 실천하기 위한 지침을 제공한다. 디지털 윤리의 개념과 필요성, 주요 법률과 윤리적 이슈를 다루며, 개인 정보 보호와 저작권 준수, 사이버 범죄 예방, 디지털 기기 사용 및 자기 관리 방법 등을 포괄적으로 설명한다.

특히 해킹, 피싱, 딥페이크와 같은 사이버 범죄 유형과 대응 방안을 소개하며, 「정보통신망법」, 「개인정보 보호법」, 「저작권법」 등의 법률을 통해 디지털 사회의 신뢰와 안전성을 유지하는 방법을 제시한다. 또한 디지털 자기 정체성 관리와 네티켓 등 실천적 가이드를 제공해 개인과 사회 모두에게 유익한 디지털 문화를 조성할 수 있도록 돕는다. 제6부는 디지털 환경에서의 올바른 행동과 정보 보호 실천을 통해 안전하고 공정한 디지털 사회를 구축하기 위한 필수적인 지식을 담고 있다.

최근 가상현실(VR), 메타버스 및 인공지능(AI) 기술의 급속한 발전과 함께 새로운 윤리적 쟁점이 대두되고 있다. 가상현실과 메타버스에서는 프라이버시 보호, 디지털 재산권, 가상 공간에서의 윤리적 행위 기준이 주요한 문제로 떠오르고 있으며, 인공지능 기술은 편향성, 책임 소재, 생성형 AI의 남용 가능성과 같은 논의를 촉진하고 있다. 이와 관련된 내용은 이 책의 제3부 제8장 '실감형 콘텐츠와 메타버스의 활용'과 제5부 '생성형 AI와 교육 혁신'에서 다루며, 제6부는 디지털 윤리의 전반적인 개념과 원칙을 설명하는 데 초점을 맞추고 있다.

CHAPTER 19

디지털 윤리 개념과 법적 필요성

1. 디지털 윤리의 개념

디지털 기술이 확산되면서 개인정보 침해, 허위 정보 유포, 사이버 범죄 등 윤리적 문제가 증가하고 있으며, 이에 따라 디지털 윤리의 중요성이 강조되고 있다. 디지털 윤리는 디지털 환경에서 책임감 있는 행동을 위한 기준과 원칙으로, 개인정보 보호, 저작권 준수, 사이버 폭력 방지 등의 윤리적 가치를 중시한다. 궁극적으로 디지털 윤리는 안전하고 지속 가능한 디지털 사회 구축을 목표로 한다(김주훈 외, 2017; 에틱쎄비, 2023)

2. 주요 법률과 윤리적 이슈

디지털 기술의 발전은 개인정보 보호, 저작권 준수, 사이버 폭력 방지 등 다양한 분야에서 윤리적 · 법적 문제를 발생시켰다. 이러한 문제를 해결하고 국민의 안전과 프라이버시를 보호하기 위해 다양한 법률이 시행되고 있다. 디지털 환경에서 법 준수는 개인과 창작자의 권리 보호, 사회적 신뢰 유지에 핵심적인 역할을 한다.

다음 〈표 19-1〉은 주요 디지털 관련 법률과 이를 관할하는 정부 부처 및 기관을 정리한 것이다(조호대, 박동균, 조현빈, 2023). 이 법률들은 디지털 사회의 안정성과 공정성을 유지하는 데 기여하며, 국민이 안전한 디지털 환경에서 활동할 수 있도록 돕는다.

〈표 19-1〉 **디지털 관련 법률의 내용, 관할 정부부처 및 관련 기관**

법률	주요 내용	관할 정부부처	관련 기관
「정보통신망법」	정보통신망을 통한 개인정보 보호, 불법 정보 유통 방지, 사이버 범죄 예방을 규정. 인터넷 서비스 제공업체(IS)와 포털 사이트의 보안 강화를 의무화	방송통신위원회, 과학기술정보통신부	한국인터넷진흥원(KISA)
「개인정보 보호법」	개인정보의 수집, 저장, 이용, 제공 과정에서 개인정보를 안전하게 보호. 개인정보 침해 시 행정적 제재 강화. 민감 정보의 관리 기준 규정	개인정보보호위원회, 행정안전부	한국인터넷진흥원(KISA)
「전자금융 거래법」	전자금융 서비스 이용 시 발생할 수 있는 금융 사고 및 부정거래로부터 사용자와 금융회사를 보호. 보안 규정 강화	금융위원회, 금융감독원	금융결제원
「저작권법」	디지털 환경에서 창작자의 권리 보호 및 무단 복제, 배포 방지. 특히 디지털 저작물의 불법 다운로드, 무단 복제 규제	문화체육관광부	한국저작권보호원, 한국저작권위원회
「디지털 성범죄 방지법」(N번방 방지법)	성적 이미지 협박, 불법 촬영물 유포, 디지털 성범죄 규제 및 피해자 보호. N번방 사건 이후 디지털 성범죄 처벌 강화와 피해자 보호를 목적으로 법이 개정됨	여성가족부, 법무부, 방송통신위원회	경찰청, 디지털 성범죄피해자 지원센터

「전자서명법」	전자서명의 안전성 보장 및 전자문서의 법적 효력 인정. 디지털 인증서와 전자서명 관련 규정 개선	과학기술정보통신부	한국인터넷진흥원(KISA), 금융결제원
인공지능(AI) 관련 법률	아직 구체적인 법안 없음. AI 기술 개발 및 활용 가이드라인 제공. AI 기술의 공정성과 투명성을 높이기 위한 연구 진행	과학기술정보통신부	한국지능정보사회진흥원(NIA),
「전자상거래법」	온라인 쇼핑, 인터넷 광고 등 전자 상거래에서 소비자 피해 예방 및 권리 보장. 결제의 안전성, 환불 및 반품 절차 규정	공정거래위원회	한국소비자원
사이버 범죄 관련 법률	해킹, 피싱, 사이버 폭력 등 사이버 범죄에 대한 처벌. 경찰청 사이버수사대가 수사 전담	경찰청, 법무부	경찰청 사이버수사대,

〈표 19-2〉는 디지털 법률과 관련된 정부 부처 및 기관별로 담당 법률, 주요 업무 그리고 연락처를 정리한 것으로, 디지털 환경에서 발생할 수 있는 다양한 문제를 해결하고, 필요시 적절한 도움을 받을 수 있다.

〈표 19-2〉 디지털 법률 관련 정부부처 및 기관별 주요 업무와 연락처

구분	부처/기관	담당 법률 및 주요 업무	공식 웹사이트	고객센터 전화번호
정부부처	과학기술정보통신부	「정보통신망법」「전자서명법」 AI 관련 규제	https://www.msit.go.kr	1335
	방송통신위원회	「정보통신망법」 디지털 성범죄 방지	https://www.kcc.go.kr	02-2110-1284
	금융위원회	「전자금융거래법」	https://www.fsc.go.kr	02-2156-8114
	금융감독원	「전자금융거래법」	https://www.fss.or.kr	1332
	문화체육관광부	「저작권법」	https://www.mcst.go.kr	02-3704-9000
	개인정보보호위원회	「개인정보 보호법」	https://www.pipc.go.kr	02-2100-3394
	행정안전부	「개인정보 보호법」	https://www.mois.go.kr	02-2100-3394
	여성가족부	디지털 성범죄 관련 법률	https://www.mogef.go.kr	02-2100-6000
	공정거래위원회	「전자상거래법」	https://www.ftc.go.kr	1670-0007
관련 기관	한국인터넷진흥원	정보 보호, 개인정보 보호, 전자서명 관리	https://www.kisa.or.kr	118
	한국저작권보호원	저작권 보호 및 상담	https://www.kcopa.or.kr	1588-0190
	한국저작권위원회	저작권 보호 및 상담	https://www.copyright.or.kr	1800-5455
	경찰청 사이버범죄 수사대	사이버범죄 수사	https://cyberbureau.police.go.kr	182
	디지털성범죄피해자지원센터	디지털 성범죄 피해자 지원	https://www.women1366.kr	02-735-8994
	한국소비자원	전자상거래 및 소비자 보호	https://www.kca.go.kr	1372

참 / 고 / 문 / 헌

김주훈, 김해영, 이운지, 박일준, 김묘은, 이은환, 계보경(2017). 디지털리터러시의 교육과정 적용 방안 연구. 한국교육학술정보원. KR 2017-4.

에틱쎄비(2023). 디지털 윤리의 필요성과 한계, 향후 과제. https://timimiti.com/entry/디지털-윤리의-필요성과-한계-향후-과제

조호대, 박동균, 조현빈(2023). 사이버침해사고 예방 및 대응을 위한 법·제도적 개선방향. 국회입법조사처. https://www.nars.go.kr

CHAPTER 20

사이버 범죄 예방과 대응

1. 사이버 범죄 정의와 유형

사이버 범죄는 디지털 기술을 악용하여 법적 및 윤리적 규범을 위반하는 행위를 말한다. 이는 인터넷, 컴퓨터 네트워크, 모바일 기기 등 다양한 디지털 매체를 통해 이루어지며, 개인, 단체, 기업, 국가 등 다양한 주체를 대상으로 발생한다. 대표적인 사이버 범죄 유형으로는 해킹, 피싱, 불법 촬영, 초상권 침해, 인터넷 사기, 허위 정보 유포, 디지털 성범죄, 음란물 유포, 온라인 불법 도박, 딥페이크 등이 있다. 이러한 범죄는 기술 발전과 함께 더욱 다양하고 정교해지고 있어, 각 범죄의 특성과 위험성을 이해하는 것이 필수적이다(강일웅, 김재희, 이소현, 김희웅, 2024; 박일준, 2023)

사이버 범죄는 단순히 개인적 피해를 넘어 사회적 신뢰를 약화시키고, 국가적 차원에서도 심각한 보안 위협이 될 수 있다. 따라서 예방을 위해 문제의식을 가지고 경각심을 유지하며, 범죄 발생 시 효과적으로 대응할 수 있는 방안을 숙지하는 것이 중요하다. 이러한 대처 능력은 피해를 최소화하고, 디지털 환경에서의 안전성을 높이는 데 기여한다([그림 20-1] 참조).

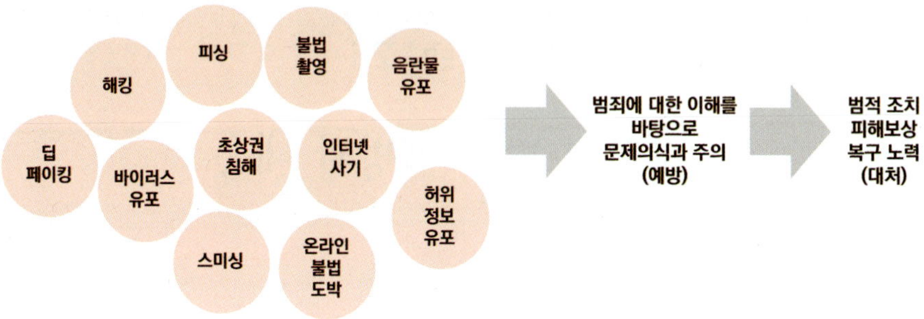

[그림 20-1] 사이버 범죄의 예방 및 대처

2. 사이버 범죄 유형별 예방법 및 대처법

1) 해킹

- **정의**: 해킹(Hacking)은 불법적으로 시스템에 접근해 정보를 탈취하거나 시스템을 파괴하는 행위다. 주로 기업이나 개인의 컴퓨터 시스템에 침입해 데이터를 훔치거나 악성 코드를 심는다.
- **예방법**: 강력한 비밀번호를 설정하고, 정기적으로 보안 업데이트를 수행한다. 이메일이나 메시지에서 출처가 불분명한 파일이나 링크는 절대 열지 않는다.
- **대처법**: 해킹이 발생한 경우, 비밀번호를 즉시 변경하고 보안 프로그램을 이용해 악성 코드를 제거한다. 피해가 큰 경우 경찰에 신고하고, 보안 전문가의 도움을 받는다.
- **사례**: 2011년 네이트와 싸이월드 해킹 사건에서 해커가 서버에 침입해 3,500만 명의 개인정보를 유출했다. 사건 이후, SK컴즈는 피해 고객들에게 사실을 알리고 비밀번호를 재설정하도록 했다. 회사는 보안 시스템을 강화했고, 사용자들에게 이중 인증 설정을 권장했다.

2) 피싱

- **정의**: 피싱(Phishing)은 금융기관이나 공공기관을 사칭해 사용자로부터 금융 정보, 로그인 정보 등을 빼내는 사기 수법이다. 이메일, 웹 사이트, 문자, 전화 등을 통해 개인정보를 유도한다.
- **예방법**: 공공기관이나 금융기관에서 온 것처럼 보이는 메시지라도, 의심스러운 경우에는 공식 웹사이트나 전화로 직접 확인한다. 의심스러운 링크는 클릭하지 않는다.
- **대처법**: 피싱에 속아 개인정보가 유출된 경우, 즉시 금융기관에 연락해 계좌를 동결하고, 경찰에 피해 신고를 한다.
- **사례**: 2020년 코로나19 지원금을 사칭한 피싱 사기 사건에서 사기범들은 지원금 신청 안내 메시지를 가장해 개인정보를 탈취했다. 피해자들이 신고하자 경찰은 수사에 착수해 피싱 조직 일부를 검거했다. 이후 정부는 피싱 사기에 대한 경고문을 대중에게 지속적으로 알리고, 피싱 방지 캠페인을 실시했다.

3) 스미싱

- **정의**: 스미싱(Smishing)은 휴대전화 문자 메시지로 악성 링크를 보내 사용자가 클릭하게 한 후 정보를 빼내거나 요금이 부과되게 하는 사기다. 스미싱은 앞서 설명한 피싱의 하위 개념으로, 피싱이 사용자를 속여 개인정보나 금전적 이익을 탈취하는 모든 수법의 총칭이라면, 스미싱은 피싱 수법 중 문자 메시지(SMS)를 매개로 하는 방식을 말한다.
- **예방법**: 출처가 불분명한 문자 메시지의 링크는 클릭하지 않고, 택배나 은행 관련 문자는 공식 앱에서 확인한다.
- **대처법**: 스미싱 피해를 입은 경우 즉시 통신사에 연락해 소액결제를 차단하고, 피해 사실을 금융기관과 경찰에 알린다.
- **사례**: 택배를 가장한 문자 스미싱 사건이 발생해 많은 사용자가 피해를 입었

다. 통신사는 스미싱 차단 서비스를 제공하고, 피해자들은 경찰에 신고해 금융 피해를 최소화했다.

4) 초상권 침해

- **정의**: 초상권 침해는 타인의 동의 없이 얼굴이나 신체 이미지를 촬영하고 이를 유포하는 행위다. 이는 개인의 초상권을 침해하는 불법 행위로 간주된다.
- **예방법**: 타인의 사진을 촬영하거나 게시하기 전에 반드시 동의를 구한다. 특히 행사나 모임 사진을 SNS에 게시할 때는 관련자의 허락을 받는다.
- **대처법**: 초상권이 침해된 경우, 해당 사진이나 영상을 게시한 사이트에 삭제를 요청하고, 법적 조치를 통해 가해자에게 책임을 물을 수 있다.
- **사례**: 한 학교에서 학생의 동의 없이 졸업사진을 SNS에 올리면서 초상권 침해 문제가 발생했다. 피해 학생과 부모가 항의하자 학교는 게시물을 즉시 삭제하고 학생에게 사과했다. 이후 학교는 학생들의 사진을 게시할 때 사전 동의를 받도록 방침을 변경했다.

5) 인터넷 사기

- **정의**: 인터넷 사기는 온라인 거래에서 허위 정보를 제공해 금전적 이득을 취하는 행위다. 대표적으로 중고거래에서 돈만 받고 물건을 보내지 않거나 가짜 상품을 파는 경우가 있다.
- **예방법**: 중고거래 시 신뢰할 수 있는 플랫폼을 이용하고, 거래 상대의 평판을 확인한다. 가능하면 직거래를 통해 상품을 직접 확인하는 것이 좋다.
- **대처법**: 인터넷 사기를 당한 경우 거래 기록을 보관하고 경찰에 신고한다. 거래 플랫폼에도 신고하여 사기 계정을 차단하도록 한다.
- **사례**: 한 중고거래 사이트에서 유명 브랜드의 가방을 저렴하게 판다며 돈만 받고 연락을 끊은 사건이 발생했다. 피해자들이 신고해 경찰이 수사에 착수

했고, 사기범을 검거했다. 거래 플랫폼은 해당 계정을 차단하고 안전 결제 시스템을 강화해 사용자들에게 주의 사항을 공지했다.

6) 허위 정보 유포

- **정의**: 허위 정보 유포는 사실이 아닌 정보를 퍼뜨려 타인의 명예를 훼손하거나 혼란을 야기하는 행위다. 주로 가짜 뉴스나 루머 형태로 퍼진다.
- **예방법**: 정보를 공유하기 전 출처를 확인하고, 사실 여부를 검증한다. 신뢰할 수 없는 출처의 정보를 무분별하게 퍼뜨리지 않는다.
- **대처법**: 허위 정보로 피해를 입은 경우, 법적 조치를 통해 허위 정보를 삭제하고 피해를 복구할 수 있다.
- **사례**: 한 고등학교에서 SNS에 학교 폭력 사건이 발생했다고 허위 정보를 유포한 사건이 있었다. 학교는 피해 학생의 명예를 보호하기 위해 허위 정보를 바로잡고, 허위 사실을 퍼뜨린 학생에게 경고했다. 이후 학교는 학생들에게 허위 정보의 위험성과 책임감을 교육했다.

7) 바이러스 유포

- **정의**: 바이러스 유포는 악성 코드를 배포해 시스템을 파괴하거나 개인정보를 탈취하는 범죄다. 이메일이나 파일 다운로드를 통해 감염되는 경우가 많다.
- **예방법**: 정기적으로 백신 프로그램을 업데이트하고, 의심스러운 이메일이나 파일은 열지 않는다.
- **대처법**: 바이러스에 감염되었을 경우, 백신 프로그램으로 감염된 파일을 삭제하거나 치료한다. 심각할 경우 전문가의 도움을 받는다.
- **사례**: 한 초등학교에서 교육용 USB가 바이러스에 감염되어 컴퓨터 시스템에 문제가 발생한 사건이 있었다. 학교는 감염된 컴퓨터를 복구하고 보안 프로그램을 설치했다. 이후 USB 사용 시 백신 프로그램으로 검사를 의무화했다.

8) 불법 촬영

- **정의**: 불법 촬영은 동의 없이 타인의 신체를 몰래 촬영하거나 이를 유포하는 행위다. 주로 공공장소에서의 불법 촬영이 문제가 된다.
- **예방법**: 공공장소에서 수상한 물체가 없는지 주의하고, 불법 촬영 탐지 앱 등을 활용한다.
- **대처법**: 불법 촬영 피해를 입은 경우 즉시 경찰에 신고하고, 촬영물이 유포되지 않도록 법적 조치를 요청한다.
- **사례**: 한 고등학교 화장실에서 불법 촬영 카메라가 발견되어 학교는 즉시 경찰에 신고했다. 가해자는 경찰 조사 후 처벌을 받았고, 학교는 정기적으로 화장실을 점검했다.

9) 온라인 불법 도박

- **정의**: 온라인 불법 도박은 인터넷을 통해 금지된 도박을 하는 행위다. 스포츠 도박, 카지노 게임 등이 여기에 해당한다.
- **예방법**: 불법 도박 사이트에 접근하지 않으며, 도박 관련 링크나 광고를 차단한다.
- **대처법**: 불법 도박에 연루된 경우, 경찰에 자진 신고해 처벌을 줄일 수 있다.
- **사례**: 청소년들이 스포츠 경기 결과를 맞히는 불법 도박 사이트에 참여해 문제가 된 사건이 있었다. 경찰은 불법 도박 운영자를 검거하고, 참여자들에게 주의를 당부했다.

10) 음란물 유포

- **정의**: 음란물 유포는 법적으로 금지된 음란물을 인터넷에 배포하거나 공유하는 행위다.

- **예방법**: 음란물 유포는 불법이므로 관련 콘텐츠를 다운로드하거나 공유하지 않는다.
- **대처법**: 불법 음란물 피해를 입은 경우, 경찰에 신고하고 관련 사이트에 삭제 요청을 할 수 있다.
- **사례**: n번방 사건에서는 텔레그램을 통해 미성년자 포함 음란물이 유포되었다. 경찰은 주요 운영자를 검거하고, 피해자 보호와 음란물 유포 방지를 위해 법적 처벌을 강화했다.

11) 딥페이크

- **정의**: 딥페이크는 인공지능(AI)을 이용해 특정 인물의 얼굴이나 목소리를 합성하여 실제와 유사한 가짜 영상을 만드는 기술이다. 이를 악용해 타인을 음해하거나 부정적인 목적으로 사용할 수 있다.
- **예방법**: 딥페이크 영상이 의심될 경우 출처를 확인하고, 신뢰할 수 없는 콘텐츠는 공유하지 않는다. 딥페이크 기술이 법적 · 윤리적으로 허용되지 않은 방식으로 사용되는 사례에 대한 교육이 필요하다.
- **대처법**: 딥페이크 피해를 입은 경우, 경찰에 신고하여 해당 콘텐츠의 삭제와 유포자에 대한 처벌을 요청할 수 있다. 피해 사실이 확인되면, 해당 영상이 허위임을 공공연히 알리는 것이 필요하다.
- **사례**: 최근 한 학교에서 담임교사의 얼굴을 합성한 딥페이크 음란물 사건이 발생했다. 학생이 교사의 얼굴을 음란물에 합성하여 SNS에 유포하면서, 교사와 학교에 큰 충격을 주었다. 해당 교사는 정신적 고통을 호소하며 경찰에 신고했고, 경찰은 딥페이크 영상의 유포자를 추적해 가해 학생을 적발했다. 이후 법적 처벌이 진행되었으며, 학교는 학생들에게 딥페이크 기술의 위험성과 윤리적 책임에 대한 교육을 강화했다.

참 / 고 / 문 / 헌

강일웅, 김재희, 이소현, 김희웅(2024). 사이버 범죄의 특성과 대응방안 연구: 저작권 침해, 도박, 음란물 범죄를 중심으로. **지식경영연구**, 25(2), 69-94.

박일준(2023). 디지털 리터러시 및 내용요소 분석 방향. **디지털 리터러시 디지털 리터러시핵심교원 양성 연수자료**. 한국교육학술정보원.

CHAPTER 21

개인정보와 저작권 보호

1. 정보 유형별 공유 및 보호 방안

디지털 환경에서 정보는 개인정보, 가명정보, 익명정보로 구분되며, 각 유형에 따라 공유와 보호 기준이 다르다. 〈표 21-1〉은 정보 유형별 정의, 사례 그리고 공유 및 보호 방안을 정리한 것이다(개인정보보호위원회, 2022; 박일준, 2023). 특히 개인정보와 가명정보는 법적 기준에 따라 엄격하게 보호해야 하며, 이와 관련된 규정을 준수하지 않으면 법적 책임이 발생할 수 있다. 교사나 교육 기관이 학생 정보나 교직원 데이터를 처리할 때도 이 기준을 준수하여 정보 보호에 유의해야 한다.

〈표 21-1〉 **정보유형별 정의, 사례 및 공유/보호 방안**

정보 유형	정의	사례	공유 및 보호 방안
개인정보	특정 개인을 식별할 수 있는 모든 정보로, 단독 또는 다른 정보와 결합하여 개인을 식별할 수 있는 정보	이름, 주민등록번호, 주소, 전화번호, 얼굴 사진	법적 근거와 개인의 동의 없이는 공유 불가하며, 반드시 보호해야 함. 보안 조치와 접근 권한 관리가 필요함
가명정보	추가 정보 없이는 특정 개인을 식별할 수 없도록 처리된 정보로, 통계 작성, 연구 등 특정 목적을 위해 활용됨	이름을 암호화한 코드 데이터, 병원의 진료 기록	통계, 연구 목적에 한해 제한적으로 공유 가능하며, 추가 정보와 결합 시 개인 식별이 가능하므로 보호 조치가 필요함
익명정보	개인을 식별할 수 없도록 완전히 처리되어 다른 정보와 결합해도 특정 개인을 알아볼 수 없는 정보	인구 통계 데이터, 전체 성별 비율, 연령대 분포	개인 식별이 불가능하므로 자유롭게 공유 가능하며, 개인정보 보호법의 적용을 받지 않음

2. 해킹, 바이러스 등으로부터 개인정보를 보호하는 방법

개인정보 보호는 디지털 환경에서 점점 더 중요한 이슈로 떠오르고 있다. 해킹, 바이러스와 같은 보안 위협이 증가함에 따라 효과적인 보안 방법을 실천하는 것은 개인과 사회의 안전을 지키는 데 필수적이다. 다음은 해킹과 바이러스 등으로부터 개인정보를 보호하기 위해 실천 가능한 10가지 안전 수칙이다(박선희, 2024; 박일준, 2023).

① 소프트웨어는 항상 최신 상태로 유지하기: 사용하는 소프트웨어를 정기적으로 업데이트하여 보안을 강화한다.

② 신뢰할 수 있는 프로그램만 설치하기: 검증된 소프트웨어만 다운로드하고 설치하여 보안 위험을 줄인다.

③ 클라우드 기반 프로그램 활용하기: 데이터를 안전하게 관리할 수 있는 클라우드 기반 프로그램을 사용한다.

④ 개인정보 입력 시 공공 와이파이 사용 자제: 공공 와이파이 사용 중에는 개인정보를 입력하는 행동을 피한다.
⑤ 휴대폰은 신뢰할 수 있는 장소에서만 충전하기: 안전한 장소에서만 휴대폰을 충전하여 보안 위협을 방지한다.
⑥ 노트북 카메라와 웹 캠은 사용하지 않을 때 가리기: 사용하지 않는 카메라와 웹캠 렌즈를 덮어 사생활 보호를 강화한다.
⑦ 의심스러운 링크는 열지 않고 URL 확인하기: 의심스러운 링크는 바로 클릭하지 말고, 원래 URL을 확인한다. 단축 URL일 경우, 안전을 위해 열기 전에 출처를 확인하는 것이 좋다. 원래 URL을 확인해 주는 웹 기반 서비스(https://unshorten.it/)를 이용하면 된다.
⑧ 디지털 기기 잠금 기능과 암호 설정하기: 디지털 기기에 암호를 설정하고 일정 시간 후 자동 잠금이 되도록 한다.
⑨ 복잡한 비밀번호 만들기: 문자, 숫자, 대소문자, 특수 문자를 조합하여 강력한 비밀번호를 생성한다. 자신이 주로 사용하는 비밀번호를 입력하면, 비밀번호의 강도(안정성), 해커들이 비밀번호를 알아내는 데 걸리는 시간과 비밀번호의 보안 수준을 높이기 위해 개선할 사항을 알려 주는 웹 기반 서비스(https://password.kaspersky.com)를 이용하도록 한다.
⑩ 비밀번호를 타인과 공유하지 않기: 자신의 비밀번호는 누구에게도 알려 주지 않는다.

3. 저작권의 개념, 유형 및 제한

1) 저작권의 개념

저작권은 저작물을 창작한 사람이나 그 법적 대리인에게 부여되는 법적 보호권이다. 이는 창작자의 권리를 보장하여 저작물이 무단으로 사용되거나 변형되는 것을 방지하며, 창작자에게 경제적 이익을 제공함으로써 창의적 생산 활동을 촉진하는 데 목적이 있다(한국저작권위원회, n.d.).

그러나 저작권 보호가 과도하게 이루어질 경우 정보의 유통과 활용이 제한될 수 있다는 문제가 발생할 수 있다. 반대로 저작권 보호가 미흡하면 창작자의 창의적 활동이 위축될 위험이 있다. 따라서 저작권은 창작자의 권리와 정보의 공정한 활용 간 균형을 이루는 것이 중요하다.

2) 저작물의 정의와 종류

저작권의 보호를 받기 위해서는 저작물의 창작이 완료됨과 동시에 저작권의 객체인 '저작물'이 존재해야 한다. 이 저작물은 인간의 사상이나 감정을 표현한 창작물이어야 하며, 창작자는 반드시 전문적 지식을 갖추거나 뛰어난 작품성을 증명할 필요는 없다. 저작물은 기존의 것보다 새로울 필요가 없으며, 우연히 다른 창작물과 동일하거나 유사한 경우에도 저작권의 보호를 받을 수 있다. 즉, 저작권은 창작물의 독창성을 요구하기보다는 창작 활동 자체를 보호하려는 목적이 강하다.

저작권은 저작물이 완성되는 순간 자동으로 발생하며, 별도의 등록 절차 없이도 법적 보호를 받을 수 있다. 다만, 저작권 등록을 통해 창작물을 공식적으로 기록하면 저작권 분쟁 시 입증에 도움이 될 수 있다. 다음 〈표 21-2〉는 저작물의 종류를 정리한 것이다(국가이러닝품질관리센터, 2014; 한국저작권위원회, n.d.).

〈표 21-2〉 **저작물의 종류와 예시**

저작물의 종류	예시
어문 저작물	소설, 논문, 시, 시나리오, 연설문
음악 저작물	가요/가곡, 관현악/기악곡, 오페라, 창극, 편곡
연극 저작물	연극, 뮤지컬, 무언극, 창극, 오페라
미술 저작물	회화, 조소, 조각, 판화, 서예, 디자인(폰트 디자인 포함), 공예, 캐릭터
건축 저작물	건물 설계도, 건축물, 모형

사진 저작물	인물 사진, 광고 사진, 기록 사진, 예술 사진
영상 저작물	영화, 방송 프로그램, 뮤직비디오, 애니메이션, 게임, 광고, 다큐멘터리
컴퓨터 프로그램 저작물	운영체제, 응용 프로그램, 게임 프로그램, 폰트 파일
2차적 저작물	번역, 편곡, 각색, 시나리오, 영상 저작물, 디지털 콘텐츠
편집 저작물	백과사전, 독창적 전화번호부, 팸플릿/브로슈어, 데이터베이스, 홈페이지(웹 디자인), 광고

저작물로 인정되기 위해서는 특정한 표현 형태로 나타나야 하며, 단순한 아이디어, 기능, 공공 정보 등은 저작권의 보호 대상이 아니다. 〈표 21-3〉은 국내에서 저작물로 인정되지 않는 사례들(한국저작권위원회, n.d.)로, 대체로 국제적으로 공통된 기준에 기반하고 있다. 그러나 구체적인 저작권 법률과 적용 기준은 각 나라의 법에 따라 차이가 있을 수 있다. 대부분의 국가는 세계지적재산권기구(World Intellectual Property Organization: WIPO)의 베른 협약과 같은 국제 협약을 통해 저작권 보호의 기본 원칙을 공유하고 있다.

〈표 21-3〉 국내에서 저작물로 인정되지 않는 사례

구분	설명	예시
아이디어, 개념	표현되지 않은 아이디어나 개념 자체는 저작권 보호 대상이 아니다.	소설의 줄거리, 발명 아이디어
단순한 사실과 데이터	객관적인 사실이나 단순한 데이터 자체는 저작권 보호를 받지 않는다.	기상 데이터, 역사 연표
공공 정보 및 법령	법령, 조례, 규칙 등 공공의 지침이나 규정은 누구나 자유롭게 사용할 수 있도록 저작권 보호 대상에서 제외된다.	헌법, 판례, 정부 발표 자료
기술적 절차 및 표준 형식	기술적 필요에 의해 사용되는 명령어나 표준 형식의 코드는 기능적 목적이기 때문에 저작물로 인정되지 않는다.	HTML 코드, 표준화된 컴퓨터 명령어

체조, 스포츠 동작	특정한 운동 동작이나 스포츠 기술은 창작물이 아니라 기능적인 동작으로 저작권 보호를 받지 않는다.	피겨스케이팅 동작, 축구 기술
순수 기능적 디자인	디자인이 순수하게 기능만을 위한 것이라면, 예술적 창작물이 아니므로 저작권 보호를 받을 수 없다.	공구의 손잡이 디자인, 도로 표지판
짧은 문구나 표어	창작의 독창성이 없는 짧은 문구나 일반적인 표현은 저작물로 보호되지 않는다.	광고 문구, 슬로건("좋은 하루 되세요!")
수학 공식 및 알고리즘	수학 공식, 방정식, 알고리즘 등은 저작물로 보호되지 않으며 누구나 자유롭게 사용할 수 있다.	피타고라스 정리, 검색 알고리즘
일반적인 형식의 양식 또는 서식	단순히 정보를 정리하기 위해 사용되는 표준화된 양식이나 서식은 저작권 보호 대상이 아니다.	인사 양식, 표준 계약서
색상 및 음표 등 기본 요소	개별적인 색상, 음표와 같은 기본 요소는 창작물로 간주되지 않으며 저작권 보호를 받을 수 없다.	빨간색, 도(C) 음표

3) 저작권의 유형

저작권은 크게 저작인격권과 저작재산권으로 나뉜다([그림 21-1]). 이 두 가지 권리는 각각 창작자의 인격 보호와 경제적 이익 보장을 위해 존재한다(국가이러닝품질관리센터, 2014). 다음에서는 각 저작권의 정의, 주요 권리 및 소멸 시기에 대해 설명한다.

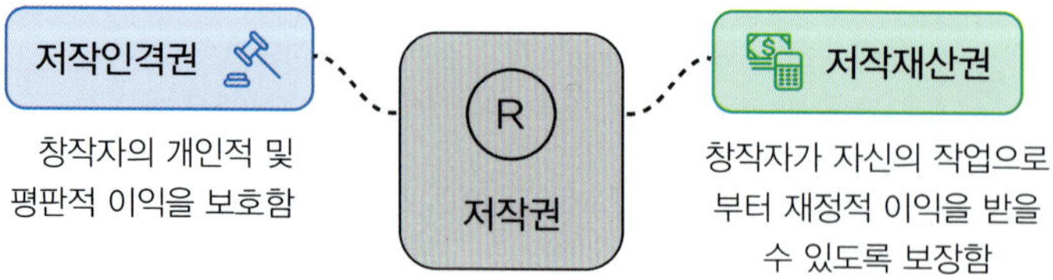

[그림 21-1] 저작권의 종류

(1) 저작인격권

① 정의: 저작인격권(Moral Rights)은 저작자의 인격을 보호하기 위한 권리로, 저작물과 관련하여 저작자의 명예와 인격이 훼손되지 않도록 보호하는 데 목적이 있다.

② 주요 권리

- 공표권: 저작물을 언제, 어떻게 공개할지 결정할 수 있는 권리
- 성명표시권: 저작물에 저작자의 이름을 표시할 수 있는 권리
- 동일성유지권: 저작물이 저작자의 의도와 다르게 수정되거나 왜곡되지 않도록 보호하는 권리

③ 소멸 시기

- 저작인격권은 저작자의 사망 후에도 일정 기간 보호되며, 법적으로 명확한 기간이 정해져 있지는 않다. 그러나 저작물의 훼손이나 왜곡으로 인한 저작자의 명예를 보호하기 위해 사후에도 유족이 이를 근거로 법적 대응을 할 수 있다.
- 저작인격권은 양도나 상속이 불가능하며, 저작자가 사망한 후에도 저작자의 명예를 보호하기 위해 계속 존재한다.

(2) 저작재산권

① 정의: 저작재산권(Economic Rights)은 저작자가 저작물을 통해 경제적 이익을 얻을 수 있도록 보장하는 권리다. 저작자는 자신의 저작물을 복제, 배포, 전송, 공연 등 다양한 방식으로 사용하거나, 타인에게 사용을 허락하여 수익을 창출할 수 있다.

② 주요 권리

- 복제권: 저작물을 복사하거나 재생산할 수 있는 권리
- 배포권: 저작물을 배포하여 사람들에게 전달할 수 있는 권리
- 공연권: 저작물을 공연하거나 상영할 수 있는 권리
- 전송권: 인터넷이나 방송을 통해 저작물을 전송할 수 있는 권리

- 대여권: 저작물을 일정 기간 동안 대여할 수 있는 권리
- 2차적 저작물 작성권: 원 저작물을 바탕으로 새로운 저작물을 만들 수 있는 권리

③ 소멸 시기

- 한국의 「저작권법」에 따르면, 저작재산권은 저작자가 사망한 후 70년간 보호된다. 이 보호 기간은 2013년 법 개정에 따라 기존 50년에서 70년으로 연장되었다. 이 변경은 국제 협약과의 일치를 위해 이루어졌다.
- 저작재산권은 양도 및 상속이 가능하며, 상속된 권리는 저작재산권의 보호 기간 동안 유효하다.

4) 저작권이 제한되는 경우

공익적 목적, 교육적 사용, 시사보도 등의 경우에는 저작권이 제한되어 저작물의 일부를 허락 없이 사용할 수 있다. 저작권의 제한은 〈표 21-4〉와 같이 법적으로 정해진 경우에만 적용되므로, 이를 벗어난 사용은 저작권 침해가 될 수 있다(국가이러닝품질관리센터, 2014; 한국저작권위원회, n.d.).

〈표 21-4〉 저작권이 제한되는 경우

제한 사례	설명	예시
공표된 저작물의 인용	보도, 비평, 교육, 연구 등을 목적으로 공정한 범위 내에서 저작물을 인용하는 경우 저작권이 제한된다.	학술 논문 인용
사적 이용을 위한 복제	개인적인 사용을 위해 저작물을 복제하는 경우 허락 없이 사용이 가능하나, 이를 상업적으로 이용해서는 안 된다.	개인 복사본
시사보도를 위한 이용	시사보도 목적으로 저작물을 사용하는 경우, 저작권자의 허락 없이 보도할 수 있다.	뉴스 보도 자료
시사적 기사 및 논설의 복제	공익적 목적을 위해 시사성이 있는 기사나 논설을 복제하는 것이 허용된다.	신문 기사 복제

미술 저작물 등의 전시, 복제	교육 목적 등 특정 상황에서 미술 작품을 전시하거나 복제할 수 있다.	미술관 교육 자료
재판 절차와 정치 연설 등의 이용	재판 과정 또는 정치적 연설에서 저작물을 이용하는 경우 저작권이 제한된다.	재판 증거 자료
비영리 목적의 공연/방송	교육 기관 등에서 영리를 목적으로 하지 않는 공연이나 방송은 저작권자의 허락 없이 가능하다.	학교 행사 공연
도서관 등에서의 복제	도서관은 연구 및 보존 목적을 위해 저작물을 복제할 수 있다.	도서관 자료 복제
시각장애인을 위한 복제	시각장애인의 정보 접근을 위해 저작물을 점자나 음성 자료로 복제하는 경우 허용된다.	점자책 제작
방송 사업자의 일시적 녹음/녹화	방송사는 일시적인 방송 준비를 위해 저작물을 녹음하거나 녹화할 수 있다.	방송 프로그램 준비
저작권 보호 기간이 만료된 저작물	저작권 보호 기간이 지난 저작물은 자유롭게 사용할 수 있다.	고전 문학 작품
교육 목적을 위한 저작물 사용	학교 수업 및 시험 문제 제작을 위해 저작물을 허락 없이 사용할 수 있다(뒤에서 추가 설명).	교과서, 시험시

단, 저작물의 디지털 전송 시에는 복제 방지를 위한 기술적 조치, 즉 DRM을 적용해야 한다. 복제 방지 조치(Digital Rights Management : DRM)란 디지털 환경에서 저작물의 불법 복제와 무단 유포를 방지하기 위해 적용되는 기술적 보호 장치를 의미한다(한국저작권위원회, 2024). 이 조치는 특히 온라인 교육, 원격 수업, 전자도서관 등에서 저작물을 무단으로 다운로드, 복제, 전송, 수정하는 것을 막기 위해 필수적으로 사용된다. 이러한 기술적 조치에는 다음과 같은 방법이 있다(한국저작권위원회, 2024).

- 암호화(Encryption): 저작물을 암호화하여, 승인된 사용자만 접근할 수 있도록 제한한다.
- 디지털 워터마크(Digital Watermark): 저작물에 보이지 않는 식별 정보를 삽입해 불법 유포 시 원 소유자를 추적할 수 있다.

- **사용 권한 설정:** 특정 사용자만 접근할 수 있도록 권한을 설정하고, 복사, 인쇄, 다운로드 등을 제한한다.
- **스트리밍 제한:** 저작물을 스트리밍 방식으로만 제공하여, 파일로 저장하거나 복제하지 못하도록 제한한다.

5) 교육목적을 위한 저작권 제한

(1) 초·중등학교 현장에서의 저작권 제한

국내 「저작권법」에서는 공익적 목적으로 비영리적 교육 활동을 수행하는 초 · 중등학교의 수업 정상화를 위해 저작권을 제한하고 있다. 이를 통해 교육의 질을 높이고, 학습 기회를 확대할 수 있다. 예를 들어, 초 · 중등 교육과정에 필요한 교과서에는 저작권자의 허락 없이 저작물을 게재할 수 있으며, 학교 수업 및 학습 지원을 위한 저작물의 복제, 방송, 공연, 전송, 배포도 허용된다. 초 · 중등 교육 관련된 저작권 제한 사항을 정리하면 〈표 21-5〉와 같다(국가이러닝품질관리센터, 2014).

〈표 21-5〉 **학교 현장에서 저작권 제한 사항**

제한 사항	설명	예시
저작물의 교과서 게재	초 · 중등학교 교과서에 필요한 경우, 저작권자의 허락 없이 저작물을 교과서에 포함할 수 있다.	국어 교과서에 문학 작품 수록
디지털교과서 게재	디지털교과서에 필요한 저작물을 허가 없이 삽입할 수 있으며, 온라인 교육에서도 사용 가능하다.	디지털교과서에 삽화나 사진 삽입
시험 문제 복제 및 온라인 시험 문제 복제	학교에서 시험 문제를 출제할 때, 저작물을 허락 없이 복제하여 사용할 수 있다. 온라인 시험에도 적용된다.	중간고사 문제 출제, 온라인 퀴즈
학교 수업을 위한 저작물 사용	수업과 관련된 저작물을 수업 자료, 발표 자료 등으로 복제 · 배포 · 전송할 수 있다.	교사의 수업 자료에 사진이나 그래프 사용

(2) 고등교육 현장에서의 저작권 제한

저작권 제한은 「초 · 중등교육법」에 입각해 설립된 교육기관뿐만 아니라, 고등교육법에 따른 교육기관, 국가나 지방자치단체가 운영하는 교육기관 및 특별법에 의해 설립된 교육 기관에도 적용된다. 단, 대학, 대학원, 교육연수원, 교육지원기관 등에서 저작물의 일부를 수업과 관련해서 복제 · 공연 · 방송 · 전송하는 경우에는 문화체육관광부 장관이 정한 보상금을 지급해야 한다. 학생 1인당 연간 4,190원이 기준이며, 보다 상세한 보상금 단가는 〈표 21-6〉과 같다(국가이러닝품질관리센터, 2014).

〈표 21-6〉 고등교육 현장에서 저작물 사용에 대한 보상금 단가

납부 기준액(아래 방식 중 선택)	보상금
개별 이용 방식	• 어문/이미지 등: 1면 분량당 7.7원 • 음악: 1곡당 42원 • 영상물 5분당 176원
포괄 이용 방식	• 개별 단가를 근거로 당사자간 협의함 • 연간 납부 상한선은 대학 등록금 수입의 0.1% 이내

6) 타인의 저작권물에 대한 인용

타인의 저작물을 인용할 때는 「저작권법」을 준수하여 출처를 정확히 표기해야 하며, 이를 통해 「저작권법」 위반과 표절을 방지할 수 있다. 인용은 교육, 비평, 연구 등 공익적 목적에 한해 제한적으로 허용되며, 이를 통해 학술적 정직성을 유지하고 지식 재산권을 존중하는 문화를 형성한다.

출처를 명확히 표기하면 저작물의 신뢰성을 높이고, 원 저작자의 기여를 공정하게 인정할 수 있다. 특히 공공 영역(Public Domain)에 속한 저작물을 사용할 때라도 출처 표기를 생략하면 저작권 침해는 아니지만 표절로 간주될 위험이 있다. 따라서 모든 저작물에 대해 출처를 표기하는 것은 학술적 · 윤리적 책임을 다하는

중요한 방법이다(이나고, n.d.). 〈표 21-7〉은 저작권 위반과 표절의 차이를 명확히 비교하여, 이를 구분하는 데 도움을 제공한다.

〈표 21-7〉 저작권 침해와 표절의 차이

구분	저작권 침해	표절
초점	저작권자의 법적 권리 침해	학문적 윤리 위반
결과	법적 처벌(벌금, 징역 등)	학문적 제재(논문 철회, 학위 박탈 등)
주요 예시	저작물을 허락 없이 복제 및 배포	출처를 밝히지 않고 타인의 아이디어나 문장을 사용
해결 방법	저작권자의 사전 허락을 받거나, 라이선스를 구매	인용 규칙에 따라 출처를 명확히 밝힘

다양한 출처 표기 방법이 있는데, 공통적으로 중요한 것부터 앞에 표기하도록 한다. 또한 저작물의 종류에 따라 출처 표기 형식이 다르다. 대표적인 2가지 출처 표기 방식(MLA, APA)이 있는데, MLA(Modern Language Association)는 문학, 언어, 철학, 역사, 문화 등의 분야에서, APA(American Psychological Association)는 교육학, 심리학 및 사회과학 분야에서 많이 활용된다(McCombes, 2020).

〈표 21-8〉 MLA과 APA 스타일 출처 표기 방법

저작물 유형	MLA 스타일	APA 스타일
책 (Book)	저자. 책 제목. 출판사, 출판 연도.	저자. (출판 연도). **책 제목**. 출판사.
	예 강용수. 마흔에 읽는 쇼펜하우어. 다산초당, 2023.	예 강용수. (2023). 마흔에 읽는 쇼펜하우어. 다산초당.
논문/글 (Journal Article)	저자. "논문 제목." 학술지 이름, 권(호), 연도, 페이지 번호.	저자. (연도). 논문 제목. 학술지 이름, 권(호), 페이지 번호.
	예 이수진. "AI 윤리 연구." 정보학연구, 24(2), 2023, 45–60쪽.	예 이수진. (2023). AI 윤리 연구. **정보학 연구, 24**(2), 45–60.
언론 보도 (Newspaper Article)	저자. "기사 제목." 신문 이름, 발행일, 페이지 번호.	저자. (연도, 월 일). 기사 제목. 신문 이름, 페이지 번호.
	예 장구슬. "한강, 노벨문학상 수상." 중앙일보, 2024년 10월 10일, A1면.	예 장구슬. (2024, 10월 10일). 한강, 노벨문학상 수상. 중앙일보, A1.
웹 페이지 (Web Page)	저자. "웹 페이지 제목." 사이트 이름, 발행일, URL.	저자. (연도, 월 일). 웹 페이지 제목. 사이트 이름. URL.
	예 이수진. "생성형 AI의 미래." 브런치, 2024년 7월 5일, https://brunch.co.kr/@sujinlee/55.	예 이수진. (2024년 7월 5일). 생성형 AI의 미래. 브런치. https://brunch.co.kr/@sujinlee/55

7) 자신의 저작권을 보호할 수 있는 CCL

저작물을 공유하면서도 자신의 저작권을 보호할 수 있는 방법으로는 대표적으로 CCL(Creative Commons License)을 활용하는 것이다. CCL을 통해 저작물을 합법적으로 공유하면서도 저작권자가 원하는 보호 조건을 적용할 수 있다.

(1) CCL 개요

CCL(Creative Commons License)은 저작권자가 자신이 만든 저작물에 대해 원하는 사용 조건을 직접 부여하는 라이선스를 말한다. CCL을 통해 저작권자는 자신

이 허용하는 사용 조건을 쉽게 표기할 수 있고, 이용자는 이 조건에 따라 오해 없이 합법적으로 저작물을 사용할 수 있다. CCL은 국제적으로 표준화된 라이선스로, 다양한 언어와 문화권에서 쉽게 이해되고 적용될 수 있으며, 특히 디지털 환경에서의 저작물 공유와 보호에 적합하다(CCKOREA, n.d.).

(2) CCL의 주요 조건

CCL은 다양한 조건을 조합하여 저작물을 사용할 수 있는 범위를 결정한다. CCL에는 다음과 같은 4가지 기본 조건이 있으며, 저작권자는 이 조건들을 조합하여 자신이 원하는 라이선스를 설정할 수 있다.

[그림 21-2] CCL 조건

(3) CCL 라이선스 종류

CCL은 [그림 21-2]와 같은 4가지 조건들을 조합하여 총 6가지 라이선스 유형을 포함하고 있다. 각 라이선스 유형은 저작물의 공유, 수정, 상업적 이용 여부를 결정한다. [그림 21-3]은 이러한 6가지 CCL 라이선스 유형과 Public Domain에 대한 기호, 문자 및 자세한 사용 조건을 정리한 것이다(국가이러닝품질관리센터, 2014; CCKOREA, n.d.).

저작권자 부착 기호	문자 표기법	사용 조건
cc BY	CC BY	저작자와 출처 등을 표시하면 영리 목적의 이용이나 변경 및 2차 저작물의 작성을 포함한 자유 이용을 허락함
cc BY ND	CC BY-ND	저작자와 출처 등을 표시하면 영리 목적의 이용은 가능하나, 변경 및 2차 저작물의 작성은 허용되지 않음
cc BY SA	CC BY-SA	저작자와 출처 등을 표시하면 영리 목적의 이용이나 2차 저작물의 작성을 포함한 자유 이용을 허락함. 단, 2차 저작물에는 원 저작물에 적용된 라이선스와 동일한 라이선스를 적용해야 함
cc BY NC	CC BY-NC	저작자와 출처 등을 표시하면 저작물의 변경, 2차 저작물 작성 등을 포함한 자유 이용을 허락함. 단, 영리적 이용은 허락되지 않음
cc BY NC ND	CC BY-NC-ND	저작자와 출처 등을 표시하면 자유 이용을 허락함. 단, 영리적 이용과 2차 저작물의 작성은 허용되지 않음
cc BY NC SA	CC BY-NC-SA	저작자와 출처 등을 표시하면 저작물의 변경, 2차 저작물 작성 등을 포함한 자유 이용을 허락함. 단, 영리적 이용은 허락되지 않으며 2차 저작물에는 원 저작물에 적용된 라이선스와 동일한 라이선스를 적용해야 함
PUBLIC DOMAIN	PUBLIC DOMAIN	CCO(Creative Commons Zero, 퍼블릭 도메인)는 본인에 저작권이 포기되거나 저작권 보호기간이 만료되어 누구나 자유롭게 복제, 배포, 수정할 수 있으며, 어떤 목적, 어떤 방법으로든 사용할 수 있음

[그림 21-3] CCL 라이선스 유형과 Public Domain

(4) 저작물이 허락 없이 사용되는 것을 발견했을 때 저작권을 주장하는 절차

저작물이 허락 없이 사용되는 것을 발견했을 때 저작권을 주장하는 절차는, 증거 수집 → 저작권보호원에 침해 신고 및 삭제 요청 → 저작권 침해자에게 경고장 발송 → 한국저작권위원회를 통한 분쟁 조정 신청 → 법적 소송 진행이다. 이 절차를 통해 저작권 침해에 대한 보호 조치를 받을 수 있으며, 법적 분쟁이 발생한 경우 저작권보호원과 저작권위원회의 도움을 받으면 효율적으로 대응할 수 있다. 각 단계에 대해 알아보면 다음과 같다.

① 증거 수집

- 저작권 침해 사실을 입증하기 위해 해당 저작물이 사용된 웹사이트, 인쇄물 등의 캡처, 사진, URL 기록 등 증거를 확보한다.
- 원 저작물의 창작 시점과 본인의 저작물임을 입증할 수 있는 자료(원본 파일, 작업 기록, 저작권 등록증 등)를 준비한다.

② 저작권 침해 신고 및 삭제 요청

- 저작물이 온라인에서 무단으로 사용된 경우, 한국저작권보호원을 통해 저작권 침해 신고와 삭제 요청을 할 수 있다. 한국저작권보호원은 불법 복제물을 차단하거나 삭제 조치를 취할 수 있다.
- 한국저작권보호원 사이트(https://www.kcopa.or.kr)를 통해 온라인으로 침해 신고를 접수할 수 있으며, 필요한 증거 자료를 첨부하여 침해 사실을 명확히 한다.

③ 저작권 침해 경고장 발송

- 직접 저작권 침해자에게 경고장을 발송하여 저작물의 무단 사용 중단을 요청할 수 있다. 경고장에는 저작권이 본인에게 있음을 명시하고, 침해된 저작물의 삭제 또는 사용 중단을 요구하는 내용이 포함된다.
- 이 과정에서 변호사나 법무법인의 도움을 받을 수 있으며, 상황에 따라서는 정식 소송을 통해 피해 보상을 요구할 수도 있다.

④ 한국저작권위원회를 통한 분쟁 조정 신청

- 법적 소송 이전에 한국저작권위원회(https://www.copyright.or.kr)의 저작권 분쟁 조정 제도를 이용할 수 있다. 저작권위원회는 중립적 입장에서 분쟁 당사자 간 조정을 시도하며, 빠르고 간편하게 분쟁을 해결하는 역할을 한다.
- 분쟁 조정을 통해 합의가 이루어지면, 정식 소송 없이도 저작권 보호 및 보상이 가능하다.

⑤ 법적 소송 절차 진행

- 경고장 발송이나 분쟁 조정이 실패할 경우, 법원에 정식 소송을 제기할 수 있다. 저작권 침해에 대한 손해배상 청구와 함께, 무단 사용된 저작물의 삭제나 배포 중단을 요구할 수 있다.
- 저작권 소송의 경우 변호사의 조언을 받아 진행하는 것이 좋다.

참 / 고 / 문 / 헌

개인정보보호위원회(2022). 가명정보 처리 가이드라인. 개인정보보호위원회. https://www.cisp.or.kr/wp-content/uploads/2022/08/가명정보-처리-가이드라인2022.04.29..pdf

국가이러닝품질관리센터(2014). 이러닝 품질관리 전문능력 개발 교육과정. 한국교육학술정보원.

박선희(2024). 디지털 세상에서 나를 지키기 위한 개인정보와 안전 이야기. 팜파스.

박일준(2023). 디지털 리터러시 및 내용요소 분석 방향. 디지털 리터러시 디지털 리터러시핵심교원 양성 연수자료. 한국교육학술정보원.

이나고(n.d.). 표절과 저작권 침해의 차이점은 무엇입니까? 이나고 리소스. https://www.enago.co.kr/plagiarism-checker/resources/difference-between-plagiarism-andcopyright-infringement

한국저작권위원회(n.d.). 보호받지 못하는 저작물과 저작권 제한. 한국저작권위원회. https://www.copyright.or.kr/education/educlass/learning/what-the-copyright/definition/index06.do

한국저작권위원회(2024). DRM과 콘텐츠 보호, 최신 DRM 솔루션. 한국저작권위원회 공식블로그. https://m.blog.naver.com/kcc_press/223703415317

CCKOREA. (n.d.). 크리에이티브 커먼즈 라이선스. CCKOREA. http://ccl.cckorea.org/

McCombes, S. (2020). APA vs MLA | The Key Differences in Format & Citation. Scribbr. https://www.scribbr.com/citing-sources/apa-vs-mla/

CHAPTER 22

디지털 자기관리와 예절

1. 디지털 자기관리

1) 디지털 기기 이용 시 건강 관리

디지털 기기를 사용할 때 건강을 보호하기 위한 방법으로 자세 관리, 시력 보호, 청력 보호를 중심으로 설명하면 다음과 같다(박일준, 2023).

(1) 자세 관리

디지털 기기 사용 시 잘못된 자세는 목, 어깨, 허리 통증을 유발하고 거북목 증후군이나 디스크와 같은 문제를 초래할 수 있다. 따라서 다음과 같이 올바른 자세를 유지하는 것이 중요하다.

① 바른 자세 유지: 의자에 앉을 때는 등을 곧게 세우고 허리를 등받이에 밀착시킨다. 발은 바닥에 평평하게 두고 무릎은 90° 각도를 유지한다.

② 눈과 화면 사이의 거리: 컴퓨터 화면과 30cm 이상 거리를 유지하며, 화면은 눈높이보다 약간 아래에 위치시키는 것이 좋다. 스마트폰일 경우에는 사용할 때 팔을 90° 이상으로 유지하며 고개를 숙이지 않고 눈높이에서 화면을 보는 것이 중요하다.

×	×	×	○

[그림 22-1] 스마트폰 볼 때 올바른 자세

③ 자주 스트레칭: 장시간 사용 시 1시간에 한 번씩 스트레칭을 하고, 10분간 휴식을 취하는 것이 바람직하다. 스마트폰의 경우 하루에 총 2시간 이하로 사용을 제한하고, 가능한 한 연속 사용을 피한다.

(2) 시력 보호

디지털 기기의 화면을 장시간 응시하면 눈의 피로, 건조증, 시력 저하를 유발할 수 있다. 이를 예방하기 위해 다음과 같은 방법을 추천한다.

① 20-20-20 규칙: 20분마다 20피트(약 6m) 떨어진 곳을 20초 동안 바라보기. 이를 통해 눈의 피로를 줄일 수 있다.

② 조명 조절: 화면의 밝기는 주변 조명과 비슷하게 맞추고, 어두운 곳에서 기기를 사용하지 않도록 한다.

③ 눈 깜빡이기: 화면을 오래 응시하면 눈이 건조해지므로, 의식적으로 눈을 자주 깜빡여 눈물을 분비시킨다.

④ 블루라이트 차단: 스마트폰이나 컴퓨터에 블루라이트 필터를 사용하여 눈의 피로를 줄인다.

(3) 청력 보호

이어폰이나 헤드폰을 통해 높은 볼륨으로 장시간 음악을 듣는 것은 청력을 손상시킬 수 있다.

① 적정 볼륨 유지: 이어폰 사용 시, 최대 볼륨의 60% 이하로 조절하고, 한 시간 이상 연속으로 사용하지 않는 것이 좋다.

② 노이즈 캔슬링 이어폰 사용: 외부 소음을 차단하는 노이즈 캔슬링 기능이 있는 이어폰을 사용하면, 높은 볼륨을 사용할 필요가 줄어든다.

③ 귀 휴식 시간 주기: 1시간 사용 후 10분간 귀를 쉬게 하는 것이 권장된다.

2) 유해 콘텐츠로부터 자신을 보호하는 방법

(1) 유해한 디지털 콘텐츠란

유해 콘텐츠는 폭력, 성인물, 혐오 발언, 사이버 괴롭힘 등 사회적으로 부적절한 정보나 이미지를 포함한 디지털 자료를 의미한다. 청소년과 성인 모두에게 심리적 · 정서적 피해를 줄 수 있으며, 특히 청소년의 올바른 인격 형성에 악영향을 미칠 수 있다. 유해 콘텐츠로부터 자신을 보호하는 노력은 디지털 안전 및 건강한 인터넷 생활을 지키는 데 필수적이다.

다음은 유해한 유튜브 채널이 지니는 특징을 정리한 것이다(경향신문, 2021). 이러한 특징은 디지털 환경에서 유해 콘텐츠를 식별하고, 건강한 디지털 환경을 조성하기 위해 중요한 지침을 제공한다.

최악의 유튜브 채널 조건
• 민주적 기본 질서를 해치고, 인권을 무시하는 채널 • 불건전한 가정 생활을 조장하는 채널 • 아동 및 청소년을 무시하고, 건전한 인격 형성에 해가 되는 채널 • 공중도덕을 저해하고, 사회윤리에 기여하지 않는 채널 • 양성(兩性)의 불평등과 여성혐오를 조장하는 채널 • 국제적 갈등을 조장하는 채널 • 장애인 등 소외계층의 권익증진에 해를 끼치는 채널 • 민족문화의 창달과 민족 주체성 함양에 저해가 되는 채널 • 허위 정보를 양산하고, 근거 없는 비판과 비난을 일삼는 채널

- 저속한 언어를 쓰고, 좋아요/구독 수에만 급급한 채널
- 공익에 위배되는 광고수익을 위해 자극적인 콘텐츠를 만드는 채널
- 사회규범을 무시하는 채널

(2) 유해 콘텐츠 차단 방법

① 웹 브라우저 및 검색 엔진 설정

- **안전 검색 모드 활성화:** Google, Bing 등의 검색 엔진에서는 안전 검색(Safe Search) 옵션을 제공한다. 이를 활성화하면 유해한 검색 결과를 필터링할 수 있다.
- **브라우저 확장 프로그램 설치:** Chrome, Firefox 등의 브라우저에서 광고 차단 및 유해 콘텐츠 필터링 확장 프로그램(예 AdGuard, V3 클릭클린, 이스트시큐리티 웹 필터 등)을 설치해 사용한다.

② 유해 콘텐츠 차단 소프트웨어 사용

- 유해 사이트 차단 프로그램(예 알약 웹 필터, 사이렌 키즈 가드 등)을 설치하여 특정 웹사이트 접근을 차단할 수 있다.
- 안티 바이러스 프로그램(예 V3, 알약, 윈도우디펜더 등)을 사용하여 악성 코드가 포함된 웹사이트를 차단한다.

③ 모바일 기기에서 유해 콘텐츠 차단

- 스마트폰에서 콘텐츠 필터링 앱[예 Google Family Link, 삼성 키즈 홈(Samsung Kids Home)]을 설치하여 자녀 보호 기능을 강화한다.
- 앱 스토어에서 다운로드 제한 설정: 부모의 허락 없이 성인용 앱이나 콘텐츠를 다운로드하지 못하도록 설정한다.

(3) 유해한 콘텐츠로부터 자신을 보호하는 방법

① SNS 및 온라인 커뮤니티 관리

- SNS의 개인정보 설정 강화: 자신의 계정을 비공개로 설정하고, 모르는 사람과의 친구 추가를 제한한다.

- **사이버 괴롭힘 신고:** SNS에서 사이버 괴롭힘이나 혐오 발언을 당할 경우 즉시 신고 기능을 활용하고, 필요한 경우 계정을 차단한다.

② 비밀번호와 개인정보 보호

- **강력한 비밀번호 사용:** 생일, 이름과 같은 쉬운 비밀번호 대신 영문, 숫자, 특수 문자가 조합된 복잡한 비밀번호를 사용한다.
- **이중 인증(Two-Factor Authentication):** 계정 보안을 강화하기 위해 이중 인증 기능을 활성화한다. 예를 들어, 비밀번호 입력 후 스마트폰으로 받은 인증 코드 또는 지문 인식을 추가로 요구하는 방식을 사용한다.

③ 이메일과 메시지 주의

- **의심스러운 링크나 첨부 파일 클릭 금지:** 피싱 공격을 방지하기 위해 모르는 사람에게서 온 이메일이나 메시지의 링크를 클릭하지 않는다.
- 알 수 없는 발신자의 첨부 파일을 다운로드하지 않는다.

(4) 디지털 기기에서 유해 콘텐츠 관리하기

① 부모의 역할 및 자녀 보호

- 자녀와 함께 인터넷 사용 규칙을 정하고, 올바른 사용 습관을 가르친다.
- 자녀의 스마트폰과 컴퓨터에서 유해 콘텐츠 차단 소프트웨어를 설정하고 주기적으로 점검한다.

② 디지털 디톡스(Digital Detox)

- 인터넷 사용 시간을 제한하고, 정기적으로 디지털 기기에서 벗어나는 시간을 가지는 것이 중요하다.
- 야외 활동이나 독서, 운동 등 디지털 외 활동을 장려한다.

(5) 디지털 기기 이용 시 자기 절제

스마트폰 과의존 자가진단 검사(한국지능정보사회진흥원)는 자신의 스마트폰 사용 습관을 점검하고 과도한 사용을 예방하는 데 도움이 된다. 검사 결과가 잠재적 위험 또는 고위험으로 나올 경우, 스마트쉼센터(https://www.iapc.or.kr/)와 같은 전문 기관을 통해 상담을 받는 것이 필요하다.

〈표 22-1〉 스마트폰 과의존 자가진단 검사(NIA)

문항 번호	문항 내용	전혀 그렇지 않다	그렇지 않다	그렇다	매우 그렇다
1	스마트폰 이용 시간을 줄이려 할 때마다 실패한다.				
2	스마트폰 이용 시간을 조절하는 것이 어렵다.				
3	적절한 스마트폰 이용 시간을 지키는 것이 어렵다.				
4	스마트폰이 옆에 있으면 다른 일에 집중하기 어렵다.				
5	스마트폰 생각이 머리에서 떠나지 않는다.				
6	스마트폰을 이용하고 싶은 충동을 강하게 느낀다.				
7	스마트폰 이용 때문에 건강에 문제가 생긴 적이 있다.				
8	스마트폰 이용 때문에 가족과 심하게 다툰 적이 있다.				
9	스마트폰 이용으로 인해 학업이나 업무에 지장을 받은 적이 있다.				
10	스마트폰을 사용하지 않으면 불안하거나 초조한 느낌이 든다.				

전혀 그렇지 않다: 1점, 그렇지 않다: 2점, 그렇다: 3점, 매우 그렇다: 4점

출처: 한국지능정보사회진흥원(n.d.).

〈표 22-2〉 스마트폰 과의존 자가진단 결과 판단 기준

총점 범위	사용자군	설명 및 권장 조치
10~19	일반 사용자군	스마트폰 사용이 일상생활에 큰 영향을 미치지 않는 수준입니다.
20~29	잠재적 위험 사용자군	사용 시간 증가와 자기 조절 어려움이 있을 수 있으므로 주의가 필요합니다.
30~40	고위험 사용자군	일상생활에 심각한 장애를 겪으며, 금단 증상을 보일 수 있어 전문 상담이 필요합니다.

2. 디지털 자기 정체성 관리

1) 디지털 자기 정체성의 개념

디지털 자기 정체성은 사용자가 온라인에서 자신을 어떻게 표현하고 관리하는지를 나타낸다(Wikipedia, n.d.). 이는 소셜 미디어 프로필, 블로그 글, 댓글, 사진, 동영상 등 개인이 온라인에서 남기는 모든 활동을 통해 형성된다. 사용자가 온라인에 남긴 활동의 흔적을 '디지털 발자국'이라고도 부르는데, 긍정적인 발자국은 개인의 평판을 향상시키는 데 기여하지만, 부정적인 발자국은 사회적 · 직업적 문제를 야기할 수 있다. 따라서 디지털 환경에서 자신의 정체성을 의식적으로 관리하는 것이 필요하다.

2) 온라인에서 자신을 존중하는 방법

온라인에서 자신을 존중하는 것은 디지털 환경에서 긍정적인 행동을 실천하고, 자신과 타인의 권리를 보호하며, 신뢰를 형성하는 데 중요한 요소다. 이를 위해 다음 세 가지 방법을 실천할 수 있다.

(1) 긍정적인 콘텐츠 게시

- 존중하고 배려하는 태도로 온라인에서 자신을 표현한다. 공격적이거나 부정적인 댓글은 피하고, 건설적인 의견을 제시하는 것이 중요하다.
- 신뢰할 수 있는 정보만 공유하며, 가짜 뉴스나 루머를 확산시키지 않는다.

(2) 개인정보 보호

- 실명, 전화번호, 주소 등 민감한 정보를 온라인에 공개하지 않도록 주의한다.
- 소셜 미디어 계정의 개인정보 설정을 강화하고, 모르는 사람과의 친구 요청을 신중하게 수락한다.
- 이중 인증과 강력한 비밀번호를 사용하여 계정을 보호한다.

(3) 디지털 발자국 관리

- 과거에 남긴 댓글, 게시물, 사진 등을 정기적으로 점검하고, 필요시 삭제하거나 업데이트한다.
- 검색 엔진에서 자신의 이름을 검색하여 온라인상의 정보가 어떻게 나타나는지 확인하고, 부정적인 내용이 발견되면 해당 사이트에 연락하여 삭제를 요청한다.

3) 디지털 자기 정체성을 정립하고 관리하는 방법

디지털 자기 정체성을 효과적으로 관리하는 것은 온라인에서 긍정적인 이미지를 구축하며, 디지털 기기 사용과 오프라인 활동 간의 균형을 통해 자기 관리를 강화하는 데 필수적이다. 다음은 디지털 자기 정체성을 정립하고 유지하기 위한 실천 방안이다.

(1) 일관된 온라인 프로필 유지

- 소셜 미디어, 블로그, 포트폴리오 사이트 등에서 일관된 프로필 사진과 소개글을 사용한다.

- 자신의 전문성을 강조할 수 있는 콘텐츠를 주기적으로 게시하여 긍정적인 이미지를 구축한다.

(2) 온라인 평판 관리

- 긍정적인 피드백과 리뷰를 적극적으로 활용하고, 부정적인 리뷰에 대해서는 정중하고 성실하게 대응한다.
- 네트워킹 활동을 통해 자신의 전문성을 널리 알리고, 다양한 커뮤니티에 기여한다.

(3) 디지털 휴식(Digital Detox)

- 주기적으로 디지털 기기 사용을 줄이고 오프라인 활동에 집중하여, 스스로를 재충전할 시간을 갖는다.
- 지나치게 소셜 미디어에 의존하지 않도록, 일정 시간 동안 디지털 기기 사용을 제한하는 습관을 기른다.

4) 디지털 자기 정체성 확립을 위한 프로필 사진 활용

프로필 사진은 디지털 자기 정체성을 더욱 돋보이게 하는 데 중요한 역할을 한다. 문자, 이메일, 소셜 미디어 등 다양한 디지털 플랫폼에서 프로필 이미지는 첫인상을 좌우하므로, 신중하게 선택하고 관리해야 한다. 프로필에 사용할 수 있는 캐릭터와 이미지 제작에 대해 설명하면 다음과 같다.

(1) 캐릭터 만들기

프로필에 자신의 개성을 살리기 위해 캐릭터나 아바타를 사용할 수 있다. 원본 사진을 캐릭터나 아바타로 간단하게 전환시켜 주는 앱에는 제페토, 스노우, B612, YouCam Makeup 등이 있다(〈표 22-3〉 참조).

〈표 22-3〉 사진을 캐릭터나 아바타로 전환시켜 주는 모바일 앱

앱 이름	주요 특징	웹사이트 주소
제페토 (ZEPETO)	3D 아바타 생성, 다양한 스타일 꾸미기, 가상 공간에서 친구와 소통	zepeto.me (웹에서는 커뮤니티만 접근 가능)
스노우 (snow)	셀카 촬영 후 얼굴 인식 기반 캐릭터 필터 제공. 얼굴 변형/변환 가능. 국내 사용자 다수	snow.me
B612	실시간 얼굴 필터, 아바타 스티커, 캐릭터 기반 이모티콘 제작 가능	b612.snow.com
YouCam Makeup	얼굴 분석 후, 3D 스타일 메이크업/헤어스타일 구현. 가상 아바타 이미지 생성	youcamperfect.com

[그림 22-2] 3D 아바타

출처: 제페토.

(2) 다양한 프로필 이미지 사용하기

자신의 얼굴을 드러내는 것이 꺼려질 경우, 반려동물, 꽃, 풍경 등 자신이 좋아

하는 대상의 사진을 프로필 이미지로 설정할 수 있다. 단, 이렇게 할 경우 소통에 방해가 되지 않도록 프로필 이름만큼은 다른 사람들이 나를 알아볼 수 있는 것으로 설정하는 것이 좋다.

3. 디지털 예절의 실천

1) 네티켓 10원칙

네티켓(Netiquette)은 '인터넷(Internet)'과 '에티켓(Etiquette)'의 합성어로, 온라인 커뮤니케이션에서 지켜야 할 예의를 말한다. 인터넷의 보급이 본격화되던 시기였던 1990년대, 온라인상에서의 예절을 정립할 필요성이 커졌는데, 버지니아 셰어(Virginia Shea)가 집필한 『네티켓(Netiquette)』이란 책이 큰 역할을 하였다. 책에 소개된 원칙들은 오늘날의 SNS, 이메일, 온라인 포럼에서도 여전히 유효하며, 디지털 환경에서 건전하고 윤리적인 커뮤니케이션을 유지하기 위해 많은 사람이 참고하고 있다. 학교나 교육 기관에서 디지털 시민성 교육 자료로 활용되며, 특히 청소년들에게 올바른 인터넷 사용 습관을 가르치는 데 사용되고 있다. 주요 원칙에는 상대방을 존중하고, 타인의 사생활을 침해하지 않으며, 온라인 상에서도 현실 생활과 마찬가지로 책임 있는 행동을 하는 것이 포함된다. 다음은 셰어가 제시한 10가지 네티켓 원칙을 정리한 것이다(Shea, 1994).

원칙 번호	내용
1원칙	상대방도 나와 같이 인격을 가진 인간임을 기억한다.
2원칙	실제 생활에서 적용되는 기준으로 행동한다.
3원칙	현재 자신이 접속한 공간의 특성에 맞게 행동한다.
4원칙	다른 사람의 시간을 존중한다.

5원칙	온라인상에서 좋은 이미지를 유지하도록 한다.
6원칙	전문적인 지식을 공유한다.
7원칙	논쟁 시 감정을 절제해야 한다.
8원칙	다른 사람의 사생활을 존중한다.
9원칙	자신의 권력을 함부로 사용하지 않는다.
10원칙	다른 사람의 실수를 인정한다.

2) 디지털 환경 예절 가이드

디지털 환경에서의 예절은 원활한 의사소통과 건강한 디지털 문화를 형성하는 데 필수적이다. 문자 메시지, 게시판, 댓글, 화상 수업 등 다양한 디지털 상호작용에서 예절을 실천하면 타인에 대한 존중과 신뢰를 바탕으로 더욱 긍정적인 환경을 조성할 수 있다. 다음은 디지털 환경에서 지켜야 할 구체적인 예절 가이드다(한국지능정보사회진흥원, 2023).

(1) 문자 예절 가이드

- 문자메시지를 보낼 때는 상대방의 시간을 배려하고, 간결하고 명확하게 작성한다.
- 예의 바른 표현을 사용하고, 메시지를 보낼 때는 상대방의 상황을 고려하여 적절한 시간에 보내는 것이 중요하다.

(2) 게시판 예절 가이드

- 온라인 게시판에 글을 작성할 때는 타인을 존중하는 언어를 사용하고, 비방, 욕설, 부적절한 내용을 피해야 한다.
- 주제와 관련된 유익한 정보를 공유하고, 불필요한 논쟁을 피하며, 사실에 근거한 글을 작성한다.

(3) 인터넷 댓글 예절 가이드

- 댓글을 작성할 때는 타인의 의견을 존중하고, 비판이 아닌 건설적인 피드백을 제공한다.
- 감정적인 댓글은 피하고, 사실에 근거한 의견을 제시하며 허위 정보나 악플을 삼간다.

(4) 화상 수업 예절 가이드

- 화상 수업에 참여할 때는 적절한 복장을 갖추고, 정해진 시간에 접속하여 수업에 집중한다.
- 마이크는 필요할 때만 켜고, 타인에게 방해가 되지 않도록 배경 소음을 최소화한다.
- 되도록 비디오를 켜도록 한다. 이를 통해 교수자는 학생들의 참여도를 관찰하고 피드백을 제공할 수 있으며, 학생들의 집중력과 참여도를 극대화할 수 있다. 다만 학생 개인의 상황을 고려해 유연하게 적용하는 것도 중요하다.

3) 사이버 폭력 대처법

[그림 22-3]은 사이버 폭력 예방과 대처를 위한 5단계 전략을 시각적으로 설명하고 있다. 이는 사이버 명예훼손, 따돌림, 언어폭력, 스토킹 등의 상황에서 피해를 줄이고, 건강한 디지털 소통 문화를 조성하기 위한 실질적인 대응 방안이다(남순임 외, 2021; 박일준, 2023).

[그림 22-3] 사이버 폭력예방 및 대처 방안

다음은 5단계 대처법의 주요 내용이다.

- **통제하기**: 악플러가 하는 행동의 법적·사회적 문제점을 지적하고 후속 조치들을 알린다. 필요할 경우 차단, 삭제하여 보이지 않도록 조치한다.
- **감정 다스리기**: 사이버 폭력에 감정적으로 반응하기보다, 스스로의 감정을 인식하고 진정하여 침착하게 대응할 수 있는 상태를 만든다.
- **대화하기**: 상황에 따라 상대와의 대화를 시도하되, 상호 존중을 기반으로 오해를 풀 수 있을 경우에 한한다. 대화가 적절하지 않은 경우에는 다른 대처 방법을 우선 적용한다.
- **3인 법칙 활용하기**: 신뢰할 수 있는 가족, 친구, 교사 등 최소 3명과 상황을 공유하여 정서적 지지와 공동 대응을 해 간다. 혼자 고민하지 않고 주변의 도움을 받는 것이 핵심이다.
- **포용하고 자존감 높이기**: 근거 없는 비난에 휘둘리지 않고, 스스로의 가치를 되새기며 성장의 기회로 전환한다. 필요시 전문가의 상담도 적극 활용한다.

이러한 단계적 접근은 사이버 폭력 상황에서 피해자의 자율성과 심리적 안정감을 회복하는 데 도움이 되며, 나아가 온라인에서의 책임 있는 의사소통 문화를 확산시키는 기반이 된다.

참 / 고 / 문 / 헌

경향신문(2021). 유해 콘텐츠 · 범죄 위험 널린 온라인…“청소년 ‘방어막’ 만들어야”. 경향신문. https://www.khan.co.kr/article/202111182059005

남순임, 이미조, 이지혜, 이선영, 정혜금, 양하나, 유상범, 한유화, 김주숙(2021). **사이버폭력 예방 및 대처 방안 가이드라인**. 한국교육개발원. https://buseo.sen.go.kr/component/file/ND_fileDownload.do?q_fileSn=1817719&q_fileId=94-9069-3

박일준(2023). 디지털 리터러시 및 내용요소 분석 방향. **디지털 리터러시 디지털 리터러시핵심교원 양성 연수자료**. 한국교육학술정보원.

한국지능정보사회진흥원(2023). 스마트 쉼 센터: 디지털 환경 예절 가이드. 한국지능정보사회진흥원. https://www.iapc.or.kr/mediaList.do?idx=28&type=A1

한국지능정보사회진흥원(n.d.). 스마트폰 과의존 자가진단 검사. 한국지능정보사회진흥원. https://www.iapc.or.kr/kor/PBAS/diaSurvey.do?idx=9

Shea, V. (1994). *The Core Rules of Netiquette*. Albion Books. https://m.blog.naver.com/creater7/50018790845

Wikipedia. (n.d.). 디지털 정체성. Wikipedia. https://ko.wikipedia.org/wiki/%EB%94%94%EC%A7%80%ED%84%B8_%EC%A0%95%EC%B2%B4%EC%84%B1

찾 / 아 / 보 / 기

저자 소개

이종연(Lee, Jong-Yeon)

이화여자대학교 영어영문학 학사
이화여자대학교 교육공학 석사과정 수료
The University of Iowa 교육공학 전문가(Ed.S.)
The University of Iowa 교육공학 박사(Ph.D.)
전) 한국전자통신연구원(구 시스템공학연구소 학습자동화실) 선임연구원
삼성SDS 컨설팅사업부 책임 컨설턴트
국립공주대학교 사범대학 컴퓨터교육과 교수
건국대학교 교수-학습지원센터 센터장
현) 건국대학교 사범대학 교육공학과 교수
〈연구분야〉 교수 설계, 이러닝, 창의적 문제해결, 프로젝트 기반 학습, 디지털 교육

서희정(Seo, Hee-Jeong)

건국대학교 일반대학원 교육공학 박사(Ph.D.)
전) 한양사이버대학교 사이버교수-학습개발원 전문연구원
현) 한국방송통신대학교 미래원격교육연구원 연구위원
한국외국어대학교 교육대학원 객원강의교수
〈연구분야〉 교육공학, 원격교육, 에듀테크

이은환(Lee, Eun Hwan)

건국대학교 사범대학 교육공학 학사
건국대학교 일반대학원 교육공학 석사
건국대학교 일반대학원 교육공학 박사(Ph.D.)
전) 건국대학교 사범대학 교육공학과 겸임교수
현) 한국교육학술정보원 디지털교육본부 책임연구원
〈연구분야〉 미래교육, 디지털 교육, 교육정보화, 교육정보서비스

교사와 예비교사를 위한 디지털 교육

디지털 시대, 교실을 바꾸는 기술과 실천

Digital Education for In-service and Pre-service Teacher

2025년 8월 15일 1판 1쇄 인쇄
2025년 8월 25일 1판 1쇄 발행

지은이 • 이종연 · 서희정 · 이은환
펴낸이 • 김진환
펴낸곳 • (주)학지사
• 04031 서울특별시 마포구 양화로 15길 20 마인드월드빌딩
대표전화 • 02-330-5114 팩스 • 02-324-2345
등록번호 • 제313-2006-000265호

홈페이지 • http://www.hakjisa.co.kr
인스타그램 • https://www.instagram.com/hakjisabook

ISBN 978-89-997-3488-5 93370

정가 24,000원

저자와의 협약으로 인지는 생략합니다.
파본은 구입처에서 교환해 드립니다.

이 책을 무단으로 전재하거나 복제할 경우 저작권법에 따라 처벌을 받게 됩니다.

출판미디어기업 학지사

간호보건의학출판 **학지사메디컬** www.hakjisamd.co.kr
심리검사연구소 **인싸이트** www.inpsyt.co.kr
학술논문서비스 **뉴논문** www.newnonmun.com
교육연수원 **카운피아** www.counpia.com
대학교재전자책플랫폼 **캠퍼스북** www.campusbook.co.kr